中華古籍保護計劃

ZHONG HUA GU JI BAO HU JI HUA CHENG GUO

·成 果·

東陽市博物館
古籍普查登記目錄

全國古籍普查登記目錄·浙江金華

國家圖書館出版社
National Library of China Publishing House

圖書在版編目(CIP)數據

東陽市博物館古籍普查登記目録/《東陽市博物館古籍普查登記目録》編委會編. --
北京:國家圖書館出版社,2019.3
　(全國古籍普查登記目録)
　ISBN 978 - 7 - 5013 - 6656 - 9

　Ⅰ.①東…　Ⅱ.①東…　Ⅲ.①博物館—古籍—圖書目録—東陽　Ⅳ.①Z838

中國版本圖書館 CIP 數據核字(2019)第 018649 號

書　　　名	東陽市博物館古籍普查登記目録
著　　　者	《東陽市博物館古籍普查登記目録》編委會　編
責任編輯	趙　嫄

出　　版	國家圖書館出版社(100034　北京市西城區文津街 7 號)
	(原書目文獻出版社　北京圖書館出版社)
發　　行	010 – 66114536　66126153　66151313　66175620
	66121706(傳真)　66126156(門市部)
E-mail	nlcpress@ nlc. cn(郵購)
Website	www. nlcpress. com→投稿中心
經　　銷	新華書店
印　　裝	河北三河弘翰印務有限公司
版　　次	2019 年 3 月第 1 版　2019 年 3 月第 1 次印刷

開　　本	787 × 1092(毫米)　1/16
印　　張	17
字　　數	330 千字

書　　號	ISBN 978 - 7 - 5013 - 6656 - 9
定　　價	160. 00 圓

《全國古籍普查登記目録》

工作委員會

主　任：周和平

副主任：張永新　詹福瑞　劉小琴　李致忠　張志清

委　員（按姓氏筆畫排序）：

于立仁　王水喬　王　沛　王紅蕾　王筱雯

方自今　尹壽松　包菊香　任　競　全　勤

李西寧　李　彤　李忠昊　李春來　李　培

李曉秋　吳建中　宋志英　努　木　林世田

易向軍　周建文　洪　琰　倪曉建　徐欣禄

徐　蜀　高文華　郭向東　陳荔京　陳紅彦

張　勇　湯旭岩　楊　揚　賈貴榮　趙　嬿

鄭智明　劉洪輝　歷　力　鮑盛華　韓　彬

魏存慶　鍾海珍　謝冬榮　謝　林　應長興

《全國古籍普查登記目録》

序　言

全國古籍普查登記工作是"中華古籍保護計劃"的首要任務,是全面開展古籍搶救、保護和利用工作的基礎,也是有史以來第一次由政府組織、參加收藏單位最多的全國性古籍普查登記工作。

2007年國務院辦公廳發布《關於進一步加强古籍保護工作的意見》(國辦發〔2007〕6號),明確了古籍保護工作的首要任務是對全國公共圖書館、博物館和教育、宗教、民族、文物等系統的古籍收藏和保護狀況進行全面普查,建立中華古籍聯合目録和古籍數字資源庫。2011年12月,文化部下發《文化部辦公廳關於加快推進全國古籍普查登記工作的通知》(文辦發〔2011〕518號),進一步落實了全國古籍普查登記工作。根據文化部2011年518號文件精神,國家古籍保護中心擬訂了《全國古籍普查登記工作方案》,進一步規範了古籍普查登記工作的範圍、内容、原則、步驟、辦法、成果和經費。目前進行的全國古籍普查登記工作的中心任務是通過每部古籍的身份證——"古籍普查登記編號"和相關信息,建立古籍總臺賬,全面瞭解全國古籍存藏情况,開展全國古籍保護的基礎性工作,加强各級政府對古籍的管理、保護和利用。

《全國古籍普查登記工作方案》規定了全國古籍普查登記工作的三個主要步驟:一、開展古籍普查登記工作;二、在古籍普查登記基礎上,編纂出版館藏古籍普查登記目録,形成《全國古籍普查登記目録》;三、在古籍普查登記工作基本完成的前提下,由省級古籍保護中心負責編纂出版本省古籍分類聯合目録《中華古籍總目》分省卷,由國家古籍保護中心負責編纂出版《中華古籍總目》統編卷。

在黨和政府領導下,在各地區、各有關部門和全社會共同努力下,古籍普查登記工作得以扎實推進。古籍普查已在除臺、港、澳之外的全國各省級行政區域開展,普查内容除漢文古籍外,還包括各少數民族文字古籍,特別是於2010年分別啓動了新疆古籍保護和西藏古籍保護專項,因地制宜,開展古籍普查登記工作;國家古籍保護中心研製的"全國古籍普查登記平臺"已覆蓋到全國各省級古籍保護中心,并進一步研發了"中華古籍索引庫",爲及時展現古籍普查成果提供有力支持;截至目前,已有11375部古籍進入《國家珍貴古籍名録》,浙江、江蘇、山東、河北等省公布了省級《珍

1

貴古籍名録》，古籍分級保護機制初步形成。

《全國古籍普查登記目録》是古籍普查工作的階段性成果，旨在摸清家底，揭示館藏，反映古籍的基本信息。原則上每申報單位獨立成册，館藏量少不能獨立成册者，則在本省範圍內幾個館目合并成册。無論獨立成册還是合并成册，均編製獨立的書名筆畫索引附於書後。著録的必填基本項目有：古籍普查登記編號、索書號、題名卷數、著者(含著作方式)、版本、册數及存缺卷數。其他擴展項目有：分類、批校題跋、版式、裝幀形式、叢書子目、書影、破損狀況等。有條件的收藏單位多著録的一些擴展項目，也反映在《全國古籍普查登記目録》上。目録編排按古籍普查登記編號排序，內在順序給予各古籍收藏單位較大自由度，可按分類排列古籍普查登記編號，也可按排架號、按同書名等排列古籍普查登記編號，以反映各館特色。

此次全國古籍普查登記工作，克服了古籍數量多、普查人員少、普查難度大等各種困難，也得到了全國古籍保護工作者的極大支持。在古籍普查登記過程中，國家古籍保護中心、各省古籍保護中心爲此舉辦了多期古籍普查、古籍鑒定、古籍普查目録審校等培訓班，全國共 1600 餘家單位參加了培訓，爲古籍普查登記工作培養了大量人才。同時在古籍普查登記工作中，也鍛煉了普查員的實踐能力，爲將來古籍保護事業發展奠定了良好的基礎。

《全國古籍普查登記目録》的出版，將摸清我國古籍家底，爲古籍保護和利用工作提供依據，也將是古籍保護長期工作的一個里程碑。

国家古籍保護中心
2013 年 10 月

《全國古籍普查登記目録》

編纂凡例

一、收録範圍爲我國境内各收藏機構或個人所藏，産生於 1912 年以前，具有文物價值、學術價值和藝術價值的文獻典籍，包括漢文古籍和少數民族文字古籍以及甲骨、簡帛、敦煌遺書、碑帖拓本、古地圖等文獻。其中，部分文獻的收録年限適當延伸。

二、以各收藏機構爲分册依據，篇幅較小者，適當合并出版。

三、一部古籍一條款目，複本亦單獨著録。

四、著録基本要求爲客觀登記、規範描述。

五、著録款目包括古籍普查登記編號、索書號、題名卷數、著者、版本、册數、存缺卷等。古籍普查登記編號的組成方式是：省級行政區劃代碼—單位代碼—古籍普查登記順序號。

六、以古籍普查登記編號順序排序。

《浙江省古籍普查登記目録》

編纂委員會

主　編：徐曉軍

副主編：童聖江　曹海花　褚樹青　莊立臻　徐益波

　　　　胡海榮　劉　偉　沈紅梅　王以儉　孫旭霞

　　　　占　劍　孫國茂　毛　旭　季彤曦

統校和編纂工作小組組長：曹海花（浙江圖書館）

統校和編纂工作小組成員：秦華英（浙江圖書館）

　　　　　　　　　　　　吕　芳（浙江圖書館）

　　　　　　　　　　　　干亦鈴（寧波市圖書館）

　　　　　　　　　　　　劉　雲（寧波市天一閣博物館）

　　　　　　　　　　　　周慧惠（寧波市天一閣博物館）

　　　　　　　　　　　　馬曉紅（餘姚市文物保護管理所）

　　　　　　　　　　　　陳瑾淵（温州市圖書館）

　　　　　　　　　　　　王　昉（温州市圖書館）

　　　　　　　　　　　　沈秋燕（嘉興市圖書館）

　　　　　　　　　　　　丁嫻明（嘉興市圖書館）

　　　　　　　　　　　　唐　微（紹興圖書館）

　　　　　　　　　　　　丁　瑛（紹興圖書館）

　　　　　　　　　　　　毛　慧（衢州市博物館）

《浙江省古籍普查登記目録》

序　言

　　浙江文化底藴深厚，書籍刻印歷史悠久，前賢留下的著述浩如烟海，藏書雅閣及私人藏書爲數衆多，古籍資源十分豐富，幾乎縣縣有古籍，是全國古籍藏量較多的省份之一，是中華文化中具有獨特地域特色的重要一脉。保護好這些珍貴的古籍，對促進文化傳承、弘揚民族精神、維護國家統一及社會穩定具有重要作用。同時，加强古籍保護工作，也是加快建設文化大省、文化强省，努力推動文化浙江建設和社會主義文化大發展大繁榮的必然要求。

（一）

　　爲搶救、保護我國的珍貴古籍，繼承和弘揚優秀傳統文化，國務院辦公廳印發了《關於進一步加强古籍保護工作的意見》（國辦發［2007］6 號），全國古籍普查登記工作是瞭解全國古籍存藏情況、建立古籍總臺賬、開展全國古籍保護的基礎性工作。爲認真貫徹落實"國辦發［2007］6 號"文件精神，切實加强全省古籍的搶救、保護，浙江省人民政府辦公廳印發《關於進一步加强古籍保護工作的意見》（浙政辦發［2009］54 號），提出 2009 年起要在全省範圍内開展古籍普查登記工作。2012 年，浙江省古籍保護工作聯席會議下發《關於印發〈浙江省"中華古籍保護計劃"實施方案〉的通知》（浙文社［2012］30 號），提出在"十二五"末基本完成全省古籍普查工作的目標。

　　試點先行、摸底調查、制定方案，建立制度、統籌指揮，引進人員、有效培訓、壯大隊伍，配置設備、補助經費、保障到位，編製手册、明確款目、統一規則，著録完整、審核到位、保證質量，設立項目、表揚先進，在省委省政府的高度重視及其各部門的大力支持下，在國家古籍保護中心的積極指導和省文化廳的正確領導下，通過以上種種措施，"秉持浙江精神，幹在實處、走在前列、勇立潮頭"，全省公共圖書館、文物、教育、檔案、衛生五大系統共計 95 家公藏單位通力合作，到 2017 年 4 月底基本完成了全省的古籍普查登記工作。

　　通過普查，摸清了全省古籍文化遺產家底，揭示了全省各地區文化脉絡，形成了統一的古籍信息數據庫，建立了一支遍布全省的古籍保護隊伍，爲下一步有針對性地開展古籍保護工作奠定堅實的基礎。鑒於全省在古籍普查和其他古籍保護工作中的突出表現，2014 年，浙江圖書館、嘉興市圖書館、雲和縣圖書館獲得"全國古籍保護工作先進單位"稱號，浙江圖書館徐曉軍和曹海花、温州市圖書館王妍、紹興圖書館唐微、平湖市圖書館馬慧、衢州市博物館程勤等 6 人獲得“全國古籍保護工作先進個人”稱號。

（二）

全國古籍普查登記範圍爲 1912 年以前產生的文獻典籍。由於近代以來浙江私人藏書相當發達，民國期間也刻印了大量典籍，民國文獻在各藏書單位（尤其是基層單位）所藏歷史文獻中占據了相當大的比重。這些文獻形成了浙江文獻典藏的重要特色，是浙江傳統文化的重要組成部分。爲更加全面地掌握本省歷史文獻文化遺產現狀，浙江省將民國時期傳統裝幀書籍也納入普查範圍。

按照《全國古籍普查登記手冊》要求，登記每部古籍的基本項目，必登項目有索書號、題名卷數、著者、版本、冊數、存缺卷數，選登項目有分類、批校題跋、版式、裝幀形式、叢書子目、書影、破損狀況等內容。浙江省的古籍普查工作一直高標準、嚴要求，自始至終堅持全國古籍普查登記平臺（以下簡稱“古籍普查平臺”）項目全著錄，堅持文字信息和書影信息雙著錄，登記每部書的索書號、分類、題名卷數、著者、卷數統計、版本、版式、裝幀、裝具、序跋、刻工、批校題跋、鈐印、叢書子目、定級及書影、定損及書影等 16 大項 74 小項的信息。

普查統計顯示，截至 2017 年 4 月 30 日，全省 95 家單位共藏有傳統裝幀書籍 337405 部 2506633 冊，其中不分卷者計 31737 部 96822 冊，分卷者計 305668 部 2409811 冊 11433371 卷（實存 8223803 卷）：古籍（含域外本）219862 部 1754943 冊，不分卷者 15777 部 54901 冊，分卷者 204085 部 1700042 冊 7934703 卷；民國時期傳統裝幀書籍 117543 部 751690 冊，不分卷者 15960 部 41921 冊，分卷者 101583 部 709769 冊 3498668 卷。

從版本定級來看，全省四級文獻最多，部數、冊數數量占比分別爲 84.75%、78.69%。三級次之，部數、冊數數量占比 13.12%、15.96%。一級、二級文獻共計 5689 部 111722 冊，量雖不多，極爲珍貴，其破損程度較輕，基本都配置了裝具且裝具狀況良好，這是古籍分級保護體系的有力體現。

從文獻類型來看，古籍普查平臺采用六部分類，在傳統的經、史、子、集四部外加上類叢部、新學。從冊數來看，全省文獻類叢部數量最多，占比 29.40%，這其中很大一部分原因在於民國時期刊印了不少大型叢書。史部、集部、子部、經部分居第二至五位，數量占比分別爲 28.98%、18.00%、13.49%、9.24%。新學數量最少，還不到 1%。

從版本類型來看，全省古籍版本類型豐富，數量最多的是刻本，部數占比 51.01%、冊數占比 55.03%。部數排在第二至四位的是鉛印本、石印本、抄本，分別占比 17.71%、16.58%、5.19%。冊數排在第二至四位的是鉛印本、石印本、影印本，分別占比 14.27%、12.40%、11.38%，這與將民國時期傳統裝幀書籍納入古籍普查範圍有極大關係。稿、抄本部數占比 6.9%、冊數占比 4.04%，總體占比不是很高，但在一、二級文獻中稿、抄本的比例比較高，一級中部數占比 20.49%、冊數占比

70.25%,二級中部數占比 13.16%、册數占比 6.57%。

從版本年代來看,全省藏書從南北朝以迄民國,并有部分日本、朝鮮、越南本。其中,元及元以前共計 244 部 3357 册。明、清、民國共計 2486788 册,數量占比 99.21%:明代占比 5.95%、清代占比 63.27%、民國占比 29.99%。日本、朝鮮、越南三國本共計 1877 部 14522 册,部數、册數占比分别爲 0.56%、0.58%。

從批校題跋來看,337405 部文獻中有姓名可考的批校題跋共計 15374 部,其中集部批校題跋最多,占全部批校題跋的 38.73%、占集部文獻的 6.16%。稿本的批校題跋在相對應的版本類型中比例最高,爲 16.18%。且稿本中有多人批校題跋的量最多,多者一部稿本中的批校題跋者達 25 人,如浙江圖書館藏沈蕉青稿本《燈青茶嫩草》三卷中有孫麟趾等 25 人的批校題跋。從各館藏書的批校題跋者來看,有鮮明的館域特色,從一個側面體現了各館的文獻來源。

從鈐印來看,337405 部文獻中有 51509 部有收藏鈐印,各級文獻鈐印比例隨級别的增高而加大,一至四級文獻的鈐印占比分别爲 50.67%、49.38%、26.00%、12.90%。收藏鈐印從一個方面體現了某書的遞藏源流,鈐印多於 1 方者有 24840 部,鈐印多者達 54 方,如寧波市天一閣博物館藏清初毛氏汲古閣影宋抄本《集韻》十卷上鈐毛晋、毛扆、段玉裁、朱鼎煦四人共計 54 方印。

在普查的過程中,我們還利用普查成果積極申報《國家珍貴古籍名録》、評選《浙江省珍貴古籍名録》,建立珍貴古籍分級保護體系。截至目前,全省共有 871 部珍貴古籍入選第一至五批《國家珍貴古籍名録》,有 609 部古籍入選第一至三批《浙江省珍貴古籍名録》。

(三)

普查登記著録工作結束後,省古籍保護中心於 2016 年 6 月成立由浙江圖書館、寧波市圖書館、寧波市天一閣博物館、餘姚市文物保護管理所、溫州市圖書館、嘉興市圖書館、紹興圖書館、衢州市博物館 8 家單位的 14 名普查業務骨幹組成的浙江省古籍普查登記目録統校和編纂工作小組,開始全省普查數據的統校和古籍普查登記目録的編纂工作。

浙江省的普查登記目録是將古籍和民國書籍分開的,全省統一規劃,分别出版《浙江省古籍普查登記目録》和《浙江省民國時期傳統裝幀書籍普查登記目録》。根據《全國古籍普查登記目録審校要求》《古籍普查登記表格整理規範》的要求,省古籍保護中心制定《浙江省古籍普查登記目録編纂工作方案》《浙江省古籍普查數據統校細則》,用於指導全省的數據統校和登記目録的編纂。統校和編纂工作程序如下:導出古籍普查平臺上的數據,切分爲古籍、民國兩張表,按照設定的普查編號、索書號、分類、題名卷數、著者、版本、批校題跋、册數、存缺卷這幾項登記目録的出版款目對表格進行整理,整理後按照題名進行排列分給各統校員進行統校,統校結束後的數據按行政區域進行彙總交由分區負責人進行覆核，覆核結束後由省古籍保護中心一一寄給各館進行修改確認，經各館確認後由分區負責人進行最後審定。

在統校的過程中，爲了保證全省數據著錄的一致，我們積極利用我國古籍整理研究的重大成果《中國古籍總目》（以下簡稱《總目》），每條書目一一對核《總目》，《總目》收者即標注《總目》頁碼，《總目》未收某版本者標注"無此版本"，《總目》未收者標注"無"，《總目》所收即浙江某館所藏者特殊標注，《總目》著錄與普查信息有差異或一時無法判斷者標注"存疑"。拿浙江圖書館的近7萬條古籍數據來看，據不完全統計，除去複本，《總目》所收即浙江圖書館所藏者有1100多種，《總目》未收某一明確版本者有3200多種，《總目》未收者有8300多種。

全省95家單位中有93家單位有古籍數據，總條數計22萬條左右。根據分區域出版和達到一定條數可以單獨成書的原則，全省的古籍普查登記目錄大致分爲以下26種：浙江圖書館，浙江大學圖書館，浙江省博物館，浙江省中醫藥研究院等四家收藏單位，杭州圖書館，西泠印社社務委員會等十家收藏單位、浙江省瑞安中學等八家收藏單位，寧波市圖書館，寧波市天一閣博物館，寧波市奉化區文物保護管理所等六家收藏單位、舟山市圖書館等二家收藏單位，溫州市圖書館，瑞安市博物館（玉海樓），嘉興市圖書館，平湖市圖書館，嘉善縣圖書館，海寧市圖書館等六家收藏單位，湖州市圖書館等七家收藏單位、常山縣圖書館等二家收藏單位，紹興圖書館，嵊州市圖書館，紹興市上虞區圖書館等八家收藏單位，東陽市博物館，金華市博物館等九家收藏單位，衢州市博物館，台州市黃岩區圖書館，臨海市圖書館，臨海市博物館等六家收藏單位，麗水市圖書館等八家收藏單位。目前全省的古籍普查登記目錄有多種已進入出版流程（爲保障普查編號的唯一性、終身有效性，各館數據以原普查編號從低到高的順序進行排列，由於浙江省古籍普查範圍包括古籍、民國時期傳統裝幀書籍、域外漢文古籍，著錄時幾種文獻交替進行，而出版時是分開的，加之古籍普查平臺系統出現的跳號情況，所以會出現普查編號不連貫的情況，特此說明），民國時期傳統裝幀書籍普查登記目錄的編纂亦接近尾聲。普查登記工作和普查登記目錄的編纂爲接下來《中華古籍總目·浙江卷》的編纂打下了良好的基礎。

浙江省古籍普查工作得到了各方的關心和支持。感謝各兄弟省份古籍同行的熱情幫助，感謝李致忠、張志清、吳格、陳先行、陳紅彥、陳荔京、羅琳、王清原、唱春蓮、李德生、石洪運、賈秀麗、范邦瑾等專家學者的悉心指導，藉力於此，普查工作纔得以順利完成。

條數多，分布廣，又出於衆手，儘管工作中我們一直爭取做到最好，但無論是已經著錄的古籍普查平臺數據還是即將付梓的登記目錄，都難免存在紕漏，希望業界同仁不吝賜教，俾臻完善。

浙江省古籍保護中心

2018年4月

《東陽市博物館古籍普查登記目録》
編委會

主　編：陳榮軍

副主編：金　鏘　蔡棟棟

編　委（按姓氏筆畫排序）：

朱楊曉　吳新雷　何欽峰　韋倩瑩　徐玉曉　葉　軍

傅燕芳　駱光明

《東陽市博物館古籍普查登記目録》

前　言

　　東陽歷史悠久，文人輩出，著述甚豐，刻書業久盛不衰。歷代文人熱衷修建藏書樓，有須成堂、尊經閣、三秀草堂等，廣集藏書。時至今日，東陽留傳的大量内容豐富的古籍，大都收藏於我館。在全省縣級收藏單位中，我館的古籍藏量位居前列。20世紀80年代，我館對藏書進行大致分類，增設古籍庫房，規範了藏書管理。

　　我館一貫重視古籍工作，認真貫徹落實了國家古籍保護中心、省古籍保護中心關於加强古籍保護工作的相關會議和文件精神，積極推動古籍普查工作。在人員緊缺的情況下，我館抽調骨幹人員成立古籍普查小組，確保古籍普查工作高效完成。組員們積極參加省古籍保護中心組織的普查培訓班，認真學習《浙江省古籍普查手册》，在信息著録、書影采集等方面嚴格執行《浙江省古籍普查手册》的規定，保證了登記著録的準確、規範。此外，普查小組定期、不定期地召開工作會議，討論普查工作中遇到的問題，通過會議交流、學習討論，普查工作的效率也不斷得到提高。

　　此次普查我館共著録漢文古籍（1912年以前）3168部11409册，涵蓋經部、史部、子部、集部、類叢部、新學部六大類。從各類别部數來看，子部與集部占總數的近一半，經部、史部次之，類叢部與新學部相對較少；從册數來看，類叢部占總數的近三分之一，經部、史部、子部、集部數量相近，新學部占比較低。此次普查還進行了古籍定級，我館藏書四級書籍較多，占比較高，版本時間大多爲清後期，其中也不乏經典、特色文獻。

　　由於古籍保護工作難度相對較大以及歷史原因，我館部分古籍存在不同程度的蟲蛀、缺損、霉變等情況。現已根據庫房管理要求，增設恒温恒濕設備，并通過定期投放樟腦丸等措施，加强古籍保護。此次普查摸清了館藏古籍的準確數量和詳細信息，爲下一步古籍保護工作的開展打下了堅實的基礎。《東陽市博物館古籍普查登記目録》的出版，必將推進古籍更好的利用，爲傳承優秀文化發揮更大的作用。

　　此次普查順利結束至目録出版，離不開上級業務主管部門和兄弟單位的大力支持，更凝聚了我館所有普查工作人員的辛勤付出和心血。在此，一并對爲此次普查及

1

目録順利出版提供幫助的同仁致以誠摯的謝意。

由於水平、經驗所限,本書中難免存在疏漏,敬請大家批評指正。

東陽市博物館館長　陳榮軍

2017 年 4 月

目　録

《東陽市博物館古籍普查登記目録》編委會 ……………………………………… 1

《東陽市博物館古籍普查登記目録》前言 ……………………………………… 1

330000－1797－0000001 至 0004147（古籍普查登記編號。中有空號，係原缺號及民國綫裝
　書等文獻，本書不載）……………………………………………………………… 1

書名筆畫字頭索引 ………………………………………………………………… 195

書名筆畫索引 ……………………………………………………………………… 203

330000－1797－0000001　54/1/618　子部/醫家類/方書之屬/單方驗方

醫學心悟湯頭不分卷　清光緒三十二年(1906)抄本　一冊

330000－1797－0000002　46/3/101　史部/政書類/邦計之屬

兩浙宦游紀畧四種　（清）戴槃撰　清同治七年(1868)刻本　一冊　存一種

330000－1797－0000003　46/3/96　史部/政書類/通制之屬

光緒政要三十四卷　沈桐生輯　清宣統元年(1909)上海崇義堂石印本　四冊　存六卷(一至二、九至十、十二、十五)

330000－1797－0000004　1/4/24　史部/史抄類

史學節要類編二十四卷　（清）李秀會撰　清光緒二十九年(1903)映台樓刻本　八冊

330000－1797－0000005　1/2/7　史部/紀傳類/別史之屬

春秋紀傳五十一卷　（清）李鳳雛撰　清光緒二十一年(1895)東陽古大化里刻本　九冊　存三十六卷(一至六、十三至三十八、四十四至四十七)

330000－1797－0000006　1/1/2　史部/紀傳類/別史之屬

春秋紀傳五十一卷　（清）李鳳雛撰　清光緒二十一年(1895)東陽古大化里刻本　十二冊

330000－1797－0000008　1/4/25　史部/史抄類

史學節要類編二十四卷　（清）李秀會撰　清光緒二十九年(1903)映台樓刻本　八冊

330000－1797－0000010　1/1/3　史部/紀傳類/別史之屬

春秋紀傳五十一卷　（清）李鳳雛撰　清光緒二十一年(1895)東陽古大化里刻本　十二冊

330000－1797－0000011　3/1/95　史部/地理類/方志之屬/郡縣志

[道光]東陽縣志二十八卷首一卷　（清）党金衡纂修　清道光八年(1828)刻本　十四冊

330000－1797－0000012　1/2/4　史部/紀傳類/別史之屬

春秋紀傳五十一卷　（清）李鳳雛撰　清光緒二十一年(1895)東陽古大化里刻本　六冊　存二十五卷(一至二十五)

330000－1797－0000018　1/1/1　史部/紀傳類/別史之屬

春秋紀傳五十一卷　（清）李鳳雛撰　清光緒二十一年(1895)東陽古大化里刻本　十二冊

330000－1797－0000021　5/1/238　集部/別集類/清別集

梧岡詩集六卷　（清）李鳳雛撰　清光緒二十二年(1896)刻本　二冊

330000－1797－0000025　1/2/5　史部/紀傳類/別史之屬

春秋紀傳五十一卷　（清）李鳳雛撰　清光緒二十一年(1895)東陽古大化里刻本　九冊　存四十卷(七至三十三、三十九至五十一)

330000－1797－0000026　3/2/98.1　史部/地理類/方志之屬/郡縣志

[道光]東陽縣志二十八卷首一卷　（清）党金衡纂修　清道光八年(1828)刻本　九冊　存十六卷(三至五、十四至十八、二十一至二十八)

330000－1797－0000027　5/1/239　集部/別集類/清別集

梧岡詩集六卷　（清）李鳳雛撰　清光緒二十二年(1896)刻本　二冊

330000－1797－0000028　1/2/6　史部/紀傳類/別史之屬

春秋紀傳五十一卷　（清）李鳳雛撰　清光緒二十一年(1895)東陽古大化里刻本　十一冊　存三十一卷(一、七至十二、二十二、二十五至三十一、三十四至四十一、四十四至五十一)

330000－1797－0000029　5/1/240　集部/別集類/清別集

梧岡詩集六卷 （清）李鳳雛撰 清光緒二十二年(1896)刻本 一冊 存三卷(一至三)

330000－1797－0000030 3/2/98.2 史部/地理類/方志之屬/郡縣志
[道光]東陽縣志二十八卷首一卷 （清）党金衡纂修 清道光八年(1828)刻本 四冊 存七卷(三至五、十五、二十一至二十二、二十七)

330000－1797－0000031 4/1/144 集部/別集類/宋別集
蟠室老人文集二十二卷奏議一卷涉史隨筆一卷 （宋）葛洪撰 清光緒六年(1880)木活字印本 四冊 存十一卷(一至五、十四至十五、十八至二十,涉史隨筆)

330000－1797－0000032 1/2/8 史部/紀傳類/別史之屬
春秋紀傳五十一卷 （清）李鳳雛撰 清光緒二十一年(1895)東陽古大化里刻本 一冊 存五卷(三十四至三十八)

330000－1797－0000033 1/3/9 史部/紀傳類/別史之屬
春秋紀傳五十一卷 （清）李鳳雛撰 清光緒二十一年(1895)東陽古大化里刻本 八冊 存三十五卷(一至二十二、二十六至三十八)

330000－1797－0000034 1/3/10 史部/紀傳類/別史之屬
春秋紀傳五十一卷 （清）李鳳雛撰 清光緒二十一年(1895)東陽古大化里刻本 一冊 存一卷(一)

330000－1797－0000035 3/2/98.3 史部/地理類/方志之屬/郡縣志
[道光]東陽縣志二十八卷首一卷 （清）党金衡纂修 清道光八年(1828)刻本 一冊 存一卷(十五)

330000－1797－0000036 5/1/241 集部/別集類/清別集
名將標記百詠二卷 （清）程履坦撰 清道光四年(1824)貢綦軒木活字印本 一冊

330000－1797－0000037 1/5/26 史部/史抄類
史學節要類編二十四卷 （清）李秀會撰 清光緒二十九年(1903)映台樓刻本 八冊

330000－1797－0000038 1/3/11 史部/紀傳類/別史之屬
春秋紀傳五十一卷 （清）李鳳雛撰 清光緒二十一年(1895)東陽古大化里刻本 一冊 存一卷(一)

330000－1797－0000039 1/5/27 史部/史抄類
史學節要類編二十四卷 （清）李秀會撰 清光緒二十九年(1903)映台樓刻本 七冊 存二十一卷(一至十二、十六至二十四)

330000－1797－0000040 3/2/98.4 史部/地理類/方志之屬/郡縣志
[道光]東陽縣志二十八卷首一卷 （清）党金衡纂修 清道光八年(1828)刻本 一冊 存一卷(十五)

330000－1797－0000041 1/3/12 史部/紀傳類/別史之屬
春秋紀傳五十一卷 （清）李鳳雛撰 清光緒二十一年(1895)東陽古大化里刻本 一冊 存五卷(二至六)

330000－1797－0000042 1/5/28 史部/史抄類
史學節要類編二十四卷 （清）李秀會撰 清光緒二十九年(1903)映台樓刻本 五冊 存十七卷(一至六、九至十六、二十至二十二)

330000－1797－0000043 1/5/29 史部/史抄類
史學節要類編二十四卷 （清）李秀會撰 清光緒二十九年(1903)映台樓刻本 八冊

330000－1797－0000044 1/5/30 史部/史抄類
史學節要類編二十四卷 （清）李秀會撰 清光緒二十九年(1903)映台樓刻本 三冊 存九卷(四至十二)

330000－1797－0000045　1/5/31　史部/史抄類

史學節要類編二十四卷　（清）李秀會撰　清光緒二十九年(1903)映臺樓刻本　八冊

330000－1797－0000046　1/3/13　史部/紀傳類/別史之屬

春秋紀傳五十一卷　（清）李鳳雛撰　清光緒二十一年(1895)東陽古大化里刻本　一冊　存四卷(三十至三十三)

330000－1797－0000047　1/5/32　史部/史抄類

史學節要類編二十四卷　（清）李秀會撰　清光緒二十九年(1903)映臺樓刻本　三冊

330000－1797－0000048　1/3/14　史部/紀傳類/別史之屬

春秋紀傳五十一卷　（清）李鳳雛撰　清光緒二十一年(1895)東陽古大化里刻本　一冊　存三卷(二十九至三十一)

330000－1797－0000049　1/3/15　史部/紀傳類/別史之屬

春秋紀傳五十一卷　（清）李鳳雛撰　清光緒二十一年(1895)東陽古大化里刻本　一冊　存三卷(三十六至三十八)

330000－1797－0000050　4/1/145.1　集部/別集類/宋別集

蟠室老人文集二十二卷奏議一卷涉史隨筆一卷　（宋）葛洪撰　清光緒六年(1880)木活字印本　三冊　存九卷(一至五、十八至二十，涉史隨筆)

330000－1797－0000051　4/1/145.2　集部/別集類/宋別集

蟠室老人文集二十二卷奏議一卷涉史隨筆一卷　（宋）葛洪撰　清光緒六年(1880)木活字印本　二冊　存五卷(一、十八至二十，涉史隨筆)

330000－1797－0000052　5/1/242　集部/別集類/清別集

貢綦軒詩集四卷別集一卷　（清）程履坦撰

清道光貢綦軒木活字印本　二冊

330000－1797－0000054　3/2/98.5　史部/地理類/方志之屬/郡縣志

[道光]東陽縣志二十八卷首一卷　（清）黨金衡纂修　清道光八年(1828)刻本　一冊　存一卷(十五)

330000－1797－0000055　4/1/146　集部/別集類/宋別集

宋王忠文公文集五十卷目錄四卷　（宋）王十朋撰　**梅溪王忠文公年譜一卷**　（清）徐炯文編　清雍正六年(1728)唐傳鉎刻鴈就堂印本　一冊　存六卷(十九至二十四)

330000－1797－0000056　9/1/1　經部/易類/傳說之屬

易經增訂旁訓三卷　（清）徐立綱撰　（清）□□增訂　清刻本　一冊　存二卷(二至三)

330000－1797－0000057　3/2/96　史部/地理類/方志之屬/郡縣志

[道光]東陽縣志二十八卷首一卷　（清）黨金衡纂修　清道光八年(1828)刻本　五冊　存十卷(三至五、十三、十七至十八、二十一至二十二、二十五至二十六)

330000－1797－0000058　5/1/243　集部/別集類/清別集

貢綦軒詩集四卷別集一卷　（清）程履坦撰　清道光貢綦軒木活字印本　一冊　存二卷(三至四)

330000－1797－0000059　5/1/244　集部/別集類/清別集

貢綦軒詩集□□卷　（清）程履坦撰　清道光貢綦軒木活字印本　一冊　存四卷(五至八)

330000－1797－0000060　3/2/97　史部/地理類/方志之屬/郡縣志

[道光]東陽縣志二十八卷首一卷　（清）黨金衡纂修　清道光八年(1828)刻本　五冊　存八卷(十三、十五、十七至十八、二十一至二十二、二十五至二十六)

330000－1797－0000061　5/1/245　集部/別

集類/清別集

貢綦軒詩集四卷別集一卷 （清）程履坦撰
清道光貢綦軒木活字印本　一冊　存二卷
（三至四）

330000－1797－0000062　4/1/147　史部/地
理類/方志之屬/郡縣志

[道光]婺志稡十四卷 （清）盧標纂　清道光
十九年（1839）東陽李氏映台樓刻本　三冊
存六卷（三至七、十）

330000－1797－0000063　9/1/2　經部/易
類/傳說之屬

周易本義四卷 （宋）朱熹撰　明末刻本
二冊

330000－1797－0000065　9/1/3　經部/易
類/傳說之屬

周易本義四卷 （宋）朱熹撰　明末刻本　一
冊　存三卷（二至四）

330000－1797－0000066　9/1/4　經部/叢編

通志堂經解一百四十種 （清）成德輯　清康
熙十九年（1680）成德刻本　二冊　存一種

330000－1797－0000067　4/1/148　史部/地
理類/方志之屬/郡縣志

[道光]婺志稡十四卷 （清）盧標纂　清道光
十九年（1839）東陽李氏映台樓刻本　一冊
存一卷（十）

330000－1797－0000068　4/1/149　史部/地
理類/方志之屬/郡縣志

[道光]婺志稡十四卷 （清）盧標纂　清道光
十九年（1839）東陽李氏映台樓刻本　一冊
存一卷（三）

330000－1797－0000069　1/5/33　史部/史
抄類

史學節要類編二十四卷 （清）李秀會撰　清
光緒二十九年（1903）映台樓刻本　一冊　存
二卷（七至八）

330000－1797－0000070　1/5/34　史部/史
抄類

史學節要類編二十四卷 （清）李秀會撰　清

光緒二十九年（1903）映台樓刻本　一冊　存
二卷（七至八）

330000－1797－0000071　4/1/150　經部/儀
禮類/圖說之屬

天子諸侯燕朝圖說不分卷 清抄本　一冊

330000－1797－0000072　1/5/35　史部/史
抄類

史學節要類編二十四卷 （清）李秀會撰　清
光緒二十九年（1903）映台樓刻本　一冊　存
二卷（七至八）

330000－1797－0000073　1/5/37　史部/史
抄類

史學節要類編二卷 （清）李秀會撰　清木活
字印本　二冊

330000－1797－0000075　5/1/246　集部/別
集類/清別集

課餘詩草不分卷 （清）周立撰　清道光二十
七年（1847）木活字印本　一冊

330000－1797－0000076　1/5/38　史部/史
抄類

史學節要類編二卷 （清）李秀會撰　清木活
字印本　一冊　存一卷（一）

330000－1797－0000077　1/5/36　史部/史
抄類

史學節要類編二卷 （清）李秀會撰　清木活
字印本　二冊

330000－1797－0000078　9/1/5　經部/易
類/傳說之屬

御纂周易折中二十二卷首一卷 （清）李光地
等撰　清乾隆七年（1742）刻本　十三冊　缺
二卷（二十一至二十二）

330000－1797－0000081　9/1/6　經部/易
類/傳說之屬

易經體註大全合參四卷 （清）李兆賢撰　清
刻本　二冊

330000－1797－0000082　3/3/106　史部/地
理類/方志之屬/郡縣志

[康熙]金華府志三十卷 （清）張薳修（清）沈麟趾等纂 清宣統元年(1909)嵩連石印本 一冊 存三卷(十三至十五)

330000－1797－0000083 9/1/7 經部/叢編
十三經注疏 （明）□□輯 明崇禎元年至十二年(1628－1639)毛氏汲古閣刻本 十冊存一種

330000－1797－0000085 9/1/8 經部/書類/傳說之屬
書經近指六卷 （清）孫奇逢撰 清康熙十五年(1676)一鶴軒刻本 一冊 存一卷(一)

330000－1797－0000087 4/1/151 集部/別集類/明別集
荷亭辯論八卷荷亭書二卷荷亭集後錄六卷（明）盧格撰 清嘉慶七年(1802)刻本 二冊 存六卷(後錄一至六)

330000－1797－0000090 9/2/11 經部/詩類/傳說之屬
詩經體註大全合參八卷 （清）高朝瓔定（清）沈世楷輯 清康熙五十年(1711)文淵堂刻本 二冊 存二卷(一、三)

330000－1797－0000091 9/1/9 經部/叢編
御纂七經 （清）李光地等撰 清康熙至乾隆內府刻本 十一冊 存一種

330000－1797－0000092 5/1/250 集部/別集類/清別集
定溪詩稿一卷攄懷編一卷 （清）盧標撰 清道光十九年(1839)映台樓刻本 一冊

330000－1797－0000093 9/2/10 經部/書類/傳說之屬
書經體註大全合參六卷 （宋）蔡沈集傳（清）錢希祥輯注 清文淵堂刻本 四冊

330000－1797－0000094 9/2/12 經部/叢編
十三經注疏 （明）□□輯 清刻本 十七冊存一種

330000－1797－0000095 9/2/13 經部/

叢編
十三經注疏 （明）□□輯 明崇禎元年至十二年(1628－1639)毛氏汲古閣刻本 二冊存一種

330000－1797－0000096 9/2/14 經部/叢編
十三經注疏 （明）□□輯 明崇禎元年至十二年(1628－1639)毛氏汲古閣刻本 一冊存一種

330000－1797－0000097 3/4/108.1 子部/醫家類/兒科之屬/痘疹
治疹全書三卷首一卷尾一卷 （清）夏禹鑄原本 （清）呂耀垣 （清）呂耀璣輯 清光緒二十六年(1900)東陽長衢里方氏刻本 一冊

330000－1797－0000098 5/1/251 集部/別集類/明別集
清思集四卷 （明）李有朋撰 清道光十六年(1836)映台樓刻本 一冊

330000－1797－0000099 9/2/17 經部/禮記類/傳說之屬
禮記集說十卷 （元）陳澔撰 清慎詒堂刻文餘堂印本 十冊

330000－1797－0000100 9/2/15 經部/叢編
十三經注疏 （明）□□輯 明崇禎元年至十二年(1628－1639)毛氏汲古閣刻本 一冊存一種

330000－1797－0000101 9/2/16 經部/禮記類/傳說之屬
禮記集說十卷 （元）陳澔撰 清慎詒堂刻本 一冊 存一卷(七)

330000－1797－0000102 4/1/152 集部/別集類/明別集
荷亭辯論八卷荷亭書二卷荷亭集後錄六卷（明）盧格撰 明崇禎十三年(1640)刻本 三冊 缺四卷(書一至二、後錄一至二)

330000－1797－0000103 5/1/253 集部/別集類/清別集

悔木山房詩稿九卷 （清）趙睿榮撰 清道光元年(1821)見大堂刻本 四冊

330000－1797－0000104 5/1/254 集部/別集類/清別集
悔木山房詩稿九卷 （清）趙睿榮撰 清道光元年(1821)見大堂刻本 一冊 存二卷(一至二)

330000－1797－0000106 5/1/255 集部/別集類/清別集
悔木山房詩稿九卷 （清）趙睿榮撰 清道光元年(1821)見大堂刻本 一冊 存三卷(七至九)

330000－1797－0000107 5/1/256 集部/別集類/清別集
悔木山房詩稿九卷 （清）趙睿榮撰 清道光元年(1821)見大堂刻本 二冊 存四卷(一至四)

330000－1797－0000108 4/1/154 集部/總集類/郡邑之屬
金華文畧二十卷 （清）王崇炳輯 清康熙四十八年(1709)蘭谿唐岯菴刻乾隆七年(1742)金華夏氏補刻咸豐至同治學耨堂印本 十四冊

330000－1797－0000109 9/3/21 經部/孝經類/傳說之屬
孝經衍義一百卷首二卷 （清）葉方藹等纂 清康熙刻本 八冊 存三十七卷(三十至三十八、四十四至五十、六十至七十二、八十四至八十六、九十六至一百)

330000－1797－0000110 5/1/257 集部/別集類/清別集
學耨堂詩稿九卷 （清）王崇炳撰 清乾隆刻本 一冊 存二卷(一至二)

330000－1797－0000111 9/3/18 經部/周禮類/傳說之屬
周禮註疏四十二卷 （漢）鄭玄注 （唐）陸德明音義 （唐）賈公彥疏 明末四友堂刻本 八冊 存二十卷(一至二十)

330000－1797－0000112 9/3/22 經部/叢編
十三經注疏 （明）□□輯 明崇禎元年至十二年(1628－1639)毛氏汲古閣刻本 一冊 存一種

330000－1797－0000113 9/3/19 經部/叢編
十三經古注 （明）葛鼐 （明）金蟠校 清刻本 四冊 存一種

330000－1797－0000114 9/3/20 經部/叢編
十三經注疏 （明）□□輯 明崇禎元年至十二年(1628－1639)毛氏汲古閣刻本 二冊 存一種

330000－1797－0000115 9/3/23、9/4/24 子部/儒家類/儒學之屬/經濟
大學衍義補一百六十卷首一卷 （明）丘濬撰 明崇禎陳仁錫刻本 二十四冊 存八十一卷(首、一至八十)

330000－1797－0000117 5/1/258 集部/別集類/明別集
懷沙集二卷 （明）李有朋撰 （清）邵鍾美纂 清道光十六年(1836)映台樓刻本 一冊

330000－1797－0000118 9/4/25 子部/儒家類/儒學之屬/經濟
大學衍義補一百六十卷首一卷 （明）丘濬撰 清刻本 一冊 存四卷(首、一至三)

330000－1797－0000119 9/4/26 經部/四書類/總義之屬/傳說
四書大全三十七卷 （明）胡廣等輯 明崇禎刻本 一冊 存一卷(讀大學法)

330000－1797－0000120 9/4/27 經部/四書類/總義之屬/傳說
四書大全三十七卷 （明）胡廣等輯 明崇禎刻本 一冊 存一卷(孟子一)

330000－1797－0000123 5/1/261 集部/別集類/明別集
蔗園外集不分卷 （明）盧洪遠撰 清順治刻

本　一冊

330000－1797－0000125　9/4/28　經部/四書類/總義之屬/傳說

漱芳軒合纂四書體註　（清）范翔撰　清康熙三十一年（1692）文會堂刻本　六冊

330000－1797－0000126　9/4/29　經部/叢編

十三經注疏　（明）□□輯　明崇禎元年至十二年（1628－1639）毛氏汲古閣刻本　六冊　存一種

330000－1797－0000127　3/2/99　史部/地理類/方志之屬/郡縣志

道光東陽縣志二十七卷首一卷　（清）党金衡修　（清）王恩注纂　清道光十二年（1832）刻本　二冊　存五卷（十八至二十、二十四至二十五）

330000－1797－0000128　9/5/36　經部/春秋左傳類/傳說之屬

春秋左傳（春秋左傳杜林合注）五十卷　（晉）杜預　（宋）林堯叟註釋　（唐）陸德明音義　（明）鍾惺　（明）孫鑛　（明）韓范評點　明宏道堂刻本　十二冊

330000－1797－0000129　9/4/30　經部/四書類/孟子之屬/傳說

孟子集註七卷　（宋）朱熹撰　清初蔚文堂刻本　二冊　存四卷（四至七）

330000－1797－0000130　9/4/31　經部/四書類/孟子之屬/傳說

孟子集註七卷　（宋）朱熹撰　清初尺木堂刻本　一冊　存二卷（六至七）

330000－1797－0000131　9/4/35　經部/四書類/總義之屬/傳說

四書大全三十七卷　（明）胡廣等輯　明末刻本　三冊　存四卷（論語十二至十三、孟子十三至十四）

330000－1797－0000133　9/4/32　經部/四書類/總義之屬/傳說

四書集註大全三十八卷　（明）胡廣等輯　清

康熙友益齋刻本　一冊　存二卷（大學、中庸）

330000－1797－0000134　5/1/260　集部/別集類/清別集

愛吾廬詩集不分卷　（清）張巢閣撰　清沈文涵抄本　一冊

330000－1797－0000136　9/4/33　經部/四書類/總義之屬/傳說

永言堂四書遵註合講十九卷圖說一卷　（清）翁復編　清永言堂刻本　六冊

330000－1797－0000139　9/4/34　經部/四書類/總義之屬/傳說

漱芳軒合纂四書體註　（清）范翔撰　清刻本　四冊

330000－1797－0000141　3/3/104　史部/地理類/方志之屬/郡縣志

［康熙］金華府志三十卷　（清）張薹修　（清）沈麟趾等纂　清康熙二十二年（1683）刻本　四冊　存十三卷（三至五、二十一至三十）

330000－1797－0000142　3/3/105　史部/地理類/方志之屬/郡縣志

［康熙］金華府志三十卷　（清）張薹修　（清）沈麟趾等纂　清康熙二十二年（1683）刻本　一冊　存二卷（十五至十六）

330000－1797－0000143　9/5/38　經部/春秋總義類/傳說之屬

欽定春秋傳說彙纂三十八卷首二卷　（清）王掞等撰　清刻本　十七冊　存二十六卷（首二，一至七、十至十二、十五至二十三、二十五、二十七至二十八、三十六至三十八）

330000－1797－0000144　9/5/39　經部/春秋總義類/傳說之屬

春秋體註大全合參四卷　（清）周熾纂　清文淵堂刻本　四冊

330000－1797－0000145　9/5/37　經部/叢編

通志堂經解一百四十種　（清）成德輯　清康

熙十九年(1680)成德刻本　八冊　存二種

330000－1797－0000147　3/3/103　史部/地理類/方志之屬/郡縣志

[康熙]金華府志三十卷　(清)張蓋修　(清)沈麟趾等纂　清康熙二十二年(1683)刻本　三冊　存七卷(十二至十三、二十六至三十)

330000－1797－0000148　10/1/40　經部/春秋左傳類/傳說之屬

春秋左傳註疏六十卷　(晉)杜預注　(唐)陸德明音義　(唐)孔穎達疏　清嘉慶十八年(1813)四友堂刻本　二十二冊　存四十二卷(五至二十六、四十一至六十)

330000－1797－0000150　2/1/50　史部/政書類/儀制之屬/專志/科舉校規

奏定變通初等小學章程一卷　清宣統元年(1909)鉛印本　一冊

330000－1797－0000153　3/3/107　史部/地理類/方志之屬/郡縣志

[雍正]義烏縣志二十卷首一卷　(清)韓慧基修　(清)沈裕等纂　清雍正五年(1727)刻本　一冊　存二卷(七至八)

330000－1797－0000154　10/2/50　經部/小學類/文字之屬/字書/字典

字彙十二集首一卷末一卷韻法直圖一卷　(明)梅膺祚撰　韻法橫圖一卷　(明)李世澤撰　明末刻本　四冊　存四卷(首,子、辰、未)

330000－1797－0000155　2/1/49.1　史部/傳記類/總傳之屬/郡邑

議事會議長議員履歷不分卷　(清)東陽城議事會纂　清宣統二年(1910)刻本　一冊

330000－1797－0000156　2/1/49.2　史部/傳記類/總傳之屬/郡邑

議事會議長議員履歷不分卷　(清)東陽城議事會纂　清宣統二年(1910)刻本　一冊

330000－1797－0000157　10/2/51　經部/小學類/文字之屬/字書/字典

字彙十二集首一卷末一卷韻法直圖一卷　(明)梅膺祚撰　韻法橫圖一卷　(明)李世澤撰　明末刻本　十二冊　缺四卷(首、末、韻法直圖、韻法橫圖)

330000－1797－0000158　3/3/102　史部/地理類/方志之屬/郡縣志

[光緒]蘭谿縣志八卷首一卷附補遺一卷　(清)秦簧　(清)邵秉經修　(清)唐壬森纂　清光緒十三年至十五年(1887－1889)刻本　八冊　存八卷(首,一、三至八)

330000－1797－0000160　5/2/264　史部/政書類/公牘檔冊之屬

金華縣勸學所文牘不分卷　清宣統三年(1911)鉛印本　一冊

330000－1797－0000161　10/3/52　經部/小學類/音韻之屬/韻書

韻法橫圖一卷　(明)李世澤撰　明刻本　一冊

330000－1797－0000162　10/3/53　類叢部/類書類/專類之屬

新增說文韻府羣玉二十卷　(元)陰時夫輯　(元)陰中夫注　明萬曆刻文光堂重修本　五冊　存五卷(十一至十五)

330000－1797－0000163　10/3/54　類叢部/類書類/專類之屬

新增說文韻府羣玉二十卷　(元)陰時夫輯　(元)陰中夫注　清康熙五十五年(1716)文盛堂、天德堂刻本　十三冊　存十八卷(一至四、六至十九)

330000－1797－0000165　10/1/41　經部/春秋公羊傳類/專著之屬

春秋繁露十七卷　(漢)董仲舒撰　清光緒浙江書局刻本　二冊

330000－1797－0000166　3/2/100　史部/地理類/方志之屬/郡縣志

[道光]永康縣志十二卷首一卷　(清)廖重機　(清)彭元海修　(清)應曙霞　(清)潘國詔纂　清道光十七年(1837)刻本　一冊　存

一卷(十二)

330000－1797－0000167　12/4/97　史部/雜史類/通代之屬

戰國策十卷　（宋）鮑彪校注　（元）吳師道補正　清嘉慶元年(1796)刻本　五冊　存八卷(一至八)

330000－1797－0000168　10/1/42　經部/春秋左傳類/傳說之屬

春秋左傳註疏六十卷　（晉）杜預注　（唐）陸德明音義　（唐）孔穎達疏　明末汲古閣刻本　一冊　存二卷(四十一至四十二)

330000－1797－0000170　10/1/43　經部/春秋左傳類/傳說之屬

春秋左傳(春秋左傳杜林合注)五十卷　（晉）杜預　（宋）林堯叟註釋　（唐）陸德明音義　（明）孫鑛　（明）鍾惺批點　明末刻本　一冊　存三卷(四十二至四十四)

330000－1797－0000171　10/1/44　經部/春秋左傳類/傳說之屬

左傳統箋三十五卷　（清）姜希轍撰　清康熙立敬堂刻本　八冊　存二卷(一至二)

330000－1797－0000172　2/1/46　史部/地理類/山川之屬/合志

寰瀛山水畧四卷首一卷　（清）葛銘撰　清光緒五年(1879)葛氏家塾刻本　二冊

330000－1797－0000173　4/2/155　集部/總集類/郡邑之屬

金華文畧二十卷　（清）王崇炳輯　清康熙四十八年(1709)蘭谿唐屺菴刻乾隆七年(1742)金華夏氏補刻咸豐至同治學耨堂印本　十三冊　缺二卷(二至三)

330000－1797－0000174　4/2/156　集部/總集類/郡邑之屬

金華文畧二十卷　（清）王崇炳輯　清康熙四十八年(1709)蘭谿唐屺菴刻乾隆七年(1742)金華夏氏補刻咸豐至同治學耨堂印本　九冊　缺二卷(十七至十八)

330000－1797－0000175　4/2/157　集部/總集類/郡邑之屬

金華文畧二十卷　（清）王崇炳輯　清康熙四十八年(1709)蘭谿唐屺菴刻乾隆七年(1742)金華夏氏補刻咸豐至同治學耨堂印本　三冊　存四卷(一、四、九至十)

330000－1797－0000176　2/1/45　史部/地理類/山川之屬/合志

寰瀛山水畧四卷首一卷　（清）葛銘撰　清光緒五年(1879)葛氏家塾刻本　一冊　缺二卷(三至四)

330000－1797－0000177　10/1/45　經部/小學類/文字之屬/說文

說文解字注十五卷附六書音韻表五卷　（清）段玉裁撰　**說文部目分韻一卷**　（清）陳煥編　清嘉慶二十年(1815)刻本　四冊　存五卷(八、十、十三、十五,部目分韻)

330000－1797－0000178　5/2/270　類叢部/叢書類/自著之屬

率祖堂叢書(金仁山先生遺書)八種附六種　（宋）金履祥撰　清雍正至乾隆金華金氏刻光緒十三年(1887)鎮海謝駿德補刻本　一冊　存一種

330000－1797－0000179　2/1/44　史部/地理類/山川之屬/合志

寰瀛山水畧四卷首一卷　（清）葛銘撰　清光緒五年(1879)葛氏家塾刻本　二冊

330000－1797－0000180　2/1/42　史部/地理類/山川之屬/合志

寰瀛山水畧四卷首一卷　（清）葛銘撰　清光緒五年(1879)葛氏家塾刻本　二冊

330000－1797－0000181　2/1/43　史部/地理類/山川之屬/合志

寰瀛山水畧四卷首一卷　（清）葛銘撰　清光緒五年(1879)葛氏家塾刻本　一冊　存二卷(三至四)

330000－1797－0000182　10/2/46　經部/小學類/訓詁之屬/爾雅

爾雅註疏十一卷　（晉）郭璞註　（宋）邢昺疏

明末武林文業齋刻本　四冊

330000－1797－0000183　10/2/47　經部/小學類/訓詁之屬/爾雅

爾雅註疏十一卷　（晉）郭璞註　（宋）邢昺疏　清嘉慶十六年(1811)刻本　六冊

330000－1797－0000186　10/2/48　經部/小學類/訓詁之屬/爾雅

爾雅直音二卷　（清）孫侃撰　清吳揚濤抄本　一冊　存一卷(下)

330000－1797－0000187　10/2/49　經部/小學類/文字之屬/說文

說文通訓定聲十八卷分部柬韻一卷說雅一卷古今韻準一卷　（清）朱駿聲撰　清刻本　九冊　存八卷(九至十一、十三至十六、十八)

330000－1797－0000188　4/2/158　集部/總集類/郡邑之屬

金華文畧二十卷　（清）王崇炳輯　清康熙四十八年(1709)蘭谿唐岯菴刻乾隆七年(1742)金華夏氏補刻咸豐至同治學耨堂印本　一冊　存二卷(五至六)

330000－1797－0000189　5/2/271　類叢部/叢書類/自著之屬

金華唐氏遺書五種附一種　（宋）唐仲友撰　（清）張作楠編　清刻本　一冊　存一種

330000－1797－0000190　4/2/159　集部/總集類/郡邑之屬

金華文畧二十卷　（清）王崇炳輯　清康熙四十八年(1709)蘭谿唐岯菴刻乾隆七年(1742)金華夏氏補刻咸豐至同治學耨堂印本　二冊　存四卷(二至三、十九至二十)

330000－1797－0000191　5/2/272　子部/術數類/相宅相墓之屬

羅經指南撥霧集三卷　（清）葉泰撰　清康熙大成齋刻本　一冊

330000－1797－0000192　22/1/1　經部/易類/傳說之屬

易經體註合參四卷　（清）來爾繩纂輯　（清）朱采治　（清）朱之澄編訂　清文苑堂刻本

一冊　存一卷(一)

330000－1797－0000193　4/2/160　類叢部/叢書類/自著之屬

率祖堂叢書(金仁山先生遺書)八種附六種　（宋）金履祥撰　清雍正至乾隆金華金氏刻光緒十三年(1887)鎮海謝駿德補刻本　一冊　存附一種

330000－1797－0000194　4/2/161　類叢部/叢書類/自著之屬

率祖堂叢書(金仁山先生遺書)八種附六種　（宋）金履祥撰　清雍正至乾隆金華金氏刻光緒十三年(1887)鎮海謝駿德補刻本　一冊　存附一種

330000－1797－0000195　4/2/162　集部/別集類/清別集

學耨堂文集八卷　（清）王崇炳撰　清乾隆二十五年(1760)刻五十三年(1788)印本　二冊

330000－1797－0000196　10/3/55　類叢部/類書類/專類之屬

新增說文韻府羣玉二十卷　（元）陰時夫輯　（元）陰中夫注　清康熙大文堂刻本　十六冊　存十六卷(一至三、五至八、十一至十六、十八至二十)

330000－1797－0000197　10/4/56　經部/小學類/文字之屬/字書/字典

康熙字典十二集三十六卷總目一卷檢字一卷辨似一卷等韻一卷補遺一卷備考一卷　（清）張玉書等纂修　清道光七年(1827)刻本　四十冊

330000－1797－0000198　10/5/57　經部/小學類/文字之屬/字書/字典

正字通十二集三十六卷　（明）張自烈撰　（清）廖文英輯　**字彙舊本首一卷**　（明）梅膺祚音釋　清康熙刻本　三十六冊　存三十二卷(子集上中下、丑集上、寅集上中下、卯集中、辰集上中下、巳集上中、午集上中下、未集上中下、申集上中下、酉集上中下、戌集上中下、亥集上中下,字彙舊本首)

330000 – 1797 – 0000199　4/3/163　集部/別集類/清別集

學耨堂文集八卷　（清）王崇炳撰　清乾隆二十五年(1760)刻五十三年(1788)印本　一冊　存四卷(一至四)

330000 – 1797 – 0000200　22/1/2　經部/易類/傳說之屬

周易變□□卷　（明）來知德撰　清康熙刻本　一冊　存一卷(上)

330000 – 1797 – 0000201　2/1/41.1　史部/政書類

東陽縣鄉土歷史教科書四卷　吳允讓編輯　清宣統二年(1910)吟香閣木活字印本　四冊

330000 – 1797 – 0000202　4/3/164　集部/別集類/清別集

學耨堂文集八卷　（清）王崇炳撰　清乾隆二十五年(1760)刻五十三年(1788)印本　二冊　缺三卷(一至三)

330000 – 1797 – 0000203　4/3/165　集部/別集類/清別集

學耨堂文集八卷　（清）王崇炳撰　清乾隆二十五年(1760)刻本　一冊　存二卷(三至四)

330000 – 1797 – 0000204　4/3/166　集部/別集類/清別集

學耨堂文集八卷　（清）王崇炳撰　清乾隆二十五年(1760)刻五十三年(1788)印本　一冊　存二卷(四至五)

330000 – 1797 – 0000205　11/1/58　經部/小學類/文字之屬/說文

說文解字十五卷　（漢）許慎撰　**說文通檢十四卷首一卷末一卷**　（清）黎永椿編　**說文校字記一卷**　（清）陳昌治撰　清同治十二年(1873)番禺陳昌治刻本　十五冊　存十五卷(說文解字一至十五)

330000 – 1797 – 0000207　11/1/59　史部/史評類/史論之屬

陳眉公先生批評太史公司馬氏史記四卷　(明)陳繼儒批點　明末刻本　一冊　存二卷

(三至四)

330000 – 1797 – 0000211　11/1/60　史部/紀傳類/正史之屬

史記一百三十卷　（漢）司馬遷撰　（南朝宋）裴駰集解　（唐）司馬貞索隱　（唐）張守節正義　清初刻本　七冊　存二十八卷(十七至十八、二十九至三十二、四十一至四十七、一百十一至一百十七、一百二十三至一百三十)

330000 – 1797 – 0000212　11/1/61　史部/紀傳類/正史之屬

漢書一百卷　（漢）班固撰　（唐）顏師古注　明末汲古閣刻本　九冊　存二十五卷(二十一至二十二、二十五至三十六、四十七至四十九、五十七至六十、七十至七十三)

330000 – 1797 – 0000213　11/1/62　史部/紀傳類/正史之屬

漢書一百卷　（漢）班固撰　（唐）顏師古注　明末刻本　一冊　存三卷(九十二至九十四)

330000 – 1797 – 0000214　2/1/41.2　史部/政書類

東陽縣鄉土歷史教科書四卷　吳允讓編輯　清宣統二年(1910)吟香閣木活字印本　二冊　存二卷(一、三)

330000 – 1797 – 0000215　11/1/63　史部/史抄類

全史論贊八十一卷　（明）項篤壽輯　明嘉靖四十五年(1566)項氏萬卷堂刻本　一冊　存四卷(前漢書論贊四至六、後漢書論贊一)

330000 – 1797 – 0000217　2/1/40.3　史部/政書類

東陽縣鄉土歷史教科書四卷　吳允讓編輯　清宣統二年(1910)吟香閣木活字印本　一冊　存一卷(一)

330000 – 1797 – 0000218　11/1/64　史部/紀傳類/正史之屬

十七史　（明）毛晉編　明崇禎元年至十七年(1628 – 1644)毛氏汲古閣刻本　一冊　存一種

330000－1797－0000219　2/1/40.1　史部/政書類

東陽縣鄉土地理教科書四卷　吳允讓編輯
清宣統二年(1910)木活字印本　一冊　存二卷(一至二)

330000－1797－0000220　2/1/40.2　史部/政書類

東陽縣鄉土地理教科書四卷　吳允讓編輯
清宣統二年(1910)木活字印本　一冊　存二卷(一至二)

330000－1797－0000221　5/2/273　集部/別集類/宋別集

東萊詩集二十卷　(宋)呂本中撰　清咸豐九年(1859)呂儁孫刻本　四冊

330000－1797－0000222　2/1/39　史部/史評類/史論之屬

讀史蠡測三十二卷　(清)郭維城輯　清乾隆五十八年(1793)刻本　六冊　缺四卷(五至八)

330000－1797－0000223　4/3/167　子部/儒家類/儒學之屬/性理

明東陽孫石臺先生定志編二卷崇祀錄一卷
(明)孫揚撰　清乾隆四十三年(1778)孫氏刻本　一冊

330000－1797－0000224　4/3/168　子部/儒家類/儒學之屬/性理

明孫石臺先生質疑稿三卷　(明)孫揚撰　清乾隆二十年(1755)盧瑩等刻本　一冊

330000－1797－0000225　12/4/94　史部/雜史類/通代之屬

國語二十一卷　(三國吳)韋昭注　(宋)宋庠補音　明萬曆刻本　四冊

330000－1797－0000226　11/2/66　史部/紀傳類/正史之屬

十七史　(明)毛晉編　明崇禎元年至十七年(1628－1644)毛氏汲古閣刻本　十三冊　存一種

330000－1797－0000227　12/4/95　史部/雜史類/通代之屬

國語二十一卷　(三國吳)韋昭注　(宋)宋庠補音　明萬曆刻本　三冊　存十七卷(五至二十一)

330000－1797－0000229　11/2/65　史部/紀傳類/正史之屬

十七史　(明)毛晉編　明崇禎元年至十七年(1628－1644)毛氏汲古閣刻本　十一冊　存一種

330000－1797－0000232　12/4/96　史部/雜史類/通代之屬

戰國策十卷　(宋)鮑彪校注　(元)吳師道補正　清刻本　七冊　存八卷(一至八)

330000－1797－0000233　12/3/87　子部/儒家類/儒學之屬/禮教

五種遺規　(清)陳弘謀輯並撰　清光緒二十一年(1895)浙江書局刻本　十冊

330000－1797－0000234　11/2/67　史部/紀傳類/正史之屬

十七史　(明)毛晉編　明崇禎元年至十七年(1628－1644)毛氏汲古閣刻本　一冊　存一種

330000－1797－0000235　11/2/68　史部/紀傳類/正史之屬

南史八十卷　(唐)李延壽撰　(明)張溥評點　明末刻本　二冊　存十卷(十六至二十一、七十七至八十)

330000－1797－0000236　4/3/169　子部/儒家類/儒學之屬/性理

明孫石臺先生質疑稿三卷　(明)孫揚撰　清乾隆二十年(1755)盧瑩等刻本　一冊

330000－1797－0000237　11/2/69　史部/紀傳類/正史之屬

十七史　(明)毛晉編　明崇禎元年至十七年(1628－1644)毛氏汲古閣刻本　七冊　存一種

330000－1797－0000238　12/3/88　史部/政書類/律令之屬/律例

律例館近年奏案通行不分卷　清抄本　三冊

330000－1797－0000239　4/3/170　子部/儒家類/儒學之屬/性理

明孫石臺先生質疑稿三卷　（明）孫揚撰　清乾隆二十年（1755）盧瑩等刻本　一冊

330000－1797－0000240　22/1/3　經部/易類/傳說之屬

周易本義四卷附圖說一卷新增圖說一卷卦歌一卷　（宋）朱熹撰　清光緒十九年（1893）浙江書局刻本　二冊

330000－1797－0000243　12/3/92　集部/總集類/課藝之屬

浙江詩課九卷浙江考卷一卷浙士解經錄四卷　（清）阮元編　清嘉慶再到亭刻本　一冊　存四卷（浙士解經錄一至四）

330000－1797－0000247　22/1/4　經部/易類/傳說之屬

周易傳義音訓八卷首一卷　（宋）呂祖謙撰
易學啟蒙一卷　（宋）朱熹撰　清同治六年（1867）望三益齋刻本　七冊　缺一卷（易學啟蒙）

330000－1797－0000248　2/1/57　史部/傳記類/總傳之屬

褒忠錄不分卷　清道光刻本　一冊

330000－1797－0000249　4/3/171　史部/傳記類/總傳之屬/通代

尚志錄八卷　（清）吳國濂輯　清光緒十二年（1886）可軒舊館木活字印本　二冊

330000－1797－0000250　2/1/58　史部/傳記類/總傳之屬

褒忠錄四卷　（清）李繼彪輯　清道光四年（1824）暎台樓刻本　二冊

330000－1797－0000253　11/2/70　史部/紀傳類/正史之屬

南北史補志十四卷附贊一卷　（清）汪士鐸撰　清末刻本　五冊　存九卷（三至十一）

330000－1797－0000254　4/3/172　史部/傳

記類/總傳之屬/通代

尚志錄八卷　（清）吳國濂輯　清光緒十二年（1886）可軒舊館木活字印本　一冊　存五卷（一至五）

330000－1797－0000256　11/3/71　史部/史抄類

全史論贊八十一卷　（明）項篤壽輯　明嘉靖四十五年（1566）項氏萬卷堂刻本　一冊　存五卷（史記論贊一至五）

330000－1797－0000257　4/3/174　集部/別集類/明別集

孫石臺先生遺集二卷附錄二卷　（明）孫揚撰　（清）盧衍仁輯　清道光四年（1824）東陽孫氏仰鹿堂刻本　一冊　存二卷（孫石臺先生遺集一至二）

330000－1797－0000260　4/3/175　集部/別集類/明別集

孫石臺先生遺集二卷附錄二卷　（明）孫揚撰　（清）盧衍仁輯　清道光四年（1824）東陽孫氏仰鹿堂刻本　一冊　存二卷（孫石臺先生遺集一至二）

330000－1797－0000261　11/3/72　史部/史抄類

全史論贊八十一卷　（明）項篤壽輯　明嘉靖四十五年（1566）項氏萬卷堂刻本　一冊　存三卷（宋書論贊一至三）

330000－1797－0000262　4/3/176　集部/別集類/明別集

孫石臺先生遺集二卷附錄二卷　（明）孫揚撰　（清）盧衍仁輯　清道光四年（1824）東陽孫氏仰鹿堂刻本　一冊　存二卷（附錄一至二）

330000－1797－0000263　11/3/73　史部/紀傳類/正史之屬

十七史　（明）毛晉編　明崇禎元年至十七年（1628－1644）毛氏汲古閣刻本　三冊　存一種

330000－1797－0000264　2/1/66　史部/地理類/專志之屬/書院

忠清書院志二卷 （清）張振珂輯 清光緒八年(1882)木活字印本 二冊

330000－1797－0000265 2/1/65 史部/地理類/專志之屬/書院

忠清書院志二卷 （清）張振珂輯 清光緒八年(1882)木活字印本 一冊 存一卷(二)

330000－1797－0000266 11/3/74 史部/紀傳類/正史之屬

十七史 （明）毛晉編 明崇禎元年至十七年(1628－1644)毛氏汲古閣刻本 三十冊 存一種

330000－1797－0000267 4/3/177 類叢部/叢書類/自著之屬

盧菊人所著書七種 （清）盧標撰 清道光映台樓刻本 一冊 存二種

330000－1797－0000268 5/2/275 子部/儒家類/儒學之屬

婺學治事文編二卷 （清）繼良輯 清光緒二十四年(1898)孝廉堂刻本 一冊 存一卷(一)

330000－1797－0000270 12/3/86 史部/編年類/通代之屬

資治通鑑綱目五十九卷 （宋）朱熹撰 （明）陳仁錫評 明刻本 一冊

330000－1797－0000271 4/3/178 集部/別集類/清別集

雙桂山房文存二卷 （清）盧耿光撰 清光緒二十三年(1897)留餘堂刻本 一冊 存一卷(二)

330000－1797－0000272 12/3/85 史部/編年類/通代之屬

王鳳洲先生綱鑑正史全編二十四卷 （明）王世貞撰 （明）陳仁錫評 （明）張睿卿輯 清初刻本 八冊 存九卷(十至十四、二十至二十二、二十四)

330000－1797－0000273 2/2/73 史部/傳記類/科舉錄之屬/總錄

貢鄉會試卷暨履歷表不分卷 清末刻本 三

十六冊

330000－1797－0000275 12/3/84 史部/雜史類/通代之屬

重訂路史全本四十七卷 （宋）羅泌撰 （宋）羅苹注 （明）吳弘基等重編 明刻本 一冊 存二卷(七至八)

330000－1797－0000276 5/2/278 子部/儒家類/儒學之屬

治事文編續集二卷 （清）繼良輯 清光緒二十八年(1902)上海書局石印本 二冊

330000－1797－0000277 12/3/83 史部/雜史類/通代之屬

重訂路史全本四十七卷 （宋）羅泌撰 （宋）羅苹注 （明）吳弘基等重編 明刻本 一冊 存二卷(一至二)

330000－1797－0000278 2/2/74.1 史部/傳記類/科舉錄之屬

朱墨入學試卷不分卷 （清）徐宗浩撰 清末抄本 一冊

330000－1797－0000279 11/4/75 史部/紀傳類/正史之屬

明史稿三百十卷目錄三卷 （清）王鴻緒撰 清雍正敬慎堂刻本 六十四冊 存二百二十七卷(目錄一至三,一至四十二、五十六至六十三、六十八至七十七、八十七至八十九、九十四至一百十四、一百二十至一百四十一、一百七十二至一百九十四、一百九十九至二百二十一、二百二十六至二百四十四、二百五十一至二百八十六、二百九十四至三百十)

330000－1797－0000280 12/3/82 史部/編年類/通代之屬

資治通鑑綱目五十九卷 （宋）朱熹撰 明刻本 二冊 存二卷(二十五、五十二)

330000－1797－0000281 12/1/76 史部/編年類/通代之屬

綱鑑會纂三十九卷首一卷 （明）王世貞編 明末刻本 三十四冊 存三十三卷(一至五、七至八、十至十一、十四至二十、二十二至三

十五、三十七至三十九）

330000－1797－0000282　12/3/81　史部/編年類/通代之屬
鼎鍥地田了凡袁先生編纂古本歷史大方綱鑑補三十九卷首一卷　（明）袁黃纂　明寶慶府經綸堂刻本　一冊　存一卷（一）

330000－1797－0000283　4/3/179.1　子部/儒家類/儒學之屬/禮教/家訓
楊忠愍公傳家寶訓三卷救急良方一卷　（明）楊繼盛撰　清光緒二十六年（1900）婺東金盤德芳堂刻本　一冊

330000－1797－0000284　12/2/77　史部/編年類/通代之屬
鼎鍥趙田了凡袁先生編纂古本歷史大方綱鑑補三十九卷首一卷　（明）袁黃纂　清刻本十六冊　存十七卷（二至六、十一、十三至十四、十六、二十二至二十三、二十七至二十八、三十、三十四、三十七、三十九）

330000－1797－0000285　2/2/74.2　史部/傳記類/科舉錄之屬
朱墨入學試卷不分卷　（清）徐宗浩撰　清末抄本　一冊

330000－1797－0000286　2/2/74.3　史部/傳記類/科舉錄之屬
朱墨入學試卷不分卷　（清）徐宗浩撰　清末抄本　一冊

330000－1797－0000287　2/2/74.4　史部/傳記類/科舉錄之屬
朱墨入學試卷不分卷　（清）徐宗浩撰　清末抄本　一冊

330000－1797－0000288　2/2/74.5　史部/傳記類/科舉錄之屬
朱墨入學試卷不分卷　（清）徐宗浩撰　清末抄本　一冊

330000－1797－0000289　2/2/74.6　史部/傳記類/科舉錄之屬
朱墨入學試卷不分卷　（清）徐希源撰　清末抄本　一冊

330000－1797－0000290　2/2/74.7　史部/傳記類/科舉錄之屬
朱墨入學試卷不分卷　（清）徐希源撰　清末抄本　一冊

330000－1797－0000291　12/3/80　史部/編年類/通代之屬
鼎鍥趙田了凡袁先生編纂古本歷史大方綱鑑補三十九卷首一卷　（明）袁黃纂　明刻本一冊　存二卷（首、一）

330000－1797－0000292　2/2/74.8　史部/傳記類/科舉錄之屬
朱墨入學試卷不分卷　（清）徐希源撰　清末抄本　一冊

330000－1797－0000293　2/2/74.9　史部/傳記類/科舉錄之屬
朱墨入學試卷不分卷　（清）徐希源撰　清末抄本　一冊

330000－1797－0000294　2/2/74.10　史部/傳記類/科舉錄之屬
朱墨入學試卷不分卷　（清）徐宗浩撰　清末抄本　一冊

330000－1797－0000295　2/2/74.11　史部/傳記類/科舉錄之屬
朱墨入學試卷不分卷　（清）□□撰　清末抄本　一冊

330000－1797－0000296　2/2/74.12　史部/傳記類/科舉錄之屬
朱墨入學試卷不分卷　（清）□□撰　清末抄本　一冊

330000－1797－0000297　4/3/179.2　子部/儒家類/儒學之屬/禮教/家訓
楊忠愍公傳家寶訓三卷救急良方一卷　（明）楊繼盛撰　清光緒二十六年（1900）婺東金盤德芳堂刻本　一冊　存三卷（楊忠愍公傳家寶訓一至三）

330000－1797－0000298　4/3/179.3　子部/儒家類/儒學之屬/禮教/家訓
楊忠愍公傳家寶訓三卷救急良方一卷　（明）

楊繼盛撰　清光緒二十六年（1900）婺東金盤德芳堂刻本　一冊　存三卷（楊忠愍公傳家寶訓一至三）

330000－1797－0000299　12/2/78　史部/編年類/通代之屬
王鳳洲先生綱鑑正史全編二十四卷　（明）王世貞撰　（明）陳仁錫評　（明）張睿卿輯　明崇禎十二年（1639）刻本　二十冊　存二十卷（一至二十）

330000－1797－0000300　12/2/79　史部/編年類/通代之屬
重訂蘇紫溪先生會纂標題歷朝綱鑑紀要十六卷首一卷　（明）蘇濬輯　明崇禎刻本　二冊　存三卷（十二至十三、十六）

330000－1797－0000302　5/2/274　子部/儒家類/儒學之屬
婺學治事文續編二卷　（清）繼良輯　清末中學堂刻本　一冊　存一卷（一）

330000－1797－0000303　5/2/276　子部/儒家類/儒學之屬
婺學治事文續編二卷　（清）繼良輯　清末孝廉堂刻本　一冊　存一卷（一）

330000－1797－0000304　4/3/181　集部/別集類/宋別集
宋秘書孫氏太白山齋遺稿二卷　（宋）孫德之撰　清道光四年（1824）東山仰鹿堂刻本　二冊

330000－1797－0000305　57/1/30　子部/雜著類/雜考之屬
困學紀聞二十卷　（宋）王應麟撰　清刻本　一冊　存二卷（十至十一）

330000－1797－0000306　5/2/279　子部/儒家類/儒學之屬
婺學治事文續編二卷　（清）繼良輯　清光緒二十八年（1902）鉛印本　一冊

330000－1797－0000307　4/3/182、4/3/183　集部/別集類/宋別集
宋秘書孫氏太白山齋遺稿二卷　（宋）孫德之撰　清道光四年（1824）東山仰鹿堂刻本二冊

330000－1797－0000308　5/2/277　子部/儒家類/儒學之屬
婺學治事文編二卷　（清）繼良輯　清光緒鉛印本　一冊　存一卷（下）

330000－1797－0000310　12/4/98　史部/史抄類
廿一史約編八卷首一卷　（清）鄭元慶撰　清康熙刻本　八冊

330000－1797－0000317　5/3/280　類叢部/叢書類/郡邑之屬
金華叢書六十八種　（清）胡鳳丹編　清同治七年至光緒八年（1868－1882）永康胡氏退補齋刻民國補刻本　三冊　存二種

330000－1797－0000318　15/5/143　類叢部/類書類/通類之屬
新編古今事文類聚前集六十卷後集五十卷續集二十八卷別集三十二卷　（宋）祝穆編　新集三十六卷外集十五卷　（元）富大用編　明萬曆刻本　一冊　存三卷（二十二至二十四）

330000－1797－0000324　12/4/99　史部/叢編
皇明史概五種一百二十一卷　（明）朱國楨輯　明崇禎五年（1632）刻本　四冊　存一種

330000－1797－0000325　12/4/100　史部/叢編
皇明史概五種一百二十一卷　（明）朱國楨輯　明末刻本　一冊　存一種

330000－1797－0000326　15/5/144　類叢部/類書類/通類之屬
類林新咏三十六卷　（清）姚之駰撰　清刻本　八冊　存二十四卷（四至十三、十七至十九、二十四至三十四）

330000－1797－0000327　12/4/101　史部/政書類/通制之屬
古今治平署三十三卷　（明）朱健撰　明崇禎十一年（1638）鍾鈜刻本　二冊　存二卷（十

五、十七)

330000－1797－0000328　4/3/188　集部/別集類/清別集

竹鄉文稿不分卷　（清）胡筠撰　清同治八年(1869)文華堂刻本　一冊

330000－1797－0000329　12/4/102　史部/史評類/史論之屬

重訂歷朝捷錄六卷　（明）顧充撰　明末刻本　一冊　存三卷(一至三)

330000－1797－0000330　12/4/103　史部/雜史類/斷代之屬

蜀碧四卷　（清）彭遵泗撰　清乾隆十年(1745)刻本　一冊

330000－1797－0000332　12/5/104　集部/別集類/唐五代別集

唐陸宣公集二十二卷　（唐）陸贄撰　明萬曆三十四年(1606)吳繼武光裕堂刻本　三冊　存十八卷(一至十四、十九至二十二)

330000－1797－0000334　4/3/189　集部/總集類/郡邑之屬

金薤集不分卷　（清）樓上層輯　清刻本　一冊

330000－1797－0000336　12/5/105　史部/政書類/通制之屬

文獻通考正續合纂四十四卷　（清）郎星等輯　清康熙三年(1664)刻本　十六冊　存二十二卷(文獻通考纂一至二十二)

330000－1797－0000338　12/5/106　史部/政書類/通制之屬

文獻通考正續合纂四十四卷　（清）郎星等輯　清康熙刻本　八冊　存二十二卷(續文獻通考纂一至二十二)

330000－1797－0000339　4/3/192　集部/別集類/清別集

上林集一卷　（清）釋德寧撰　清康熙刻本　一冊

330000－1797－0000341　13/4/108　史部/

編年類/通代之屬

尺木堂綱鑑易知錄九十二卷明鑑易知錄十五卷　（清）吳乘權　（清）周之炯　（清）周之燦輯　清刻本　二十八冊

330000－1797－0000345　13/5/109　史部/史抄類

史書纂略二百二十卷　（明）馬維銘輯　明末刻本　三十八冊　存一百三十二卷(列國五至十、秦一、西漢一至二十三、東漢一至六、三國一至八、晉一至二十、隋一至五、魏至齊一至六、唐一至三十六、五代一至六、宋一至七、元一至八)

330000－1797－0000346　14/5/123　史部/地理類/總志之屬/斷代

廣輿記二十四卷　（明）陸應陽輯　明萬曆二十八年(1600)刻本　二冊　存十一卷(一至十一)

330000－1797－0000348　14/5/124　史部/地理類/總志之屬/斷代

廣輿記二十四卷　（明）陸應陽輯　明末刻本　一冊　存四卷(二十一至二十四)

330000－1797－0000349　14/5/125　類叢部/叢書類/自著之屬

蘇齋叢書十八種　（清）翁方綱撰　清乾隆至嘉慶刻彙印本　四冊　存一種

330000－1797－0000350　14/1/110、14/2/110、14/3/110　史部/編年類/通代之屬

資治通鑑二百九十四卷　（宋）司馬光撰　（元）胡三省音注　（明）陳仁錫評　**通鑑釋文辯誤十二卷**　（元）胡三省撰　明天啟五年(1625)陳仁錫刻本　八十九冊　存八十九卷(一至十、三十一至三十六、三十八至四十、五十一至一百二十)

330000－1797－0000353　14/5/126　經部/書類/分篇之屬

禹貢圖說一卷　（清）馬俊良繪　清刻本　一冊

330000－1797－0000354　14/4/119　類叢

部/叢書類/彙編之屬

水經山海經合刻二種 （清）項薩編 清康熙
刻本 四冊 存一種

330000－1797－0000355 22/1/5 經部/
叢編

茹氏經學十二種 （清）茹敦和撰 清乾隆刻
本 一冊 存一種

330000－1797－0000356 14/5/127 史部/
地理類/山川之屬/山志

清涼山志十卷 （明）釋鎮澄撰 （清）釋阿王
老藏補 清乾隆二十年(1755)刻本 三冊
存八卷(一至八)

330000－1797－0000357 14/4/120 史部/
地理類/方志之屬/通志

[雍正]敕修浙江通志二百八十卷首三卷
（清）李衛 （清）嵇曾筠等修 （清）沈翼機
（清）傅王露等纂 清乾隆元年(1736)刻本
二十二冊 存二十三卷(五至六、九、十二、
十四、十七至二十二、二十九至三十六、四十、
八十至八十二)

330000－1797－0000358 22/1/6 經部/易
類/傳說之屬

御纂周易折中二十二卷首一卷 （清）李光地
等撰 清刻本 六冊 存十二卷(一至六、十
一、十三至十四、十七至十九)

330000－1797－0000359 22/1/7 經部/易
類/傳說之屬

御纂周易折中二十二卷首一卷 （清）李光地
等撰 清刻本 一冊 存二卷(三至四)

330000－1797－0000360 14/4/121 史部/
地理類/方志之屬/郡縣志

[乾隆]杭州府志一百十卷首六卷 （清）鄭澐
修 （清）邵晉涵纂 清乾隆刻本 十一冊
存二十三卷(六、三十至三十二、三十五至三
十七、四十七至四十八、六十二至七十一、九
十九至一百、一百三至一百四)

330000－1797－0000364 15/1/129 史部/
政書類/儀制之屬/典禮

國朝宮史續編一百卷 （清）慶桂等纂修 清
嘉慶內府抄本 二冊 存二卷(三、二十)

330000－1797－0000365 14/3/112 史部/
紀事本末類/斷代之屬

明史紀事本末八十卷 （清）谷應泰撰 清刻
本 四冊 存十六卷(十三至十五、十八至二
十一、二十八至三十六)

330000－1797－0000366 14/3/118 史部/
紀事本末類/斷代之屬

明史紀事本末八十卷 （清）谷應泰撰 清順
治十五年(1658)刻本 一冊 存四卷(一至
四)

330000－1797－0000368 14/3/111 史部/
紀事本末類/斷代之屬

明史紀事本末八十卷 （清）谷應泰撰 清刻
本 八冊 存三十三卷(五至十二、二十二至
二十七、三十七至四十五、六十七至七十六)

330000－1797－0000370 14/3/113 史部/
紀事本末類/斷代之屬

明史紀事本末八十卷 （清）谷應泰撰 清刻
本 二冊 存六卷(十六至十七、五十一至五
十四)

330000－1797－0000371 14/5/122 史部/
地理類/山川之屬/山志

重修南海普陀山志二十卷首一卷 （清）秦耀
曾輯 清道光二十三年(1843)刻本 三冊
存十七卷(首、一至十六)

330000－1797－0000374 5/3/283 集部/總
集類/氏族之屬

鄭氏奕葉吟集八卷 （清）鄭梿重編 清道光
刻本 一冊 存四卷(一至四)

330000－1797－0000376 14/3/114 史部/
紀事本末類/斷代之屬

明史紀事本末八十卷 （清）谷應泰撰 清刻
本 一冊 存四卷(六十三至六十六)

330000－1797－0000377 14/3/115 史部/
紀事本末類/斷代之屬

明史紀事本末八十卷 （清）谷應泰撰 清刻

本 一冊 存六卷（五十五至六十）

330000－1797－0000378 3/4/111 子部/醫
家類/兒科之屬/痘疹
治疹全書三卷首一卷尾一卷 （清）夏禹鑄原
本 （清）呂耀垣 （清）呂耀璣輯 清光緒二
十六年（1900）東陽長衢里方氏刻民國十年
（1921）古大化里重印本 二冊

330000－1797－0000379 14/3/116 史部/
紀事本末類/斷代之屬
明史紀事本末八十卷 （清）谷應泰撰 清刻
本 一冊 存二卷（六十一至六十二）

330000－1797－0000380 14/3/117 史部/
紀事本末類/斷代之屬
明史紀事本末八十卷 （清）谷應泰撰 清刻
本 一冊 存五卷（四十六至五十）

330000－1797－0000382 3/4/112 子部/醫
家類/兒科之屬/痘疹
保赤全生錄二卷 （清）陳文杰輯 清光緒二
十六年（1900）陳敦善堂木活字印本 一冊

330000－1797－0000386 5/3/282 集部/別
集類/清別集
樂清軒詩鈔十二卷 （清）鄭祖芳撰 清道光
鄭祖芳刻本 一冊 存四卷（一至四）

330000－1797－0000387 2/5/94 史部/地
理類/方志之屬/郡縣志
道光東陽縣志二十七卷首一卷 （清）党金衡
纂修 清道光抄本 一冊 存三卷（二十三
至二十五）

330000－1797－0000389 2/2/70 史部/政
書類/公牘檔冊之屬
北京金華會館徵信錄不分卷 清道光二十九
年（1849）刻本 一冊

330000－1797－0000390 2/5/93 史部/地
理類/方志之屬/郡縣志
[康熙]新修東陽縣志二十二卷首一卷末一卷
（清）胡啓甲 （清）俞允撰修 （清）趙衍
等纂 清康熙二十年（1681）刻本 六冊 存
七卷（四至六、十八至二十一）

330000－1797－0000391 16/6/203 子部/
宗教類/佛教之屬/大藏
徑山藏 明萬曆十七年（1589）至清嘉慶五
臺、嘉興、徑山等地刻本 二冊 存二十四種

330000－1797－0000392 16/6/204 子部/
宗教類/道教之屬/戒律
太上感應篇圖說不分卷 （清）張綺輯 清刻
本 二冊

330000－1797－0000393 22/1/8 經部/
易類
漢魏二十一家易注三十三卷 （清）孫堂輯
清嘉慶四年（1799）平湖孫氏映雪草堂刻本
八冊

330000－1797－0000394 16/1/149 子部/
儒家類/儒家之屬
孔子家語八卷 （明）何孟春注 明末刻本
四冊

330000－1797－0000395 3/4/113 子部/醫
家類/兒科之屬/痘疹
重刊保赤全生錄二卷 （清）陳文杰輯 清光
緒二十六年（1900）陳敦善堂木活字印本
一冊

330000－1797－0000397 16/1/150 子部/
叢編
諸子彙函二十六卷 （明）歸有光編 明天啓
六年（1626）刻本 三冊 存四卷（十九至二
十二）

330000－1797－0000398 3/4/114 子部/醫
家類/兒科之屬/痘疹
重刊保赤全生錄二卷 （清）陳文杰輯 清光
緒二十六年（1900）陳敦善堂木活字印本
一冊

330000－1797－0000399 16/1/151 子部/
雜著類/雜考之屬
困學紀聞二十卷 （宋）王應麟撰 明末刻本
二冊 存六卷（三至八）

330000－1797－0000400 5/3/285 集部/別
集類/清別集

風希堂詩集六卷文集四卷 （清）戴殿泗撰
清道光八年(1828)戴聰九靈山房刻本 一冊
存二卷(文集三至四)

330000－1797－0000401 16/1/152 子部/
雜著類/雜考之屬

困學紀聞二十卷 （宋）王應麟撰 （清）閻若
璩箋 清乾隆三年(1738)馬氏叢書樓刻本
四冊

330000－1797－0000402 16/1/153 子部/
雜著類

新增格古要論十三卷 （明）曹昭撰 （明）舒
敏編 （明）王佐增補 明末刻本 二冊 存
五卷(三至四、七至九)

330000－1797－0000403 16/6/206 史部/
地理類/專志之屬/寺觀

洛陽伽藍記五卷 （北魏）楊衒之撰 清刻本
一冊 存四卷(一至四)

330000－1797－0000404 16/6/207 子部/
道家類

莊子南華真經□□卷 明萬曆刻本 一冊
存一卷(三)

330000－1797－0000405 16/6/202 集部/
戲劇類/雜劇之屬

此宜閣增訂金批西廂記四卷首一卷末一卷
（元）王德信撰 （清）金人瑞評 清乾隆六十
年(1795)此宜閣刻朱墨套印本 三冊 存三
卷(首、二至三)

330000－1797－0000406 16/1/154 史部/
地理類/雜志之屬

帝京景物略八卷 （明）劉侗 （明）于奕正撰
明末刻本 一冊 存一卷(五)

330000－1797－0000407 16/6/201 子部/
小說家類/異聞之屬

山海經十八卷 （晉）郭璞傳 明刻本 一冊
存五卷(一至五)

330000－1797－0000408 16/6/200 類叢
部/叢書類/彙編之屬

經訓堂叢書二十一種 （清）畢沅編 清乾隆

至嘉慶鎮洋畢氏刻本 一冊 存一種

330000－1797－0000409 16/1/155 子部/
雜著類/雜考之屬

日知錄三十二卷 （清）顧炎武撰 清康熙三
十四年(1695)潘耒經義齋刻本 七冊 存十
五卷(一至七、十一至十三、二十至二十二、三
十一至三十二)

330000－1797－0000410 3/4/115 子部/醫
家類/兒科之屬/痘疹

保赤全生錄二卷 （清）陳文杰輯 清刻本
一冊 存一卷(下)

330000－1797－0000411 16/1/156 子部/
雜著類/雜說之屬

七修類藁五十一卷續藁七卷 （明）郎瑛撰
清乾隆四十年(1775)周榮耕煙草堂刻本 六
冊 存十九卷(一至九、二十四至三十三)

330000－1797－0000412 16/6/199 子部/
小說家類/異聞之屬

山海經廣注十八卷 （清）吳任臣撰 清康熙
六年(1667)刻本 三冊 存九卷(一至五、十
五至十八)

330000－1797－0000413 16/1/157 子部/
雜著類/雜說之屬

七修類藁五十一卷續藁七卷 （明）郎瑛撰
清乾隆刻本 二冊 存四卷(續藁一至四)

330000－1797－0000414 16/6/205 集部/
曲類/寶卷之屬

重刊觀世音菩薩本行經簡集二卷 （宋）釋普
明編集 （清）釋淨宏簡行 明刻本 一幅

330000－1797－0000415 16/1/158 類叢
部/叢書類/彙編之屬

知不足齋叢書一百九十六種 （清）鮑廷博編
（清）鮑志祖續編 清乾隆三十七年至道光
三年(1772－1823)長塘鮑氏刻彙印本 一冊
存一種

330000－1797－0000416 16/1/159 子部/
藝術類/書畫之屬/總論

庚子銷夏記八卷 （清）孫承澤撰 清乾隆二

十六年（1761）刻本　四册

330000－1797－0000417　16/2/160　類叢部/類書類/通類之屬

格致鏡原一百卷　（清）陳元龍撰　清乾隆刻本　二十三册　存七十二卷（四至六、十六至五十二、六十至六十九、七十六至九十一、九十五至一百）

330000－1797－0000418　4/3/173　史部/傳記類/總傳之屬/通代

尚志錄八卷　（清）吳國濂輯　清光緒十二年（1886）可軒舊館木活字印本　一册　存三卷（六至八）

330000－1797－0000419　5/3/287　集部/別集類/元別集

竹谿稿六卷　（元）呂浦撰　清木活字印本　一册

330000－1797－0000420　5/3/286　集部/別集類/元別集

竹谿稿六卷　（元）呂浦撰　清木活字印本　一册

330000－1797－0000421　16/2/161　類叢部/類書類/通類之屬

格致鏡原一百卷　（清）陳元龍撰　清乾隆刻本　一册　存二卷（三十五至三十六）

330000－1797－0000422　16/6/194　集部/小說類/長篇之屬

新刻八仙出處東游記二卷　（明）吳元泰撰　清刻本　一册　存一卷（下）

330000－1797－0000424　5/3/288.1　集部/別集類/明別集

石厓稿二卷　（明）呂璠撰　清道光二十三年（1843）木活字印本　一册

330000－1797－0000425　5/3/288.2　集部/別集類/明別集

雙泉稿九卷　（明）呂文燨撰　清道光木活字印本　二册

330000－1797－0000426　16/6/195　集部/

小說類/長篇之屬

刻全像五顯靈官大帝華光天王傳四卷　（明）余象斗撰　清刻本　一册　存二卷（三至四）

330000－1797－0000427　16/6/196　集部/小說類/長篇之屬

刻全像五顯靈官大帝華光天王傳四卷　（明）余象斗撰　明刻本　一册　存二卷（一至二）

330000－1797－0000428　16/2/162　類叢部/類書類/通類之屬

廣事類賦四十卷　（清）華希閔撰　清康熙刻本　一册　存三卷（一至三）

330000－1797－0000429　16/6/197　集部/小說類/長篇之屬

繡像西遊記四卷　（明）楊致和編　清繡谷錦盛堂刻本　一册　存二卷（一至二）

330000－1797－0000430　16/6/198　子部/小說家類/異聞之屬

山海經廣注十八卷　（清）吳任臣撰　清康熙六年（1667）刻本　一册　存三卷（一至三）

330000－1797－0000434　16/6/191　集部/小說類/長篇之屬

評論出像水滸傳七十五卷七十回　（元）施耐庵撰　（清）金人瑞評　清刻本　一册　存一卷（二）

330000－1797－0000435　16/6/193　集部/小說類/長篇之屬

評論出像水滸傳七十五卷七十回　（元）施耐庵撰　（清）金人瑞評　清順治刻本　一册　存一卷（十二）

330000－1797－0000436　16/6/190　集部/小說類/長篇之屬

評論出像水滸傳七十五卷七十回　（元）施耐庵撰　（清）金人瑞評　清順治刻本　一册　存一卷（六）

330000－1797－0000437　16/4/181　集部/小說類/長篇之屬

四大奇書第一種五十一卷一百二十回　（明）羅本撰　（清）金人瑞批　（清）毛宗崗評　清

刻本　七冊　存二十卷(一至十五、三十七至三十九、四十三至四十四)

330000－1797－0000438　16/6/184　集部/小說類/長篇之屬

四大奇書第一種五十一卷一百二十回　（明）羅本撰　（清）金人瑞批　（清）毛宗崗評　清刻本　一冊　存三卷(十八至二十)

330000－1797－0000439　16/2/163　史部/傳記類/總傳之屬/通代

尚友錄二十二卷補遺一卷　（明）廖用賢輯（清）張伯琮補輯　清康熙刻古婺正業堂修補印本　二十冊

330000－1797－0000440　16/6/185　集部/小說類/長篇之屬

四大奇書第一種十九卷一百二十回首一卷（明）羅本撰　（清）毛宗崗評　清順治刻本一冊　存一卷(六)

330000－1797－0000441　16/3/164　類叢部/類書類/通類之屬

淵鑑類函四百五十卷目錄四卷　（清）張英（清）王士禎等輯　清康熙刻本　十三冊　存三十四卷(十二至十四、三十六至三十八、一百七至一百九、一百三十至一百三十一、一百八十六至一百八十八、二百三十五至二百三十七、二百八十三至二百八十五、三百二至三百六、三百八十九至三百九十一、四百三十至四百三十一、四百三十三至四百三十六)

330000－1797－0000442　16/6/183　集部/小說類/長篇之屬

四大奇書第一種十九卷一百二十回首一卷（明）羅本撰　（清）毛宗崗評　清刻本　一冊存一卷(十五)

330000－1797－0000443　16/6/187　集部/小說類/長篇之屬

四大奇書第一種十九卷一百二十回首一卷（明）羅本撰　（清）毛宗崗評　清刻本　一冊存一卷(四)

330000－1797－0000444　16/6/188　集部/

小說類/長篇之屬

四大奇書第一種十九卷一百二十回首一卷（明）羅本撰　（清）毛宗崗評　清順治刻本一冊　存一卷(七)

330000－1797－0000445　16/3/165　類叢部/類書類/專類之屬

子史精華一百六十卷　（清）吳士玉　（清）吳襄等輯　清雍正五年(1727)刻本　九冊　存四十卷(一至四十)

330000－1797－0000446　16/6/186　集部/小說類/長篇之屬

四大奇書第一種十九卷一百二十回首一卷（明）羅本撰　（清）毛宗崗評　清順治刻本一冊　存一卷(五)

330000－1797－0000447　23/1/11　經部/詩類/傳說之屬

詩經體註大全合參八卷　（清）高朝瓔定（清）沈世楷輯　清康熙五十年(1711)文淵堂刻本　仁卿題簽　四冊

330000－1797－0000448　16/6/189　集部/小說類/長篇之屬

第一才子書六十卷一百二十回　（明）羅本撰（清）毛宗崗評　清刻本　一冊　存四卷(五十七至六十)

330000－1797－0000449　23/1/12　經部/詩類/傳說之屬

欽定詩經傳說彙纂二十一卷首二卷詩序二卷（清）王鴻緒等纂　清刻本　一冊　存一卷(四)

330000－1797－0000450　23/1/13　經部/詩類/傳說之屬

詩經旁訓辨體合訂四卷　（清）徐立綱輯　清奎照樓刻本　鶴鳴題簽　二冊

330000－1797－0000451　23/1/16　經部/詩類/傳說之屬

詩經旁訓辨體合訂四卷　（清）徐立綱輯　清刻本　兹道題簽　三冊

330000－1797－0000453　23/1/14　經部/詩

類/傳說之屬

詩經旁訓辨體合訂四卷 （清）徐立綱輯　清五鳳樓刻本　四冊

330000－1797－0000454　23/1/15　經部/叢編

五經旁訓 （清）徐立綱撰　清同治十二年(1873)聚奎堂刻本　昌文題簽　三冊　存一種

330000－1797－0000455　16/3/166　集部/小說類/長篇之屬

岳武穆精忠傳六卷六十八回 （明）□□刪訂　（明）鄒元標編訂　清康熙刻本　四冊　存四卷(二至三、五至六)

330000－1797－0000456　16/6/192　集部/小說類/長篇之屬

第五才子書水滸傳七十五卷七十回 （元）施耐庵撰　（清）金人瑞評　清末刻本　一冊　存一卷(九)

330000－1797－0000457　16/3/167　集部/小說類/長篇之屬

西遊真詮一百回 （清）陳士斌詮解　清刻本　六冊　存二十八回(五至二十二、三十三至三十八、四十四至四十七)

330000－1797－0000458　16/3/168　集部/小說類/長篇之屬

西遊真詮一百回 （清）陳士斌詮解　清刻本　一冊　存五回(二十三至二十七)

330000－1797－0000459　4/4/193　集部/別集類/清別集

一鳴集六卷首一卷 （清）何豫撰　清同治十年(1871)雙桂軒刻本　四冊　存五卷(首、一、三、五至六)

330000－1797－0000460　16/3/169　集部/小說類/長篇之屬

西遊真詮一百回 （清）陳士斌詮解　清刻本　一冊　存五回(五十一至五十五)

330000－1797－0000461　3/4/117　子部/醫家類/綜合之屬/通論

疑似辨證二卷 （清）韋佩寬輯　清宣統二年(1910)木活字印本　二冊

330000－1797－0000462　4/4/194　集部/別集類/清別集

一鳴集六卷首一卷 （清）何豫撰　清同治十年(1871)雙桂軒刻本　二冊　存二卷(二、六)

330000－1797－0000463　5/3/290　集部/別集類/清別集

完石齋集六卷 （清）徐琛撰　清康熙五十九年(1720)刻本　一冊　存三卷(一至三)

330000－1797－0000464　16/4/170　集部/小說類/長篇之屬

醉醒石十五回 （明）東魯古狂生撰　明末刻本　一冊　存二回(一至二)

330000－1797－0000465　4/4/195　集部/別集類/清別集

一鳴集六卷首一卷 （清）何豫撰　清咸豐四年(1854)雙桂軒刻本　六冊

330000－1797－0000467　23/1/17　經部/詩類/傳說之屬

旁訓辨體合訂毛詩讀本四卷 　清文奎堂刻本　三冊　存三卷(一、三至四)

330000－1797－0000468　4/4/196　集部/別集類/清別集

一鳴集六卷首一卷 （清）何豫撰　清咸豐四年(1854)雙桂軒刻本　二冊　存二卷(二至三)

330000－1797－0000470　4/4/197　子部/儒家類/儒學之屬/禮教

日省編十二卷 （清）胡以彩輯　清乾隆六十年(1795)刻本　三冊　缺三卷(四至六)

330000－1797－0000471　3/4/119　子部/醫家類/婦科之屬/產科

達生編二卷 （清）亟齋居士撰　清光緒三十一年(1905)刻本　一冊

330000－1797－0000472　23/1/19　經部/詩

類/傳說之屬

詩經旁訓辨體合訂四卷 （清）徐立綱輯　清掃葉山房刻本　桂坡致題記　一冊　存一卷（一）

330000－1797－0000473　23/1/20　經部/詩類/傳說之屬

詩經旁訓辨體合訂四卷 （清）徐立綱輯　清刻本　韋雍元題簽　一冊　存二卷（三至四）

330000－1797－0000474　23/1/21　經部/詩類/傳說之屬

旁訓辨體合訂毛詩讀本四卷　清慎言堂刻本　應昔題簽　一冊　存一卷（一）

330000－1797－0000475　4/4/198　集部/別集類/元別集

元鹿皮子集四卷 （元）陳樵撰　（清）王崇炳重輯　清刻本　一冊　存三卷（二至四）

330000－1797－0000477　23/1/22　經部/詩類/傳說之屬

旁訓辨體合訂毛詩讀本四卷　清刻本　樓永仁題簽　一冊　存一卷（二）

330000－1797－0000478　23/1/23　經部/詩類/傳說之屬

旁訓辨體合訂毛詩讀本四卷　清刻本　相琴題簽　一冊　存一卷（二）

330000－1797－0000479　23/1/24　經部/詩類/傳說之屬

詩經旁訓辨體合訂四卷 （清）徐立綱輯　清光緒五年（1879）永言堂刻本　桂芳氏題記　一冊　存一卷（一）

330000－1797－0000480　23/1/25　經部/詩類/傳說之屬

詩經旁訓辨體合訂四卷 （清）徐立綱輯　清刻本　一冊　存二卷（三至四）

330000－1797－0000482　16/3/171　子部/小說家類/雜事之屬

世說新語六卷 （南朝宋）劉義慶撰　（南朝梁）劉孝標注　明嘉靖十四年（1535）三畏堂刻本　三冊

330000－1797－0000483　5/3/294　集部/別集類/明別集

程文恭公遺稿三十二卷 （明）程文德撰　明萬曆十二年（1584）永康程光裕刻本　五冊　缺十卷（一至四、十至十五）

330000－1797－0000484　4/4/199　集部/總集類/彙編之屬

白雲洞山集遺三卷首一卷 （清）張振珂編輯　清光緒九年（1883）刻本　一冊

330000－1797－0000485　3/4/121.1　子部/農家農學類/蠶桑之屬

桑蠶說不分卷 （清）江毓昌編　清光緒東陽縣署木活字印本　一冊

330000－1797－0000486　4/4/200　集部/總集類

桂坡外集詩四卷文二卷　清道光刻本　二冊

330000－1797－0000487　5/3/295　子部/儒家類/儒學之屬/勸學

輶軒語七卷 （清）張之洞撰　清光緒二年（1876）永康胡氏退補齋刻本　一冊

330000－1797－0000488　16/4/172　子部/小說家類/雜事之屬

世說新語補四卷 （明）何良俊撰補　（明）王世貞刪定　明萬曆十三年（1585）刻本　一冊

330000－1797－0000489　16/4/172.1　子部/小說家類/雜事之屬

世說新語補二十卷 （南朝宋）劉義慶撰　（南朝梁）劉孝標注　（明）何良俊增補　（明）王世貞刪定　（明）王世懋批釋　（明）張文柱校注　清乾隆茂清書屋刻本　一冊　存二卷（十五至十六）

330000－1797－0000490　16/4/174　集部/小說類/長篇之屬

東周列國志二十三卷一百八回 （清）蔡奡評點　清乾隆十七年（1752）尚友泉刻本　五冊　存四卷（三至四、九、十七）

330000－1797－0000491　16/4/173　集部/小說類/長篇之屬

東周列國志二十三卷一百八回 （清）蔡奡評
點 清乾隆泰和堂刻本 二十三冊

330000－1797－0000492 16/4/175 集部/
小說類/長篇之屬
東周列國志二十三卷一百八回 （清）蔡奡評
點 清乾隆刻本 一冊 存一卷（十二）

330000－1797－0000493 23/1/27 經部/詩
類/傳說之屬
詩經集傳八卷 （宋）朱熹撰 清聚奎堂刻本
二冊 存四卷（一至四）

330000－1797－0000495 16/5/182 集部/
小說類/長篇之屬
東周列國全志二十三卷一百八回 （清）蔡奡
評點 清乾隆十七年（1752）刻本 十二冊

330000－1797－0000496 16/4/176 集部/
小說類/長篇之屬
東周列國志二十三卷一百八回 （清）蔡奡評
點 清乾隆刻本 二冊 存二卷（二十二至
二十三）

330000－1797－0000497 16/4/177 集部/
小說類/長篇之屬
東周列國志二十三卷一百八回 （清）蔡奡評
點 清刻本 一冊 存一卷（五）

330000－1797－0000498 16/4/178 集部/
小說類/長篇之屬
東周列國志二十三卷一百八回首一卷 （清）
蔡奡評點 清乾隆漁古山房刻本 一冊 存
二卷（首）

330000－1797－0000499 23/4/17 經部/
叢編
遵阮本重校印十三經注疏并校勘記 （清）阮
元撰校勘記 （清）盧宣旬摘錄校勘記 清石
印本 一冊 存一種

330000－1797－0000500 16/4/179 集部/
小說類/長篇之屬
東周列國志二十三卷一百八回首一卷 （清）
蔡奡評點 清乾隆十七年（1752）大成堂刻本
一冊 存二卷（首）

330000－1797－0000501 3/4/121.2 子部/
農家農學類/蠶桑之屬
桑蠶說不分卷 （清）江毓昌編 清光緒東陽
縣署木活字印本 一冊

330000－1797－0000502 3/4/121.3 子部/
農家農學類/蠶桑之屬
桑蠶說不分卷 （清）江毓昌編 清光緒東陽
縣署木活字印本 一冊

330000－1797－0000503 3/4/121.4 子部/
農家農學類/蠶桑之屬
桑蠶說不分卷 （清）江毓昌編 清光緒東陽
縣署木活字印本 一冊

330000－1797－0000504 3/4/121.5 子部/
農家農學類/蠶桑之屬
桑蠶說不分卷 （清）江毓昌編 清光緒東陽
縣署木活字印本 一冊

330000－1797－0000505 23/1/26 經部/詩
類/傳說之屬
詩經集傳八卷 （宋）朱熹撰 清慎詒堂刻本
陳公進題籤 一冊 存三卷（六至八）

330000－1797－0000506 4/4/202 集部/總
集類
桂坡集詩十六卷文二卷 清道光刻本 一冊
存四卷（四至七）

330000－1797－0000507 5/4/313 史部/傳
記類/別傳之屬
祭朱一新文及輓聯集一卷 （清）朱懷新編
清光緒刻本 一冊

330000－1797－0000508 23/1/28 經部/詩
類/傳說之屬
詩經集傳八卷 （宋）朱熹撰 清慎詒堂刻本
鶴輝題籤 二冊 存四卷（五至八）

330000－1797－0000509 4/4/201 集部/總
集類
桂坡集文二卷外集二卷續一卷 清道光刻本
一冊

330000－1797－0000510 17/5/261 子部/

術數類/相宅相墓之屬

陽宅集成八卷 （清）姚廷鑾輯 清乾隆刻本 三冊 存三卷（一至二、四）

330000－1797－0000511 5/4/314 集部/別集類/明別集

王忠文公文集二十五卷 （明）王禕撰 清康熙三十年（1691）王廷曾刻本 三冊 存七卷（八至九、十九至二十三）

330000－1797－0000512 17/5/262 子部/天文曆算類/曆法之屬

新鐫曆法便覽象吉備要通書大全二十九卷 （清）魏鑑撰 清康熙六十年（1721）刻本 一冊 存二卷（一至二）

330000－1797－0000513 4/4/203 子部/儒家類/儒學之屬/禮教/家訓

石恂齋先生傳家寶訓十卷 （清）吳晃參錄 清道光二年（1822）刻二十一年（1841）福興堂印本 一冊 存三卷（八至十）

330000－1797－0000514 5/4/315 史部/傳記類/總傳之屬/郡邑

婺書八卷 （明）吳之器撰 清光緒二十年（1894）凝德祠木活字印本 三冊 缺二卷（二至三）

330000－1797－0000515 23/1/30 經部/詩類/傳說之屬

詩經集傳八卷 （宋）朱熹撰 清宏道堂刻本 二冊 存四卷（一至四）

330000－1797－0000516 23/1/31 經部/詩類/傳說之屬

詩經旁訓辨體合訂四卷 （清）徐立綱輯 清光緒五年（1879）永言堂刻本 守志題簽 三冊 存一卷（一）

330000－1797－0000517 5/4/316 史部/傳記類/總傳之屬/郡邑

婺書八卷 （明）吳之器撰 清光緒二十六年（1900）刻本 四冊

330000－1797－0000518 17/5/263 子部/術數類/占卜之屬

卜筮正宗十四卷 （清）王維德撰 清康熙四十八年（1709）刻本 一冊 存二卷（一至二）

330000－1797－0000519 23/1/32 經部/詩類/傳說之屬

旁訓辨體合訂毛詩讀本四卷 清刻本 一冊 存一卷（一）

330000－1797－0000520 23/1/18 經部/詩類/傳說之屬

詩經集傳八卷 （宋）朱熹撰 清慎詒堂刻本 陳公進題簽 一冊 存二卷（三至四）

330000－1797－0000521 4/4/204 史部/地理類/雜志之屬

緱城漫鈔三卷 （清）盧標編輯 清道光十八年（1838）刻本 一冊

330000－1797－0000522 23/1/29 經部/詩類/傳說之屬

詩經旁訓辨體合訂四卷 （清）徐立綱輯 清刻本 二冊 缺一卷（一）

330000－1797－0000523 17/5/264 子部/術數類/陰陽五行之屬

參星秘要諏吉便覽不分卷 （清）俞榮寬輯 清同治九年（1870）刻本 一冊

330000－1797－0000524 4/4/205.1 集部/別集類/清別集

平江集十四卷 （清）樓上層撰 清道光十四年（1834）刻本 四冊

330000－1797－0000525 17/5/260 子部/術數類/相宅相墓之屬

陽宅集成八卷 （清）姚廷鑾輯 清乾隆刻本 一冊 存一卷（七）

330000－1797－0000526 5/4/317 史部/傳記類/總傳之屬/郡邑

婺書八卷 （明）吳之器撰 明崇禎十四年（1641）刻本 一冊 存二卷（一至二）

330000－1797－0000527 17/5/259 子部/術數類/相宅相墓之屬

陽宅集成八卷 （清）姚廷鑾輯 清乾隆刻本

一册　存一卷（二）

330000－1797－0000528　17/1/208　子部/醫家類/本草之屬/歷代綜合本草

重修政和經史證類備用本草三十卷　（宋）唐慎微撰　（宋）寇宗奭衍義　明末刻本　五册　存十六卷（三至五、十四至二十六）

330000－1797－0000529　4/4/205.2　集部/別集類/清別集

平江集十四卷　（清）樓上層撰　清道光十四年（1834）刻本　三册　存十卷（一至三、八至十四）

330000－1797－0000530　17/1/209　子部/醫家類/綜合之屬/通論

醫學入門七卷首一卷　（明）李梴撰　明末刻本　一册　存一卷（五）

330000－1797－0000531　17/5/258　子部/術數類/陰陽五行之屬

奇門遁甲統宗十二卷　題（三國蜀）諸葛亮撰　清刻本　一册　存二卷（一至二）

330000－1797－0000532　17/1/210　子部/醫家類/醫案之屬

寓意草不分卷　（清）喻昌撰　明崇禎十六年（1643）刻本　一册

330000－1797－0000533　17/1/211　子部/醫家類/綜合之屬/通論

新刊醫林狀元壽世保元十集十卷　（明）龔廷賢撰　明末三槐堂刻本　一册　存二卷（九至十）

330000－1797－0000534　4/4/206　集部/別集類/清別集

平江集十四卷　（清）樓上層撰　清道光十四年（1834）刻本　一册　存二卷（一至二）

330000－1797－0000535　4/4/207　集部/別集類/清別集

平江集十四卷　（清）樓上層撰　清道光十四年（1834）刻本　二册　存六卷（四至九）

330000－1797－0000536　3/4/122　子部/宗教類/道教之屬

誠濟壇寶訓四卷　清光緒三十二年（1906）石印本　一册　存二卷（三至四）

330000－1797－0000537　17/1/212　子部/醫家類/本草之屬/歷代綜合本草

本草綱目五十二卷附圖二卷　（明）李時珍撰　清康熙刻本　一册　存一卷（五十一）

330000－1797－0000538　4/4/208　集部/別集類/清別集

平江集十四卷　（清）樓上層撰　清道光十四年（1834）刻本　二册　存七卷（八至十四）

330000－1797－0000539　17/1/213　子部/醫家類/本草之屬/歷代綜合本草

本草綱目五十二卷附圖二卷　（明）李時珍撰　清乾隆刻本　一册　存一卷（八）

330000－1797－0000540　5/5/318　史部/傳記類/總傳之屬/郡邑

婺書八卷　（明）吳之器撰　明崇禎十四年（1641）采蘭堂刻本　四册

330000－1797－0000541　5/5/319.1　集部/別集類/清別集

虛白山房詩集四卷　（清）朱鳳毛撰　清光緒十五年（1889）廣州刻本　一册

330000－1797－0000542　5/5/319.2　集部/別集類/清別集

虛白山房詩集四卷　（清）朱鳳毛撰　清光緒十五年（1889）廣州刻本　一册

330000－1797－0000543　5/5/320.1　集部/別集類/清別集

一簾花影樓試律詩一卷律賦一卷　（清）朱鳳毛撰　清光緒十五年（1889）刻本　一册

330000－1797－0000544　5/5/320.2　集部/別集類/清別集

一簾花影樓試律詩一卷律賦一卷　（清）朱鳳毛撰　清光緒十五年（1889）刻本　一册

330000－1797－0000557　23/1/33　經部/詩類/傳說之屬

旁訓辨體合訂毛詩讀本四卷　清慎言堂刻本
　一冊　存一卷(一)

330000－1797－0000558　23/1/34　經部/詩
類/傳說之屬

旁訓辨體合訂毛詩讀本四卷　清刻本　杜明
經題簽　一冊　存二卷(三至四)

330000－1797－0000559　23/1/35　經部/詩
類/傳說之屬

詩經旁訓辨體合訂四卷　(清)徐立綱輯　清
刻本　一冊　存一卷(一)

330000－1797－0000560　23/1/36　經部/詩
類/傳說之屬

詩經旁訓辨體合訂四卷　(清)徐立綱輯　清
刻本　一冊　存一卷(一)

330000－1797－0000561　23/1/37　經部/詩
類/傳說之屬

詩經旁訓辨體合訂四卷　(清)徐立綱輯　清
刻本　一冊　存一卷(一)

330000－1797－0000562　23/1/38　經部/詩
類/傳說之屬

詩經旁訓辨體合訂四卷　(清)徐立綱輯　清
刻本　一冊　存二卷(三至四)

330000－1797－0000563　23/2/39　經部/詩
類/傳說之屬

詩經旁訓辨體合訂四卷　(清)徐立綱輯　清
刻本　一冊　存一卷(一)

330000－1797－0000564　23/2/40　經部/詩
類/傳說之屬

詩經旁訓辨體合訂四卷　(清)徐立綱輯　清
永言堂刻本　一冊　存一卷(一)

330000－1797－0000565　23/2/41　經部/
叢編

五經旁訓　(清)徐立綱撰　清刻本　一冊
存一種

330000－1797－0000566　17/1/214　子部/
醫家類/本草之屬/歷代綜合本草

本草求真九卷　(清)黃宮繡撰　清乾隆四十

三年(1778)綠圃齋刻本　一冊　存一卷(三)

330000－1797－0000567　23/2/42　經部/詩
類/傳說之屬

詩經集傳八卷　(宋)朱熹撰　清光緒十九年
(1893)浙江書局刻本　一冊　存二卷(一至
二)

330000－1797－0000568　17/1/215　子部/
醫家類/本草之屬/食療本草

食物本草會纂十二卷　(清)沈李龍輯　清康
熙刻本　一冊　存一卷(十一)

330000－1797－0000569　17/1/216　子部/
醫家類/綜合之屬/通論

新刊萬病回春原本八卷　(明)龔廷賢編　明
末刻本　二冊　存二卷(三、七)

330000－1797－0000570　23/2/43　經部/詩
類/傳說之屬

毛詩故訓傳三十卷　(漢)毛亨傳　(漢)毛萇
撰　(漢)鄭玄箋　清刻本　一冊　存八卷
(二十三至三十)

330000－1797－0000571　17/1/217　子部/
醫家類/診法之屬/脈經脈訣

圖註王叔和脈訣四卷脈訣附方一卷難經四卷
　題(晉)王叔和撰　(明)張世賢注　明正德
五年(1510)刻本　三冊　缺二卷(三、脈訣附
方)

330000－1797－0000572　17/1/218　子部/
醫家類/眼科之屬

傅氏眼科審視瑤函六卷首一卷　(明)傅仁宇
撰　(明)林長生校補　明崇禎十七年(1644)
大文堂刻本　一冊　存二卷(首、一)

330000－1797－0000573　17/1/219　子部/
醫家類/診法之屬/脈經脈訣

新刻吳氏家傳增補圖解王叔和脈訣大全三卷
　題(晉)王叔和撰　(明)吳文炳圖解　明末
刻本　一冊

330000－1797－0000574　4/4/209　史部/傳
記類/總傳之屬/郡邑

金華耆舊補二十八卷　(清)樓上層輯　(清)

徐啓豐編　清道光十一年(1831)刻本　一冊
　存八卷(一至八)

330000－1797－0000576　17/1/220　子部/
醫家類/綜合之屬/通論

蘭室秘藏三卷　(金)李杲撰　明末刻本　一
　冊　存一卷(二)

330000－1797－0000577　17/1/221　子部/
醫家類/類編之屬

醫學六要　(明)張三錫撰　明末刻本　一冊
　存一種

330000－1797－0000578　4/5/210.1　集部/
別集類/明別集

張忠敏公遺集十卷首一卷附錄六卷　(明)張
國維撰　(清)張振珂輯　清咸豐七年(1857)
張振珂刻本　三冊　存十卷(一至三、七至
十,附錄四至六)

330000－1797－0000579　17/1/222　子部/
醫家類/類編之屬

醫學六要　(明)張三錫撰　明末刻本　一冊
　存一種

330000－1797－0000580　4/5/210.2　集部/
別集類/明別集

張忠敏公遺集十卷首一卷附錄六卷　(明)張
國維撰　(清)張振珂輯　清咸豐七年(1857)
張振珂刻本　一冊　存三卷(附錄四至六)

330000－1797－0000581　23/2/44.1　經部/
叢編

五經體注大全　(清)嚴氏家塾主人輯　清文
奎堂刻本　三冊　存一種

330000－1797－0000582　23/2/44.2　經部/
詩類/傳說之屬

詩經體註大全合參八卷　(清)高朝瓔定
(清)沈世楷輯　清刻本　一冊　存一卷(三)

330000－1797－0000583　23/2/45　經部/詩
類/傳說之屬

詩經體註大全合參八卷　(清)高朝瓔定
(清)沈世楷輯　清刻本　二冊　缺三卷(一
至三)

330000－1797－0000584　23/2/46　經部/詩
類/傳說之屬

詩經體註大全合參八卷　(清)高朝瓔定
(清)沈世楷輯　清刻本　二冊　缺三卷(一
至三)

330000－1797－0000585　4/5/211　集部/別
集類/明別集

張忠敏公遺集十卷首一卷附錄六卷　(明)張
國維撰　(清)張振珂輯　清咸豐七年(1857)
張振珂刻本　一冊　存三卷(一至三)

330000－1797－0000586　23/2/47　經部/
叢編

五經體注大全　(清)嚴氏家塾主人輯　清刻
本　一冊　存一種

330000－1797－0000587　4/5/212　集部/別
集類/明別集

張忠敏公遺集十卷首一卷附錄六卷　(明)張
國維撰　(清)張振珂輯　清咸豐七年(1857)
張振珂刻本　一冊　存四卷(七至十)

330000－1797－0000588　17/2/224　子部/
醫家類/醫經之屬/難經

難經本義二卷　(元)滑壽撰　明末刻本　一
冊　存一卷(下)

330000－1797－0000589　4/5/213　集部/別
集類/明別集

張忠敏公遺集十卷首一卷附錄六卷　(明)張
國維撰　(清)張振珂輯　清咸豐七年(1857)
張振珂刻本　一冊　存三卷(附錄一至三)

330000－1797－0000590　17/2/225　子部/
雜著類/雜品之屬

弦雪居重訂遵生八牋十九卷總目一卷　(明)
高濂撰　(明)鍾惺重訂　明末刻本　五冊
存七卷(四至七、十四、十八至十九)

330000－1797－0000591　4/5/214　集部/別
集類/明別集

張忠敏公遺集十卷首一卷附錄六卷　(明)張
國維撰　(清)張振珂輯　清咸豐七年(1857)
張振珂刻本　一冊　存三卷(四至六)

330000 - 1797 - 0000592　20/1/328　類 叢部/叢書類/自著之屬

李文貞公全集三十九種　（清）李光地撰　清乾隆元年（1736）李清植刻嘉慶六年（1801）補刻本　十冊　存一種

330000 - 1797 - 0000593　17/3/226　子部/醫家類/綜合之屬/合刻、合抄

景岳全書六十四卷　（明）張介賓撰　清嘉慶十八年（1813）藜照樓刻本　二十六冊　存五十四卷（一至十一、十四至二十九、三十二至四十七、五十二至六十一、六十四）

330000 - 1797 - 0000594　17/3/227　子部/醫家類/綜合之屬/合刻、合抄

景岳全書六十四卷　（明）張介賓撰　明末刻本　一冊　存一卷（四十九）

330000 - 1797 - 0000595　17/3/228　子部/醫家類/綜合之屬/合刻、合抄

景岳全書六十四卷　（明）張介賓撰　明末刻本　四冊　存九卷（十九至二十一、四十三至四十五、五十至五十一、六十四）

330000 - 1797 - 0000598　17/3/229　子部/醫家類/綜合之屬/合刻、合抄

景岳全書六十四卷　（明）張介賓撰　明末刻本　四冊　存十四卷（十三至十五、三十至三十七、五十八至六十）

330000 - 1797 - 0000599　20/2/329　集部/總集類/選集之屬/斷代

欽定國朝詩別裁集三十二卷　（清）沈德潛纂評　清乾隆二十六年（1761）刻本　十六冊

330000 - 1797 - 0000601　17/3/230　子部/醫家類/綜合之屬/合刻、合抄

景岳全書六十四卷　（明）張介賓撰　明末刻本　一冊　存一卷（四十八）

330000 - 1797 - 0000602　17/3/231　子部/醫家類/綜合之屬/合刻、合抄

景岳全書六十四卷　（明）張介賓撰　清康熙刻本　一冊　存一卷（四十九）

330000 - 1797 - 0000603　17/3/232　子部/

醫家類/綜合之屬/合刻、合抄

景岳全書六十四卷　（明）張介賓撰　清康熙刻本　一冊　存三卷（六十一至六十三）

330000 - 1797 - 0000604　23/2/55　經部/詩類/傳說之屬

御案詩經備旨八卷　（清）鄒聖脈纂輯　（清）鄒廷猷編次　清石印本　二冊　存四卷（一至二、七至八）

330000 - 1797 - 0000605　17/3/233　子部/醫家類/綜合之屬/合刻、合抄

景岳全書六十四卷　（明）張介賓撰　清康熙刻本　一冊　存二卷（六十二至六十三）

330000 - 1797 - 0000608　4/5/217　集部/總集類/郡邑之屬

石洞貽芳集不分卷　（清）郭鍾儒輯　清康熙十六年（1677）行素齋刻本　一冊

330000 - 1797 - 0000610　4/5/215　集部/別集類/明別集

張玉笥先生傳稿不分卷　（明）張國維撰　清初永思堂刻本　一冊

330000 - 1797 - 0000612　23/2/50　經部/叢編

遵阮本重校印十三經注疏并校勘記　（清）阮元撰校勘記　（清）盧宣旬摘錄校勘記　清光緒十三年（1887）點石齋石印本　二冊　存一種

330000 - 1797 - 0000613　23/2/48　經部/叢編

遵阮本重校印十三經注疏并校勘記　（清）阮元撰校勘記　（清）盧宣旬摘錄校勘記　清光緒三十年（1904）點石齋石印本　二冊　存一種

330000 - 1797 - 0000614　4/5/216　集部/總集類/郡邑之屬

石洞貽芳集不分卷　（清）郭鍾儒輯　清康熙十六年（1677）行素齋刻本　一冊

330000 - 1797 - 0000616　3/4/124　子部/宗教類/佛教之屬/經

彌勒尊經不分卷　清宣統三年（1911）刻本
一冊

330000－1797－0000618　17/3/235　子部/
醫家類/溫病之屬/痧症

痧脹玉衡書三卷　（清）郭志邃撰　清康熙十
四年（1675）刻本　三冊

330000－1797－0000620　17/4/236　子部/
醫家類/類編之屬

薛氏醫按二十四種　（明）吳琯編　明末刻本
一冊　存一種

330000－1797－0000621　3/4/126　子部/儒
家類/儒學之屬/禮教

溺女果報錄不分卷　（清）□□撰　清光緒十
八年（1892）刻本　一冊

330000－1797－0000622　17/4/237　子部/
醫家類/類編之屬

薛氏醫按二十四種　（明）吳琯編　清康熙刻
本　一冊　存一種

330000－1797－0000623　17/4/238　子部/
醫家類/類編之屬

薛氏醫按二十四種　（明）吳琯編　明末刻本
一冊　存一種

330000－1797－0000624　17/4/239　子部/
醫家類/類編之屬

薛氏醫按二十四種　（明）吳琯編　明末刻本
一冊　存一種

330000－1797－0000625　20/2/331　集部/
別集類/清別集

欽定四庫全書御製詩四集□□卷　（清）高宗
弘曆撰　清道光抄本　一冊　存五卷（四十
七、五十、八十九至九十一）

330000－1797－0000626　4/5/218　集部/總
集類/郡邑之屬

石洞貽芳集不分卷　（清）郭鍾儒輯　清康熙
十六年（1677）行素齋刻本　一冊

330000－1797－0000627　4/5/219　集部/總
集類/郡邑之屬

石洞貽芳集不分卷　（清）郭鍾儒輯　清康熙
十六年（1677）行素齋刻本　一冊

330000－1797－0000628　3/4/127　子部/雜
著類

增補敬信錄二卷　（清）杜爕熊編　清光緒二
十四年（1898）刻本　一冊　存一卷（下）

330000－1797－0000629　3/4/128　子部/儒
家類/儒學之屬/禮教

惺惺正覺錄五卷首一卷　（清）臧志仁輯　清
同治八年（1869）刻本　三冊　存四卷（首，
一、三至四）

330000－1797－0000630　4/5/220　集部/別
集類/清別集

自適吟四卷續一卷　（清）趙珏撰　清康熙二
十五年（1686）刻本　一冊

330000－1797－0000631　17/4/240　史部/
政書類/律令之屬/法驗

補註洗冤錄集證四卷附刊檢骨圖格一卷
（清）王又槐輯　（清）李觀瀾補輯　（清）阮
其新補注　（清）童濂刪　作吏要言一卷
（清）葉鎮撰　（清）朱椿增　清道光二十三年
（1843）江都鍾淮刻三色套印本　一冊　存三
卷（四、檢骨圖格、作吏要言）

330000－1797－0000632　4/5/221　集部/總
集類/酬唱之屬

蔡坦齋先生暨顧太君八旬雙壽詩集不分卷
（清）蔡坦齋輯　清乾隆四十一年（1776）鍾英
堂木活字印本　一冊

330000－1797－0000633　17/4/241　子部/
醫家類/方書之屬/單方驗方

醫方考六卷脈語二卷　（明）吳崑撰　明末刻
本　一冊　存二卷（二至三）

330000－1797－0000634　17/4/242　子部/
農家農學類/獸醫之屬

圖像水黃牛經合併大全二卷　（明）喻仁
（明）喻傑撰　明末刻本　一冊　存一卷（二）

330000－1797－0000635　17/4/243　子部/
術數類/相宅相墓之屬

新刻羅經解三卷　（明）熊汝嶽撰　（明）吳天洪批點　明萬曆四十六年（1618）刻本　一冊　存一卷（上）

330000－1797－0000636　4/5/222　集部/總集類/郡邑之屬
金華詩錄六十卷別集四卷外集六卷書後一卷　（清）黃彬　（清）朱琰輯　清乾隆三十八年（1773）金華府學刻本　二冊　存八卷（十三至十七、別集三至四、書後）

330000－1797－0000637　17/5/244　子部/術數類/相宅相墓之屬
羅經頂門針二卷　（明）徐之鏌撰　明天啓三年（1623）立文堂刻本　二冊

330000－1797－0000638　4/5/223　集部/總集類/郡邑之屬
金華詩錄六十卷別集四卷外集六卷書後一卷　（清）黃彬　（清）朱琰輯　清乾隆三十八年（1773）金華府學刻本　一冊　存二卷（十二至十三）

330000－1797－0000639　4/5/224　集部/總集類/郡邑之屬
金華詩錄六十卷別集四卷外集六卷書後一卷　（清）黃彬　（清）朱琰輯　清乾隆三十八年（1773）金華府學刻本　二冊　存九卷（八至十二、十七至二十）

330000－1797－0000640　20/2/332　集部/別集類/清別集
矢音集四卷　（清）沈德潛撰　清乾隆十八年（1753）刻本　一冊

330000－1797－0000641　4/5/225　集部/總集類/郡邑之屬
東陽歷朝詩九卷　（清）董肇勳　（清）王崇炳輯　清乾隆五十三年（1788）學耨堂刻本　二冊

330000－1797－0000642　17/5/245　子部/術數類/相宅相墓之屬
新刊地理五經四書解義郭璞葬經一卷　（明）吳征刪定　（明）鄭謐注釋　明末刻本　一冊

330000－1797－0000643　17/5/246　子部/術數類/相宅相墓之屬
堪輿經二卷　（明）蕭克撰　明萬曆三十九年（1611）刻本　一冊　存一卷（下）

330000－1797－0000644　17/5/247　子部/術數類/相宅相墓之屬
堪輿經二卷　（明）蕭克撰　明萬曆三十九年（1611）刻本　一冊　存一卷（下）

330000－1797－0000646　4/5/227　集部/總集類/郡邑之屬
婺詩補三卷　（清）盧標輯　清道光十九年（1839）東陽李氏映台樓刻本　二冊

330000－1797－0000647　4/5/228　集部/總集類/郡邑之屬
婺詩補三卷　（清）盧標輯　清道光十九年（1839）東陽李氏映台樓刻本　一冊　缺一卷（一）

330000－1797－0000648　4/5/229　集部/別集類/清別集
池蛙詩草不分卷　（清）周鼎撰　清道光二十七年（1847）峴北紹濂堂木活字印本　一冊

330000－1797－0000649　4/5/230　集部/別集類/清別集
蔣濂詩集六卷　（清）李正馥撰　清乾隆二十二年（1757）刻本　一冊

330000－1797－0000650　4/5/231　子部/儒家類/儒學之屬/性理
廣性理吟不分卷　（清）王崇炳撰　清乾隆刻本　一冊

330000－1797－0000651　4/5/232　集部/總集類/課藝之屬
歷科鄉會詩墨所見集四卷　（清）盧柏編輯　清嘉慶二十一年（1816）太乙樓刻本　八冊

330000－1797－0000652　23/3/1　經部/叢編
御纂七經　（清）李光地等撰　清同治六年至九年（1867－1870）浙江書局刻本　十二冊　存一種

330000－1797－0000653　4/5/233　集部/總集類/課藝之屬

歷科鄉會詩墨所見集四卷　（清）盧柏編輯　清嘉慶二十一年(1816)太乙樓刻本　二冊　存二卷(二至三)

330000－1797－0000654　23/3/2.1　經部/周禮類/傳說之屬

周禮約編六卷　（清）汪基撰　清康熙五十九年(1720)刻本　二冊

330000－1797－0000655　17/5/257　子部/術數類/占卜之屬

河洛理數七卷　題(宋)陳摶撰　明刻本　四冊　存三卷(二至四)

330000－1797－0000656　4/5/234　集部/別集類/清別集

月椒草堂詩鈔六卷　（清）俞鳳岡撰　清咸豐四年(1854)紫薇居刻本　二冊

330000－1797－0000657　23/3/2.2　經部/禮記類/傳說之屬

禮記約編十卷　（清）汪基撰　清刻本　一冊　存二卷(一至二)

330000－1797－0000658　4/5/235　集部/別集類/清別集

月椒草堂詩鈔六卷　（清）俞鳳岡撰　清光緒二十三年(1897)紫薇居刻本　二冊

330000－1797－0000659　4/5/236　集部/別集類/清別集

月椒草堂詩鈔六卷　（清）俞鳳岡撰　清光緒二十三年(1897)紫薇居刻本　一冊　存三卷(四至六)

330000－1797－0000660　4/5/237　集部/別集類/清別集

月椒草堂詩鈔六卷　（清）俞鳳岡撰　清光緒二十三年(1897)紫薇居刻本　一冊　存三卷(四至六)

330000－1797－0000661　17/5/256　子部/術數類/相宅相墓之屬

廖金精畫筴撥砂經心法地學四卷補遺一卷　（宋）廖禹撰　（宋）彭大雄集　（明）江之棟輯　明刻本　一冊　存二卷(四、補遺)

330000－1797－0000662　17/5/255　子部/術數類/相宅相墓之屬

地理參贊玄機僊婆集十三卷　（明）張鳴鳳編集　（明）呂元　（明）杜詩評選　（明）張希堯參補　明刻本　四冊　存四卷(三、五、八至九)

330000－1797－0000663　17/5/254　子部/術數類/相宅相墓之屬

平陽全書十五卷　（清）葉泰輯　清刻本　三冊　存五卷(三至五、十四至十五)

330000－1797－0000664　23/3/5　經部/周禮類/傳說之屬

周官精義十二卷　（清）連斗山輯　清乾隆四十一年(1776)刻本　二冊　存五卷(一至三、十至十一)

330000－1797－0000665　17/5/253　子部/術數類/相宅相墓之屬

平陽全書十五卷　（清）葉泰輯　清三德堂刻本　一冊　存二卷(一至二)

330000－1797－0000666　17/5/251　子部/術數類/相宅相墓之屬

地理正義鉛彈子砂水要訣七卷　（清）張鳳藻撰　清刻本　一冊　存一卷(四)

330000－1797－0000667　23/3/3　經部/周禮類/傳說之屬

周官精義十二卷　（清）連斗山輯　清刻本　四冊　存七卷(六至十二)

330000－1797－0000668　23/3/4　經部/周禮類/傳說之屬

周官精義十二卷　（清）連斗山輯　清嘉慶十年(1805)裕文堂刻本　六冊

330000－1797－0000669　17/5/250　子部/術數類/相宅相墓之屬

曹安峯地理原本說四卷　（清）曹家甲撰　清乾隆二年(1737)刻本　一冊　存一卷(二)

330000－1797－0000670　23/3/6　經部/周禮類/傳說之屬

周官精義十二卷　（清）連斗山輯　清刻本三冊　存六卷（四至九）

330000－1797－0000671　20/2/333　集部/別集類/清別集

爽籟山房集二卷　（清）程之章撰　清乾隆刻本　一冊

330000－1797－0000672　17/5/249　子部/術數類/相宅相墓之屬

堪輿經二卷　（明）蕭克撰　明萬曆三十九年（1611）刻本　一冊　存一卷（下）

330000－1797－0000673　23/3/7　經部/周禮類/傳說之屬

周官精義十二卷　（清）連斗山輯　清刻本二冊　存四卷（四至七）

330000－1797－0000674　23/3/9　經部/周禮類/傳說之屬

周官精義十二卷　（清）連斗山輯　清刻本一冊　存二卷（七至八）

330000－1797－0000675　23/3/8　經部/周禮類/傳說之屬

周官精義十二卷　（清）連斗山輯　清刻本一冊　存二卷（九至十）

330000－1797－0000676　17/5/248　子部/術數類/相宅相墓之屬

堪輿經二卷　（明）蕭克撰　清雍正七年（1729）刻本　二冊　存一卷（上）

330000－1797－0000677　23/3/10　經部/周禮類/傳說之屬

周禮精華六卷　（清）陳龍標輯　清光韠堂刻本　五冊　存五卷（二至六）

330000－1797－0000678　18/5/296　集部/別集類/清別集

四憶堂詩集六卷遺稿一卷　（清）侯方域撰　清刻本　三冊

330000－1797－0000679　18/5/295　子部/

雜著類/雜說之屬

憑山閣增輯留青新集三十卷　（清）陳枚輯　（清）陳德裕增輯　清順治刻本　一冊　存一卷（三）

330000－1797－0000680　18/5/294　子部/雜著類/雜說之屬

憑山閣留青廣集十二卷　（清）陳枚輯　清康熙刻本　一冊　存一卷（一）

330000－1797－0000681　18/5/293　集部/別集類/清別集

留素堂詩刪二十一卷　（清）蔣薰撰　清抄本　一冊　存一卷（一）

330000－1797－0000683　18/5/292　集部/總集類/選集之屬/斷代

明大家合稿不分卷　（清）周熾評選　清康熙五十二年（1713）刻本　一冊

330000－1797－0000684　18/5/291　集部/楚辭類

楚辭燈四卷　（清）林雲銘撰　清康熙三十六年（1697）晉安林氏挹奎樓刻本　二冊　存二卷（一至二）

330000－1797－0000685　18/5/290　集部/總集類/課藝之屬

新刊三方家兄弟注點校正昭曠諸文品粹魁華□□卷　（明）王士鰲等注　明刻本　一冊　存二卷（十一至十二）

330000－1797－0000686　23/3/11　經部/周禮類/傳說之屬

周禮精華六卷　（清）陳龍標輯　清光韠堂刻本　四冊　存四卷（三至六）

330000－1797－0000687　23/4/12　經部/周禮類/傳說之屬

周禮精華六卷　（清）陳龍標輯　清光韠堂刻本　一冊　存一卷（三）

330000－1797－0000688　23/4/13　經部/周禮類/傳說之屬

周禮精華六卷　（清）陳龍標輯　清光韠堂刻本　一冊　存一卷（五）

330000－1797－0000689　23/4/14　經部/周禮類/傳說之屬

周禮精華六卷　（清）陳龍標輯　清光韙堂刻本　一冊　存一卷（三）

330000－1797－0000690　23/4/15　經部/周禮類/傳說之屬

周禮精華六卷　（清）陳龍標輯　清同治十三年(1874)姑蘇亦西齋刻本　一冊　存一卷（一）

330000－1797－0000691　23/4/16　經部/周禮類/傳說之屬

周禮精華六卷　（清）陳龍標輯　清光韙堂刻本　一冊　存一卷（一）

330000－1797－0000692　18/5/289　集部/總集類/彙編之屬

宋詩鈔初集八十四種　（清）呂留良　（清）吳之振　（清）吳爾堯編　清康熙十年(1671)洲錢吳氏鑑古堂刻本　一冊　存一種

330000－1797－0000693　23/4/18　經部/周禮類/傳說之屬

周官心解二十八卷　（清）蔣載康撰　清嘉慶十一年(1806)經籛堂刻本　六冊　存二十三卷（六至二十八）

330000－1797－0000694　23/4/19　經部/周禮類/傳說之屬

周禮節訓六卷　（清）黃叔琳輯　清刻本　二冊　存五卷（二至六）

330000－1797－0000695　18/5/288　集部/詞類/詞韻之屬

詞韻二卷　（清）仲恒撰　清刻本　一冊　存一卷（下）

330000－1797－0000696　23/4/20　經部/儀禮類/傳說之屬

儀禮選要不分卷　（清）孔傳性編　清道光十年(1830)陽邑近思堂刻本　一冊

330000－1797－0000697　18/5/287　類叢部/叢書類/彙編之屬

榆園叢刻十五種附一種　（清）許增編　清同治至光緒刻本　二冊　存一種

330000－1797－0000698　18/5/286　類叢部/叢書類/彙編之屬

榆園叢刻十五種附一種　（清）許增編　清同治至光緒刻本　一冊　存一種

330000－1797－0000699　18/4/285　集部/別集類/宋別集

東坡集八十四卷　（宋）蘇軾撰　（宋）王宗稷編　清光緒十二年(1886)刻本　四十八冊

330000－1797－0000700　24/5/9　經部/春秋總義類/傳說之屬

春秋精義四卷首一卷　（清）黃淦輯　清嘉慶九年(1804)刻本　二冊

330000－1797－0000701　24/5/8　經部/春秋總義類/傳說之屬

春秋體註大全四卷　（清）徐寅賞纂　清乾隆五十九年(1794)汲古堂刻本　一冊　存一卷（一）

330000－1797－0000702　23/5/21　經部/儀禮類/傳說之屬

朱子儀禮經傳通解六十九卷　（宋）朱熹撰　（宋）黃榦續撰　（清）梁萬方考定　清刻本　十冊　存十六卷（五十四至六十九）

330000－1797－0000703　24/5/7　經部/春秋總義類/傳說之屬

春秋體註大全四卷　（清）徐寅賞纂　清刻本　一冊　存一卷（三）

330000－1797－0000704　3/4/129.1　子部/術數類/相宅相墓之屬

地理纂要不分卷　（清）王鶴泉撰　清雍正四年(1726)刻本　一冊

330000－1797－0000705　3/4/129.2　子部/術數類/相宅相墓之屬

地理纂要不分卷　（清）王鶴泉撰　清雍正四年(1726)刻本　一冊

330000－1797－0000706　24/5/6　經部/春秋總義類/傳說之屬

春秋旁訓欽遵御案四傳合訂四卷 清聚珍堂刻本 二冊

330000－1797－0000707 24/5/5 經部/春秋總義類/傳說之屬

春秋旁訓欽遵御案四傳合訂四卷 清碧梧齋刻本 一冊 存二卷(一至二)

330000－1797－0000708 24/5/4 經部/春秋總義類/傳說之屬

春秋旁訓辨體合訂四卷 (清)徐立綱撰 清循陔堂刻本 一冊 存二卷(三至四)

330000－1797－0000709 24/5/3 經部/春秋總義類/傳說之屬

春秋增訂旁訓四卷 清匠門書屋刻本 一冊 存二卷(一至二)

330000－1797－0000710 23/5/22 經部/儀禮類/傳說之屬

儀禮約編三卷 (清)汪基撰 清乾隆三年(1738)英秀堂刻本 一冊 存一卷(一)

330000－1797－0000711 23/5/23 經部/儀禮類/傳說之屬

儀禮經傳通解續二十九卷 (宋)黃榦撰 清刻本 一冊 存二卷(十四至十五)

330000－1797－0000712 23/5/24 類叢部/叢書類/彙編之屬

高安朱文端公校輯藏書十三種 (清)朱軾撰輯 清康熙至乾隆刻彙印本 九冊 存一種

330000－1797－0000713 23/5/25 經部/叢編

七經精義七種 (清)黃淦撰 清嘉慶十二年(1807)刻本 一冊 存一種

330000－1797－0000714 23/5/26 經部/周禮類/傳說之屬

周禮節訓六卷 (清)黃叔琳輯 清乾隆四十二年(1777)刻本 一冊

330000－1797－0000715 23/5/27 經部/叢編

遵阮本重校印十三經注疏并校勘記 (清)阮

元撰校勘記 (清)盧宣旬摘錄校勘記 清光緒二十三年(1897)上海點石齋石印本 三冊 存一種

330000－1797－0000716 23/5/28 經部/禮記類/傳說之屬

禮記集說十卷 (元)陳澔撰 清刻本 一冊 存一卷(七)

330000－1797－0000717 23/5/29 經部/禮記類/傳說之屬

禮記集說十卷 (元)陳澔撰 清刻本 二冊 存二卷(七至八)

330000－1797－0000718 24/5/2 經部/春秋總義類/傳說之屬

春秋增訂旁訓四卷 清咸豐八年(1858)右文堂張氏刻本 二冊

330000－1797－0000719 18/1/265 集部/總集類/選集之屬/通代

文選六十卷 (南朝梁)蕭統輯 (唐)李善注 (清)何焯評 清乾隆三十七年(1772)長洲葉樹藩海錄軒刻朱墨套印本 六冊 存三十卷(六至三十、五十六至六十)

330000－1797－0000720 23/5/31 經部/禮記類/傳說之屬

禮記旁訓辨體合訂六卷 (清)徐立綱輯 清王三槐堂刻本 六冊

330000－1797－0000721 18/1/266 集部/總集類/選集之屬/通代

文選六十卷 (南朝梁)蕭統輯 (唐)李善注 (清)何焯評 清乾隆三十七年(1772)長洲葉樹藩海錄軒刻朱墨套印本 二冊 存九卷(一至五、十二至十五)

330000－1797－0000722 23/5/32 經部/禮記類/傳說之屬

禮記旁訓辨體合訂六卷 (清)徐立綱輯 清循陔堂刻本 二冊 存二卷(二至三)

330000－1797－0000723 18/1/267 集部/總集類/選集之屬/通代

文選後集五卷 (南朝梁)蕭統輯 (明)郭正

域評　明末刻朱墨套印本　一冊　存一卷
（四）

330000－1797－0000724　3/4/130　子部/術
數類/相宅相墓之屬
地理握要不分卷　（清）王崇炳撰　清抄本
一冊

330000－1797－0000725　18/1/268　集部/
總集類/選集之屬/通代
文選六十卷　（南朝梁）蕭統輯　（唐）李善注
（清）何焯評　清大文堂刻朱墨套印本　九
冊　存四十五卷（一至二十五、三十一至四
十、四十六至五十、五十六至六十）

330000－1797－0000726　22/1/9　經部/易
類/傳說之屬
周易便蒙親解四卷　（清）李盤撰　清乾隆刻
本　二冊

330000－1797－0000727　23/5/33　經部/禮
記類/傳說之屬
禮記旁訓辨體合訂六卷　（清）徐立綱輯　清
澤存堂刻本　五冊　缺一卷（六）

330000－1797－0000728　23/5/34　經部/禮
記類/傳說之屬
禮記增訂旁訓六卷　（清）徐立綱撰　清刻本
四冊　缺二卷（一至二）

330000－1797－0000729　18/1/269　集部/
總集類/選集之屬/通代
文選六十卷　（南朝梁）蕭統輯　（唐）李善注
明末海虞毛氏汲古閣刻清康熙二十五年
（1686）錢士謐重修本　八冊　存三十八卷
（一至二十六、四十九至六十）

330000－1797－0000730　23/5/35　經部/禮
記類/傳說之屬
禮記增訂旁訓六卷　（清）徐立綱撰　清羣玉
山房刻本　三冊　缺三卷（一至二、六）

330000－1797－0000731　23/5/36　經部/禮
記類/傳說之屬
禮記增訂旁訓六卷　（清）徐立綱撰　清匠門
書屋刻本　二冊　存二卷（四至五）

330000－1797－0000732　18/1/271　集部/
別集類/漢魏六朝別集
庾子山全集十卷　（北周）庾信撰　（清）吳兆
宜箋註　清康熙貴文堂刻本　六冊

330000－1797－0000733　23/5/37　經部/禮
記類/傳說之屬
禮記增訂旁訓六卷　（清）徐立綱撰　清墨潤
堂刻本　二冊　存二卷（二、五）

330000－1797－0000734　18/1/272　集部/
總集類/彙編之屬
十二家唐詩　（明）張遜業編　明嘉靖三十一
年（1552）江都黃埤東壁圖書府刻本　一冊
存一種

330000－1797－0000735　23/5/38　經部/禮
記類/傳說之屬
禮記增訂旁訓六卷　（清）徐立綱撰　清刻本
二冊　存二卷（四至五）

330000－1797－0000736　23/5/39　經部/禮
記類/傳說之屬
禮記增訂旁訓六卷　（清）徐立綱撰　清簡香
齋刻本　二冊　存二卷（三至四）

330000－1797－0000737　18/4/284　集部/
別集類/漢魏六朝別集
陶淵明集八卷首一卷末一卷　（晉）陶潛撰
清光緒六年（1880）刻朱墨藍三色套印本　三
冊　存五卷（一至五）

330000－1797－0000738　22/1/10　經部/
叢編
三經精華　（清）薛嘉穎輯　清光緒二年
（1876）寧郡簡香齋刻本　二冊　存一種

330000－1797－0000739　22/2/11　經部/
叢編
十三經注疏　（明）□□輯　明崇禎元年至十
二年（1628－1639）古虞毛氏汲古閣刻清乾隆
四十年（1775）虞山席世宣補刻本　二冊　存
一種

330000－1797－0000740　24/4/91　經部/禮
記類/傳說之屬

寄傲山房塾課纂輯禮記全文備旨十一卷
（清）鄒聖脈纂輯　（清）鄒廷猷編次　清刻本
　二冊　存四卷（六至七、十至十一）

330000－1797－0000741　18/2/273　集部/
總集類/選集之屬/通代
古文眉詮七十九卷首一卷　（清）浦起龍輯
清乾隆九年（1744）蘇州三吳書院刻本　四冊
　存十三卷（七至九、二十七至三十、三十七
至三十八、七十六至七十九）

330000－1797－0000742　22/2/12　經部/易
類/傳說之屬
易經增訂旁訓三卷　（清）徐立綱撰　（清）
□□增訂　清刻本　一冊　存一卷（二）

330000－1797－0000743　18/2/274　集部/
總集類/選集之屬/通代
秦漢文歸三十卷　（明）鍾惺輯並評　明末古
香齋刻本　一冊　存二卷（十一至十二）

330000－1797－0000744　18/2/275　集部/
別集類/唐五代別集
唐陸宣公翰苑集二十四卷　（唐）陸贄撰
（清）張佩芳注釋　清乾隆三十三年（1768）平
潭李氏師竹堂刻本　八冊

330000－1797－0000745　24/4/90　經部/禮
記類/傳說之屬
寄傲山房塾課纂輯禮記全文備旨十一卷
（清）鄒聖脈纂輯　（清）鄒廷猷編次　清刻本
　三冊　存五卷（一至二、四至五、九）

330000－1797－0000746　3/5/131　子部/宗
教類/道教之屬/戒律
陰隲文圖解四卷　（清）趙如升撰　清光緒二
十四年（1898）雅溪張氏刻本　四冊

330000－1797－0000747　18/3/283　集部/
別集類/宋別集
晦庵先生朱文公文集八十八卷續集十卷別集
十卷　（宋）朱熹撰　明萬曆刻本　十五冊
缺六十四卷（一至三十六、五十八至八十五）

330000－1797－0000748　22/2/13　經部/易
類/傳說之屬

易經旁訓辨體合訂三卷　（清）徐立綱輯　清
循陔堂刻本　一冊　存一卷（一）

330000－1797－0000749　18/2/276　集部/
別集類/唐五代別集
唐陸宣公集二十二卷　（唐）陸贄撰　明萬曆
三十四年（1606）吳繼武光裕堂刻本　一冊
存四卷（十五至十八）

330000－1797－0000750　24/4/89　經部/禮
記類/傳說之屬
欽定禮記義疏八十二卷首一卷　（清）允祿等
撰　清光緒二十六年（1900）煥文書局石印本
　六冊

330000－1797－0000751　18/2/277　集部/
總集類/選集之屬/通代
選注六朝唐賦不分卷　（清）馬傳庚選注　清
光緒二年（1876）清蒲齋刻本　二冊

330000－1797－0000752　18/3/281、18/3/
282　集部/別集類/宋別集
山谷內集詩註二十卷外集詩註十七卷別集詩
註二卷　（宋）黃庭堅撰　（宋）任淵　（宋）
史容　（宋）史季溫注　清光緒二十一年至二
十六年（1895－1900）義寧陳三立刻本　二
十冊

330000－1797－0000753　18/2/278　集部/
別集類/唐五代別集
重刊五百家註音辯昌黎先生文集四十卷
（唐）韓愈撰　（宋）魏仲舉輯注　清乾隆四十
九年（1784）兩儀堂刻本　九冊　存三十卷
（一至六、十一至三十四）

330000－1797－0000754　24/4/88　經部/
叢編
遵阮本重校印十三經注疏并校勘記　（清）阮
元撰校勘記　（清）盧宣旬摘錄校勘記　清上
海點石齋石印本　三冊　存一種

330000－1797－0000755　18/2/279　集部/
別集類/唐五代別集
韓文公文抄十六卷　（唐）韓愈撰　（明）茅坤
評　明閔氏刻朱墨套印本　六冊　存十二卷

（一至二、五至十、十三至十六）

330000－1797－0000756　18/2/280　集部/
總集類/彙編之屬

八大家文選　（明）歸有光編　明刻本　一冊
　　存一種

330000－1797－0000757　24/4/87　經部/
叢編

遵阮本重校印十三經注疏并校勘記　（清）阮
元撰校勘記　（清）盧宣旬摘錄校勘記　清上
海點石齋石印本　一冊　存一種

330000－1797－0000758　25/1/10　經部/春
秋總義類/傳說之屬

春秋集義五十八卷首一卷末二卷　（清）吳鳳
來撰　清刻本　十五冊　存四十七卷（二至
二十二、二十六至三十八、四十五至五十六，
末下）

330000－1797－0000759　25/1/11　經部/春
秋總義類/傳說之屬

春秋集義五十八卷首一卷末二卷　（清）吳鳳
來撰　清刻本　二冊　存七卷（三十二至三
十五、四十五至四十七）

330000－1797－0000760　25/1/12　經部/春
秋總義類/傳說之屬

春秋集義五十八卷首一卷末二卷　（清）吳鳳
來撰　清刻本　一冊　存一卷（末下）

330000－1797－0000761　3/5/132　子部/宗
教類/道教之屬/戒律

陰隲文圖解四卷　（清）趙如升撰　清光緒二
十四年(1898)雅溪張氏刻本　四冊

330000－1797－0000762　3/5/133　子部/宗
教類/道教之屬/戒律

陰隲文圖解四卷　（清）趙如升撰　清光緒二
十四年(1898)雅溪張氏刻本　四冊

330000－1797－0000763　25/1/13　經部/春
秋總義類/傳說之屬

寄傲山房塾課纂輯春秋備旨十二卷　（清）鄒
聖脈纂輯　（清）鄒廷猷編次　清刻本　二冊
存三卷（一、六至七）

330000－1797－0000764　3/5/134.1　子部/
宗教類/道教之屬/戒律

陰隲文圖解四卷　（清）趙如升撰　清光緒二
十四年(1898)雅溪張氏刻本　三冊　存三卷
（二至四）

330000－1797－0000765　3/5/134.2　子部/
宗教類/道教之屬/戒律

陰隲文圖解四卷　（清）趙如升撰　清光緒二
十四年(1898)雅溪張氏刻本　二冊　存二卷
（三至四）

330000－1797－0000766　3/5/135　子部/宗
教類/道教之屬/戒律

陰隲文圖解四卷　（清）趙如升撰　清光緒二
十四年(1898)雅溪張氏刻本　四冊

330000－1797－0000767　22/2/14　經部/易
類/傳說之屬

易經旁訓辨體合訂三卷　（清）徐立綱輯　清
浙蘭慎餘堂刻本　二冊

330000－1797－0000768　24/1/55　經部/禮
記類/傳說之屬

禮記增訂旁訓六卷　（清）徐立綱撰　清循陔
堂刻本　二冊　存二卷（一、三）

330000－1797－0000769　19/5/323　類叢
部/類書類/通類之屬

類林新咏三十六卷　（清）姚之騆撰　清乾隆
二十六年(1761)刻本　一冊　存二卷（一至
二）

330000－1797－0000770　22/2/15　經部/易
類/傳說之屬

易經增訂旁訓三卷　（清）徐立綱撰　（清）
□□增訂　清文奎堂刻本　一冊　存一卷
（一）

330000－1797－0000771　24/1/54　經部/禮
記類/傳說之屬

禮記旁訓辨體合訂六卷　（清）徐立綱輯　清
懋德堂刻本　一冊　存一卷（四）

330000－1797－0000772　19/5/318　集部/
別集類/清別集

御製詩初集四十四卷目錄四卷二集九十卷目錄十卷三集一百卷目錄十二卷　（清）高宗弘曆撰　清乾隆刻本　八冊　存二十五卷（二十至四十四）

330000－1797－0000773　22/2/16　經部/易類/傳說之屬

易經增訂旁訓三卷　（清）徐立綱撰　（清）□□增訂　清刻本　一冊　存一卷（一）

330000－1797－0000774　24/1/53　經部/禮記類/傳說之屬

禮記旁訓辨體合訂六卷　（清）徐立綱輯　清泰萃樓刻本　一冊　存一卷（四）

330000－1797－0000775　22/2/17　經部/易類/傳說之屬

易經旁訓辨體合訂三卷　（清）徐立綱輯　清裕源堂刻本　一冊　存一卷（一）

330000－1797－0000776　25/1/14　經部/春秋總義類/傳說之屬

欽定春秋傳說彙纂三十八卷首二卷　（清）王掞等撰　清鉛印本　二冊　存二十八卷（十一至三十八）

330000－1797－0000777　24/1/52　經部/禮記類/傳說之屬

禮記旁訓辨體合訂六卷　（清）徐立綱輯　清刻本　一冊　存一卷（五）

330000－1797－0000778　24/1/51　經部/禮記類/傳說之屬

禮記旁訓辨體合訂六卷　（清）徐立綱輯　清循陔堂刻本　三冊　存三卷（四至六）

330000－1797－0000779　24/1/50　經部/禮記類/傳說之屬

禮記旁訓辨體合訂六卷　（清）徐立綱輯　清循陔堂刻本　一冊　存一卷（六）

330000－1797－0000780　24/1/49　經部/禮記類/傳說之屬

禮記旁訓辨體合訂六卷　（清）徐立綱輯　清懋德堂刻本　一冊　存一卷（一）

330000－1797－0000781　25/1/15　經部/叢編

遵阮本重校印十三經注疏并校勘記　（清）阮元撰校勘記　（清）盧宣旬摘錄校勘記　清光緒上海點石齋石印本　一冊　存一種

330000－1797－0000782　19/5/325　類叢部/叢書類/家集之屬

新城王氏家集四十種　（清）□□編　明崇禎至清康熙刻彙印本　一冊　存一種

330000－1797－0000783　25/1/16　經部/叢編

遵阮本重校印十三經注疏并校勘記　（清）阮元撰校勘記　（清）盧宣旬摘錄校勘記　清光緒二十三年（1897）上海點石齋石印本　二冊　存一種

330000－1797－0000784　19/5/326　集部/別集類/清別集

澹粹軒詩草二卷　（清）王志融撰　清嘉慶二十五年（1820）絳州守居刻本　二冊

330000－1797－0000785　25/1/17　經部/叢編

遵阮本重校印十三經注疏并校勘記　（清）阮元撰校勘記　（清）盧宣旬摘錄校勘記　清光緒二十三年（1897）上海點石齋石印本　一冊　存一種

330000－1797－0000786　19/5/322　類叢部/類書類/通類之屬

類林新咏三十六卷　（清）姚之駰撰　清刻本　一冊　存三卷（三十四至三十六）

330000－1797－0000787　25/2/18　經部/春秋左傳類/傳說之屬

評點春秋綱目左傳句解彙雋六卷　（清）韓菼重訂　清光緒二十九年（1903）上海石印書局石印本　六冊

330000－1797－0000788　19/5/321　集部/詞類/類編之屬

詞苑英華十種　（明）毛晉編　明末毛氏汲古閣刻本　三冊　存一種

330000－1797－0000790　25/2/20　經部/春秋左傳類/傳說之屬

評點春秋綱目左傳句解彙雋六卷　（清）韓菼重訂　清宣統元年（1909）石印本　五冊　存五卷（一、三至六）

330000－1797－0000791　19/5/320　集部/總集類/酬唱之屬

湘管聯吟一卷續集三卷附稿一卷附錄一卷（清）陳焯輯　清乾隆刻本　一冊　存四卷（續集二至三、附稿、附錄）

330000－1797－0000792　22/2/18　經部/易類/傳說之屬

易經旁訓辨體合訂三卷　（清）徐立綱輯　清循陔堂刻本　一冊　存二卷（二至三）

330000－1797－0000793　22/2/19　經部/易類/傳說之屬

易經旁訓辨體合訂三卷　（清）徐立綱輯　清刻本　一冊　存二卷（二至三）

330000－1797－0000794　25/2/21　經部/春秋左傳類/傳說之屬

評點春秋綱目左傳句解彙雋六卷　（清）韓菼重訂　清宣統元年（1909）石印本　四冊　存四卷（一至二、四、六）

330000－1797－0000795　19/5/319　集部/詞類/詞譜之屬

詞律二十卷　（清）萬樹撰　清康熙二十六年（1687）萬氏堆絮園刻本　十冊　缺六卷（一、八、十一至十二、十九至二十）

330000－1797－0000796　19/5/317　集部/總集類/選集之屬/斷代

明詩別裁集十二卷　（清）沈德潛　（清）周準輯　清乾隆刻本　六冊

330000－1797－0000797　19/1/297　集部/別集類/唐五代別集

杜工部集二十卷首一卷　（唐）杜甫撰　（明）王世貞等評　（清）盧坤輯評　清光緒二年（1876）粵東翰墨園刻六色套印本　三冊　存七卷（首，一至二、五至六、十九至二十）

330000－1797－0000798　19/4/316　集部/別集類/清別集

二曲集二十六卷　（清）李顒撰　清康熙三十三年（1694）刻四十四年（1705）印本　八冊

330000－1797－0000799　19/1/298　類叢部/叢書類/彙編之屬

武英殿聚珍版書　清刻本　一冊　存一種

330000－1797－0000800　24/1/48　經部/禮記類/傳說之屬

禮記增訂旁訓六卷　（清）徐立綱撰　清翬玉山房刻本　六冊

330000－1797－0000801　19/1/299　集部/總集類/選集之屬/斷代

唐詩解五十卷　（明）唐汝詢輯　清順治十六年（1659）趙孟龍萬笈堂刻本　十六冊

330000－1797－0000802　24/1/47　經部/禮記類/傳說之屬

禮記增訂旁訓六卷　（清）徐立綱撰　清浙蘭慎言堂刻本　五冊　缺一卷（三）

330000－1797－0000803　19/1/300　集部/別集類/宋別集

劍南詩鈔六卷　（宋）陸游撰　（清）楊大鶴選　清光緒八年（1882）文苑山房刻本　八冊

330000－1797－0000804　24/1/46　經部/禮記類/傳說之屬

禮記增訂旁訓六卷　（清）徐立綱撰　清刻本　一冊　存一卷（五）

330000－1797－0000805　19/4/314　集部/別集類/清別集

三魚堂文集十二卷外集六卷賸言十二卷附錄一卷　（清）陸隴其撰　清同治七年（1868）楊昌濬武林薇署刻本　六冊

330000－1797－0000806　24/1/45　經部/禮記類/傳說之屬

禮記增訂旁訓六卷　（清）徐立綱撰　清刻本　一冊　存一卷（五）

330000－1797－0000808　24/1/44　經部/禮

記類/傳說之屬

禮記增訂旁訓六卷　（清）徐立綱撰　清刻本
　一冊　存一卷（六）

330000－1797－0000809　19/1/301　集部/
別集類/宋別集

心史七卷附錄一卷　（宋）鄭思肖撰　明崇禎
十二年（1639）張國維刻本　一冊　存四卷
（咸淳集、大義集、中興集一至二）

330000－1797－0000810　3/5/138　集部/曲
類/寶卷之屬

潘公免災救難寶卷三卷　（清）潘曾沂撰　清
光緒二十五年（1899）雅溪張少苹刻本　一冊

330000－1797－0000811　24/1/43　經部/禮
記類/傳說之屬

禮記增訂旁訓六卷　（清）徐立綱撰　清墨潤
堂刻本　一冊　存一卷（四）

330000－1797－0000812　19/1/302　集部/
別集類/宋別集

岳忠武王文集八卷首一卷末一卷　（宋）岳飛
撰　（清）黃邦寧纂修　清乾隆三十五年
（1770）刻本　四冊

330000－1797－0000813　24/1/42　經部/禮
記類/傳說之屬

禮記旁訓辨體合訂六卷　（清）徐立綱輯　清
裕文堂刻本　二冊　存二卷（二至三）

330000－1797－0000814　24/1/41　經部/禮
記類/傳說之屬

禮記旁訓辨體合訂六卷　（清）徐立綱輯　清
懋德堂刻本　二冊　存二卷（一、六）

330000－1797－0000815　19/1/303　集部/
別集類/明別集

楊忠愍公全集四卷　（明）楊繼盛撰　清康熙
三十七年（1698）敬一齋刻本　一冊　存二卷
（一至二）

330000－1797－0000816　24/2/72　經部/三
禮總義類/通論之屬

讀禮條考二十卷　（清）王曜南撰　清光緒二
十三年（1897）武林尚友齋石印本　陶濬宣題

簽　三冊　存十一卷（四至六、十至十七）

330000－1797－0000817　3/5/139　子部/雜
著類

醒世真言續編二卷　（宋）胡庫川編　清光緒
二十九年（1903）婺東鸞溪同善壇刻本　一冊
　存一卷（一）

330000－1797－0000818　25/2/22　經部/春
秋左傳類/傳說之屬

評點春秋綱目左傳句解彙雋六卷　（清）韓菼
重訂　清錦章書局石印本　一冊　存一卷
（二）

330000－1797－0000824　25/2/23　經部/春
秋左傳類/傳說之屬

評點春秋綱目左傳句解彙雋六卷　（清）韓菼
重訂　清錦章圖書局石印本　四冊　存四卷
（二、四至六）

330000－1797－0000825　25/2/24　經部/春
秋左傳類/傳說之屬

評點春秋綱目左傳句解彙雋六卷　（清）韓菼
重訂　清錦章圖書局石印本　二冊　存二卷
（二、六）

330000－1797－0000826　19/1/304　集部/
別集類/明別集

楊忠愍公全集四卷　（明）楊繼盛撰　清康熙
三十七年（1698）刻本　四冊

330000－1797－0000827　25/2/25　經部/春
秋左傳類/傳說之屬

讀左補義五十卷首二卷　（清）姜炳璋輯　清
乾隆三十八年（1773）三多堂刻本　十六冊

330000－1797－0000829　19/2/305　集部/
別集類/明別集

文清公薛先生文集二十四卷　（明）薛瑄撰
清雍正十二年（1734）河津薛氏刻本　十二冊

330000－1797－0000830　19/3/313　集部/
別集類/清別集

陳檢討集二十卷　（清）陳維崧撰　（清）程師
恭注　清康熙三十二年（1693）刻本　十六冊

330000 – 1797 – 0000831　25/2/26　經部/春秋左傳類/傳說之屬

春秋左傳(春秋左傳杜林合註)五十卷　（晉）杜預　（宋）林堯叟註釋　（唐）陸德明音義　（明）鍾惺　（明）孫鑛　（明）韓范評點　清會文堂刻本　十一冊　存四十五卷（一至四十五）

330000 – 1797 – 0000832　19/3/312　集部/別集類/明別集

太史升菴全集八十一卷目錄二卷　（明）楊慎撰　（明）楊有仁輯　清乾隆六十年(1795)刻本　二十冊

330000 – 1797 – 0000835　19/2/306　子部/儒家類/儒學之屬/性理

薛文清公讀書錄十一卷續錄十二卷　（明）薛瑄撰　明嘉靖四年(1525)天蓋樓刻本　六冊

330000 – 1797 – 0000836　19/2/307　集部/別集類/明別集

苑洛集二十二卷　（明）韓邦琦撰　清康熙刻本　五冊　存十二卷（一至十二）

330000 – 1797 – 0000837　25/2/27　經部/春秋左傳類/傳說之屬

春秋左傳(春秋左傳杜林合注)五十卷　（晉）杜預　（宋）林堯叟註釋　（唐）陸德明音義　（明）鍾惺　（明）孫鑛　（明）韓范評點　清芥子園刻本　一冊　存五卷（四十六至五十）

330000 – 1797 – 0000838　19/2/308　集部/別集類/明別集

從野堂存稿八卷末一卷外集一卷　（明）繆昌期撰　清光緒二年(1876)實園刻本　四冊

330000 – 1797 – 0000839　19/2/309　集部/別集類/清別集

壯悔堂文集十卷　（清）侯方域撰　（清）賈開宗等評點　清康熙三十四年(1695)刻本　七冊

330000 – 1797 – 0000840　24/2/71　經部/禮記類/傳說之屬

禮記約編十卷　（清）汪基撰　清刻本　四冊　存八卷（三至十）

330000 – 1797 – 0000842　19/2/310、19/2/311　集部/別集類/明別集

唐荊川先生文集十二卷　（明）唐順之撰　明末古吳金谷園刻本　二冊　存三卷（一至二、十）

330000 – 1797 – 0000844　24/2/70　經部/禮記類/傳說之屬

禮記約編十卷　（清）汪基撰　清光緒三十三年(1907)上海文瑞樓石印本　一冊　存五卷（一至五）

330000 – 1797 – 0000845　24/2/69　經部/禮記類/傳說之屬

禮記節本十卷　（清）汪基撰　清宣統三年(1911)上海會文堂粹記書局石印本　一冊　存一卷（一）

330000 – 1797 – 0000846　25/3/28　經部/春秋左傳類/傳說之屬

春秋左傳(春秋左傳杜林合注)五十卷　（晉）杜預　（宋）林堯叟註釋　（唐）陸德明音義　（明）鍾惺　（明）孫鑛　（明）韓范評點　清光緒二十三年(1897)上海文瑞樓刻本　十五冊　缺三卷（三十三至三十五）

330000 – 1797 – 0000847　24/2/68　經部/禮記類/傳說之屬

禮記節本十卷　（清）汪基撰　清石印本　二冊　存四卷（二至三、八至九）

330000 – 1797 – 0000848　25/3/29　經部/春秋左傳類/傳說之屬

春秋左傳(春秋左傳杜林合注)五十卷　（晉）杜預　（宋）林堯叟註釋　（明）鍾惺　（明）孫鑛　（明）韓范評點　清書業堂刻本　十一冊　缺二卷（一至二）

330000 – 1797 – 0000849　25/3/30　經部/春秋左傳類/傳說之屬

春秋左傳(春秋左傳杜林合注)五十卷　（晉）杜預　（宋）林堯叟註釋　（明）鍾惺　（明）孫鑛　（明）韓范評點　清

刻本　十一冊　缺三卷（一至三）

330000－1797－0000850　25/3/31　經部/春秋左傳類/傳說之屬

左繡三十卷首一卷　（清）馮李驊　（清）陸浩評輯　清刻本　一冊　存四卷（七至十）

330000－1797－0000851　24/2/67　經部/禮記類/傳說之屬

禮記節本十卷　（清）汪基撰　清宣統三年（1911）上海會文堂粹記書局石印本　四冊　缺四卷（二至五）

330000－1797－0000852　25/3/32　經部/春秋左傳類/傳說之屬

左繡三十卷首一卷　（清）馮李驊　（清）陸浩評輯　清刻本　一冊　存二卷（二十七至二十八）

330000－1797－0000853　24/2/66　經部/禮記類/傳說之屬

禮記節本十卷　（清）汪基撰　清宣統元年（1909）上海會文學社石印本　沈桐生題簽　五冊　缺二卷（八至九）

330000－1797－0000854　24/2/65　經部/禮記類/傳說之屬

禮記集說十卷　（元）陳澔撰　清三餘堂刻本　五冊　存五卷（三至六、九）

330000－1797－0000855　26/5/94　經部/春秋左傳類/傳說之屬

左傳事緯十二卷　（清）馬驌撰　清光緒三十四年（1908）上海文瑞樓石印本　一冊　存二卷（五至六）

330000－1797－0000856　26/5/93　經部/春秋左傳類/傳說之屬

左傳事緯十二卷　（清）馬驌撰　清光緒三十四年（1908）上海文瑞樓石印本　一冊　存二卷（五至六）

330000－1797－0000857　24/2/64　經部/禮記類/傳說之屬

禮記集說十卷　（元）陳澔撰　清紫文閣刻本　一冊　存一卷（九）

330000－1797－0000859　24/2/63　經部/禮記類/傳說之屬

禮記集說十卷　（元）陳澔撰　清光緒二十一年（1895）玉山姜文奎堂刻本　五冊　存五卷（一至三、五、十）

330000－1797－0000861　24/2/62　經部/禮記類/傳說之屬

禮記集說十卷　（元）陳澔撰　清三餘堂刻本　二冊　存三卷（八至十）

330000－1797－0000862　26/5/87　經部/春秋左傳類/傳說之屬

左傳事緯十二卷左傳字釋一卷　（清）馬驌撰　清乾隆四十九年（1784）仁和黃暹懷澄堂刻本　六冊　缺三卷（七至八、十）

330000－1797－0000863　26/5/88　經部/春秋左傳類/傳說之屬

左傳事緯十二卷左傳字釋一卷　（清）馬驌撰　清乾隆四十九年（1784）仁和黃暹懷澄堂刻本　一冊　存一卷（七）

330000－1797－0000864　26/5/89　經部/春秋左傳類/傳說之屬

左傳事緯十二卷左傳字釋一卷　（清）馬驌撰　清乾隆四十九年（1784）仁和黃暹懷澄堂刻本　九冊　存九卷（四至十二）

330000－1797－0000865　25/4/33　經部/春秋左傳類/傳說之屬

春秋左傳（春秋左傳杜林合註）五十卷　（晉）杜預　（宋）林堯叟註釋　（唐）陸德明音義　（明）鍾惺　（明）孫鑛　（明）韓范評點　清同治十二年（1873）浙紹奎照樓刻本　十一冊　缺十五卷（五至十九）

330000－1797－0000866　24/2/61　經部/禮記類/傳說之屬

禮記增訂旁訓六卷　（清）徐立綱撰　清簡香齋刻本　一冊　存一卷（五）

330000－1797－0000867　26/1/50　經部/春秋左傳類/傳說之屬

左翼三十八卷　（清）周大璋輯評　清乾隆五

年(1740)寶翰樓刻本　十六冊

330000－1797－0000868　26/4/81　經部/春秋左傳類/傳說之屬

春秋左傳(春秋左傳杜林合注)五十卷　(晉)杜預　(宋)林堯叟註釋　(唐)陸德明音義　(明)鍾惺　(明)孫鑛　(明)韓范評點　清光緒二十四年(1898)刻本　十二冊

330000－1797－0000869　26/1/51　經部/春秋左傳類/傳說之屬

左繡三十卷首一卷　(清)馮李驊　(清)陸浩評輯　清華川書屋刻本　十冊　存二十二卷(七至十九、二十二至三十)

330000－1797－0000870　26/5/85　經部/春秋左傳類/傳說之屬

春秋左傳(春秋左傳杜林合注)五十卷　(晉)杜預　(宋)林堯叟註釋　(唐)陸德明音義　(明)鍾惺　(明)孫鑛　(明)韓范評點　清刻本　五冊　存十七卷(六至十三、十七至二十二、四十四至四十六)

330000－1797－0000871　26/1/52　經部/叢編

遵阮本重校印十三經注疏并校勘記　(清)阮元撰校勘記　(清)盧宣旬摘錄校勘記　清光緒二十三年(1897)點石齋石印本　五冊　存一種

330000－1797－0000872　26/5/84　經部/春秋左傳類/傳說之屬

春秋左傳(春秋左傳杜林善本)五十卷　(晉)杜預　(宋)林堯叟註釋　(唐)陸德明音義　(明)鍾惺　(明)孫鑛　(明)韓范評點　清乾隆五十年(1785)刻本　一冊　存三卷(一至三)

330000－1797－0000873　26/1/53　經部/春秋總義類/傳說之屬

春秋備旨四十五卷　(清)鄒聖脈纂輯　(清)鄒可庭編　清光緒刻本　一冊　存二卷(十一至十二)

330000－1797－0000874　24/2/60　經部/禮記類/傳說之屬

禮記增訂旁訓六卷　(清)徐立綱撰　清羣玉山房刻本　一冊　存一卷(四)

330000－1797－0000875　26/5/86　經部/春秋左傳類/傳說之屬

左繡三十卷首一卷　(清)馮李驊　(清)陸浩評輯　清刻本　一冊　存二卷(十三至十四)

330000－1797－0000876　24/2/59　經部/禮記類/傳說之屬

禮記增訂旁訓六卷　(清)徐立綱撰　清匠門書屋刻本　二冊　存二卷(五至六)

330000－1797－0000877　26/2/54　經部/春秋左傳類/傳說之屬

如西所刻諸名家評點春秋綱目左傳句解彙雋六卷　(清)韓菼重訂　清刻本　五冊　存五卷(一至四、六)

330000－1797－0000878　26/2/55　經部/春秋左傳類/傳說之屬

評點春秋綱目左傳句解彙雋六卷　(清)韓菼重訂　清光緒二十六年(1900)文元堂刻本　六冊

330000－1797－0000879　24/2/58　經部/禮記類/傳說之屬

禮記增訂旁訓六卷　(清)徐立綱撰　清刻本　一冊　存一卷(六)

330000－1797－0000880　26/2/56　經部/春秋左傳類/傳說之屬

評點春秋綱目左傳句解彙雋六卷　(清)韓菼重訂　清慎言堂刻本　六冊

330000－1797－0000881　24/2/57　經部/禮記類/傳說之屬

禮記增訂旁訓六卷　(清)徐立綱撰　清刻本　一冊　存一卷(二)

330000－1797－0000882　24/2/56　經部/禮記類/傳說之屬

禮記增訂旁訓六卷　(清)徐立綱撰　清匠門書屋刻本　一冊　存一卷(六)

330000－1797－0000883　26/5/83　經部/春秋總義類/傳說之屬

春秋增訂旁訓四卷　清匠門書屋刻本　一冊　存二卷(一至二)

330000－1797－0000884　26/5/82　經部/春秋總義類/傳說之屬

春秋旁訓欽遵御案四傳合訂四卷　清刻本　一冊　存二卷(三至四)

330000－1797－0000885　26/4/79　經部/春秋左傳類/傳說之屬

左繡三十卷首一卷　(清)馮李驊　(清)陸浩評輯　清華川書屋刻本　二冊　存六卷(十七至十九、二十二至二十四)

330000－1797－0000886　26/4/80　經部/春秋左傳類/傳說之屬

左繡三十卷首一卷　(清)馮李驊　(清)陸浩評輯　清刻本　一冊　存二卷(二十至二十一)

330000－1797－0000887　25/4/34　經部/春秋左傳類/傳說之屬

春秋左傳杜注三十卷首一卷　(清)姚培謙撰　清光緒十六年(1890)務本書局刻本　十二冊

330000－1797－0000888　26/4/78　經部/春秋左傳類/傳說之屬

春秋左傳(春秋左傳杜林合注)五十卷　(晉)杜預　(宋)林堯叟註釋　(唐)陸德明音義　(明)鍾惺　(明)孫鑛　(明)韓范評點　清刻本　十一冊　缺三卷(一至三)

330000－1797－0000889　26/4/77　經部/春秋左傳類/傳說之屬

春秋左傳(春秋左傳杜林)五十卷　(晉)杜預　(宋)林堯叟註釋　(唐)陸德明音義　(明)鍾惺　(明)孫鑛　(明)韓范評點　清學源堂刻本　十二冊

330000－1797－0000890　26/2/57　經部/春秋左傳類/傳說之屬

如酉所刻諸名家評點春秋綱目左傳句解彙雋

六卷　(清)韓葵重訂　清玉山慎言堂炳記刻本　四冊　存四卷(一至二、四至五)

330000－1797－0000891　24/3/86　經部/禮記類/傳說之屬

漱芳軒合纂禮記體註四卷　(清)范翔撰　清刻本　三冊　缺一卷(三)

330000－1797－0000892　42/1/80　史部/傳記類/總傳之屬/通代

廿二史言行略四十二卷　(清)過元旼輯　清嘉慶十五年(1810)拜經齋刻本　二冊　存七卷(二至八)

330000－1797－0000893　26/2/58　經部/春秋左傳類/傳說之屬

評點春秋綱目左傳句解彙雋六卷　(清)韓葵重訂　清令德堂刻本　二冊　存二卷(三、六)

330000－1797－0000894　24/3/85　經部/禮記類/傳說之屬

漱芳軒合纂禮記體註四卷　(清)范翔撰　清刻本　一冊　存一卷(四)

330000－1797－0000895　25/4/35　經部/春秋左傳類/傳說之屬

春秋左傳(狀元閣爵記印左傳杜林)五十卷　(晉)杜預　(宋)林堯叟註釋　(唐)陸德明音義　(明)鍾惺　(明)孫鑛　(明)韓范評點　清光緒狀元閣李光明莊刻本　三冊　存十三卷(一至四、二十至二十八)

330000－1797－0000896　26/2/59　經部/春秋左傳類/傳說之屬

太史張天如詳節春秋綱目句解左傳彙雋六卷　(明)張溥重訂　(清)韓葵重編　清刻本　一冊　存一卷(二)

330000－1797－0000897　24/3/84　經部/禮記類/傳說之屬

漱芳軒合纂禮記體註四卷　(清)范翔撰　清刻本　一冊　存一卷(四)

330000－1797－0000898　26/2/60　經部/春秋左傳類/傳說之屬

評點春秋綱目左傳句解彙雋六卷　（清）韓葵重訂　清光緒經國堂刻本　一冊　存一卷（一）

330000－1797－0000899　24/3/83　經部/禮記類/傳說之屬

漱芳軒合纂禮記體註四卷　（清）范翔撰　清刻本　一冊　存一卷（四）

330000－1797－0000900　26/2/61　經部/春秋左傳類/傳說之屬

太史張天如詳節春秋綱目句解左傳彙雋六卷　（明）張溥重訂　（清）韓葵重編　清刻本　二冊　存二卷（三、六）

330000－1797－0000901　24/3/82　經部/禮記類/傳說之屬

漱芳軒合纂禮記體註四卷　（清）范翔撰　清康熙五十二年（1713）刻本　一冊　存一卷（一）

330000－1797－0000902　26/2/62　經部/春秋左傳類/傳說之屬

評點春秋綱目左傳句解彙雋六卷　（清）韓葵重訂　清刻本　一冊　存一卷（四）

330000－1797－0000903　24/3/81　經部/禮記類/傳說之屬

漱芳軒合纂禮記體註四卷　（清）范翔撰　清刻本　二冊　存二卷（三至四）

330000－1797－0000904　25/4/36　經部/春秋左傳類/傳說之屬

左繡三十卷首一卷　（清）馮李驊　（清）陸浩評輯　清華川書屋刻本　三冊　存八卷（四至六、九至十一、二十四至二十五）

330000－1797－0000905　26/2/63　經部/春秋左傳類/傳說之屬

評點春秋綱目左傳句解彙雋六卷　（清）韓葵重訂　清慎言堂刻本　一冊　存一卷（一）

330000－1797－0000906　24/3/80　經部/禮記類/傳說之屬

漱芳軒合纂禮記體註四卷　（清）范翔撰　清刻本　一冊　存一卷（二）

330000－1797－0000907　26/2/64　經部/春秋左傳類/傳說之屬

評點春秋綱目左傳句解彙雋六卷　（清）韓葵重訂　清光緒文德堂刻本　三冊

330000－1797－0000908　24/3/79　經部/禮記類/傳說之屬

禮記體註大全四卷　（清）范翔原本　（清）曹士瑋纂輯　（清）徐旦參訂　清文華堂刻本　四冊

330000－1797－0000909　25/4/37　經部/春秋左傳類/傳說之屬

春秋左傳（春秋左傳杜林合注）五十卷　（晉）杜預　（宋）林堯叟註釋　（唐）陸德明音義　（明）鍾惺　（明）孫鑛　（明）韓范評點　清芥子園刻本　二冊　存九卷（四至八、四十二至四十五）

330000－1797－0000910　25/4/38　經部/春秋左傳類/傳說之屬

春秋左傳（春秋左傳杜林合注）五十卷　（晉）杜預　（宋）林堯叟註釋　（唐）陸德明音義　（明）鍾惺　（明）韓范評閱　清刻本　四冊　存十二卷（二十四至二十九、三十三至三十五、四十二至四十四）

330000－1797－0000911　25/4/39　經部/春秋左傳類/傳說之屬

春秋左傳（春秋左傳杜林合注）五十卷　（晉）杜預　（宋）林堯叟註釋　（唐）陸德明音義　（明）鍾惺　（明）孫鑛　（明）韓范評點　清刻本　一冊　存四卷（四十七至五十）

330000－1797－0000912　25/4/40　經部/春秋左傳類/傳說之屬

春秋左傳（春秋左傳杜林合注）五十卷　（晉）杜預　（宋）林堯叟註釋　（唐）陸德明音義　（明）鍾惺　（明）孫鑛　（明）韓范評點　清刻本　一冊　存五卷（二十九至三十三）

330000－1797－0000913　25/4/41　經部/春秋左傳類/傳說之屬

春秋左傳（春秋左傳杜林合注）五十卷　（晉）杜預　（宋）林堯叟註釋　（唐）陸德明音義

（明）鍾惺　（明）孫鑛　（明）韓范評點　清書業堂刻本　一冊　存五卷（三十至三十四）

330000－1797－0000914　24/3/78　經部/禮記類/傳說之屬

漱芳軒合纂禮記體註四卷　（清）范翔撰　清嘉慶二十二年（1817）文奎堂刻本　三冊　缺一卷（四）

330000－1797－0000915　25/4/42　經部/春秋左傳類/傳說之屬

春秋左傳（春秋左傳杜林）五十卷　（晉）杜預　（宋）林堯叟註釋　（唐）陸德明音義（明）鍾惺　（明）孫鑛　（明）韓范評點　清同治五年（1866）刻本　四冊

330000－1797－0000916　24/3/77　經部/禮記類/傳說之屬

禮記體註大全四卷　（清）范翔原本　（清）曹士瑋纂輯　（清）徐旦參訂　清刻本　一冊　存一卷（四）

330000－1797－0000917　25/5/43　經部/春秋左傳類/傳說之屬

春秋左傳（春秋左傳杜林合注）五十卷　（晉）杜預　（宋）林堯叟註釋　（唐）陸德明音義（明）鍾惺　（明）孫鑛　（明）韓范評點　清刻本　一冊　存三卷（十四至十六）

330000－1797－0000918　26/3/76　經部/春秋左傳類/傳說之屬

春秋左傳（春秋左傳杜林合注）五十卷　（晉）杜預　（宋）林堯叟註釋　（唐）陸德明音義（明）鍾惺　（明）孫鑛　（明）韓范評點　清刻本　七冊　存二十九卷（十三至二十八、三十四至三十七、四十二至五十）

330000－1797－0000919　25/5/44　經部/春秋左傳類/傳說之屬

春秋左傳（春秋左傳杜林合注）五十卷　（晉）杜預　（宋）林堯叟註釋　（唐）陸德明音義（明）鍾惺　（明）孫鑛　（明）韓范評點　清三餘堂刻本　一冊　存四卷（十三至十六）

330000－1797－0000920　24/3/76　經部/禮記類/傳說之屬

全本禮記體註十卷　（清）徐瑄撰　清刻本四冊　存四卷（二、四至六）

330000－1797－0000921　26/3/75　經部/春秋左傳類/傳說之屬

春秋左傳（春秋左傳杜林合注）五十卷　（晉）杜預　（宋）林堯叟註釋　（唐）陸德明音義（明）鍾惺　（明）孫鑛　（明）韓范評點　清刻本　五冊　存十八卷（二十九至四十二、四十七至五十）

330000－1797－0000922　24/3/75　經部/禮記類/傳說之屬

全本禮記體註十卷　（清）徐瑄撰　清乾隆三十一年（1766）百尺樓刻本　五冊　存五卷（一、三、五至七）

330000－1797－0000923　24/3/74　經部/禮記類/傳說之屬

全本禮記體註十卷　（清）徐瑄撰　清乾隆三十一年（1766）百尺樓刻本　三冊　存三卷（一至三）

330000－1797－0000924　26/3/74　經部/春秋左傳類/傳說之屬

春秋左傳（春秋左傳杜林合注）五十卷　（晉）杜預　（宋）林堯叟註釋　（唐）陸德明音義（明）鍾惺　（明）孫鑛　（明）韓范評點　清刻本　七冊　存三十二卷（四至二十三、三十九至五十）

330000－1797－0000925　24/3/73　經部/禮記類/傳說之屬

全本禮記體註十卷　（清）徐瑄撰　清刻本三冊　存三卷（三、七至八）

330000－1797－0000926　25/5/45　經部/春秋左傳類/傳說之屬

曲江書屋新訂批註左傳快讀十八卷首一卷（清）李紹崧輯　清刻本　十五冊　存十七卷（二至十八）

330000－1797－0000927　26/3/73　經部/春秋左傳類/傳說之屬

春秋左傳(春秋左傳杜林合注)五十卷 （晉）
杜預 （宋）林堯叟註釋 （唐）陸德明音義
（明）鍾惺 （明）孫鑛 （明）韓范評點 清
道光二十二年(1842)刻本 八冊 存十四卷
（一至十三、十九）

330000－1797－0000928 25/5/46 經部/春
秋左傳類/傳說之屬

曲江書屋新訂批註左傳快讀十八卷首一卷
（清）李紹崧輯 清文奎堂刻本 十六冊

330000－1797－0000929 26/3/72 經部/春
秋左傳類/傳說之屬

春秋左傳(春秋左傳杜林)五十卷 （晉）杜預
（宋）林堯叟註釋 （唐）陸德明音義
（明）鍾惺 （明）孫鑛 （明）韓范評點 清
光緒二十一年(1895)刻本 十一冊 存十一
卷（一至九、十三至十四）

330000－1797－0000930 25/5/47 經部/春
秋左傳類/傳說之屬

曲江書屋新訂批註左傳快讀十八卷首一卷
（清）李紹崧輯 清曲江書屋刻本 一冊 存
一卷（十七）

330000－1797－0000931 25/5/48 經部/春
秋左傳類/傳說之屬

左傳統箋三十五卷 （清）姜希轍撰 清刻本
五冊 存十四卷（九至十二、十九至二十
五、二十九至三十一）

330000－1797－0000932 26/2/65 經部/春
秋左傳類/傳說之屬

評點春秋綱目左傳句解彙雋六卷 （清）韓范
重訂 清光緒大文堂刻本 一冊 存一卷
（一）

330000－1797－0000933 25/5/49 經部/春
秋左傳類/傳說之屬

左傳統箋三十五卷 （清）姜希轍撰 清刻本
一冊 存三卷（十至十二）

330000－1797－0000934 26/2/66 經部/春
秋左傳類/傳說之屬

太史張天如詳節春秋綱目句解左傳彙雋六卷

（明）張溥重訂 （清）韓范重編 清刻本
一冊 存一卷（四）

330000－1797－0000935 26/2/67 經部/春
秋左傳類/傳說之屬

太史張天如詳節春秋綱目句解左傳彙雋六卷
（明）張溥重訂 （清）韓范重編 清刻本
二冊 存二卷（四、六）

330000－1797－0000936 26/2/68 經部/春
秋左傳類/傳說之屬

評點春秋綱目左傳句解彙雋六卷 （清）韓范
重訂 清刻本 一冊 存一卷（一）

330000－1797－0000937 26/2/69 經部/春
秋左傳類/傳說之屬

太史張天如詳節春秋綱目句解左傳彙雋六卷
（明）張溥重訂 （清）韓范重編 清刻本
一冊 存一卷（三）

330000－1797－0000938 28/4/51 經部/
叢編

遵阮本重校印十三經注疏并校勘記 （清）阮
元撰校勘記 （清）盧宣旬摘錄校勘記 清光
緒十三年(1887)點石齋石印本 四冊 存
一種

330000－1797－0000939 26/2/70 經部/春
秋左傳類/傳說之屬

評點春秋綱目左傳句解彙雋六卷 （清）韓范
重訂 清刻本 一冊 存一卷（二）

330000－1797－0000940 28/4/50 經部/
叢編

遵阮本重校印十三經注疏并校勘記 （清）阮
元撰校勘記 （清）盧宣旬摘錄校勘記 清光
緒十三年(1887)上海點石齋石印本 二冊
存一種

330000－1797－0000941 28/4/49 經部/
叢編

遵阮本重校印十三經注疏并校勘記 （清）阮
元撰校勘記 （清）盧宣旬摘錄校勘記 清光
緒十三年(1887)點石齋石印本 一冊 存
一種

330000－1797－0000942　28/4/48　經部/
叢編

遵阮本重校印十三經注疏并校勘記　（清）阮
元撰校勘記　（清）盧宣旬摘錄校勘記　清光
緒十三年(1887)上海點石齋石印本　一冊
存一種

330000－1797－0000943　28/4/47　經部/
叢編

遵阮本重校印十三經注疏并校勘記　（清）阮
元撰校勘記　（清）盧宣旬摘錄校勘記　清光
緒十三年(1887)點石齋石印本　一冊　存
一種

330000－1797－0000944　28/4/46　經部/
叢編

遵阮本重校印十三經注疏并校勘記　（清）阮
元撰校勘記　（清）盧宣旬摘錄校勘記　清光
緒十三年(1887)點石齋石印本　一冊　存
一種

330000－1797－0000945　29/1/15　經部/四
書類/總義之屬/傳說

學源堂四書體注合講十九卷圖說一卷　（清）
翁復編　清善成堂刻本　一冊　存三卷(孟
子一至三)

330000－1797－0000946　28/1/7、28/1/9
經部/群經總義類/傳說之屬

皇朝五經彙解二百七十卷　（清）朱鏡清輯
清光緒石印本　二十七冊　存二百三十一卷
(十四至二十二、四十九至二百七十)

330000－1797－0000947　28/1/8　經部/群
經總義類/傳說之屬

皇朝五經彙解二百七十卷　（清）朱鏡清輯
清光緒十九年(1893)同文書局石印本　二十
四冊　存二百五卷(一至一百三十六、一百五
十九至一百六十八、一百七十三至一百九十
六、二百二十二至二百五十六)

330000－1797－0000948　28/6/45　經部/春
秋穀梁傳類/傳說之屬

春秋穀梁傳四卷　（晉）范甯集解　（唐）楊士
勛疏　清光緒十三年(1887)點石齋石印本

一冊

330000－1797－0000949　29/1/14　經部/四
書類/總義之屬/傳說

學源堂四書體注合講十九卷圖說一卷　（清）
翁復編　清刻本　一冊　存五卷(論語一至
五)

330000－1797－0000950　28/4/44　經部/
叢編

**重刊宋本十三經注疏七十五卷　附十三經注
疏校勘記七十五卷**　（清）阮元撰　（清）盧宣
旬摘錄　校勘記識語四卷　（清）汪文臺撰
清光緒十三年(1887)點石齋石印本　一冊
存四卷(校勘記識語一至四)

330000－1797－0000951　28/2/10　經部/群
經總義類/傳說之屬

皇朝五經彙解二百七十卷　（清）朱鏡清輯
清光緒石印本　九冊　存一百十一卷(一百
二十七至一百三十五、一百四十五至一百六
十八、一百八十四至二百六十一)

330000－1797－0000952　28/4/43　經部/
叢編

遵阮本重校印十三經注疏并校勘記　（清）阮
元撰校勘記　（清）盧宣旬摘錄校勘記　清光
緒十三年(1887)點石齋石印本　三冊　存
一種

330000－1797－0000953　28/4/42　經部/
叢編

遵阮本重校印十三經注疏并校勘記　（清）阮
元撰校勘記　（清）盧宣旬摘錄校勘記　清光
緒十三年(1887)點石齋石印本　一冊　存
一種

330000－1797－0000954　28/4/41　經部/
叢編

遵阮本重校印十三經注疏并校勘記　（清）阮
元撰校勘記　（清）盧宣旬摘錄校勘記　清光
緒十三年(1887)上海點石齋石印本　二冊
存一種

330000－1797－0000955　28/4/40　經部/

叢編

遵阮本重校印十三經注疏并校勘記 （清）阮元撰校勘記 （清）盧宣旬摘錄校勘記 清光緒十三年（1887）上海點石齋石印本 三冊 存一種

330000－1797－0000956 28/2/11 經部/叢編

五經揭要 （清）許寶善編 清刻本 四冊 存二種

330000－1797－0000957 28/2/12 經部/群經總義類/傳說之屬

皇朝五經彙解二百七十卷 （清）朱鏡清輯 清光緒石印本 十八冊 存一百五十五卷（十四至六十、九十九至二百一、二百二十二至二百二十六）

330000－1797－0000958 28/2/13 經部/群經總義類/傳說之屬

皇朝五經彙解二百七十卷 （清）朱鏡清輯 清光緒十九年（1893）寶文書局石印本 九冊 存一百八十五卷（一至一百八十五）

330000－1797－0000959 28/3/14 經部/叢編

御纂五經 （清）李光地等撰 清光緒十九年（1893）上海鴻寶齋石印本 十四冊 存一百四十七卷（御纂周易折中一至二十二，欽定書經傳說彙纂一至二十一，欽定詩經傳說彙纂一至二十一，欽定禮記義疏一至三十四、五十至七十六，欽定春秋傳說彙纂一至二十二）

330000－1797－0000960 29/1/13 經部/四書類/總義之屬/傳說

酌雅齋四書遵註合講十九卷圖說一卷 （清）翁復編 清光緒二十六年（1900）浙蘭慎言堂刻本 一冊 存三卷（大學、中庸，圖說）

330000－1797－0000961 29/1/4 經部/四書類/總義之屬/傳說

愛日堂四書體註合講十九卷圖說一卷 （清）翁復編 清愛日堂刻本 六冊

330000－1797－0000962 28/5/37 經部/

叢編

遵阮本重校印十三經注疏并校勘記 （清）阮元撰校勘記 （清）盧宣旬摘錄校勘記 清光緒十三年（1887）點石齋石印本 一冊 存一種

330000－1797－0000963 29/1/12 經部/四書類/總義之屬/傳說

酌雅齋四書遵註合講十九卷 （清）翁復編 清立言堂刻本 一冊 存五卷（論語六至十）

330000－1797－0000964 28/5/39 經部/叢編

重刊宋本十三經注疏四百十六卷 附十三經注疏校勘記四百十六卷 （清）阮元撰 （清）盧宣旬摘錄 **校勘記識語四卷** （清）汪文臺撰 清光緒十三年（1887）上海脈望仙館石印本 一冊 存一種

330000－1797－0000965 29/1/11 經部/四書類/總義之屬/傳說

三讓堂四書遵註合講十九卷 （清）翁復編 清三讓堂刻本 一冊 存五卷（論語一至五）

330000－1797－0000966 29/1/10 經部/四書類/總義之屬/傳說

學源堂四書體注合講十九卷圖說一卷 （清）翁復編 清留耕堂刻本 一冊 存三卷（大學、中庸，圖說）

330000－1797－0000967 28/5/38 經部/叢編

遵阮本重校印十三經注疏并校勘記 （清）阮元撰校勘記 （清）盧宣旬摘錄校勘記 清光緒十三年（1887）點石齋石印本 一冊 存一種

330000－1797－0000968 28/5/35 類叢部/叢書類/自著之屬

春在堂全書三十六種 （清）俞樾撰 清同治至光緒刻光緒末彙印本 二冊 存一種

330000－1797－0000969 29/1/9 經部/四書類/總義之屬/傳說

四書體註合講十九卷圖說一卷 （清）翁復編

清文富堂刻本　一冊　存三卷(大學、中庸,圖說)

330000－1797－0000970　28/5/33　經部/群經總義類/文字音義之屬

十三經不二字一卷　(清)李鴻藻輯　清同治六年(1867)藻文堂刻本　一冊

330000－1797－0000971　28/5/32　經部/群經總義類/文字音義之屬

十三經集字音釋四卷照畫檢字一卷　(清)黃蕙田撰　清同治九年(1870)蔣存誠刻本　四冊　存三卷(二、四,照畫檢字)

330000－1797－0000972　28/3/15、28/3/17　類叢部/類書類/專類之屬

五經類編二十八卷　(清)周世樟撰　清康熙友益齋刻本　三冊　存七卷(五至八、二十三至二十四、二十八)

330000－1797－0000973　28/3/16　類叢部/類書類/專類之屬

五經類編二十八卷　(清)周世樟撰　清康熙二十二年(1683)刻本　三冊　存五卷(一、九至十、二十三至二十四)

330000－1797－0000974　28/5/31　經部/叢編

重刊宋本十三經注疏四百十六卷　**附十三經注疏校勘記四百十六卷**　(清)阮元撰　(清)盧宣旬摘錄　**校勘記識語四卷**　(清)汪文臺撰　清光緒三年(1877)江西書局刻本　一冊　存二卷(校勘記識語一至二)

330000－1797－0000975　28/3/18　類叢部/類書類/專類之屬

五經類編二十八卷　(清)周世樟撰　清康熙刻本　一冊　存二卷(二十七至二十八)

330000－1797－0000976　28/3/19　類叢部/類書類/專類之屬

五經類編二十八卷　(清)周世樟撰　清康熙刻本　一冊　存三卷(三至五)

330000－1797－0000977　28/3/20　經部/叢編

七經精義七種　(清)黃淦撰　清嘉慶十二年(1807)慈溪養正堂刻本　二冊　存一種

330000－1797－0000978　28/3/20.1　經部/詩類/傳說之屬

詩經精義四卷首一卷末一卷　(清)黃淦纂　清嘉慶七年(1802)慈溪養正堂刻本　二冊

330000－1797－0000979　28/3/20.2　經部/叢編

七經精義七種　(清)黃淦撰　清嘉慶七年至十二年(1802－1807)刻尊德堂印本　二冊　存一種

330000－1797－0000980　28/3/20.3　經部/易類/傳說之屬

周易精義四卷首一卷　(清)黃淦撰　清刻本　一冊　存三卷(二至四)

330000－1797－0000981　29/1/8　經部/四書類/總義之屬/傳說

永言堂四書遵註合講十九卷圖說一卷　(清)翁復編　清永言堂刻本　二冊　存十卷(論語一至十)

330000－1797－0000982　28/3/20.4　經部/書類/傳說之屬

書經精義四卷首一卷末一卷　(清)黃淦纂　清刻本　一冊　存三卷(三至四、末)

330000－1797－0000983　28/3/21　類叢部/叢書類/自著之屬

春在堂全書三十六種　(清)俞樾撰　清同治至光緒刻光緒末彙印本　四冊　存一種

330000－1797－0000984　29/1/7　經部/四書類/總義之屬/傳說

文淵堂四書體註合講十九卷　(清)翁復編　清文淵堂刻本　五冊　缺二卷(大學、中庸)

330000－1797－0000985　29/1/6　經部/四書類/總義之屬/傳說

四書體註合講十九卷圖說一卷　(清)翁復編　清奎星閣刻本　五冊　缺五卷(論語一至五)

330000－1797－0000986　28/4/30　經部/
叢編

五經鴻寶　清石印本　一冊　存一種

330000－1797－0000987　28/4/29　經部/書
類/傳說之屬

書經體註大全合參六卷　（宋）蔡沈集傳
（清）錢希祥輯注　清東都樂善堂銅版刻本
一冊　存三卷（一至三）

330000－1797－0000988　29/1/5　經部/四
書類/總義之屬/傳說

務本堂四書體註合講十九卷圖說一卷　（清）
翁復編　清寶文堂刻本　六冊

330000－1797－0000989　28/4/28　經部/易
類/傳說之屬

易經文選不分卷　（清）胡鑑　（清）余德中等
撰　清嘉慶二十三年(1818)刻本　一冊

330000－1797－0000990　28/3/22　經部/群
經總義類/傳說之屬

古經解鉤沉三十卷　（清）余蕭客撰　清乾隆
六十年(1795)刻道光二十年(1840)京江魯氏
重修本　三冊　存十卷（一至十）

330000－1797－0000992　28/4/25　經部/群
經總義類/傳說之屬

雪樵經解三十卷附錄三卷　（清）馮世瀛輯
清光緒十五年(1889)邗江晉銅古齋鉛印本
七冊　存三十卷（一至二十七、附錄一至三）

330000－1797－0000993　30/1/57　經部/四
書類/總義之屬/傳說

四書味根錄三十七卷　（清）金澂撰　清道光
二十六年(1846)英德堂刻本　十四冊

330000－1797－0000994　29/1/3　經部/四
書類/總義之屬/傳說

四書體註合講十九卷　（清）翁復編　清匠門
書屋刻本　一冊　存二卷（孟子六至七）

330000－1797－0000995　28/4/26、69/5/189
　經部/群經總義類/傳說之屬

經解萃精二集十三卷　（清）許克勤等撰　清
光緒十九年(1893)點石齋石印本　五冊

330000－1797－0000996　29/1/2　經部/四
書類/總義之屬/傳說

酌雅齋四書遵註合講十九卷　（清）翁復編
清立言堂刻本　二冊　存十卷（論語一至十）

330000－1797－0000997　28/4/27　集部/總
集類/課藝之屬

新選經藝不分卷　（清）高鑑會等撰　清末刻
本　二冊

330000－1797－0000998　29/1/1　經部/四
書類/總義之屬/傳說

永言堂四書遵註合講十九卷圖說一卷　（清）
翁復編　清永言堂刻本　二冊　存十卷（論
語一至十）

330000－1797－0000999　30/1/58　經部/四
書類/總義之屬/傳說

四書味根錄三十七卷　（清）金澂撰　清道光
四年(1824)韞玉山房刻本　六冊　存十三卷
（大學,論語五至七、十一至十三,孟子一至
二、九至十、十三至十四）

330000－1797－0001000　30/1/59　經部/四
書類/總義之屬/傳說

四書味根錄三十七卷　（清）金澂撰　清道光
四年(1824)韞玉山房刻本　一冊　存三卷
（孟子十至十二）

330000－1797－0001001　30/1/60　經部/四
書類/總義之屬/傳說

四書味根錄三十七卷　（清）金澂撰　清光緒
八年(1882)文淵堂刻本　八冊　存十七卷
（大學,中庸一至二,論語一至三、十六至二
十,孟子一至六）

330000－1797－0001002　30/1/61　經部/四
書類/總義之屬/傳說

四書味根錄三十七卷　（清）金澂撰　清道光
十七年(1837)刻本　十四冊

330000－1797－0001003　30/1/62　經部/四
書類/總義之屬/傳說

四書味根錄三十七卷　（清）金澂撰　清刻本
一冊　存三卷（孟子四至六）

330000－1797－0001004　30/1/63　經部/四書類/總義之屬/傳說

四書味根題鏡合編三十七卷　（清）金澧（清）汪鯉翔撰　清石印本　一冊　存四卷（孟子九至十二）

330000－1797－0001005　29/2/24　經部/四書類/總義之屬/傳說

增註四書合講十九卷　（清）翁復編　清石印本　二冊　存五卷（孟子一至五）

330000－1797－0001006　29/2/23　經部/四書類/總義之屬/傳說

新訂四書補註備旨十卷　（明）鄧林撰　（清）杜定基增訂　清光緒十四年（1888）經義山房刻本　六冊

330000－1797－0001007　30/2/64　經部/四書類/總義之屬/傳說

集虛齋四書口義十卷　（清）方楘如撰　（清）于光華編　清刻本　七冊　存七卷（三至九）

330000－1797－0001008　30/2/65　經部/四書類/總義之屬/傳說

集虛齋四書口義十卷　（清）方楘如撰　（清）于光華編　清乾隆五十三年（1788）新安姚一桂務本堂刻本　十冊

330000－1797－0001009　29/2/22　經部/四書類/總義之屬/傳說

四書體註合講十九卷圖說一卷　（清）翁復編　清道光十九年（1839）三多堂刻本　六冊

330000－1797－0001010　29/2/21　經部/四書類/總義之屬/傳說

四書體註合講十九卷　（清）翁復編　清光緒四年（1878）永康胡氏退補齋刻本　一冊　存二卷（大學、中庸）

330000－1797－0001011　29/2/20　經部/四書類/總義之屬/傳說

四書體註合講十九卷　（清）翁復編　清刻本　二冊　存八卷（論語六至十、孟子一至三）

330000－1797－0001012　30/2/68　經部/四書類/總義之屬/傳說

四書題鏡三十六卷　（清）汪鯉翔撰　清道光十一年（1831）刻本　十二冊

330000－1797－0001013　30/2/66　經部/四書類/總義之屬/傳說

四書題鏡三十六卷　（清）汪鯉翔撰　清刻本　三冊　存五卷（中庸、下孟一至四）

330000－1797－0001014　31/5/202　經部/四書類/總義之屬/傳說

四書正文　清末石印本　一冊　存一種

330000－1797－0001015　31/5/201　經部/四書類/總義之屬/傳說

四書正文　清末濬記書局刻本　一冊　存一種

330000－1797－0001016　31/5/200　經部/四書類/總義之屬/傳說

便蒙四書正文四種　清刻本　一冊　存一種

330000－1797－0001017　30/2/67　經部/四書類/總義之屬/傳說

四書題鏡三十六卷　（清）汪鯉翔撰　清刻本　三冊　存九卷（下論一至七、下孟一至二）

330000－1797－0001018　31/5/199　經部/四書類/總義之屬/傳說

四書便蒙　（宋）朱熹撰　清末刻本　一冊　存一種

330000－1797－0001019　31/5/198　經部/四書類/總義之屬/傳說

四書便蒙　（宋）朱熹撰　清末慎言堂刻本　一冊　存一種

330000－1797－0001020　31/5/197　經部/四書類/總義之屬/傳說

四書便蒙　（宋）朱熹撰　清末刻本　一冊　存一種

330000－1797－0001021　31/5/196　經部/四書類/總義之屬/傳說

四書便蒙　（宋）朱熹撰　清末刻本　一冊　存一種

330000－1797－0001022　31/5/195　經部/

四書類/總義之屬/傳說

四書便蒙 (宋)朱熹撰 清末刻本 四冊 存二種

330000－1797－0001023 31/5/194 子部/儒家類/儒學之屬/蒙學

童子問路四卷 (清)鄭之琮輯 清光緒五年(1879)刻本 二冊

330000－1797－0001024 31/5/193 子部/儒家類/儒學之屬/蒙學

童子問路四卷 (清)鄭之琮輯 清同治九年(1870)杭州文元堂刻本 一冊 存二卷(一至二)

330000－1797－0001025 31/5/192 經部/四書類/論語之屬/專著

鄉黨圖考十卷 (清)江永撰 清嘉慶二十四年(1819)刻本 三冊 存八卷(一至三、六至十)

330000－1797－0001026 31/5/191 經部/四書類/論語之屬/專著

鄉黨圖考十卷 (清)江永撰 清乾隆二十一年(1756)刻本 三冊 存七卷(一至七)

330000－1797－0001027 30/2/69 經部/四書類/總義之屬/傳說

四書題鏡三十六卷 (清)汪鯉翔撰 清嘉慶九年(1804)刻本 十二冊

330000－1797－0001028 30/2/70 經部/四書類/總義之屬/傳說

四書典林三十卷 (清)江永輯 清刻本 二冊 存七卷(六至十二)

330000－1797－0001029 30/2/71 經部/四書類/總義之屬/傳說

四書典林三十卷 (清)江永輯 清刻本 三冊 存八卷(三至七、二十三至二十五)

330000－1797－0001030 30/2/72 經部/四書類/總義之屬/傳說

四書典林三十卷 (清)江永輯 清刻本 一冊 存三卷(六至八)

330000－1797－0001031 31/5/190 經部/四書類/論語之屬/專著

鄉黨便蒙二卷 (清)劉傳一撰 清道光五年(1825)刻本 二冊

330000－1797－0001032 29/2/19 經部/四書類/總義之屬/傳說

酌雅齋四書遵註合講十九卷 (清)翁復編 清道光八年(1828)文瑞堂刻本 六冊

330000－1797－0001033 31/5/189 經部/四書類/總義之屬/傳說

學耕四書 (宋)朱熹章句 清乾隆六十年(1795)金閶寶翰樓刻本 一冊 存二種

330000－1797－0001034 29/2/18 經部/四書類/總義之屬/傳說

酌雅齋四書遵註合講十九卷圖說一卷 (清)翁復編 清立言堂刻本 二冊 缺十五卷(論語一至十,孟子一至三、六至七)

330000－1797－0001035 31/5/188 經部/四書類/總義之屬/傳說

四書讀本十九卷 (宋)朱熹章句 清同治七年(1868)刻本 一冊 存二種

330000－1797－0001036 29/2/17 經部/四書類/總義之屬/傳說

四書體註合講十九卷圖說一卷 (清)翁復編 清奎星閣刻本 六冊

330000－1797－0001037 31/5/187 經部/四書類/總義之屬/傳說

四書讀本十九卷 (宋)朱熹章句 清光緒二十一年(1895)刻本 一冊 存二種

330000－1797－0001038 31/5/186 經部/四書類/總義之屬/傳說

四書讀本十九卷 (宋)朱熹章句 清刻本 一冊 存二種

330000－1797－0001039 31/5/185 經部/四書類/總義之屬/傳說

四書讀本十九卷 (宋)朱熹章句 清刻本 一冊 存二種

330000－1797－0001040　31/5/184　經部/
四書類/總義之屬/傳說

四書讀本十九卷　（宋）朱熹章句　清刻本
一冊　存二種

330000－1797－0001041　29/2/16　經部/四
書類/總義之屬/傳說

永言堂四書遵註合講十九卷圖說一卷　（清）
翁復編　清永言堂刻本　三冊　存六卷（大
學、中庸、孟子一至三,圖說）

330000－1797－0001042　31/5/183　經部/
四書類/總義之屬/傳說

四書讀本十九卷　（宋）朱熹章句　清刻本
一冊　存二種

330000－1797－0001043　29/3/35　經部/四
書類/中庸之屬/傳說

中庸思辨錄□□卷　（清）朱鼎謙撰　清玉山
講堂刻本　一冊　存一卷（四）

330000－1797－0001044　29/3/34　經部/四
書類/總義之屬/傳說

新訂四書補註備旨十卷　（明）鄧林撰　（清）
杜定基增訂　清光緒四年（1878）輔仁堂刻本
　三冊　存五卷（大學、中庸、論語一至二、孟
子四）

330000－1797－0001045　29/3/33　經部/四
書類/總義之屬/傳說

增補四書人物聚考十二卷總圖一卷　（明）鍾
惺增訂　清乾隆四十年（1775）帶月樓刻本
十一冊　缺一卷（三）

330000－1797－0001046　29/3/32　經部/四
書類/總義之屬/傳說

新增四書備旨靈捷解八卷　（清）張玉書撰
（清）鄒蒼崖補　清乾隆三十九年（1774）經元
堂刻本　四冊　缺三卷（三、五至六）

330000－1797－0001047　29/3/31　經部/四
書類/總義之屬/傳說

新訂四書補註備旨十卷　（明）鄧林撰　（清）
杜定基增訂　清經綸堂刻本　三冊　存五卷
（大學、中庸、論語一至二、孟子四）

330000－1797－0001048　29/3/30　經部/四
書類/總義之屬/傳說

增補四書精繡圖像人物備考十二卷　（明）薛
應旂撰　（明）陳仁錫增定　清乾隆三十九年
（1774）敬思堂刻本　二冊　存五卷（一至三、
七至八）

330000－1797－0001049　31/1/97　經部/四
書類/總義之屬/傳說

四書人物類典串珠四十卷　（清）臧志仁輯
清嘉慶十六年（1811）刻本　九冊　存九卷
（一至三、五至十）

330000－1797－0001050　29/3/29　經部/四
書類/總義之屬/傳說

增補四書精繡圖像人物備考十二卷　（明）薛
應旂撰　（明）陳仁錫增定　清刻本　二冊
存六卷（四至九）

330000－1797－0001051　31/1/98　經部/四
書類/總義之屬/傳說

四書人物類典串珠四十卷　（清）臧志仁輯
清刻本　三冊　存九卷（五至六、二十五至二
十七、三十七至四十）

330000－1797－0001052　29/3/28　經部/四
書類/總義之屬/傳說

增補四書精繡圖像人物備考十二卷　（明）薛
應旂撰　（明）陳仁錫增定　清刻本　二冊
存三卷（七至九）

330000－1797－0001053　31/1/99　經部/四
書類/總義之屬/傳說

四書人物類典串珠四十卷　（清）臧志仁輯
清刻本　三冊　存十卷（三至五、十七至二十
三）

330000－1797－0001054　31/1/100、31/1/
103　經部/四書類/總義之屬/傳說

四書人物類典串珠四十卷　（清）臧志仁輯
清嘉慶六年（1801）刻本　十一冊　存三十五
卷（一至三十五）

330000－1797－0001055　29/3/27　經部/四
書類/總義之屬/傳說

增補四書精繡圖像人物備考十二卷 （明）薛應旂撰 （明）陳仁錫增定 清乾隆五十一年(1786)書業堂刻本 六冊 存九卷（一至七、九至十）

330000－1797－0001056 31/1/101 經部/四書類/總義之屬/傳說

四書人物類典串珠四十卷 （清）臧志仁輯 清光緒六年(1880)浙紹墨潤堂刻本 八冊 存二十五卷（一至四、十五至二十四、二十六至三十一、三十六至四十）

330000－1797－0001057 31/1/102 經部/四書類/總義之屬/傳說

四書人物類典串珠四十卷 （清）臧志仁輯 清刻本 一冊 存七卷（二十六至三十二）

330000－1797－0001058 31/1/104 經部/四書類/總義之屬/傳說

四書人物類典串珠四十卷 （清）臧志仁輯 清嘉慶六年(1801)刻本 九冊 存三十一卷（一至八、十五至二十四、二十八至四十）

330000－1797－0001059 29/3/26 經部/四書類/總義之屬/傳說

增補四書精繡圖像人物備考十二卷 （明）薛應旂撰 （明）陳仁錫增定 清乾隆四十一年(1776)積秀堂刻本 五冊 存七卷（一、四、七至九、十一至十二）

330000－1797－0001060 29/3/25 經部/四書類/總義之屬/傳說

增補四書精繡圖像人物備考十二卷 （明）薛應旂撰 （明）陳仁錫增定 清刻本 四冊 存七卷（四、七至十二）

330000－1797－0001061 31/1/105、31/1/106 類叢部/類書類/專類之屬

四書典制類聯音註三十三卷 （清）閻其淵輯 清乾隆六十年(1795)刻本 六冊 存十九卷（一至八、十二至十四、二十一至二十四、三十至三十三）

330000－1797－0001062 29/4/46 經部/四書類/總義之屬/傳說

四書左國彙纂四卷 （清）高其名 （清）鄭師成輯 清刻本 一冊 存一卷（二）

330000－1797－0001063 29/4/45 經部/四書類/總義之屬/傳說

四書朱子本義匯參四十三卷首四卷 （清）王步青輯 清光緒十五年(1889)上海廣百宋齋鉛印本 二冊 存四卷（大學首、一，孟子一至二）

330000－1797－0001064 29/4/44 經部/四書類/總義之屬/傳說

四書朱子本義匯參四十三卷首四卷 （清）王步青輯 清光緒十七年(1891)上海廣百宋齋鉛印本 三冊 存八卷（大學首、一，中庸首、一，孟子一至四）

330000－1797－0001065 22/2/20 經部/易類/圖說之屬

周易傳義音訓八卷首一卷 （宋）呂祖謙撰 **易學啟蒙一卷** （宋）朱熹撰 清同治六年(1867)望三益齋刻本 一冊 存一卷（易學啟蒙）

330000－1797－0001066 29/4/42 經部/四書類/總義之屬/傳說

四書左國彙纂四卷 （清）高其名 （清）鄭師成輯 清刻本 二冊 存二卷（二、四）

330000－1797－0001067 22/2/21 經部/叢編

三經精華 （清）薛嘉穎輯 清光緒二年(1876)寧郡簡香齋刻本 一冊 存一種

330000－1797－0001068 29/4/43 經部/四書類/總義之屬/傳說

四書左國輯要四卷 （清）周龍官輯 清刻本 三冊 存三卷（二至四）

330000－1797－0001069 31/4/182 經部/叢編

遵阮本重校印十三經注疏并校勘記 （清）阮元撰校勘記 （清）盧宣旬摘錄校勘記 清光緒二十三年(1897)點石齋石印本 一冊 存一種

330000－1797－0001070 22/2/22 經部/易類/傳說之屬

易經精華六卷首一卷末一卷 （清）薛嘉穎撰 清刻本（卷首原缺） 一冊 存二卷（五至六）

330000－1797－0001071 31/4/180 經部/四書類/總義之屬/傳說

四書正文 清末瀋記書局刻本 一冊 存一種

330000－1797－0001072 29/4/41 經部/四書類/總義之屬/傳說

四書左國彙纂四卷 （清）高其名 （清）鄭師成輯 清道光十一年（1831）聚奎堂刻本 四冊

330000－1797－0001074 22/2/23 經部/易類/傳說之屬

易經精華六卷首一卷末一卷 （清）薛嘉穎撰 清刻本（卷首原缺） 一冊 存三卷（五至六、末）

330000－1797－0001075 29/4/40 經部/四書類/總義之屬/傳說

四書左國彙纂四卷 （清）高其名 （清）鄭師成輯 清三多齋、聚錦堂刻本 一冊 存一卷（一）

330000－1797－0001076 22/2/24 經部/易類/傳說之屬

易經大全會解四卷 （清）來爾繩纂輯 （清）朱采治 （清）朱之澄編訂 清刻本 一冊 存一卷（二）

330000－1797－0001077 31/4/178 子部/儒家類/儒學之屬/經濟

大學衍義四十三卷 （宋）真德秀撰 清光緒鉛印本 三冊 存二十卷（十六至三十一、四十至四十三）

330000－1797－0001078 31/1/107 經部/四書類/總義之屬/傳說

四書古人典林十二卷 （清）江永輯 清末掃葉山房刻本 二冊 存五卷（一至二、七至九）

330000－1797－0001079 31/4/177 經部/

四書類/孟子之屬/傳說

孟子集註七卷 （宋）朱熹撰 清末鉛印本 一冊 存一卷（二）

330000－1797－0001080 31/1/107.1 經部/四書類/總義之屬/傳說

四書典林三十卷 （清）江永輯 清刻本 一冊 存三卷（二十五至二十七）

330000－1797－0001081 31/2/108 經部/四書類/總義之屬/傳說

四書章句集註十九卷 （宋）朱熹撰 清同治十三年（1874）湖南書局刻本 四冊 存九卷（大學、中庸、孟子一至七）

330000－1797－0001082 29/4/39 經部/四書類/總義之屬/傳說

四書朱子本義匯參四十三卷首四卷 （清）王步青輯 清乾隆十年（1745）敦復堂刻本 三冊 存五卷（大學三,論語四至五、十五至十六）

330000－1797－0001083 31/2/109 經部/四書類/論語之屬/傳說

論語集注本義匯參二十卷首一卷 （清）王步青輯 清乾隆敦復堂刻本 一冊 存二卷（首、一）

330000－1797－0001085 29/4/38 經部/四書類/總義之屬/傳說

四書朱子本義匯參四十三卷首四卷 （清）王步青輯 清乾隆十年（1745）敦復堂刻本 二十二冊 存二十八卷（中庸三至六;論語首,一至二、五至六、十七至二十;孟子首、一至十四）

330000－1797－0001086 31/2/110 經部/四書類/總義之屬/傳說

四書章句集註十九卷 （宋）朱熹撰 清末龍文書局石印本 一冊 存二卷（孟子四至五）

330000－1797－0001087 31/4/175 經部/四書類/總義之屬/傳說

便蒙四書正文四種 清刻本 一冊 存二種

330000－1797－0001088 31/2/112 經部/

四書類/總義之屬/傳說

四書章句集註十九卷 （宋）朱熹撰　清刻本
一冊　存二卷(孟子四至五)

330000－1797－0001089　31/2/111　經部/
四書類/總義之屬/傳說

四書章句集註十九卷 （宋）朱熹撰　清刻本
二冊　存四卷(孟子四至七)

330000－1797－0001090　31/4/174　經部/
四書類/總義之屬/傳說

四書便蒙 （宋）朱熹撰　清刻本　一冊　存
一種

330000－1797－0001091　31/2/113、31/2/
114　經部/四書類/總義之屬/傳說

四書章句集註十九卷 （宋）朱熹撰　清刻本
二冊　存七卷(論語六至十、孟子六至七)

330000－1797－0001092　31/4/173　經部/
四書類/總義之屬/傳說

四書便蒙 （宋）朱熹撰　清刻本　一冊　存
一種

330000－1797－0001094　31/2/116　經部/
四書類/總義之屬/傳說

四書章句集註十九卷 （宋）朱熹撰　清刻本
一冊　存二卷(孟子四至五)

330000－1797－0001095　31/2/115、31/2/
117　經部/四書類/總義之屬/傳說

四書章句集註十九卷 （宋）朱熹撰　清浙蘭
慎言堂刻本　二冊　存七卷(論語六至十、孟
子六至七)

330000－1797－0001096　31/4/172　經部/
四書類/總義之屬/傳說

四書便蒙 （宋）朱熹撰　清刻本　一冊　存
一種

330000－1797－0001097　31/4/170　經部/
四書類/論語之屬/傳說

論語集註十卷 （宋）朱熹撰　清刻本　一冊
存五卷(一至五)

330000－1797－0001098　29/4/37　經部/四

書類/總義之屬/傳說

增補四書人物聚考十二卷總圖一卷 （明）鍾
惺增訂　（明）黃澍參訂　清刻本　一冊　存
一卷(四)

330000－1797－0001099　31/2/118、31/2/
119、31/2/120　經部/四書類/總義之屬/傳說

四書章句集註十九卷 （宋）朱熹撰　清浙蘭
慎言堂刻本　三冊　存十二卷(大學、中庸、
論語一至十)

330000－1797－0001100　31/4/169　經部/
四書類/總義之屬/傳說

漱芳軒合纂四書體註 （清）范翔撰　清刻本
一冊　存一種

330000－1797－0001101　29/4/36　經部/四
書類/總義之屬/傳說

四書考異七十二卷 （清）翟灝撰　清刻本
二冊　存十三卷(條考十四至二十六)

330000－1797－0001102　31/2/121　經部/
四書類/總義之屬/傳說

四書章句集註十九卷 （宋）朱熹撰　清亦園
刻本　一冊　存三卷(孟子一至三)

330000－1797－0001103　29/5/56　經部/四
書類/論語之屬/傳說

講書詳解論語四卷 （清）劉忠輯　清道光二
十八年(1848)五雲樓刻本　一冊　存二卷
(一至二)

330000－1797－0001104　31/2/122、31/2/
123　經部/四書類/總義之屬/傳說

四書章句集註十九卷 （宋）朱熹撰　清刻本
二冊　存三卷(孟子四至五、七)

330000－1797－0001105　31/4/168　經部/
四書類/論語之屬/傳說

論語集註十卷 （宋）朱熹撰　清裕源堂刻本
一冊　存五卷(一至五)

330000－1797－0001106　29/5/55　經部/四
書類/論語之屬/傳說

增訂二論詳解四卷 （清）劉忠輯　清光緒十
七年(1891)紫英山房刻本　三冊　存三卷

（一至三）

330000－1797－0001107　31/2/124　經部/
四書類/總義之屬/傳說

四書章句集註十九卷　（宋）朱熹撰　清刻本
　一冊　存五卷（論語六至十）

330000－1797－0001108　31/4/167　經部/
四書類/論語之屬/傳說

論語集註十卷　（宋）朱熹撰　清刻本　一冊
　存五卷（六至十）

330000－1797－0001109　31/4/166　經部/
四書類/論語之屬/傳說

論語集註十卷　（宋）朱熹撰　清刻本　一冊
　存五卷（六至十）

330000－1797－0001110　31/4/165　經部/
四書類/論語之屬/傳說

論語集註十卷　（宋）朱熹撰　清裕源堂刻本
　一冊　存五卷（一至五）

330000－1797－0001111　31/4/164　經部/
四書類/孟子之屬/傳說

孟子要略五卷　（宋）朱熹撰　（清）劉傳瑩輯
　清道光二十九年（1849）漢陽劉氏刻本
　一冊

330000－1797－0001112　29/5/54　經部/四
書類/總義之屬/傳說

四書反身錄八卷首一卷　（清）李顒撰　清道
光十一年（1831）浙江書局刻本　三冊　存六
卷（一至六）

330000－1797－0001113　31/4/163　經部/
四書類/孟子之屬/傳說

孟子集註七卷　（宋）朱熹撰　清刻本　一冊
　存二卷（六至七）

330000－1797－0001114　31/4/162　經部/
四書類/孟子之屬/傳說

孟子集註七卷　（宋）朱熹撰　清慎言堂刻本
　一冊　存三卷（一至三）

330000－1797－0001115　29/5/53　經部/四
書類/總義之屬/傳說

四書章句集註十九卷　（宋）朱熹撰　清刻本
　一冊　存二卷（大學、中庸）

330000－1797－0001116　31/4/161　經部/
四書類/孟子之屬/傳說

孟子集註七卷　（宋）朱熹撰　清刻本　三冊

330000－1797－0001117　31/4/160　經部/
四書類/孟子之屬/傳說

孟子集註七卷　（宋）朱熹撰　清刻本　一冊
　存二卷（六至七）

330000－1797－0001118　31/4/159　經部/
四書類/孟子之屬/傳說

孟子集註七卷　（宋）朱熹撰　清刻本　一冊
　存二卷（四至五）

330000－1797－0001119　31/4/158　經部/
四書類/孟子之屬/傳說

孟子集註七卷　（宋）朱熹撰　清刻本　一冊
　存二卷（六至七）

330000－1797－0001120　31/2/125　經部/
四書類/總義之屬/傳說

四書章句集註十九卷　（宋）朱熹撰　清刻本
　一冊　存二卷（大學、中庸）

330000－1797－0001121　31/4/157　經部/
四書類/孟子之屬/傳說

孟子集註七卷　（宋）朱熹撰　清刻本　二冊
　存四卷（四至七）

330000－1797－0001122　22/2/26　經部/
叢編

遵阮本重校印十三經注疏并校勘記　（清）阮
元撰校勘記　（清）盧宣旬摘錄校勘記　清光
緒十三年（1887）上海點石齋石印本　一冊
　存一種

330000－1797－0001123　31/4/156　經部/
四書類/孟子之屬/傳說

孟子集註七卷　（宋）朱熹撰　清刻本　二冊
　存四卷（四至七）

330000－1797－0001124　31/2/126　經部/
四書類/總義之屬/傳說

四書章句集註十九卷 （宋）朱熹撰 清刻本
一冊 存五卷（論語一至五）

330000－1797－0001125 22/2/25 經部/易
類/傳說之屬

梁山來知德先生易經來註十五卷末一卷上下
經篇義一卷易說雜說諸圖一卷易學六十四卦
啓蒙一卷 （明）來知德撰 （清）崔華重訂
清康熙二十七年（1688）平山崔華刻本 三冊
存五卷（一至二、四、十一至十二）

330000－1797－0001129 31/2/139 經部/
四書類/總義之屬/傳說

慎言堂監本四書正文 清慎言堂刻本 一冊
存一種

330000－1797－0001130 29/5/52 經部/四
書類/總義之屬/傳說

四書闡註十九卷 （清）浦泰輯 清刻本 二
冊 存七卷（論語六至十、孟子六至七）

330000－1797－0001131 29/5/51 經部/四
書類/總義之屬/傳說

四書經註集證十九卷 （清）吳昌宗撰 清刻
本 三冊 存四卷（論語五至七、孟子一）

330000－1797－0001132 29/5/50 經部/四
書類/總義之屬/傳說

四書經註集證十九卷 （清）吳昌宗撰 清嘉
慶三年（1798）江都汪廷機刻本 十六冊

330000－1797－0001133 29/5/49 經部/四
書類/總義之屬/傳說

四書朱子本義匯參四十三卷首四卷 （清）王
步青輯 清乾隆十年（1745）敦復堂刻本 一
冊 存二卷（大學首、一）

330000－1797－0001134 29/5/48 經部/四
書類/總義之屬/傳說

四書朱子本義匯參四十三卷首四卷 （清）王
步青輯 清乾隆十年（1745）敦復堂刻光緒五
年（1879）上海紫文閣印本 一冊 存三卷
（大學首、一至二）

330000－1797－0001135 29/5/47 經部/四
書類/總義之屬/傳說

四書朱子本義匯參四十三卷首四卷 （清）王
步青輯 清光緒五年（1879）上海江左書林刻
本 十六冊 存二十五卷（大學首、一;中庸
四至六;論語首，一至五、七至十三、十七至二
十;孟子四、十二至十三）

330000－1797－0001136 31/3/140、31/3/
141 經部/四書類/總義之屬/傳說

四書翼注論文三十八卷 （清）張甄陶撰 清
乾隆五十二年（1787）浙湖竹下書堂刻本 十
六冊

330000－1797－0001139 31/3/147 經部/
四書類/總義之屬/傳說

私塾改良四書讀本十九卷 （清）陳善 （清）
施崇恩合演校訂 清光緒三十四年（1908）上
海彪蒙書室石印本 四冊 存四卷（論語六、
八至十）

330000－1797－0001140 31/3/142 經部/
四書類/總義之屬/傳說

四書論經正篇二卷首一卷 清光緒二十七年
（1901）石印本 四冊

330000－1797－0001143 31/4/155 經部/
四書類/論語之屬/傳說

論語集註十卷 （宋）朱熹撰 清刻本 二冊

330000－1797－0001144 31/4/154 經部/
四書類/孟子之屬/傳說

孟子集註七卷 （宋）朱熹撰 清刻本 一冊
存三卷（一至三）

330000－1797－0001145 31/4/152 經部/
四書類/總義之屬/傳說

四書諸儒輯要四十卷 （清）李沛霖參訂 清
三樂齋刻本 四冊 存四卷（論語十二,孟子
四、九至十）

330000－1797－0001146 31/4/153 經部/
四書類/總義之屬/傳說

四書朱子異同條辨四十卷 （清）李沛霖
（清）李禎訂 清康熙近譬堂刻本 一冊 存
一卷（孟子三）

330000－1797－0001147 31/3/151 經部/

四書類/總義之屬/傳說

尚友山房四書義不分卷 清光緒二十七年(1901)尚友山房刻本 一冊

330000－1797－0001149 32/1/8 經部/小學類/文字之屬/說文

說文解字十五卷標目一卷 (漢)許慎撰 (宋)徐鉉等校定 清末石印本 一冊 存三卷(十三至十五)

330000－1797－0001152 32/1/10 經部/小學類/文字之屬/說文

說文逸字二卷 (清)鄭珍撰 **附錄一卷** (清)鄭知同撰 清末鉛印本 一冊

330000－1797－0001153 32/1/9 經部/小學類/文字之屬/說文

說文聲母歌括四卷 (清)宣澍甘撰 清宣統元年(1909)石印本 一冊 存二卷(三至四)

330000－1797－0001156 32/1/4 經部/小學類/文字之屬/字書/字典

康熙字典十二集三十六卷總目一卷檢字一卷辨似一卷等韻一卷補遺一卷備考一卷 (清)張玉書等纂修 清光緒十三年(1887)上海積山書局石印本 二冊 存十六卷(子集上中下、丑集上中下、巳集上中下、午集上中下,總目,檢字,辨似,等韻)

330000－1797－0001157 32/1/5 經部/小學類/文字之屬/說文

說文通訓定聲十八卷分部柬韻一卷說雅一卷古今韻準一卷 (清)朱駿聲撰 **行述一卷** 朱孔彰撰 清光緒十三年(1887)上海積山書局石印本 八冊

330000－1797－0001158 32/1/3 經部/小學類/文字之屬/說文/專著

說文辨字正俗八卷 (清)李富孫撰 清同治九年(1870)校經廎刻本 二冊 存四卷(一至二、五至六)

330000－1797－0001159 32/1/2 經部/小學類/文字之屬/說文

說文通檢十四卷首一卷末一卷 (清)黎永椿

撰 清同治十二年(1873)富文齋刻本 三冊

330000－1797－0001161 32/2/13 經部/小學類/文字之屬/字書/字典

字彙十二集首一卷末一卷韻法直圖一卷 (明)梅膺祚撰 **韻法橫圖一卷** (明)李世澤撰 清刻本 十一冊 存十一集(子、丑、寅、卯、辰、巳、午、未、申、酉、戌)

330000－1797－0001162 32/2/12 經部/小學類/文字之屬/字書/字典

字彙十二集首一卷末一卷韻法直圖一卷 (明)梅膺祚撰 **韻法橫圖一卷** (明)李世澤撰 清乾隆七年(1742)漁古山房刻本 十三冊 缺三卷(末、韻法直圖、韻法橫圖)

330000－1797－0001163 32/2/11 經部/小學類/文字之屬/字書/字典

字彙十二集首一卷末一卷韻法直圖一卷 (明)梅膺祚撰 **韻法橫圖一卷** (明)李世澤撰 清道光八年(1828)大文堂刻本 十一冊 缺二集(子、申)

330000－1797－0001164 30/3/73 經部/四書類/總義之屬/傳說

四書典林三十卷 (清)江永輯 清嘉慶十八年(1813)刻本 十二冊

330000－1797－0001165 30/3/74 經部/四書類/總義之屬/傳說

四書典林三十卷 (清)江永輯 清嘉慶十八年(1813)刻本 五冊 存十六卷(一至二、十五至二十三、二十六至三十)

330000－1797－0001166 35/5/26 史部/紀傳類/別史之屬

元書一百二卷首一卷 曾廉撰 清宣統三年(1911)曾氏層漪堂刻本 二十冊

330000－1797－0001167 35/5/25 史部/紀傳類/正史之屬

元史二百十卷 (明)宋濂等修 清末鉛印本 十一冊 存四十二卷(六至十四、四十二至四十七、六十九至七十二、八十八至九十、九十七至一百一、一百二十一至一百二十四、一

百二十九至一百三十二、一百五十四至一百
五十七、一百六十五至一百六十七）

330000－1797－0001168　34/1/104　經部/
小學類/文字之屬/字書/字典
**康熙字典十二集三十六卷總目一卷檢字一卷
辨似一卷等韻一卷補遺一卷備考一卷**　（清）
張玉書等纂修　清道光七年(1827)刻本　四
十冊

330000－1797－0001169　34/1/105　經部/
小學類/文字之屬/字書/字典
**康熙字典十二集三十六卷總目一卷檢字一卷
辨似一卷等韻一卷補遺一卷備考一卷**　（清）
張玉書等纂修　清光緒三十年(1904)上海文
星書局石印本　六冊

330000－1797－0001170　34/2/106　經部/
小學類/文字之屬/字書/字典
**康熙字典十二集三十六卷總目一卷檢字一卷
辨似一卷等韻一卷補遺一卷備考一卷**　（清）
張玉書等纂修　清光緒二十年(1894)上海點
石齋石印本　六冊

330000－1797－0001171　30/3/75　經部/四
書類/總義之屬/傳說
四書典林三十卷四書古人典林十二卷　（清）
江永輯　清嘉慶七年(1802)博古堂刻本　二
冊　存五卷(古人典林一至三、十一至十二)

330000－1797－0001172　34/2/107　經部/
小學類/文字之屬/字書/字典
**康熙字典十二集三十六卷總目一卷檢字一卷
辨似一卷等韻一卷補遺一卷備考一卷**　（清）
張玉書等纂修　清光緒三十一年(1905)上海
久敬齋石印本　六冊

330000－1797－0001173　34/2/108　經部/
小學類/文字之屬/字書/字典
**康熙字典十二集三十六卷總目一卷檢字一卷
辨似一卷等韻一卷補遺一卷備考一卷**　（清）
張玉書等纂修　清宣統元年(1909)上海久敬
齋石印本　六冊

330000－1797－0001174　34/2/109　經部/

小學類/文字之屬/字書/字典
**康熙字典十二集三十六卷總目一卷檢字一卷
辨似一卷等韻一卷補遺一卷備考一卷**　（清）
張玉書等纂修　清宣統元年(1909)上海久敬
齋石印本　六冊

330000－1797－0001175　35/3/24　史部/紀
傳類/正史之屬
二十四史附考證　清末石印本　十冊　存
一種

330000－1797－0001176　35/2/22　史部/紀
傳類/正史之屬
二十四史附考證　清末石印本　一冊　存
一種

330000－1797－0001177　35/2/21　史部/紀
傳類/正史之屬
二十四史　清同治至光緒五省官書局據汲古
閣本等合刻光緒五年(1879)湖北書局彙印本
　十六冊　存一種

330000－1797－0001178　35/2/20　史部/紀
傳類/正史之屬
二十四史　清同治至光緒五省官書局據汲古
閣本等合刻光緒五年(1879)湖北書局彙印本
　三冊　存一種

330000－1797－0001179　35/2/19　史部/紀
傳類/正史之屬
二十四史附考證　清末上海集成圖書公司鉛
印本　一冊　存一種

330000－1797－0001182　35/2/16　史部/紀
傳類/正史之屬
三國志六十五卷　（晉）陳壽撰　（南朝宋）裴
松之注　清末鉛印本　一冊　存六卷(吳志
十五至二十)

330000－1797－0001183　35/2/15　史部/紀
傳類/正史之屬
蜀志□□卷　（晉）陳壽撰　（南朝宋）裴松之
注　清末石印本　二冊　存十五卷(一至十
五)

330000－1797－0001184　35/2/14　史部/紀

傳類/正史之屬

魏志□□卷 （晉）陳壽撰 （南朝宋）裴松之注 清末石印本 四冊 存十六卷（四至六、十一至十四、十九至二十七）

330000 – 1797 – 0001185 35/2/13 史部/紀傳類/正史之屬

續漢志三十卷 （南朝梁）劉昭注補 清上海點石齋石印本 一冊

330000 – 1797 – 0001186 35/2/12 史部/史抄類

前漢書菁華錄四卷後漢書菁華錄二卷 （清）高嵣撰 清光緒二十六年（1900）上海書局石印本 六冊

330000 – 1797 – 0001187 35/2/11 史部/史抄類

史記菁華錄六卷 （清）姚祖恩輯 清刻朱墨套印本 一冊 存一卷（五）

330000 – 1797 – 0001188 35/1/10 史部/紀傳類/正史之屬

二十四史附考證 清末石印本 一冊 存一種

330000 – 1797 – 0001189 35/1/9.1 史部/紀傳類/正史之屬

漢書一百卷 （漢）班固撰 （唐）顏師古注 清光緒上海點石齋鉛印本 六冊 存九十二卷（一至五十二、六十一至一百）

330000 – 1797 – 0001190 35/1/9.2 史部/紀傳類/正史之屬

四史 清光緒二十九年（1903）上海點石齋石印本 五冊 存一種

330000 – 1797 – 0001192 35/1/7.1 史部/紀傳類/正史之屬

二十四史附考證 清光緒武林竹簡齋石印本 一冊 存一種

330000 – 1797 – 0001194 35/1/7.2 史部/紀傳類/正史之屬

二十四史附考證 清末石印本 一冊 存一種

330000 – 1797 – 0001196 35/1/6 史部/紀傳類/正史之屬

二十四史附考證 清末上海集成圖書公司鉛印本 一冊 存一種

330000 – 1797 – 0001197 35/1/5 史部/紀傳類/正史之屬

二十四史附考證 清末上海集成圖書公司鉛印本 三冊 存一種

330000 – 1797 – 0001199 34/3/114 經部/小學類/文字之屬/字書/字典

康熙字典十二集三十六卷總目一卷檢字一卷辨似一卷等韻一卷補遺一卷備考一卷 （清）張玉書等纂修 清光緒三十年（1904）上海文盛堂書局石印本 六冊

330000 – 1797 – 0001201 30/3/76 經部/四書類/總義之屬/傳說

四書典林三十卷四書古人典林十二卷 （清）江永輯 清嘉慶七年（1802）刻本 十一冊 存二十八卷（一至六、九至三十）

330000 – 1797 – 0001205 32/3/34 經部/群經總義類/文字音義之屬

經籍籑詁一百六卷補遺一百六卷首一卷 （清）阮元撰 清石印本 八冊 存九十一卷（下平聲一至十五、上聲一至二十九、去聲一至三十、入聲一至十七）

330000 – 1797 – 0001207 35/1/4 史部/紀傳類/正史之屬

漢書一百卷 （漢）班固撰 （唐）顏師古注 清末韓江書局刻本 一冊 存一卷（二十七）

330000 – 1797 – 0001208 35/1/3 史部/紀傳類/正史之屬

百五十名家評注史記一百三十卷 （漢）司馬遷撰 清末石印本 七冊 存五十二卷（十三至十七、二十八至三十二、六十一至六十九、七十九至一百十一）

330000 – 1797 – 0001209 35/1/2 史部/史抄類

史記選六卷 （清）儲欣選評 清乾隆三十八

年(1773)同文堂刻本 二冊

330000－1797－0001211 35/1/1 史部/紀
傳類/正史之屬
史記一百三十卷 (漢)司馬遷撰 (南朝宋)
裴駰集解 (唐)司馬貞索隱 (唐)張守節正
義 清末鉛印本 七冊 存六十七卷(四十
二至八十一、九十三至一百四、一百十六至一
百三十)

330000－1797－0001212 30/3/77 經部/四
書類/總義之屬/傳說
四書典林三十卷 (清)江永輯 清養正堂刻
本 八冊 存二十三卷(四至六、十一至三
十)

330000－1797－0001213 32/3/31 經部/小
學類/文字之屬/字書
辨字摘要四卷 (清)饒應召撰 清光緒二十
二年(1896)上海廣益書局石印本 一冊 存
二卷(一至二)

330000－1797－0001215 30/3/78 經部/四
書類/總義之屬/傳說
四書古人典林十二卷 (清)江永輯 清崇德
書院刻本 三冊 存九卷(一至四、八至十
二)

330000－1797－0001218 20/2/334 經部/
四書類/論語之屬/專著
鄉黨便蒙二卷 (清)劉傳一撰 清嘉慶四年
(1799)刻本 二冊

330000－1797－0001219 20/2/335 子部/
雜著類/雜品之屬
韻石齋筆談二卷 (明)姜紹書撰 清刻本
一冊

330000－1797－0001220 20/2/336 類叢
部/叢書類/彙編之屬
知不足齋叢書一百九十六種 (清)鮑廷博編
(清)鮑志祖續編 清乾隆三十七年至道光
三年(1772－1823)長塘鮑氏刻彙印本 一冊
存一種

330000－1797－0001221 20/2/337 類叢

部/叢書類/彙編之屬
知不足齋叢書一百九十六種 (清)鮑廷博編
(清)鮑志祖續編 清乾隆三十七年至道光
三年(1772－1823)長塘鮑氏刻彙印本 二冊
存一種

330000－1797－0001222 20/2/339 集部/
總集類
時用雲箋二卷 清刻本 一冊 存一卷(二)

330000－1797－0001223 20/2/340 集部/
別集類/清別集
紀曉嵐詩註釋四卷 (清)紀昀撰 (清)郭斌
評註 清書業堂刻朱墨套印本 四冊

330000－1797－0001225 20/2/338 類叢
部/叢書類/彙編之屬
知不足齋叢書一百九十六種 (清)鮑廷博編
(清)鮑志祖續編 清乾隆三十七年至道光
三年(1772－1823)長塘鮑氏刻彙印本 一冊
存一種

330000－1797－0001226 37/3/36 史部/編
年類/通代之屬
**尺木堂綱鑑易知錄九十二卷明鑑易知錄十五
卷** (清)吳乘權 (清)周之炯 (清)周之
燦輯 清光緒二十六年(1900)上海圖書集成
印書局鉛印本 十六冊

330000－1797－0001227 32/3/26 經部/群
經總義類/文字音義之屬
**十三經集字摹本不分卷分畫便查一卷韻有經
無各字摘錄一卷** (清)彭玉雯撰 清刻本
一冊 缺二卷(分畫便查、韻有經無各字摘
錄)

330000－1797－0001228 30/4/79 經部/四
書類/總義之屬/傳說
四書典林三十卷四書古人典林十二卷 (清)
江永輯 清崇德書院刻本 七冊 存二十一
卷(一至五、十二至十四、十八至三十)

330000－1797－0001229 37/3/35 史部/編
年類/通代之屬
尺木堂綱鑑易知錄九十二卷 (清)吳乘權

（清）周之炯　（清）周之燦輯　清末石印本
五冊　存十三卷（六至十八）

330000－1797－0001230　37/3/37　史部/編
年類/通代之屬

**尺木堂綱鑑易知錄九十二卷明鑑易知錄十五
卷**　（清）吳乘權　（清）周之炯　（清）周之
燦輯　清光緒二十九年（1903）上海商務印書
館鉛印本　六冊　存四十一卷（一至五、二十
至四十、六十一至六十七，明鑑易知錄八至十
五）

330000－1797－0001231　32/3/25　經部/群
經總義類/文字音義之屬

十三經集字音釋四卷照畫檢字一卷　（清）黃
蕙田撰　清同治九年（1870）蔣存誠刻本　一
冊　存一卷（一）

330000－1797－0001232　37/3/38　史部/編
年類/通代之屬

綱鑑易知錄九十二卷明鑑易知錄十五卷
（清）吳乘權　（清）周之炯　（清）周之燦輯
清刻本　一冊　存二卷（十七至十八）

330000－1797－0001233　37/3/39　史部/編
年類/通代之屬

綱鑑易知錄九十二卷明鑑易知錄十五卷
（清）吳乘權　（清）周之炯　（清）周之燦輯
清刻本　十冊　存二十三卷（三至九、十二
至十六、十九至二十、五十七至五十八、六十
六至六十七、七十至七十二、七十五至七十
六）

330000－1797－0001234　32/3/24　經部/小
學類/音韻之屬/韻書

增註字類標韻六卷　（清）華綱撰　清鉛印本
一冊

330000－1797－0001235　37/3/40　史部/編
年類/通代之屬

**尺木堂綱鑑易知錄九十二卷明鑑易知錄十五
卷**　（清）吳乘權　（清）周之炯　（清）周之
燦輯　清刻本　二冊　存五卷（明鑑易知錄
八至十二）

330000－1797－0001236　37/4/41　史部/編
年類/通代之屬

**尺木堂綱鑑易知錄九十二卷明鑑易知錄十五
卷**　（清）吳乘權　（清）周之炯　（清）周之
燦輯　清光緒三十年（1904）上海吳雲記鉛印
本　十五冊　缺八卷（明鑑易知錄八至十五）

330000－1797－0001237　37/5/44　史部/編
年類/通代之屬

**尺木堂綱鑑易知錄九十二卷明鑑易知錄十五
卷**　（清）吳乘權　（清）周之炯　（清）周之
燦輯　清刻本　二十三冊　缺五十五卷（一
至五十三、七十六至七十七）

330000－1797－0001240　36/1/28　史部/雜
史類/斷代之屬

元朝祕史十五卷　（清）李文田注　清乾隆刻
本　三冊　存十二卷（四至十五）

330000－1797－0001241　37/5/46　史部/編
年類/通代之屬

**尺木堂綱鑑易知錄九十二卷明鑑易知錄十五
卷**　（清）吳乘權　（清）周之炯　（清）周之
燦輯　清末石印本　三冊　存八卷（十至十
四、十八至二十）

330000－1797－0001242　37/5/47　史部/編
年類/通代之屬

**尺木堂綱鑑易知錄九十二卷明鑑易知錄十五
卷**　（清）吳乘權　（清）周之炯　（清）周之
燦輯　清末石印本　一冊　存三卷（明鑑易
知錄五至七）

330000－1797－0001244　37/5/48　史部/編
年類/通代之屬

綱鑑易知錄九十二卷明鑑易知錄十五卷
（清）吳乘權　（清）周之炯　（清）周之燦輯
清刻本　二冊　存四卷（十七至十八、四十
八至四十九）

330000－1797－0001245　37/6/49　史部/編
年類/通代之屬

綱鑑易知錄九十二卷明鑑易知錄十五卷
（清）吳乘權　（清）周之炯　（清）周之燦輯
清刻本　三十三冊　缺三十二卷（一至四、

八至十、十五至十八、二十一至二十四、五十三至五十四、六十六至七十一、七十四至七十五、八十三至八十四,明鑑易知錄十一至十五)

330000－1797－0001246　36/4/1　史部/編年類/通代之屬

資治通鑑二百九十四卷　（宋）司馬光撰（元）胡三省音注　清末石印本　二冊　存十四卷(二十至二十六、一百六十二至一百六十八)

330000－1797－0001247　37/4/42　史部/編年類/通代之屬

尺木堂綱鑑易知錄九十二卷明鑑易知錄十五卷　（清）吳乘權　（清）周之炯　（清）周之燦輯　清光緒十四年(1888)鉛印本　十四冊　存九十四卷(一至二十八、三十五至三十九、四十七至九十二,明鑑易知錄一至十五)

330000－1797－0001248　37/4/43　史部/編年類/通代之屬

尺木堂綱鑑易知錄九十二卷明鑑易知錄十五卷　（清）吳乘權　（清）周之炯　（清）周之燦輯　清末鉛印本　七冊　存五十卷(二十六至四十六、五十四至五十九、六十七至八十,明鑑易知錄七至十五)

330000－1797－0001250　37/6/51　史部/編年類/斷代之屬

御撰資治通鑑綱目三編五卷　（清）張廷玉等撰　清光緒二十三年(1897)煥文書局石印本　一冊　存三卷(一至三)

330000－1797－0001251　36/4/2　史部/編年類/通代之屬

續資治通鑑二百二十卷　（清）畢沅撰　清石印本　三冊　存七卷(一百七十一至一百七十七)

330000－1797－0001252　36/4/3　史部/編年類/通代之屬

資治通鑑二百九十四卷　（宋）司馬光撰（元）胡三省音注　清鉛印本　一冊　存八卷(一百十二至一百十九)

330000－1797－0001253　38/1/52　史部/編年類/通代之屬

綱鑑易知錄九十二卷明鑑易知錄十五卷　（清）吳乘權　（清）周之炯　（清）周之燦輯　清刻本　三十八冊　缺七卷(九至十一、四十一、七十七至七十九)

330000－1797－0001254　32/3/23　經部/叢編

遵阮本重校印十三經注疏并校勘記　（清）阮元撰校勘記　（清）盧宣旬摘錄校勘記　清光緒二十三年(1897)點石齋石印本　一冊　存一種

330000－1797－0001255　36/4/6　史部/編年類/通代之屬

續資治通鑑二百二十卷　（清）畢沅撰　清石印本　十三冊　存一百五十卷(十一至一百十、一百七十一至二百二十)

330000－1797－0001256　36/4/7　史部/編年類/通代之屬

續資治通鑑二百二十卷　（清）畢沅撰　清石印本　三冊　存二十卷(一百五十七至一百六十二、一百六十九至一百七十五、二百十四至二百二十)

330000－1797－0001257　30/4/80　經部/四書類/總義之屬/傳說

四書典林三十卷四書古人典林十二卷　（清）江永輯　清嘉慶二十一年(1816)一鶴軒刻本　四冊　存三十卷(四書典林一至三十)

330000－1797－0001258　38/2/53.1　史部/編年類/通代之屬

寶經堂綱鑑易知錄九十二卷明鑑易知錄十五卷　（清）吳乘權　（清）周之炯　（清）周之燦輯　清道光三十年(1850)敬書堂刻本　二十七冊　存五十八卷(一至四、十五至十七、三十至五十五、六十至六十二、六十七至七十二、七十五至八十二、八十五至九十二)

330000－1797－0001259　30/4/81　經部/四書類/總義之屬/傳說

四書典林三十卷四書古人典林十二卷　（清）

江永輯　清嘉慶二十一年（1816）一鶴軒刻本　一冊　存四卷（一至四）

330000－1797－0001260　30/4/82　經部/四書類/總義之屬/傳說

四書典林三十卷　（清）江永輯　清刻本　四冊　存十三卷（十二至十四、十八至二十、二十四至三十）

330000－1797－0001261　38/2/53.2　史部/編年類/斷代之屬

御撰資治通鑑綱目三編二十卷　（清）張廷玉等撰　清道光三十年（1850）刻本　五冊　缺三卷（四至六）

330000－1797－0001262　38/2/54　史部/編年類/通代之屬

尺木堂綱鑑易知錄九十二卷　（清）吳乘權（清）周之炯　（清）周之燦輯　清刻本　一冊　存三卷（八十五至八十七）

330000－1797－0001263　38/2/55　史部/編年類/通代之屬

尺木堂綱鑑易知錄九十二卷　（清）吳乘權（清）周之炯　（清）周之燦輯　清刻本　二冊　存五卷（十一至十五）

330000－1797－0001264　32/3/22　類叢部/叢書類/彙編之屬

邵武徐氏叢書二十三種　（清）徐榦編　清光緒邵武徐氏刻本　二冊　存一種

330000－1797－0001265　36/4/8　史部/編年類/斷代之屬

御撰資治通鑑綱目三編二十卷　（清）張廷玉等撰　清乾隆刻本　三冊　存八卷（五至九、十八至二十）

330000－1797－0001266　32/3/21　經部/小學類/訓詁之屬/爾雅

爾雅註疏十一卷　（晉）郭璞註　（宋）邢昺疏　清崇德書院刻本　一冊　存三卷（九至十一）

330000－1797－0001267　36/4/9　史部/編年類/斷代之屬

御撰資治通鑑綱目三編四卷　（清）張廷玉等撰　清光緒二十一年（1895）上海文盛堂石印本　二冊

330000－1797－0001268　32/3/20　經部/小學類/訓詁之屬/爾雅

爾雅註疏十一卷　（晉）郭璞註　（宋）邢昺疏　清刻本　一冊　存三卷（三至五）

330000－1797－0001269　36/4/10　史部/編年類/斷代之屬

御撰資治通鑑綱目三編四卷　（清）張廷玉等撰　清光緒二十八年（1902）上海慎記書局石印本　一冊　存三卷（一至三）

330000－1797－0001270　36/4/11　史部/編年類/斷代之屬

御撰資治通鑑綱目三編四卷　（清）張廷玉等撰　清光緒二十九年（1903）上海書局石印本　一冊　存三卷（一至三）

330000－1797－0001271　36/4/12　史部/編年類/斷代之屬

御撰資治通鑑綱目三編二十卷　（清）張廷玉等撰　清刻本　四冊

330000－1797－0001272　36/4/13　史部/編年類/斷代之屬

御撰資治通鑑綱目三編二十卷　（清）張廷玉等撰　清乾隆刻本　一冊　存三卷（四至六）

330000－1797－0001273　36/4/14　史部/編年類/斷代之屬

御撰資治通鑑綱目三編五卷　（清）張廷玉等撰　清光緒二十五年（1899）上海鴻寶齋石印本　二冊

330000－1797－0001274　36/5/15　史部/編年類/斷代之屬

明紀六十卷　（清）陳鶴輯　（清）陳克家補　清光緒十六年（1890）上海積山書局石印本　五冊　存五十二卷（一至五十二）

330000－1797－0001275　36/5/16　史部/編年類/斷代之屬

明通鑑九十卷前編四卷附編六卷首一卷

(清)夏燮撰　清光緒二十九年(1903)上海點石齋書局石印本　四冊　存二十五卷(六十一至八十五)

330000－1797－0001277　32/3/19　經部/小學類/訓詁之屬/爾雅

爾雅註疏十一卷　(晉)郭璞註　(宋)邢昺疏　清聚盛堂刻本　四冊

330000－1797－0001278　22/2/27　類叢部/叢書類/自著之屬

王船山先生經史論八種　(清)王夫之撰　清光緒二十七年(1901)簡青書局石印本　一冊　存一種

330000－1797－0001279　32/3/18　經部/小學類/訓詁之屬/爾雅

爾雅註疏十一卷　(晉)郭璞註　(宋)邢昺疏　清嘉慶二年(1797)武林文業齋刻本　四冊

330000－1797－0001280　32/3/17　經部/小學類/訓詁之屬/爾雅

爾雅註疏十一卷　(晉)郭璞註　(宋)邢昺疏　清刻本　二冊　存五卷(一至二、九至十一)

330000－1797－0001281　32/3/16　經部/叢編

十三經古注　(明)金蟠　(明)葛鼐校　明崇禎十二年(1639)永懷堂刻清同治八年(1869)浙江書局重修印本　四冊　存一種

330000－1797－0001282　38/2/56　史部/編年類/通代之屬

綱鑑易知錄九十二卷明鑑易知錄十五卷　(清)吳乘權　(清)周之炯　(清)周之燦輯　清刻本　三冊　存七卷(八十至八十一、八十八至九十二)

330000－1797－0001283　38/2/57　史部/編年類/通代之屬

尺木堂綱鑑易知錄九十二卷　(清)吳乘權　(清)周之炯　(清)周之燦輯　清末鉛印本　一冊　存七卷(十二至十八)

330000－1797－0001284　38/2/58　史部/編年類/通代之屬

尺木堂綱鑑易知錄九十二卷明鑑易知錄十五卷　(清)吳乘權　(清)周之炯　(清)周之燦輯　清光緒二十八年(1902)上海書局石印本　一冊　存十二卷(一至十二)

330000－1797－0001285　38/3/59　史部/編年類/通代之屬

尺木堂綱鑑易知錄九十二卷　(清)吳乘權　(清)周之炯　(清)周之燦輯　清刻本　三十三冊　缺十六卷(一、五至十、五十四至五十五、七十七至七十九、八十六至八十九)

330000－1797－0001286　32/3/15　經部/小學類/文字之屬/字書/字體

六書通十卷　(清)閔齊伋撰　(清)畢弘述篆訂　清刻本　六冊

330000－1797－0001287　38/4/60　史部/編年類/通代之屬

尺木堂綱鑑易知錄九十二卷　(清)吳乘權　(清)周之炯　(清)周之燦輯　清康熙五十年(1711)尺木堂刻本　八冊　存十七卷(一至三、六至七、三十五至三十九、六十七至六十八、七十四至七十五、八十八至九十)

330000－1797－0001289　38/4/61　史部/編年類/斷代之屬

御撰資治通鑑綱目三編四卷　(清)張廷玉等撰　清石印本　一冊　存二卷(一至二)

330000－1797－0001290　38/4/62　史部/編年類/通代之屬

綱鑑易知錄九十二卷明鑑易知錄十五卷　(清)吳乘權　(清)周之炯　(清)周之燦輯　清刻本　二冊　存五卷(十七至十九、四十六至四十七)

330000－1797－0001291　37/1/29　史部/編年類/通代之屬

重訂王鳳洲先生綱鑑會纂四十六卷續宋元紀二十三卷　(明)王世貞撰　(明)陳仁錫訂　清末石印本　一冊　存十一卷(一至十一)

330000－1797－0001292　30/4/83　經部/四

書類/總義之屬/傳說

四書典林三十卷 (清)江永輯 清養正堂刻本 四冊 存七卷(一至三、七至十)

330000－1797－0001293 37/1/30 史部/編年類/通代之屬

重訂王鳳洲先生綱鑑會纂四十六卷續宋元紀二十三卷 (明)王世貞撰 (明)陳仁錫訂 清光緒二十五年(1899)上海萃文齋石印本 五冊 存三十五卷(一至七、十五至三十三,續宋元紀十五至二十三)

330000－1797－0001294 38/4/63 史部/編年類/通代之屬

尺木堂綱鑑易知錄九十二卷 (清)吳乘權 (清)周之炯 (清)周之燦輯 清刻本 二冊 存四卷(四至五、六十五至六十六)

330000－1797－0001295 30/4/84 經部/四書類/總義之屬/傳說

四書典林三十卷 (清)江永輯 清刻本 六冊 存二十卷(八至二十二、二十六至三十)

330000－1797－0001298 38/4/64 史部/編年類/通代之屬

大本堂綱鑑易知錄九十二卷 (清)吳乘權 (清)周之炯 (清)周之燦輯 清刻本 一冊 存二卷(三至四)

330000－1797－0001299 38/4/65 史部/編年類/通代之屬

尺木堂綱鑑易知錄九十二卷 (清)吳乘權 (清)周之炯 (清)周之燦輯 清末鉛印本 一冊 存六卷(二十七至三十二)

330000－1797－0001300 37/2/33 史部/編年類/通代之屬

袁王綱鑑合編三十九卷明紀綱目二十卷 (明)袁黃輯 (明)王世貞編 清光緒三十年(1904)上海商務印書局鉛印本 十五冊

330000－1797－0001301 37/2/34 史部/編年類/通代之屬

袁王綱鑑合編三十九卷明紀綱目二十卷 (明)袁黃輯 (明)王世貞編 清光緒三十年

(1904)上海商務印書局鉛印本 八冊 存二十七卷(一至七、十一至十三、十七至二十、二十七至三十,明紀綱目一至九)

330000－1797－0001302 38/4/66 史部/編年類/通代之屬

尺木堂綱鑑易知錄九十二卷明鑑易知錄十五卷 (清)吳乘權 (清)周之炯 (清)周之燦輯 清刻本 二十一冊 存五十八卷(二至十七、二十至二十六、三十至三十一、三十四至三十五、三十八至四十二、四十七至四十八、五十三至五十四、五十七至六十二、六十五至六十七、七十六至七十七、八十至八十四、八十七至八十九,明鑑易知錄三至四)

330000－1797－0001303 38/5/68 史部/編年類/通代之屬

御批歷代通鑑輯覽一百二十卷 (清)傅恒等撰 清光緒二十八年(1902)上海點石齋石印本 二十冊

330000－1797－0001304 37/1/28 史部/編年類/通代之屬

重訂王鳳洲先生綱鑑會纂四十六卷續宋元紀二十三卷 (明)王世貞撰 (明)陳仁錫訂 **御撰資治通鑑綱目三編六卷** (清)張廷玉等撰 清光緒二十八年(1902)文海書莊石印本 十二冊

330000－1797－0001305 38/5/67 史部/編年類/通代之屬

御批歷代通鑑輯覽一百二十卷 (清)傅恒等撰 清光緒二十八年(1902)萃文齋石印本 二十冊

330000－1797－0001306 37/1/27 史部/編年類/通代之屬

御批增補了凡綱鑑四十卷首一卷 (明)袁黃纂 **御撰資治通鑑綱目三編六卷** (清)張廷玉等撰 清光緒二十九年(1903)萃文書局石印本 七冊 存二十九卷(首,一至十二、十七至三十二)

330000－1797－0001307 38/6/70 史部/編年類/通代之屬

御批歷代通鑑輯覽一百二十卷　（清）傅恒等撰　清光緒三十四年(1908)上海商務印書館鉛印本　四十冊

330000－1797－0001308　38/5/69　史部/編年類/通代之屬

御批歷代通鑑輯覽一百二十卷　（清）傅恒等撰　清末鉛印本　七冊　存二十五卷(十九至三十八、四十五至四十六、九十一至九十三)

330000－1797－0001309　37/1/26　史部/編年類/通代之屬

鼎鍥趙田了凡袁先生編纂古本歷史大方綱鑑補三十九卷首一卷　（明）袁黃纂　清光緒二十五年(1899)益記書局石印本　九冊　存九卷(首,一至五、七至九)

330000－1797－0001310　37/1/25　史部/編年類/通代之屬

鼎鍥趙田了凡袁先生編纂古本歷史大方綱鑑補三十九卷首一卷　（明）袁黃纂　清光緒二十五年(1899)益記書局石印本　二冊　存三卷(首、一至二)

330000－1797－0001311　37/1/24　史部/編年類/通代之屬

御批增補了凡綱鑑四十卷首一卷　（明）袁黃纂　御撰資治通鑑綱目三編六卷　（清）張廷玉等撰　清末石印本　一冊　存四卷(四至七)

330000－1797－0001312　37/1/23　史部/編年類/通代之屬

綱鑑會纂三十九卷首一卷　（明）王世貞編　清刻本　八冊　存八卷(三、五、九至十、三十三、三十六至三十七、三十九)

330000－1797－0001313　22/2/28　經部/易類/傳說之屬

易經大全會解四卷　（清）來爾繩纂輯　（清）朱采治　（清）朱之澄編訂　清同治五年(1866)刻本　二冊

330000－1797－0001314　27/1/95　經部/春秋左傳類/傳說之屬

左繡三十卷首一卷　（清）馮李驊　（清）陸浩評輯　清華川書屋刻本　五冊　存十二卷(首,一至三、十二至十六、二十至二十二)

330000－1797－0001315　27/1/96　經部/春秋左傳類/傳說之屬

左繡三十卷首一卷　（清）馮李驊　（清）陸浩評輯　清刻本　三冊　存六卷(四至五、八至九、十五至十六)

330000－1797－0001316　27/1/97　經部/春秋左傳類/傳說之屬

左繡三十卷首一卷　（清）馮李驊　（清）陸浩評輯　清刻本　一冊　存二卷(八至九)

330000－1797－0001317　27/1/98　經部/春秋左傳類/傳說之屬

左繡三十卷首一卷　（清）馮李驊　（清）陸浩評輯　清敬書堂刻本　三冊　存六卷(十至十一、二十至二十一、二十四至二十五)

330000－1797－0001318　27/1/99　經部/春秋左傳類/傳說之屬

左繡三十卷首一卷　（清）馮李驊　（清）陸浩評輯　清華川書屋刻本　四冊　存八卷(首,一、十八至二十一、二十九至三十)

330000－1797－0001319　27/1/100　經部/春秋左傳類/傳說之屬

左繡三十卷首一卷　（清）馮李驊　（清）陸浩評輯　清三味堂刻本　五冊　存十一卷(二至七、十至十一、二十四至二十六)

330000－1797－0001320　27/1/101　經部/春秋左傳類/傳說之屬

左繡三十卷首一卷　（清）馮李驊　（清）陸浩評輯　清刻本　三冊　存九卷(十一至十六、二十三至二十五)

330000－1797－0001321　27/1/102　經部/春秋左傳類/傳說之屬

左繡三十卷首一卷　（清）馮李驊　（清）陸浩評輯　清刻本　三冊　存七卷(三至七、十三至十四)

330000－1797－0001322　27/1/103　經部/
春秋左傳類/傳說之屬

左繡三十卷首一卷　（清）馮李驊　（清）陸浩
評輯　清華川書屋刻本　一冊　存二卷（七
至八）

330000－1797－0001323　27/1/104　經部/
春秋左傳類/傳說之屬

左繡三十卷首一卷　（清）馮李驊　（清）陸浩
評輯　清大文堂刻本　一冊　存五卷（首、一
至四）

330000－1797－0001324　39/1/71　史部/編
年類/通代之屬

御批歷代通鑑輯覽一百二十卷　（清）傅恒等
撰　清光緒二十七年（1901）上海經香閣石印
本　十六冊

330000－1797－0001325　30/4/85　經部/四
書類/總義之屬/傳說

四書典林三十卷　（清）江永輯　清刻本　一
冊　存三卷（十五至十七）

330000－1797－0001326　32/4/65　經部/小
學類/文字之屬/字書

增訂臨文便覽不分卷　（清）張啓泰輯　清光
緒二年（1876）怡雲僊館刻本　二冊

330000－1797－0001327　30/4/86　經部/四
書類/總義之屬/傳說

四書典林三十卷　（清）江永輯　清刻本　一
冊　存四卷（二十一至二十四）

330000－1797－0001328　30/4/87　經部/四
書類/總義之屬/傳說

四書典林三十卷　（清）江永輯　清刻本　十
一冊　存二十卷（一至四、七至十九、二十二
至二十四）

330000－1797－0001329　30/5/88　類叢部/
類書類/專類之屬

四書典制類聯音註十卷　（清）閻其淵輯　清
光緒十年（1884）埽葉山房刻本　十二冊

330000－1797－0001331　30/5/89　類叢部/
類書類/專類之屬

四書典制類聯音註三十三卷　（清）閻其淵輯
清刻本　三冊　存八卷（四至五、十二至十
七）

330000－1797－0001332　30/5/90　類叢部/
類書類/專類之屬

四書典制類聯音註三十三卷　（清）閻其淵輯
清刻本　七冊　存二十四卷（四至二十二、
二十五至二十九）

330000－1797－0001333　30/5/91　類叢部/
類書類/專類之屬

四書典制類聯音註三十三卷　（清）閻其淵輯
清光緒二年（1876）刻本　八冊　存二十六
卷（一至十、十五至十七、二十一至三十三）

330000－1797－0001334　32/4/62　經部/小
學類/文字之屬/字書/字典

字彙四集　（清）陳淏子撰　清刻本　一冊
存一集（利）

330000－1797－0001335　30/5/92　類叢部/
類書類/專類之屬

四書典制類聯音註三十三卷　（清）閻其淵輯
清光緒二年（1876）刻本　十冊　存二十六
卷（一至五、十至二十三、二十七至三十三）

330000－1797－0001336　30/5/93　類叢部/
類書類/專類之屬

四書典制類聯音註三十三卷　（清）閻其淵輯
清刻本　一冊　存四卷（三十至三十三）

330000－1797－0001337　30/5/94　類叢部/
類書類/專類之屬

四書典制類聯音註三十三卷　（清）閻其淵輯
清刻本　一冊　存四卷（二十六至二十九）

330000－1797－0001338　32/4/61　經部/小
學類/文字之屬/字書/字典

字彙四集　（清）陳淏子撰　清刻本　一冊
存一集（貞）

330000－1797－0001339　32/4/60　經部/小
學類/文字之屬/字書/字典

攷正玉堂字彙四卷　（清）知足子編　清鉛印
本　一冊　存一卷（二）

330000－1797－0001340　32/4/59　經部/小學類/文字之屬/字書/字典

字彙四集　（清）陳洖子撰　清文盛堂刻本
四冊

330000－1797－0001341　32/4/58　經部/小學類/音韻之屬/韻書

初學檢韻袖珍十二卷附檢字一卷佩文詩韻一卷　（清）姚文登輯　清嘉慶七年（1802）遜齋刻本　一冊　存二卷（十一至十二）

330000－1797－0001342　30/5/95　類叢部/類書類/專類之屬

四書典制類聯音註三十三卷　（清）閻其淵輯　清光緒二年（1876）刻本　一冊　存三卷（一至三）

330000－1797－0001343　30/5/96　類叢部/類書類/專類之屬

四書典制類聯音註三十三卷　（清）閻其淵輯　清光緒二年（1876）刻本　二冊　存五卷（一至三、二十三至二十四）

330000－1797－0001344　39/1/72　史部/編年類/通代之屬

御批歷代通鑑輯覽一百二十卷　（清）傅恒等撰　清光緒二十九年（1903）上海商務印書館鉛印本　七冊　存七十卷（一至二十、六十一至九十、一百一至一百二十）

330000－1797－0001345　39/1/73　史部/編年類/通代之屬

御批歷代通鑑輯覽一百二十卷　（清）傅恒等撰　清鉛印本　十四冊　存五十一卷（五至二十二、二十七至三十四、五十五至六十、七十一至七十三、八十八至九十九、一百十二至一百十五）

330000－1797－0001346　39/2/74　史部/編年類/通代之屬

御批歷代通鑑輯覽一百二十卷　（清）傅恒等撰　清光緒三十年（1904）文通書局石印本二十九冊　存一百九卷（一至六十四、六十八至一百七、一百十六至一百二十）

330000－1797－0001347　39/2/75　史部/編年類/通代之屬

御批歷代通鑑輯覽一百二十卷　（清）傅恒等撰　清末石印本　六冊　存六十七卷（四十一至九十五、一百九至一百二十）

330000－1797－0001348　39/3/76　史部/編年類/通代之屬

御批歷代通鑑輯覽一百二十卷　（清）傅恒等撰　清末石印本　二十一冊　缺四十五卷（一至七、二十一至二十九、六十一至八十一、八十八至九十、九十九至一百、一百十三至一百十五）

330000－1797－0001349　39/3/77　史部/編年類/通代之屬

御批歷代通鑑輯覽一百二十卷　（清）傅恒等撰　清末石印本　二十冊　缺二十三卷（一至十三、二十至二十四、四十六至五十）

330000－1797－0001350　32/4/57　經部/小學類/音韻之屬/韻書

初學檢韻袖珍十二卷附檢字一卷佩文詩韻一卷　（清）姚文登輯　清元吉堂刻本　二冊　存七卷（一至三、七至九,檢字）

330000－1797－0001351　39/4/78　史部/編年類/通代之屬

御批歷代通鑑輯覽一百二十卷　（清）傅恒等撰　清光緒三十年（1904）上海錦章書局石印本　十七冊　缺四十七卷（六至十一、十七至三十三、六十七至八十六、九十一至九十四）

330000－1797－0001352　32/4/56　經部/小學類/音韻之屬/韻書

初學檢韻袖珍十二卷附檢字一卷佩文詩韻一卷　（清）姚文登輯　清嘉慶七年（1802）遜齋刻本　四冊

330000－1797－0001353　32/4/55　經部/小學類/文字之屬/字書/訓蒙

四體千字文一卷　（清）張楷等書　清正業堂刻本　一冊

330000－1797－0001354　39/4/79　史部/編

年類/通代之屬

御批歷代通鑑輯覽一百二十卷 （清）傅恒等撰　清光緒三十年（1904）上海錦章書局石印本　二十五冊　缺十二卷（三十至三十三、九十九至一百二、一百七至一百十）

330000－1797－0001355　39/5/80　史部/編年類/通代之屬

御批歷代通鑑輯覽一百二十卷 （清）傅恒等撰　清光緒三十一年（1905）上海商務印書館鉛印本　二十四冊

330000－1797－0001358　39/5/81　史部/編年類/通代之屬

御批歷代通鑑輯覽一百二十卷 （清）傅恒等撰　清末石印本　十冊　存三十五卷（三十五至三十八、六十一至七十六、八十四至八十七、九十四至九十六、一百至一百七）

330000－1797－0001360　39/6/82　史部/編年類/通代之屬

御批歷代通鑑輯覽一百二十卷 （清）傅恒等撰　清末石印本　二十二冊　缺十二卷（一至十二）

330000－1797－0001361　32/4/50　子部/藝術類/書畫之屬/法帖

草字彙十二卷 （清）石梁輯　清刻本　一冊　存二卷（七至八）

330000－1797－0001362　39/6/83　史部/編年類/通代之屬

兩朝御批通鑑輯覽一百二十卷 （清）傅恒等撰　清末石印本　十冊　存五十七卷（一至二十九、八十至八十九、一百三至一百二十）

330000－1797－0001363　32/4/49　經部/小學類/文字之屬/字書

改良繪圖註釋一萬字文二卷 清宣統二年（1910）詠記書莊石印本　一冊

330000－1797－0001364　39/6/84　史部/編年類/通代之屬

御批歷代通鑑輯覽一百二十卷 （清）傅恒等撰　清石印本　一冊　存四卷（九十五至九十八）

330000－1797－0001365　36/5/18　史部/編年類/斷代之屬

明紀六十卷 （清）陳鶴輯　（清）陳克家補　清同治十年（1871）江蘇書局刻本　二冊　存五卷（一至二、十至十二）

330000－1797－0001366　32/4/48　新學/政治法律/律例

日本法規解字不分卷 錢恂　董鴻禕撰　清光緒三十四年（1908）上海商務印書館鉛印本　一冊

330000－1797－0001367　40/1/85　史部/編年類/通代之屬

御批歷代通鑑輯覽一百二十卷 （清）傅恒等撰　清光緒三十年（1904）上海商務印書館鉛印本　八冊

330000－1797－0001368　36/5/19　史部/編年類/通代之屬

綱鑑正史約三十六卷 （明）顧錫疇撰　（清）陳弘謀增訂　**甲子紀元一卷** （清）陳弘謀撰　清同治八年（1869）浙江書局刻本　二冊　存四卷（三至四、九至十）

330000－1797－0001369　32/4/47　新學/政治法律/律例

日本法規解字不分卷 錢恂　董鴻禕撰　清宣統二年（1910）上海商務印書館鉛印本　一冊

330000－1797－0001370　36/5/20　史部/編年類/通代之屬

王鳳洲先生綱鑑正史全編二十四卷 （明）王世貞撰　（明）陳仁錫評　（明）張睿卿輯　**續鳳洲綱鑑八卷** （明）郭彥博等輯　清康熙刻本　一冊　存一卷（續鳳洲綱鑑六）

330000－1797－0001371　36/5/21　史部/編年類/通代之屬

鼎鍥趙田了凡袁先生編纂古本歷史大方綱鑑補三十九卷首一卷 （明）袁黃纂　清刻本　十冊　存十三卷（九至十、十二、十五、十八至

二十一、二十六、三十二至三十三、三十五至三十六）

330000－1797－0001372　40/2/92　史部/編年類/通代之屬

御批歷代通鑑輯覽一百二十卷　（清）傅恒等撰　清末鉛印本　九冊　存五十五卷（三十六至四十五、五十六至七十、八十一至一百五、一百十六至一百二十）

330000－1797－0001373　40/1/86　史部/編年類/通代之屬

御批歷代通鑑輯覽一百二十卷　（清）傅恒等撰　清石印本　五冊　存二十三卷（十至十四、三十七至四十六、五十七至六十四）

330000－1797－0001374　40/1/87　史部/編年類/通代之屬

御批歷代通鑑輯覽一百二十卷　（清）傅恒等撰　清石印本　五冊　存二十三卷（六至十一、十七至二十一、五十九至七十）

330000－1797－0001375　40/1/88　史部/編年類/通代之屬

御批歷代通鑑輯覽一百二十卷　（清）傅恒等撰　清石印本　三冊　存十一卷（六十五至六十七、一百八至一百十五）

330000－1797－0001376　40/1/89　史部/編年類/通代之屬

御批歷代通鑑輯覽一百二十卷　（清）傅恒等撰　清末鉛印本　三冊　存三十卷（三十一至五十、九十一至一百）

330000－1797－0001377　40/1/90　史部/編年類/通代之屬

御批歷代通鑑輯覽一百二十卷　（清）傅恒等撰　清石印本　四冊　存十七卷（七至十六、九十五至九十八、一百六至一百八）

330000－1797－0001378　40/2/91　史部/編年類/通代之屬

御批歷代通鑑輯覽一百二十卷　（清）傅恒等撰　清石印本　十九冊　存九十二卷（七至四十、四十六至五十八、六十三至一百二、一

百九至一百十三）

330000－1797－0001379　32/4/43　經部/小學類/文字之屬/字書

字學舉隅不分卷　（清）黃本驥（清）龍啓瑞撰　清光緒七年(1881)尚友泉刻本　一冊

330000－1797－0001382　32/4/46　新學/政治法律/律例

日本法規解字不分卷　錢恂　董鴻禕撰　清宣統二年(1910)上海商務印書館鉛印本　一冊

330000－1797－0001383　32/4/45　新學/政治法律/律例

日本法規解字不分卷　錢恂　董鴻禕撰　清光緒三十四年(1908)上海商務印書館鉛印本　一冊

330000－1797－0001384　32/4/44　經部/小學類/文字之屬/字書/訓蒙

環地福蒙學分類字課圖說□□卷　清石印本　一冊　存一卷(三)

330000－1797－0001385　40/2/93　史部/編年類/通代之屬

御批歷代通鑑輯覽一百二十卷　（清）傅恒等撰　清石印本　四冊　存十七卷（四十六至五十、七十二至七十九、九十九至一百二）

330000－1797－0001386　32/4/42　經部/小學類/文字之屬/字書

字學舉隅不分卷　（清）黃本驥　（清）龍啓瑞撰　清光緒十五年(1889)京都琉璃廠秀文齋刻本　一冊

330000－1797－0001387　40/2/94　史部/編年類/通代之屬

御批歷代通鑑輯覽一百二十卷　（清）傅恒等撰　清石印本　二冊　存十二卷（二十二至二十七、一百七至一百十二）

330000－1797－0001388　40/2/95　史部/編年類/通代之屬

御批歷代通鑑輯覽一百二十卷　（清）傅恒等撰　清光緒三十一年(1905)上海美華書館鉛

印本　二冊　存十卷(四十九至五十三、六十二至六十六)

330000－1797－0001389　32/4/41　經部/小學類/文字之屬/字書
字學舉隅不分卷　(清)黃本驥　(清)龍啓瑞撰　清同治十年(1871)刻本　清蔣乃勳題簽　一冊

330000－1797－0001390　32/4/40　經部/小學類/文字之屬/字書
字學舉隅不分卷　(清)黃本驥　(清)龍啓瑞撰　清同治十年(1871)刻本　一冊

330000－1797－0001391　32/4/39　子部/儒家類/儒學之屬/蒙學
龍文鞭影二卷　(明)蕭良有撰　(清)楊臣諍增訂　(清)來集之音注　清文淵堂刻本　一冊　存一卷(上)

330000－1797－0001392　32/4/38　子部/儒家類/儒學之屬/蒙學
龍文鞭影二卷　(明)蕭良有撰　(清)楊臣諍增訂　(清)來集之音注　清刻本　一冊　存一卷(下)

330000－1797－0001393　40/2/96　史部/編年類/通代之屬
御批歷代通鑑輯覽一百二十卷　(清)傅恒等撰　清光緒三十年(1904)文通書局石印本　一冊　存四卷(一至四)

330000－1797－0001394　40/2/98　史部/編年類/通代之屬
御批歷代通鑑輯覽一百二十卷　(清)傅恒等撰　清石印本　一冊　存七卷(七至十三)

330000－1797－0001395　40/2/97　史部/編年類/通代之屬
兩朝御批通鑑輯覽一百二十卷　(清)傅恒等撰　清宣統元年(1909)上海久敬齋書局石印本　一冊　存六卷(一至六)

330000－1797－0001396　32/4/37　子部/儒家類/儒學之屬/蒙學
龍文鞭影二卷　(明)蕭良有撰　(清)楊臣諍

增訂　**訓蒙四字經讀本二卷**　清刻本　一冊　存二卷(下、訓蒙四字經讀本下)

330000－1797－0001397　40/2/99　史部/編年類/通代之屬
御批歷代通鑑輯覽一百二十卷　(清)傅恒等撰　清石印本　一冊　存七卷(七至十三)

330000－1797－0001398　32/4/36　子部/儒家類/儒學之屬/蒙學
龍文鞭影二卷二集二卷　(明)蕭良有撰　(清)李暉吉　(清)徐灒輯　**訓蒙四字經二集讀本二卷**　清光緒十二年(1886)上洋江左書林刻本　二冊　存四卷(二集一至二、訓蒙四字經二集讀本一至二)

330000－1797－0001399　32/4/35　經部/小學類/文字之屬/字書/訓蒙
養蒙針度五卷首一卷　(清)潘子聲撰　清光緒八年(1882)善成堂刻本　二冊

330000－1797－0001400　40/2/100　史部/編年類/通代之屬
御批歷代通鑑輯覽一百二十卷　(清)傅恒等撰　清石印本　一冊　存五卷(一百十六至一百二十)

330000－1797－0001401　40/2/101　史部/編年類/通代之屬
御批歷代通鑑輯覽一百二十卷　(清)傅恒等撰　清末上海通文書局石印本　一冊　存四卷(三十九至四十二)

330000－1797－0001402　40/3/102　史部/編年類/通代之屬
御批歷代通鑑輯覽一百二十卷　(清)傅恒等撰　清光緒二十九年(1903)鴻寶齋石印本　二十八冊　存八十卷(一至十四、十八至三十六、四十二至七十四、七十八至八十六、九十五至九十九)

330000－1797－0001403　42/1/81　史部/傳記類/總傳之屬/仕宦
貳臣傳十二卷逆臣傳四卷　(清)國史館撰　清刻本　一冊　存二卷(逆臣傳三至四)

330000－1797－0001404 42/1/82 史部/史抄類

史筌五卷首一卷 （清）楊銘柱撰 清道光二十六年(1846)寄雲書屋刻本 二冊 缺二卷（四至五）

330000－1797－0001405 40/3/103 史部/編年類/通代之屬

御批歷代通鑑輯覽一百二十卷 （清）傅恒等撰 清末石印本 二冊 存八卷（二十七至三十、一百十二至一百十五）

330000－1797－0001406 40/3/104 史部/編年類/通代之屬

御批歷代通鑑輯覽一百二十卷 （清）傅恒等撰 清末石印本 一冊 存三卷（八十八至九十）

330000－1797－0001407 42/1/83 史部/紀傳類/別史之屬

尚史七十二卷 （清）李鍇撰 清刻本 一冊 存三卷（列傳十九至二十一）

330000－1797－0001408 40/3/105 史部/編年類/通代之屬

御批歷代通鑑輯覽一百二十卷 （清）傅恒等撰 清石印本 四冊 存十九卷（六至十一、十七至二十九）

330000－1797－0001409 42/1/84 史部/紀傳類/別史之屬

尚史七十二卷 （清）李鍇撰 清刻本 一冊 存二卷（志二至三）

330000－1797－0001410 40/3/106 史部/編年類/通代之屬

御批歷代通鑑輯覽一百二十卷 （清）傅恒等撰 清石印本 三冊 存十六卷（七至十三、二十一至二十四、九十至九十四）

330000－1797－0001411 40/3/107 史部/編年類/通代之屬

御批歷代通鑑輯覽一百二十卷 （清）傅恒等撰 清末石印本 一冊 存六卷（六十一至六十六）

330000－1797－0001412 40/4/108 史部/紀事本末類/通代之屬

通鑑紀事本末二百三十九卷 （宋）袁樞撰 （明）張溥論正 清石印本 一冊 存九卷（一百六十七至一百七十五）

330000－1797－0001413 40/4/109 新學/史志/戰記

中東戰紀本末八卷首一卷末一卷續編四卷首一卷末一卷 （美國）林樂知撰並譯 蔡爾康輯 清光緒二十二年至二十三年(1896－1897)上海廣學會鉛印本 三冊 存四卷（八;續編首,一、四）

330000－1797－0001414 40/4/1 史部/雜史類/通代之屬

戰國策三十三卷 （漢）高誘注 **重刻剡川姚氏本戰國策札記三卷** （清）黃丕烈撰 清光緒二十七年(1901)上海煥文書局石印本 三冊 存二十五卷（一至十八、二十七至三十三）

330000－1797－0001418 42/1/86 子部/叢編

二十二子(二十二子彙函) （清）浙江書局編 清光緒元年至三年(1875－1877)浙江書局刻本 四冊 存一種

330000－1797－0001419 42/1/85 子部/叢編

二十二子(二十二子彙函) （清）浙江書局編 清光緒元年至三年(1875－1877)浙江書局刻本 一冊 存一種

330000－1797－0001420 42/1/87 史部/傳記類/總傳之屬/列女

廣列女傳二十卷 （清）劉開纂 清光緒十年(1884)皖城刻本 七冊 缺三卷（十八至二十）

330000－1797－0001421 42/1/88 史部/雜史類/斷代之屬

皇朝掌故二卷 （清）張一鵬撰 （清）陳蔚文注 清光緒二十八年(1902)浙省貢院西橋杞廬刻本 一冊

330000－1797－0001422　42/1/89　史部/雜史類/斷代之屬

皇朝掌故二卷　（清）張一鵬撰　（清）陳蔚文注　清光緒二十八年（1902）浙省貢院西橋杞廬刻本　一冊

330000－1797－0001423　32/5/83　經部/小學類/音韻之屬/韻書

詩韻集成十卷　（清）余照輯　清刻本　二冊

330000－1797－0001424　32/5/82　經部/小學類/音韻之屬/韻書

詩韻集成十卷　（清）余照輯　清道光二十一年（1841）刻本　二冊

330000－1797－0001425　32/5/81　經部/小學類/音韻之屬/韻書

詩韻集成十卷　（清）余照輯　清光緒八年（1882）文玉山房刻本　二冊

330000－1797－0001426　32/5/80　類叢部/類書類/專類之屬

韻海大全不分卷　（清）姚培謙撰　（清）趙克宜增輯　清光緒十二年（1886）上海積山書局石印本　一冊

330000－1797－0001427　32/5/79　類叢部/類書類/專類之屬

新增說文韻府羣玉二十卷　（元）陰時夫輯（元）陰中夫注　清刻本　一冊　存一卷（二十）

330000－1797－0001428　32/5/78　類叢部/類書類/專類之屬

新增說文韻府羣玉二十卷　（元）陰時夫輯（元）陰中夫注　清大文堂刻本　三冊　存三卷（一、三、八）

330000－1797－0001429　32/5/77　類叢部/類書類/專類之屬

新增說文韻府羣玉二十卷　（元）陰時夫輯（元）陰中夫注　清刻本　一冊　存一卷（四）

330000－1797－0001430　32/5/76　類叢部/類書類/專類之屬

新增說文韻府羣玉二十卷　（元）陰時夫輯

（元）陰中夫注　明萬曆十八年（1590）王元貞刻重修本　三冊　存三卷（十一、十六至十七）

330000－1797－0001431　32/5/75　類叢部/類書類/專類之屬

新增說文韻府羣玉二十卷　（元）陰時夫輯（元）陰中夫注　明萬曆十八年（1590）王元貞刻重修本　一冊　存一卷（二）

330000－1797－0001432　32/5/74　類叢部/類書類/專類之屬

詩韻類錦十一卷　（清）郭化霖編　清刻本　四冊　缺五卷（一至五）

330000－1797－0001433　40/4/5　史部/雜史類/通代之屬

戰國策選四卷　（清）儲欣評選　清乾隆三十八年（1773）同文堂刻本　二冊

330000－1797－0001434　40/4/6　集部/總集類/彙編之屬

古文七種　（清）儲欣選評　清受祉堂刻本　五冊　存三種

330000－1797－0001435　40/4/7　史部/雜史類/通代之屬

國語選八卷　（清）儲欣評　清刻本　一冊　存五卷（四至八）

330000－1797－0001438　40/4/10　史部/雜史類/通代之屬

戰國策三十三卷　（漢）高誘注　**重刻剡川姚氏本戰國策札記三卷**　（清）黃丕烈撰　清刻本　二冊　存二卷（四、七）

330000－1797－0001439　40/4/11　史部/雜史類/通代之屬

國語二十一卷　（三國吳）韋昭注　（宋）宋庠補音　**戰國策十卷**　（宋）鮑彪校注　清刻本　二冊　存十一卷（四至十四）

330000－1797－0001440　32/5/73　類叢部/類書類/專類之屬

詩韻類錦十一卷　（清）郭化霖編　清刻本　一冊　存三卷（六至八）

330000－1797－0001441　32/5/72　類叢部/
類書類/專類之屬

韻府約編二十四卷　（清）鄧愷輯　清刻本
一冊　存一卷（二十一）

330000－1797－0001442　32/5/71　經部/小
學類/音韻之屬/古今韻說

古韻論三卷　（清）胡秉虔撰　清光緒二年
（1876）世澤樓刻本　一冊

330000－1797－0001443　32/5/70　經部/小
學類/音韻之屬/韻書

五車韻府十卷　（明）陳藎謨撰　（清）胡邵瑛
輯　清康熙四十七年（1708）慎思堂刻本　二
冊　存二卷（六、十）

330000－1797－0001444　32/5/69　經部/小
學類/音韻之屬/韻書

詩韻辨字增註五卷　（清）張澐卿輯　清光緒
七年（1881）張澐卿刻本　四冊

330000－1797－0001445　32/5/68　經部/小
學類/文字之屬/字書/字典

字彙十二集首一卷末一卷韻法直圖一卷
（明）梅膺祚撰　**韻法橫圖一卷**　（明）李世澤
撰　清刻本　一冊　存二卷（末、韻法直圖）

330000－1797－0001446　32/5/66　經部/小
學類/音韻之屬/韻書

新刊韻學會海十六卷　（清）盧宏啓　（清）徐
作林輯　清乾隆二十六年（1761）連珠山房刻
本　六冊　存十二卷（一至八、十一至十二、
十五至十六）

330000－1797－0001447　32/5/67　經部/小
學類/文字之屬/字書/字典

字彙十二集首一卷末一卷韻法直圖一卷
（明）梅膺祚撰　**韻法橫圖一卷**　（明）李世澤
撰　清刻本　一冊　存一卷（韻法直圖）

330000－1797－0001448　42/1/90　史部/雜
史類/斷代之屬

皇朝掌故二卷　（清）張一鵬撰　（清）陳蔚文
注　清光緒二十八年（1902）浙省貢院西橋杞
廬刻本　一冊

330000－1797－0001449　42/1/91　史部/雜
史類/斷代之屬

皇朝掌故二卷　（清）張一鵬撰　（清）陳蔚文
注　清光緒二十八年（1902）浙省貢院西橋杞
廬刻本　二冊

330000－1797－0001450　42/1/92　史部/雜
史類/斷代之屬

皇朝掌故二卷　（清）張一鵬撰　（清）陳蔚文
注　清光緒二十九年（1903）浙省貢院西橋杞
廬刻本　一冊

330000－1797－0001451　42/1/93　史部/雜
史類/斷代之屬

皇朝掌故二卷　（清）張一鵬撰　（清）陳蔚文
注　清光緒二十八年（1902）上洋書局刻本
一冊

330000－1797－0001452　42/1/95　史部/雜
史類/斷代之屬

皇朝掌故二卷　（清）張一鵬撰　（清）陳蔚文
注　清光緒二十八年（1902）浙省貢院西橋杞
廬刻本　一冊

330000－1797－0001453　42/1/94　史部/雜
史類/斷代之屬

皇朝掌故二卷　（清）張一鵬撰　（清）陳蔚文
注　清光緒二十八年（1902）刻本　一冊

330000－1797－0001454　42/1/96　史部/雜
史類/斷代之屬

皇朝掌故二卷　（清）張一鵬撰　（清）陳蔚文
注　清光緒二十八年（1902）浙省貢院西橋杞
廬刻本　一冊

330000－1797－0001455　42/1/97　史部/紀
事本末類/斷代之屬

聖武記十四卷　（清）魏源撰　清光緒七年
（1881）粵垣權署刻本　十二冊

330000－1797－0001456　40/5/13　史部/雜
史類/斷代之屬

痛史二十一種附九種　樂天居士輯　清宣統
三年（1911）上海商務印書館鉛印本　十四冊
存九種

330000－1797－0001458　40/5/16　史部/政書類/邦交之屬

十九世紀外交史十七章總論一章　（日本）平田久撰　張相譯　清光緒二十八年（1902）杭州史學齋刻本　四冊

330000－1797－0001459　42/2/98　史部/紀事本末類/斷代之屬

聖武記十四卷　（清）魏源撰　清光緒二十八年（1902）上海書局石印本　四冊

330000－1797－0001460　42/2/99　史部/紀事本末類/斷代之屬

聖武記十四卷　（清）魏源撰　清道光二十六年（1846）刻本　二冊　存二卷（一、四）

330000－1797－0001462　42/2/100　類叢部/類書類/專類之屬

李氏蒙求補注六卷　（唐）李瀚撰　（清）金三俊補注　清刻本　二冊

330000－1797－0001463　42/2/101　類叢部/類書類/專類之屬

王先生十七史蒙求十六卷　（宋）王令撰　清光緒五年（1879）粵東文雅齋刻本　四冊

330000－1797－0001464　42/2/102　類叢部/類書類/專類之屬

李氏蒙求補注六卷　（唐）李瀚撰　（清）金三俊補注　清刻本　一冊　存三卷（一至三）

330000－1797－0001465　40/5/18　新學/史志/別國史

東洋史要二卷坿圖一卷　（日本）桑元隲藏撰　樊炳清譯　清光緒東文學社石印本　一冊　存一卷（上）

330000－1797－0001466　40/5/19　新學/史志/諸國史

萬國史記二十卷　（日本）岡本監輔撰　清光緒二十七年（1901）上海兩宜齋石印本　一冊　存二卷（一至二）

330000－1797－0001467　40/5/20　史部/史抄類

路史摘要□□卷　（清）鄭景溁輯　清嘉慶十

一年（1806）遜志堂刻本　一冊　存二卷（一至二）

330000－1797－0001473　40/6/26　史部/編年類/斷代之屬

紀元編三卷末一卷　（清）李兆洛撰　（清）六承如輯　清道光十一年（1831）武進李兆洛董學齋刻本　二冊

330000－1797－0001474　40/6/27　史部/編年類/斷代之屬

紀元編三卷末一卷　（清）李兆洛撰　（清）六承如輯　清刻本　一冊　存一卷（中）

330000－1797－0001476　40/6/28　新學/史志

支那通史七卷　（日本）那珂通世編　清石印本　三冊　存二卷（二至三）

330000－1797－0001477　40/6/29　新學/史志

支那通史七卷　（日本）那珂通世編　清石印本　一冊　存一卷（三）

330000－1797－0001478　40/6/30　新學/史志

支那通史七卷　（日本）那珂通世編　清石印本　一冊　存一卷（二）

330000－1797－0001479　40/6/31　新學/史志

支那通史七卷　（日本）那珂通世編　清鉛印本　一冊　存一卷（二）

330000－1797－0001480　40/6/32　新學/史志

支那通史七卷　（日本）那珂通世編　清石印本　一冊　存一卷（二）

330000－1797－0001481　43/1/3　史部/地理類/方志之屬/通志

[光緒]山西通志一百八十四卷首一卷　（清）曾國荃　（清）張煦等修　（清）王軒　（清）楊篤等纂　清光緒十八年（1892）刻本　八十冊　缺三十九卷（三十一至六十九）

330000－1797－0001482　43/4/4　史部/地理類/方志之屬/郡縣志

[同治]安吉縣志十八卷首一卷　(清)汪榮（清)劉蘭敏修　(清)張行孚　(清)丁寶書纂　清同治十三年(1874)刻本　二冊　存二卷(一、十一)

330000－1797－0001485　43/4/7　史部/地理類/方志之屬/郡縣志

[光緒]諸暨縣志六十一卷　陳遹聲修　(清)蔣鴻藻纂　清宣統二年(1910)刻本　一冊　存四卷(五至八)

330000－1797－0001486　43/4/8　史部/地理類/方志之屬/郡縣志

[光緒]諸暨縣志六十一卷　陳遹聲修　(清)蔣鴻藻纂　清宣統二年(1910)刻本　一冊　存四卷(十七至二十)

330000－1797－0001487　43/5/10　史部/地理類/方志之屬/郡縣志

[光緒]黃巖縣志四十卷首一卷附黃巖集三十二卷　(清)陳寶善　(清)孫憙修　(清)王棻纂　(清)陳鍾英　(清)鄭錫滜續修　王詠霓續纂　清光緒三年(1877)刻本　十一冊　缺三十二卷(黃巖集一至三十二)

330000－1797－0001488　44/1/13　史部/地理類/方志之屬/郡縣志

[光緒]上虞縣志四十八卷首一卷末一卷附錄一卷　(清)唐煦春修　(清)朱士黻纂　清光緒十七年(1891)刻本　一冊　存一卷(四)

330000－1797－0001489　43/5/11　史部/地理類/方志之屬/郡縣志

光緒分水縣志十卷首一卷末一卷　(清)陳常鏵　(清)馮圻修　(清)臧承宣纂　清光緒三十二年(1906)刻民國三十年(1941)印本　二冊　存四卷(四至六、八)

330000－1797－0001491　44/1/16　史部/地理類/方志之屬/郡縣志

[同治]萬安縣志二十卷首一卷末一卷　(清)歐陽駿修　(清)周之鏞纂　清同治十二年(1873)刻光緒三年(1877)重校印本　一冊

存二卷(六至七)

330000－1797－0001492　42/2/104　史部/傳記類/別傳之屬/年譜

陸清獻公[隴奇]年譜一卷　(清)吳光酉編（清)陸宸徵　(清)李鉉輯　清同治七年(1868)武林薇署刻本　一冊

330000－1797－0001494　42/2/105　史部/史表類/通代之屬

帝王總表不分卷　(清)齊召南編　清抄本　一冊

330000－1797－0001495　42/2/106　史部/傳記類/總傳之屬/人表

疑年錄四卷　(清)錢大昕撰　清嘉慶十八年(1813)刻本　一冊

330000－1797－0001496　44/1/18　史部/地理類/山川之屬/山志

華嶽志八卷首一卷　(清)李榕撰　清道光十一年(1831)華麓楊翼武清白別墅刻光緒三十年(1904)補刻本　二冊　存四卷(一至四)

330000－1797－0001497　44/1/19　史部/地理類/山川之屬/山志

廬山志十五卷首一卷　(清)毛德琦撰　清康熙五十九年(1720)順德堂刻乾隆至宣統遞修本　六冊　存六卷(三至五、七至八、十二)

330000－1797－0001498　44/1/20　史部/地理類/專志之屬/書院

白鹿書院志十九卷　(清)毛德琦原訂　(清)周兆蘭重修　清乾隆六十年(1795)刻宣統二年(1910)修補本　六冊　存十四卷(一至七、十三至十九)

330000－1797－0001499　42/2/109　史部/政書類/邦交之屬

各國換訂約章表一卷　錢恂輯　清石印本　一冊

330000－1797－0001500　42/2/110　史部/編年類/斷代之屬

東華錄詳節二十四卷　(清)鄔樹庭編　清東文學堂石印本　一冊　存三卷(二十二至二

十四)

330000－1797－0001501　42/2/110.1　史部/編年類/斷代之屬

東華續錄一百卷(同治朝)　王先謙編　清石印本　一冊　存四卷(三十五至三十八)

330000－1797－0001502　42/2/111　史部/史抄類

廿一史約編八卷首一卷　(清)鄭元慶撰　清刻本　七冊　存七卷(石、絲、竹、匏、土、革、木)

330000－1797－0001504　42/2/113　史部/史抄類

廿四史約編八卷首一卷　(清)鄭元慶撰　清石印本　二冊　存二卷(石、木)

330000－1797－0001505　42/2/114　史部/史抄類

廿一史約編八卷首一卷　(清)鄭元慶撰　清光緒十三年(1887)上海積山書局石印本　二冊　存三卷(首,金、革)

330000－1797－0001506　42/3/115　史部/史抄類

廿一史約編八卷首一卷　(清)鄭元慶撰　清刻本　四冊　存四卷(絲、石、土、木)

330000－1797－0001507　44/2/21　史部/地理類/專志之屬/書院

白鹿書院志十九卷　(清)毛德琦原訂　(清)周兆蘭重修　清乾隆六十年(1795)刻宣統二年(1910)修補本　六冊　存十四卷(一至二、五至七、十一至十九)

330000－1797－0001508　44/2/22　史部/地理類/方志之屬/郡縣志

[正德]武功縣志三卷首一卷　(明)康海纂　(清)孫景烈評註　清道光八年(1828)慎德堂刻本　一冊　缺二卷(二至三)

330000－1797－0001509　44/2/23　史部/地理類/山川之屬/水志

西湖志纂十五卷首一卷末一卷　(清)沈德潛　(清)傅王露等撰　清刻本　四冊　存九卷

(首、五至十二)

330000－1797－0001510　41/1/1.1　史部/詔令奏議類/詔令之屬

聖訓不分卷　瞿鴻機輯錄　清光緒十二年(1886)刻本　一冊

330000－1797－0001512　41/1/1.2　史部/詔令奏議類/詔令之屬

聖訓不分卷　瞿鴻機輯錄　清光緒十二年(1886)刻本　一冊

330000－1797－0001513　44/2/27　史部/地理類/專志之屬/寺觀

玉皇山廟志一卷　(清)卓炳森纂修　清光緒七年(1881)刻本　一冊

330000－1797－0001514　41/1/1.3　史部/詔令奏議類/詔令之屬

聖訓不分卷　瞿鴻機輯錄　清光緒十二年(1886)刻本　一冊

330000－1797－0001517　42/3/118　史部/地理類/外紀之屬

泰西各國采風記一卷　宋育仁撰　清光緒二十三年(1897)上海著易堂書局鉛印本　一冊

330000－1797－0001520　42/3/120　新學/史志/諸國史

亞細亞洲不分卷　清石印本　一冊

330000－1797－0001521　42/3/121　新學/史志/諸國史

節本泰西新史攬要八卷　(英國)李提摩太譯　周慶雲節錄　清光緒二十七年(1901)周慶雲夢坡室刻本　二冊

330000－1797－0001522　42/3/122　新學/史志/諸國史

亞細亞洲不分卷　清石印本　一冊

330000－1797－0001523　44/2/26　史部/地理類/專志之屬/寺觀

玉皇山廟志一卷　(清)卓炳森纂修　清光緒七年(1881)刻本　一冊

330000－1797－0001524　42/3/123　新學/

史志/諸國史

泰西新史攬要二十四卷 （英國）馬懇西撰
（英國）李提摩太譯　清刻本　四冊　存十五卷（十至二十四）

330000－1797－0001525　41/1/2　史部/詔令奏議類/奏議之屬

嘉定長白二先生奏議四卷 夏震武輯　**長白先生年譜一卷** （清）壽富輯　清宣統二年（1910）京邸鉛印本　一冊　存二卷（嘉定先生奏議一至二）

330000－1797－0001526　44/2/28　史部/金石類/郡邑之屬

栝蒼金石志十二卷續志四卷 （清）李遇孫輯（清）鄒柏森校補　清同治十三年（1874）淛江處州府署刻本　五冊　缺二卷（續志三至四）

330000－1797－0001527　41/1/3　史部/詔令奏議類/奏議之屬

御史胡思敬奏章不分卷 （清）胡思敬撰　清宣統三年（1911）刻本　一冊

330000－1797－0001529　41/1/4　子部/儒家類/儒學之屬/禮教

聖諭廣訓直解一卷 （清）世宗胤禛撰　（清）□□直解　清光緒三十年（1904）寧波鈞和印刷所鉛印本　一冊

330000－1797－0001530　41/1/5　史部/詔令奏議類/奏議之屬

唐陸宣公奏議讀本四卷首一卷 （唐）陸贄撰（清）汪銘謙輯　（清）馬傳庚評點　清光緒二十六年（1900）會稽馬家鼎石印本　二冊

330000－1797－0001535　44/2/34　史部/地理類/山川之屬/山志

爛柯山志十三卷 （清）鄭永禧輯　清光緒三十三年（1907）不其山館刻本　一冊　存一卷（十一）

330000－1797－0001536　44/3/36　史部/地理類/山川之屬/水志

西湖志四十八卷 （清）李衛　（清）程元章修（清）傅王露纂　清光緒四年（1878）浙江書局刻本　十冊　存二十三卷（一至二十三）

330000－1797－0001537　44/2/35　史部/地理類/山川之屬/水志

西湖志四十八卷 （清）李衛　（清）程元章修（清）傅王露纂　清光緒四年（1878）浙江書局刻本　一冊　存三卷（二十一至二十三）

330000－1797－0001538　44/3/37　史部/地理類/山川之屬/水志

西湖志四十八卷 （清）李衛　（清）程元章修（清）傅王露纂　清光緒四年（1878）浙江書局刻本　一冊　存二卷（四十三至四十四）

330000－1797－0001539　44/3/41　史部/地理類/總志之屬/斷代

廣輿記二十四卷 （明）陸應陽輯　（清）蔡方炳增輯　清嘉慶七年（1802）聚文堂刻本　二冊　存三卷（一、十一至十二）

330000－1797－0001540　44/3/38　史部/地理類/總志之屬/斷代

廣輿記二十四卷 （明）陸應陽輯　（清）蔡方炳增輯　清刻本　五冊　存十一卷（二、五至八、十二至十七）

330000－1797－0001541　44/3/39　史部/地理類/總志之屬/斷代

廣輿記二十四卷 （明）陸應陽輯　（清）蔡方炳增輯　清嘉慶七年（1802）聚文堂刻本　七冊　存十四卷（三至四、六至十、十八至二十四）

330000－1797－0001542　44/3/40　史部/地理類/總志之屬/斷代

廣輿記二十四卷 （明）陸應陽輯　（清）蔡方炳增輯　清刻本　一冊　存一卷（二）

330000－1797－0001543　44/3/42　史部/地理類/總志之屬/斷代

廣輿記二十四卷 （明）陸應陽輯　（清）蔡方炳增輯　清刻本　一冊　存二卷（十八至十九）

330000－1797－0001544　44/3/43　史部/編

年類/通代之屬

通鑑地理通釋十四卷 （宋）王應麟撰　清刻本　一冊　存七卷（八至十四）

330000－1797－0001545　44/3/44　史部/地理類

東晉疆域志四卷 （清）洪亮吉撰　清刻本　一冊　存二卷（三至四）

330000－1797－0001546　44/3/45　史部/地理類/總志之屬/通代

讀史方輿紀要一百三十卷方輿全圖總說五卷 （清）顧祖禹撰　清石印本　一冊　存十一卷（一百十三至一百二十三）

330000－1797－0001547　44/3/46　史部/地理類/總志之屬/通代

讀史方輿紀要一百三十卷方輿全圖總說五卷 （清）顧祖禹撰　清鉛印本　二冊　存十三卷（八十九至九十四、一百六至一百十二）

330000－1797－0001548　44/3/47　史部/地理類/總志之屬/通代

讀史方輿紀要一百三十卷方輿全圖總說五卷 （清）顧祖禹撰　清光緒二十七年（1901）上海圖書集成局鉛印本　三冊　存十卷（一至五、七十至七十四）

330000－1797－0001549　44/4/48　史部/地理類/總志之屬/通代

天下郡國利病書一百二十卷 （清）顧炎武撰　清末石印本　十五冊　存七十六卷（十五至三十五、三十九至五十三、六十一至一百）

330000－1797－0001550　44/4/49　史部/地理類/總志之屬/通代

天下郡國利病書一百二十卷 （清）顧炎武撰　清鉛印本　一冊　存四卷（四十至四十三）

330000－1797－0001551　44/4/50　史部/地理類/外紀之屬

五洲圖考不分卷 （清）龔柴　（清）許彬撰　清光緒二十八年（1902）上海徐家滙印書館鉛印本　四冊

330000－1797－0001552　44/4/52　史部/地

理類/總志之屬/斷代

廣輿記不分卷 （明）陸應陽輯　（清）蔡方炳增輯　清刻本　二冊

330000－1797－0001553　44/4/53　新學/交涉/公法

五大洲圖說五卷首一卷 （意大利）艾儒略撰　清光緒二十四年（1898）上海書局石印本　三冊　缺二卷（三至四）

330000－1797－0001554　44/4/54　新學/交涉/公法

五大洲圖說簡明萬國公法一卷 （清）□□輯　**萬國公法一卷** （清）朱克敬撰　**各國路程日記一卷** （清）李圭撰　**括地畧一卷** （清）□□撰　清光緒石印本　一冊

330000－1797－0001555　44/4/55　新學/交涉/公法

五大洲圖說簡明萬國公法一卷 （清）□□輯　**萬國公法一卷** （清）朱克敬撰　**各國路程日記一卷** （清）李圭撰　**括地畧一卷** （清）□□撰　清末石印本　一冊

330000－1797－0001556　44/4/56　史部/地理類/外紀之屬

中外輿地通考不分卷 （清）龔柴　（清）許彬撰　清石印本　一冊

330000－1797－0001557　44/4/57　史部/政書類/軍政之屬/邊政

朔方備乘六十八卷首十二卷 （清）何秋濤撰　清光緒石印本　五冊　存四十四卷（十六至三十四、四十四至六十八）

330000－1797－0001558　44/4/58　史部/政書類/軍政之屬/邊政

朔方備乘六十八卷首十二卷 （清）何秋濤撰　清光緒石印本　八冊

330000－1797－0001559　44/4/59　史部/政書類/軍政之屬/邊政

朔方備乘六十八卷首十二卷 （清）何秋濤撰　清光緒石印本　一冊　存十二卷（十四至二十五）

330000－1797－0001560　44/4/60　史部/地理類/外紀之屬

瀛環志略十卷　（清）徐繼畬撰　清光緒石印本　二冊　存五卷（三至七）

330000－1797－0001561　44/5/62　史部/地理類/總志之屬/斷代

皇朝輿地韻編二卷　（清）李兆洛撰　清刻本　一冊

330000－1797－0001562　44/5/61　史部/政書類/軍政之屬/邊政

朔方備乘六十八卷首十二卷　（清）何秋濤撰　清光緒石印本　四冊　存四十二卷（二十六至六十七）

330000－1797－0001563　44/5/63　史部/地理類

李氏五種　（清）李兆洛撰　清同治九年至十一年（1870－1872）合肥李鴻章刻本　二冊　存一種

330000－1797－0001564　44/5/64　史部/地理類/總志之屬/通代

歷代地理志韻編今釋二十卷　（清）李兆洛撰　清刻本　一冊　存二卷（四至五）

330000－1797－0001565　44/5/65　史部/地理類/雜志之屬

繪圖上海雜記八卷　（清）吳友如繪　題（清）藜牀臥讀生撰　清石印本　一冊　存一卷（六）

330000－1797－0001567　44/5/72　史部/地理類

西北地理五種　清光緒二十三年（1897）石印本　一冊　存一種

330000－1797－0001568　44/5/73　史部/地理類/外紀之屬

地球韻言四卷　（清）張士瀛撰　清光緒二十七年（1901）杞廬杭州刻本　二冊

330000－1797－0001569　44/5/74　史部/地理類/外紀之屬

地球韻言四卷　（清）張士瀛撰　清光緒二十四年（1898）鄂垣務急書館刻本　二冊

330000－1797－0001570　44/5/75　史部/地理類/外紀之屬

地球韻言四卷　（清）張士瀛撰　清文奎堂刻本　二冊

330000－1797－0001571　44/5/76　史部/地理類/外紀之屬

地球韻言四卷　（清）張士瀛撰　清刻本　一冊　存二卷（三至四）

330000－1797－0001572　44/5/77　史部/地理類/外紀之屬

地球韻言四卷　（清）張士瀛撰　清光緒二十九年（1903）杞廬杭州刻本　二冊

330000－1797－0001573　44/5/78　史部/地理類/外紀之屬

地球韻言四卷　（清）張士瀛撰　清刻本　一冊　存二卷（三至四）

330000－1797－0001574　44/5/79　史部/地理類/外紀之屬

地球韻言四卷　（清）張士瀛撰　清光緒二十四年（1898）鄂垣務急書館刻本　二冊

330000－1797－0001575　44/5/80　史部/地理類/外紀之屬

地球韻言四卷　（清）張士瀛撰　清光緒二十四年（1898）鄂垣務急書館刻本　二冊

330000－1797－0001576　44/5/81　史部/地理類/外紀之屬

地球韻言四卷　（清）張士瀛撰　清光緒二十四年（1898）鄂垣務急書館刻本　二冊

330000－1797－0001577　44/5/82　史部/地理類/外紀之屬

地球韻言四卷　（清）張士瀛撰　清刻本　一冊　存二卷（三至四）

330000－1797－0001578　44/5/83　史部/地理類/外紀之屬

地球韻言四卷　（清）張士瀛撰　清刻本　一冊　存二卷（三至四）

330000－1797－0001579　44/5/84　史部/地理類/外紀之屬

地球韻言四卷　（清）張士瀛撰　清刻本　一冊　存二卷（三至四）

330000－1797－0001580　46/1/83　子部/雜著類/雜纂之屬

增智囊補二十八卷　（明）馮夢龍輯　清同文堂刻本　三冊　存六卷（八、十五至十七、二十七至二十八）

330000－1797－0001581　46/1/82　類叢部/類書類/通類之屬

重校繪圖三才略四卷　蔣德鈞輯　清光緒二十四年（1898）掃葉山房鉛印本　一冊

330000－1797－0001582　46/1/61、46/1/80、46/3/113、46/4/116、57/2/43　新學/雜著/叢編

西政叢書三十二種　梁啓超編　清光緒二十三年（1897）上海慎記書莊石印本　六冊　存八種

330000－1797－0001583　46/1/81　類叢部/類書類/通類之屬

三才畧三卷　蔣德鈞輯　**讀史論略一卷**（清）杜詔撰　清光緒二十八年（1902）石印本　一冊

330000－1797－0001587　47/1/4　史部/傳記類/總傳之屬

京師法政學堂第一年同學錄一卷　（清）京師法政學堂輯　清宣統鉛印本　一冊

330000－1797－0001588　42/3/125　史部/地理類/外紀之屬

西史綱目三十五卷　（清）周維翰撰　清石印本　一冊　存二卷（三至四）

330000－1797－0001589　42/3/124　史部/地理類/外紀之屬

西史綱目三十五卷　（清）周維翰撰　清石印本　十六冊　存三十一卷（五至三十五）

330000－1797－0001590　42/3/126　新學/議論/通論

時事新論圖說不分卷　（英國）李提摩太編繪　清光緒二十二年（1896）鉛印本　一冊

330000－1797－0001591　42/3/127　新學/史志/諸國史

萬國史記二十卷　（日本）岡本監輔撰　清光緒二十七年（1901）上海兩宜齋石印本　三冊　存八卷（一至三、八至十、十八至十九）

330000－1797－0001592　42/3/128　新學/史志/諸國史

萬國史記二十卷　（日本）岡本監輔撰　清石印本　一冊　存三卷（七至九）

330000－1797－0001593　42/4/130　新學/史志/諸國史

萬國史記二十卷　（日本）岡本監輔撰　清光緒二十一年（1895）讀有用書齋石印本　六冊

330000－1797－0001594　42/3/129　新學/史志/諸國史

萬國史記二十卷　（日本）岡本監輔撰　清光緒二十四年（1898）上海書局石印本　七冊　缺二卷（十一至十二）

330000－1797－0001595　42/4/131　史部/傳記類/總傳之屬

泰西各國名人言行錄十六卷　（清）張兆蓉輯　清光緒二十九年（1903）明達聖教會石印本　六冊

330000－1797－0001596　42/4/132　史部/傳記類/總傳之屬

泰西各國名人言行錄十六卷　（清）張兆蓉輯　清石印本　四冊　存十一卷（三至十三）

330000－1797－0001597　42/4/133　史部/傳記類/總傳之屬

泰西各國名人言行錄十六卷　（清）張兆蓉輯　清光緒二十九年（1903）明達聖教會石印本　一冊　存二卷（一至二）

330000－1797－0001601　47/1/8　史部/政書類/律令之屬

大清新法令分類總目一卷　商務印書館輯　清宣統二年（1910）上海商務印書館鉛印本

一冊

330000－1797－0001605　47/1/16　史部/目錄類/總錄之屬/官修
欽定四庫全書簡明目錄二十卷　（清）紀昀等撰　清刻本　五冊　存九卷（九至十七）

330000－1797－0001609　41/1/6　類叢部/叢書類/自著之屬
曾文正公全集十五種　（清）曾國藩撰　清同治至光緒傳忠書局刻本　三冊　存一種

330000－1797－0001610　41/1/7　史部/詔令奏議類/奏議之屬
曾文正公奏稿三十卷首一卷　（清）曾國藩撰　清刻本　二十二冊　存二十二卷（九至三十）

330000－1797－0001611　41/2/2　史部/傳記類/總傳之屬/仕宦
歷代名臣言行錄二十四卷　（清）朱桓輯　清刻本　一冊　存一卷（十一上）

330000－1797－0001612　41/2/1　史部/傳記類/總傳之屬/仕宦
歷代名臣言行錄二十四卷　（清）朱桓輯　清刻本　一冊　存一卷（七）

330000－1797－0001613　41/2/3　史部/傳記類/總傳之屬/仕宦
歷代名臣言行錄二十四卷　（清）朱桓輯　清光緒二十八年（1902）萃文齋石印本　六冊　存十七卷（一至六、十一至十六、二十至二十四）

330000－1797－0001614　41/2/6　史部/傳記類/總傳之屬/仕宦
歷代名臣言行錄二十四卷　（清）朱桓輯　清末石印本　四冊　存十二卷（十至二十一）

330000－1797－0001615　41/2/7　史部/傳記類/總傳之屬/仕宦
歷代名臣言行錄二十四卷　（清）朱桓輯　清末石印本　一冊　存三卷（二十二至二十四）

330000－1797－0001616　41/2/4　史部/傳記類/總傳之屬/仕宦
歷代名臣言行錄二十四卷　（清）朱桓輯　清光緒二十八年（1902）上海寶善書局石印本　一冊　存三卷（一至三）

330000－1797－0001617　41/2/5　史部/傳記類/總傳之屬/仕宦
歷代名臣言行錄二十四卷　（清）朱桓輯　清末石印本　一冊　存四卷（二十一至二十四）

330000－1797－0001618　41/2/8　史部/傳記類/總傳之屬/仕宦
歷代名臣言行錄二十四卷　（清）朱桓輯　清末石印本　一冊　存三卷（二十下至二十二上）

330000－1797－0001619　41/2/9　史部/傳記類/總傳之屬/仕宦
歷代名臣言行錄二十四卷　（清）朱桓輯　清末石印本　一冊　存三卷（十四至十六）

330000－1797－0001620　41/2/10　史部/傳記類/總傳之屬/仕宦
歷代名臣言行錄二十四卷　（清）朱桓輯　清末石印本　七冊　存二十一卷（四至二十四）

330000－1797－0001621　41/2/11　史部/傳記類/總傳之屬/仕宦
歷代名臣言行錄二十四卷　（清）朱桓輯　清光緒鉛印本　三冊　存五卷（二十至二十四）

330000－1797－0001622　41/2/12　史部/傳記類/總傳之屬/仕宦
歷代名臣言行錄二十四卷　（清）朱桓輯　清末石印本　三冊　存十一卷（四至十一、二十二至二十四）

330000－1797－0001623　41/2/13　史部/傳記類/總傳之屬/仕宦
歷代名臣言行錄二十四卷　（清）朱桓輯　清光緒鉛印本　三冊　存六卷（十三至十四、十九至二十、二十三至二十四）

330000－1797－0001624　41/2/14　史部/傳記類/總傳之屬/仕宦
增評歷代名臣言行錄二十二卷　（清）孫鈺編

清末石印本　四冊　存九卷（八至九、十三至十九）

330000－1797－0001625　41/2/15　史部/傳記類/總傳之屬/仕宦

歷代名臣言行錄二十四卷　（清）朱桓輯　清光緒二十八年(1902)上海文運書莊石印本　四冊　存十二卷（一至六、十至十二、十六至十八）

330000－1797－0001626　41/2/16　史部/傳記類/總傳之屬/仕宦

歷代名臣言行錄二十四卷　（清）朱桓輯　清光緒二十八年(1902)鴻寶書局鉛印本　一冊　存二卷（一至二）

330000－1797－0001627　41/2/17　史部/傳記類/總傳之屬/仕宦

歷代名臣言行錄二十四卷　（清）朱桓輯　清光緒二十六年(1900)文瀾書局石印本　一冊　存三卷（一至三）

330000－1797－0001628　22/3/1　經部/書類/傳說之屬

書經集傳六卷　（宋）蔡沈撰　清光緒十九年(1893)浙江書局刻本　六冊

330000－1797－0001629　41/2/20　史部/傳記類/總傳之屬/仕宦

歷代名臣言行錄二十四卷　（清）朱桓輯　清末石印本　一冊　存四卷（四至七）

330000－1797－0001630　41/2/19　史部/傳記類/總傳之屬/仕宦

歷代名臣言行錄二十四卷　（清）朱桓輯　清末石印本　一冊　存四卷（六至九）

330000－1797－0001631　41/2/18　史部/傳記類/總傳之屬/仕宦

歷代名臣言行錄二十四卷　（清）朱桓輯　清末石印本　一冊　存二卷（二十至二十一）

330000－1797－0001632　22/3/2　經部/書類/傳說之屬

書經集傳六卷　（宋）蔡沈撰　清慎詒堂刻本　四冊

330000－1797－0001633　22/3/3　經部/書類/傳說之屬

書經集傳六卷　（宋）蔡沈撰　清慎詒堂刻本　二冊　存二卷（一、四）

330000－1797－0001634　22/3/4　經部/書類/傳說之屬

書經旁訓辨體合訂四卷　（清）徐立綱輯　清文華堂刻本　二冊

330000－1797－0001635　22/3/5　經部/書類/傳說之屬

書經旁訓辨體合訂四卷　（清）徐立綱輯　清循陔堂刻本　二冊

330000－1797－0001636　22/3/6　經部/書類/傳說之屬

書經旁訓辨體合訂四卷　（清）徐立綱輯　清慎言堂刻本　二冊

330000－1797－0001637　22/3/7　經部/書類/傳說之屬

書經旁訓辨體合訂四卷　（清）徐立綱輯　清慎言堂刻本　二冊

330000－1797－0001638　41/2/21　史部/傳記類/總傳之屬/仕宦

歷代名臣言行錄二十四卷　（清）朱桓輯　清光緒鉛印本　一冊　存二卷（九至十）

330000－1797－0001639　22/3/8　經部/書類/傳說之屬

書經旁訓辨體合訂四卷　（清）徐立綱輯　清刻本　一冊　存二卷（三至四）

330000－1797－0001640　22/3/9　經部/書類/傳說之屬

書經旁訓辨體合訂四卷　（清）徐立綱輯　清慎言堂刻本　一冊　存二卷（一至二）

330000－1797－0001642　41/2/23　史部/傳記類/總傳之屬/仕宦

歷代名將事略二卷　（清）陳光憲輯　清光緒三十二年(1906)北洋陸軍編譯局鉛印本　一冊　存一卷（上）

330000－1797－0001644　22/3/10　經部/書類/傳說之屬

書經旁訓辨體合訂四卷 （清）徐立綱輯　清刻本　一冊　存二卷（三至四）

330000－1797－0001645　22/3/11　經部/書類/傳說之屬

書經增訂旁訓四卷 （清）徐立綱旁訓　（清）□□增訂　清墨潤堂刻本　一冊　存二卷（三至四）

330000－1797－0001646　22/3/12　經部/書類/傳說之屬

書經精義四卷首一卷末一卷 （清）黃淦纂　清嘉慶九年（1804）刻本　二冊

330000－1797－0001647　22/3/13　經部/書類/傳說之屬

書經體註大全合參六卷 （宋）蔡沈集傳（清）錢希祥輯注　清刻本　二冊　存三卷（一至三）

330000－1797－0001648　22/3/14　經部/書類/傳說之屬

書經體註大全合參六卷 （宋）蔡沈集傳（清）錢希祥輯注　清刻本　四冊

330000－1797－0001649　22/3/15　經部/書類/傳說之屬

書經體註大全合參六卷 （宋）蔡沈集傳（清）錢希祥輯注　清刻本　三冊　缺一卷（一）

330000－1797－0001650　22/3/16　經部/書類/傳說之屬

書經精華六卷 （清）薛嘉穎撰　清光緒二年（1876）寧郡簡香齋刻本　四冊

330000－1797－0001651　22/3/17　經部/書類/傳說之屬

書經精華六卷 （清）薛嘉穎撰　清道光七年（1827）刻本　四冊

330000－1797－0001652　41/3/25　史部/傳記類/總傳之屬/斷代

國朝先正事略六十卷 （清）李元度撰　清同治五年至八年（1866－1869）循陔草堂刻本十三冊　存二十八卷（一、六至十五、二十至二十二、二十七至二十八、三十二至四十、四十九至五十一）

330000－1797－0001653　41/3/26　史部/傳記類/總傳之屬/斷代

國朝先正事略六十卷 （清）李元度撰　清同治五年至八年（1866－1869）循陔草堂刻本一冊　存三卷（三十九至四十一）

330000－1797－0001654　41/3/27　史部/傳記類/總傳之屬/斷代

國朝先正事略六十卷 （清）李元度撰　清光緒二十五年（1899）上海圖書集成印書局鉛印本　八冊

330000－1797－0001655　41/3/28　史部/傳記類/總傳之屬/仕宦

中興名臣事略八卷 朱孔彰撰　清光緒二十五年（1899）上海圖書集成印書局鉛印本二冊

330000－1797－0001656　41/3/29　史部/傳記類/總傳之屬/斷代

國朝先正事略六十卷 （清）李元度撰　清鉛印本　一冊　存四卷（五至八）

330000－1797－0001657　41/3/30　史部/傳記類/總傳之屬/斷代

國朝先正事略八卷 （清）李元度撰　**續編四卷** 朱孔彰撰　清光緒二十六年（1900）石印本　四冊　存四卷（續編一至四）

330000－1797－0001658　41/3/32.2　史部/傳記類/總傳之屬/斷代

國朝先正事略八卷 （清）李元度撰　**續編四卷** 朱孔彰撰　清石印本　一冊　存二卷（續編三至四）

330000－1797－0001659　41/3/31　史部/傳記類/總傳之屬/斷代

國朝先正事略八卷 （清）李元度撰　**續編四卷** 朱孔彰撰　清光緒二十八年（1902）廣益書局石印本　二冊　存四卷（續編一至四）

330000－1797－0001660　41/3/32.1　史部/
傳記類/總傳之屬/斷代

國朝先正事略八卷　（清）李元度撰　**續編四卷**　朱孔彰撰　清末石印本　六冊　存六卷（二至六、八）

330000－1797－0001661　41/4/33　史部/史抄類

史鑑節要便讀六卷　（清）鮑東里撰　清光緒二十八年（1902）聚奎堂刻本　二冊　存四卷（一至二、五至六）

330000－1797－0001662　41/4/34　史部/史抄類

史鑑節要便讀六卷　（清）鮑東里撰　清刻本　一冊　存二卷（二至三）

330000－1797－0001663　41/4/35　史部/史抄類

史鑑節要六卷　（清）鮑東里撰　清光緒二十九年（1903）杞盧刻本　三冊

330000－1797－0001664　41/4/36　史部/史抄類

史鑑節要便讀六卷　（清）鮑東里撰　清刻本　一冊　存二卷（三至四）

330000－1797－0001665　41/4/37　史部/史抄類

史鑑節要六卷　（清）鮑東里撰　清光緒二十九年（1903）杞盧刻本　一冊

330000－1797－0001666　41/4/38　史部/史抄類

史鑑節要六卷　（清）鮑東里撰　清刻本　一冊　存二卷（五至六）

330000－1797－0001667　41/4/39　史部/史抄類

史鑑節要六卷　（清）鮑東里撰　清光緒二十九年（1903）杞盧刻本　一冊　存二卷（一至二）

330000－1797－0001668　41/4/40　史部/史抄類

史鑑節要六卷　（清）鮑東里撰　清刻本　一冊　存二卷（三至四）

330000－1797－0001669　41/4/41　史部/史抄類

史鑑節要六卷　（清）鮑東里撰　清光緒二十九年（1903）杞盧刻本　一冊　存二卷（一至二）

330000－1797－0001670　41/4/42　史部/史抄類

史鑑節要六卷　（清）鮑東里撰　清光緒二十九年（1903）杞盧刻本　一冊　存二卷（一至二）

330000－1797－0001671　41/4/43　史部/史抄類

史鑑節要六卷　（清）鮑東里撰　清刻本　一冊　存二卷（三至四）

330000－1797－0001672　41/4/44　史部/史抄類

史鑑節要六卷　（清）鮑東里撰　清光緒二十九年（1903）杞盧刻本　三冊　存二卷（一至二）

330000－1797－0001673　41/4/45　史部/史抄類

史鑑節要六卷　（清）鮑東里撰　清刻本　一冊　存二卷（三至四）

330000－1797－0001674　41/4/46　史部/史抄類

史鑑節要六卷　（清）鮑東里撰　清刻本　一冊　存二卷（五至六）

330000－1797－0001675　41/4/47　史部/史抄類

史鑑節要六卷　（清）鮑東里撰　清刻本　一冊　存二卷（五至六）

330000－1797－0001676　41/4/48　史部/史抄類

史鑑節要六卷　（清）鮑東里撰　清刻本　一冊　存二卷（五至六）

330000－1797－0001677　41/4/49　史部/史

抄類

史鑑節要便讀六卷 （清）鮑東里撰　清光緒二十八年(1902)會文堂刻本　三冊

330000－1797－0001678　41/4/50　史部/史抄類

史鑑節要六卷 （清）鮑東里撰　清光緒二十九年(1903)杞廬刻本　一冊　存二卷(一至二)

330000－1797－0001679　41/4/51　史部/史抄類

史鑑節要便讀六卷 （清）鮑東里撰　一冊　存三卷(四至六)

330000－1797－0001680　41/4/52　史部/史抄類

史鑑節要便讀六卷 （清）鮑東里撰　清刻本　一冊　存二卷(三至四)

330000－1797－0001681　41/4/53　史部/史抄類

史鑑節要便讀六卷 （清）鮑東里撰　清刻本　一冊　存三卷(四至六)

330000－1797－0001682　41/4/54　史部/史抄類

史鑑節要六卷 （清）鮑東里撰　清光緒二十四年(1898)上海順成書局石印本　二冊

330000－1797－0001683　41/4/55　史部/史抄類

史鑑節要便讀六卷 （清）鮑東里撰　清石印本　二冊　存二卷(三至四)

330000－1797－0001684　41/4/56　史部/史抄類

史鑑節要便讀六卷 （清）鮑東里撰　清鉛印本　一冊　存三卷(四至六)

330000－1797－0001687　41/5/59　史部/史評類/史論之屬

史記論文一百三十卷 （清）吳見思撰　清刻本　一冊　存八卷(九十八至一百五)

330000－1797－0001688　41/5/60　史部/史抄類

史記菁華錄六卷 （清）姚祖恩輯　清光緒七年(1881)吳興姚氏扶荔山房刻朱墨套印本　六冊

330000－1797－0001689　41/5/61　史部/史抄類

史記菁華錄六卷 （清）姚祖恩輯　清光緒二十五年(1899)兩儀堂刻本　六冊

330000－1797－0001690　41/5/62　史部/史抄類

史記菁華錄六卷 （清）姚祖恩輯　清刻本　一冊　存一卷(四)

330000－1797－0001692　41/5/65　史部/史抄類

史記菁華錄六卷 （清）姚祖恩輯　清刻本　四冊　存四卷(二至四、六)

330000－1797－0001694　41/5/66　史部/史抄類

史記菁華錄六卷 （清）姚祖恩輯　清光緒二十二年(1896)上海書局石印本　一冊

330000－1797－0001699　41/5/71　史部/史抄類

史記菁華錄六卷 （清）姚祖恩輯　清石印本　一冊　存一卷(四)

330000－1797－0001704　41/5/76　史部/史抄類

史記菁華錄六卷 （清）姚祖恩輯　清光緒二十八年(1902)上海書局石印本　一冊　存三卷(一至三)

330000－1797－0001705　41/5/78　類叢部/類書類/通類之屬

記事珠十卷 （清）張以謙輯　清嘉慶二十一年(1816)雲間王剛知不足軒刻本　四冊　存三卷(一至三)

330000－1797－0001707　41/5/79　史部/傳記類/總傳之屬

重編三立祠傳二卷 （明）袁繼咸撰　清嘉慶二十三年(1818)刻本　四冊

330000－1797－0001708　48/1/1　子部/儒家類/儒學之屬/性理

御纂性理精義十二卷　（清）李光地等纂修　清刻本　三冊　存六卷（一至六）

330000－1797－0001709　48/1/2　子部/儒家類/儒學之屬/性理

淵鑒齋御纂朱子全書六十六卷　（宋）朱熹撰　（清）李光地等輯　清刻本　三冊　存六卷（十七至十八、二十六至二十七、三十八至三十九）

330000－1797－0001710　48/1/3　子部/儒家類/儒學之屬/性理

新刊性理彙解大全合參六卷　（清）王熙祖纂集　（清）湯鼎新仝輯　（清）黃瑞等參訂　清德盛堂刻本　一冊　存五卷（一至五）

330000－1797－0001711　48/1/4　子部/儒家類/儒學之屬/性理

御纂性理精義十二卷　（清）李光地等纂修　清刻本　二冊　存四卷（九至十二）

330000－1797－0001712　48/1/5　子部/儒家類/儒學之屬/性理

新刊性理彙解大全合參六卷　（清）王熙祖纂集　（清）湯鼎新仝輯　（清）黃瑞等參訂　清書穫堂刻本　一冊　存四卷（一至四）

330000－1797－0001713　48/1/6　子部/儒家類/儒學之屬/性理

性理體註說約大全要解□□卷　新刊性理□□卷　清刻本　一冊　存二卷（□、新刊性理六）

330000－1797－0001715　48/1/8　子部/雜著類/雜說之屬

草木子四卷　（明）葉子奇撰　清光緒四年（1878）居德堂刻本　清溥舫甫題記　一冊　存二卷（一至二）

330000－1797－0001716　48/1/9　子部/儒家類/儒學之屬/性理

近思錄集注十四卷考訂朱子世家一卷　（清）江永撰　校勘記一卷　（清）王炳撰　清同治

八年（1869）江蘇書局刻本　三冊　存十四卷（近思錄集注一至十四）

330000－1797－0001717　48/1/11　子部/儒家類/儒家之屬

孔氏家語十卷　（三國魏）王肅注　清光緒十四年（1888）江左書林刻本　一冊　存五卷（一至五）

330000－1797－0001718　48/1/12　子部/儒家類/儒家之屬

孔氏家語十卷　（三國魏）王肅注　清光緒六年（1880）掃葉山房刻本　一冊　存五卷（一至五）

330000－1797－0001719　48/1/13　子部/儒家類/儒家之屬

孔氏家語十卷　（三國魏）王肅注　清芸生堂刻本　一冊　存四卷（一至四）

330000－1797－0001720　48/1/14　子部/儒家類/儒家之屬

孔氏家語十卷　（三國魏）王肅注　清刻本　一冊　存五卷（一至五）

330000－1797－0001721　48/1/15　子部/儒家類/儒家之屬

孔氏家語十卷　（三國魏）王肅注　清乾隆五十四年（1789）正業堂刻本　一冊　存五卷（一至五）

330000－1797－0001722　48/1/16　子部/儒家類/儒家之屬

孔氏家語十卷　（三國魏）王肅注　清道光三十年（1850）天祿齋刻本　一冊　存五卷（一至五）

330000－1797－0001723　48/1/17　子部/儒家類/儒家之屬

孔氏家語十卷　（三國魏）王肅注　清文奎堂刻本　一冊　存五卷（一至五）

330000－1797－0001724　48/1/18　子部/儒家類/儒家之屬

孔氏家語十卷　（三國魏）王肅注　清刻本　三冊　存六卷（三至四、七至十）

330000－1797－0001725　48/1/19　子部/儒家類/儒家之屬

孔子家語十卷　（三國魏）王肅注　清中堂刻本　一冊　存二卷（一至二）

330000－1797－0001726　48/1/23　子部/叢編

二十二子(二十二子彙函)　（清）浙江書局編　清光緒元年至三年(1875－1877)浙江書局刻本　四冊　存一種

330000－1797－0001727　48/1/25　子部/叢編

二十二子(二十二子彙函)　（清）浙江書局編　清光緒元年至三年(1875－1877)浙江書局刻本　一冊　存一種

330000－1797－0001728　48/1/26　子部/叢編

二十二子(二十二子彙函)　（清）浙江書局編　清光緒元年至三年(1875－1877)浙江書局刻本　二冊　存一種

330000－1797－0001729　49/1/19　子部/醫家類/傷寒金匱之屬/金匱要略

金匱要略淺注十卷　（漢）張機撰　（清）陳念祖注　清刻本　一冊　存三卷（八至十）

330000－1797－0001730　49/1/20　子部/醫家類/傷寒金匱之屬/金匱要略

金匱要略淺注十卷　（漢）張機撰　（清）陳念祖注　清石印本　一冊

330000－1797－0001731　49/1/21　子部/醫家類/傷寒金匱之屬/金匱要略

金匱要略淺註補正九卷　（漢）張機撰　（清）陳念祖注　唐宗海補注　清光緒三十四年(1908)上海千頃堂書局石印本　三冊

330000－1797－0001732　49/1/22　子部/醫家類/傷寒金匱之屬/金匱要略

金匱要略淺註補正九卷　（漢）張機撰　（清）陳念祖注　唐宗海補注　清石印本　二冊　存六卷（四至九）

330000－1797－0001733　49/1/23　子部/醫家類/傷寒金匱之屬/金匱要略

金匱要略淺註補正九卷　（漢）張機撰　（清）陳念祖注　唐宗海補注　清石印本　一冊　存三卷(七至九)

330000－1797－0001734　49/1/24　子部/醫家類/傷寒金匱之屬/金匱要略

金匱要略淺註補正九卷　（漢）張機撰　（清）陳念祖注　唐宗海補注　清光緒三十四年(1908)上海千頃堂書局石印本　一冊

330000－1797－0001736　49/1/27　子部/醫家類/傷寒金匱之屬/金匱要略

金匱心典三卷　（清）尤怡撰　清光緒七年(1881)崇德書院刻本　二冊　缺一卷(下)

330000－1797－0001737　49/1/28　子部/醫家類/傷寒金匱之屬/傷寒論

注解傷寒論十卷圖解運氣圖一卷　（漢）張機撰　（晉）王叔和輯　（金）成無己注　清大文堂刻本　四冊

330000－1797－0001738　49/1/29　子部/醫家類/傷寒金匱之屬/傷寒論

再重訂傷寒集註十卷附五卷　（清）舒詔撰　清英德堂刻本　四冊　存十卷(再重訂傷寒集註一至十)

330000－1797－0001739　49/1/30　子部/醫家類/傷寒金匱之屬/傷寒論

傷寒集註六卷本義一卷　（清）張志聰註　高世栻輯　清光緒二十五年(1899)石印本　四冊

330000－1797－0001741　49/1/32　子部/醫家類/傷寒金匱之屬/傷寒論

張仲景傷寒論原文淺註六卷　（清）陳念祖集注　清南雅堂刻本　四冊

330000－1797－0001742　49/1/33　子部/醫家類/傷寒金匱之屬/傷寒論

張仲景傷寒論原文淺註六卷　（清）陳念祖集注　清刻本　三冊　存五卷(二至六)

330000－1797－0001743　49/1/34　子部/醫家類/傷寒金匱之屬/傷寒論

張仲景傷寒論原文淺註六卷 （清）陳念祖集
注 清刻本 一冊 存一卷（六）

330000－1797－0001744 49/1/35 子部/醫
家類/傷寒金匱之屬/傷寒論

仲景傷寒集註四卷 （漢）張仲景撰 清乾隆
四十六年（1781）大順堂刻本 四冊

330000－1797－0001745 49/1/36 子部/醫
家類/類編之屬

沈氏尊生書五種 （清）沈金鰲撰輯 清刻本
一冊 存一種

330000－1797－0001746 49/1/37 子部/醫
家類/類編之屬

中西匯通醫書五種 唐宗海撰 清光緒三十
四年（1908）上海千頃堂書局石印本 四冊
存一種

330000－1797－0001747 49/1/38 子部/醫
家類/類編之屬

中西匯通醫書五種 唐宗海撰 清光緒三十
四年（1908）上海千頃堂書局石印本 二冊
存一種

330000－1797－0001748 49/1/39 子部/醫
家類/傷寒金匱之屬/傷寒論

傷寒醫訣串解六卷傷寒真方歌括六卷 （清）
陳念祖撰 清末石印本 一冊

330000－1797－0001749 49/1/40 子部/醫
家類/傷寒金匱之屬/傷寒論

傷寒醫訣串解六卷傷寒真方歌括六卷 （清）
陳念祖撰 清末石印本 一冊

330000－1797－0001750 49/1/41 子部/醫
家類/傷寒金匱之屬/傷寒論

傷寒醫訣串解六卷傷寒真方歌括六卷 （清）
陳念祖撰 清末石印本 一冊

330000－1797－0001751 49/1/42 子部/醫
家類/傷寒金匱之屬/傷寒論

張仲景傷寒論原文淺註六卷 （清）陳念祖集
注 清石印本 一冊

330000－1797－0001752 49/1/43 子部/醫

家類/診法之屬/其他診法

傷寒舌鑑一卷 （清）張登輯 達生編一卷增
廣大生要旨一卷 （清）巫齋居士輯 清石印
本 一冊

330000－1797－0001753 49/1/44 子部/醫
家類/傷寒金匱之屬/傷寒論

傷寒明理論四卷 （金）成無己撰 清刻本
一冊

330000－1797－0001754 48/1/27 子部/雜
著類/雜纂之屬

雲林別墅纂輯酬世錦囊家禮纂要續編五卷
（清）鄒景揚輯 清刻本 一冊 存一卷（一）

330000－1797－0001755 48/2/28 子部/儒
家類/儒學之屬/禮教

惺惺正覺錄五卷首一卷 （清）臧志仁輯 清
刻本 一冊 存一卷（二）

330000－1797－0001756 49/2/45 子部/醫
家類/眼科之屬

眼科新新集二卷 （清）吳嘉祥撰 清光緒三
十一年（1905）戀德堂刻本 一冊

330000－1797－0001757 49/2/46 子部/醫
家類/眼科之屬

傅氏眼科審視瑤函六卷首一卷 （明）傅仁宇
撰 （明）林長生校補 清刻本 一冊 存一
卷（五）

330000－1797－0001758 49/2/47 子部/醫
家類/眼科之屬

傅氏眼科審視瑤函六卷首一卷 （明）傅仁宇
撰 （明）林長生校補 清刻本 一冊 存一
卷（五）

330000－1797－0001759 49/2/48 子部/醫
家類/眼科之屬

傅氏眼科審視瑤函六卷首一卷 （明）傅仁宇
撰 （明）林長生校補 清刻本 五冊 存五
卷（二至六）

330000－1797－0001760 49/2/49 子部/醫
家類/眼科之屬

秘傳眼科龍木醫書總論十卷附葆光道人秘傳

眼科一卷 （明）葆光道人撰　清刻本　一冊
存三卷（四至六）

330000－1797－0001761　49/2/50　子部/醫
家類/眼科之屬

眼科正宗不分卷　（清）何凌霄撰　清抄本
一冊

330000－1797－0001763　49/2/52　子部/醫
家類/眼科之屬

校刊目經大成三卷首一卷　（清）黃庭鏡撰
清同治十年（1871）三益堂刻本　六冊

330000－1797－0001764　49/2/53　子部/醫
家類/眼科之屬

校刊目經大成三卷首一卷　（清）黃庭鏡撰
清刻本　一冊　存一卷（一下）

330000－1797－0001765　49/2/54　子部/醫
家類/喉科口齒之屬/通論

喉症全錄不分卷　（清）靜山輯　清抄本
一冊

330000－1797－0001767　46/1/79　新學/雜
著/叢編

新民叢書六十二種　（清）新民叢報編　清光
緒二十九年（1903）味新學社刻本　一冊　存
四種

330000－1797－0001768　46/1/78　類叢部/
類書類/通類之屬

士庶備覽十四卷　（清）佟□輯　清光緒十八
年（1892）津門刻本　二冊　存三卷（九、十三
至十四）

330000－1797－0001769　49/2/56　子部/醫
家類/喉科口齒之屬/白喉

白喉辨症（白喉辨證）一卷　（清）黃維翰撰
清光緒九年（1883）信述堂刻本　一冊

330000－1797－0001770　48/2/29　子部/儒
家類/儒學之屬

張百川先生訓子三十篇不分卷　（清）張江撰
清文奎堂刻本　一冊

330000－1797－0001771　45/4/38　史部/政
書類/律令之屬/律例

大清律例增修統纂集成四十卷附督捕則例附
纂二卷　（清）姚潤輯　（清）陶駿　（清）陶
念霖增輯　清刻本　一冊　存二卷（督捕則
例附纂一至二）

330000－1797－0001772　48/2/30　子部/儒
家類/儒學之屬/性理

袁了凡先生四訓一卷　（明）袁黃撰　清光緒
二十三年（1897）萬善堂刻本　一冊

330000－1797－0001773　45/4/37　史部/政
書類/律令之屬/律例

大清律例增修統纂集成四十卷附督捕則例附
纂二卷　（清）姚潤輯　（清）陶駿　（清）陶
念霖增輯　清刻本　一冊　存一卷（二十五）

330000－1797－0001774　45/4/36　史部/政
書類/律令之屬/律例

大清律例全纂□□卷　清刻本　九冊　存十
三卷（二十一至三十三）

330000－1797－0001775　45/4/35　史部/政
書類/律令之屬/律例

大清律例刑案彙纂集成四十卷　（清）姚潤輯
（清）胡璋增輯　清刻本　一冊　存三卷
（二十至二十二）

330000－1797－0001776　45/4/34　史部/政
書類/律令之屬/律例

大清律例刑案彙纂集成四十卷　（清）姚潤輯
（清）胡璋增輯　清刻本　六冊　存十一卷
（六至八、十一至十七、二十三）

330000－1797－0001777　45/4/33　史部/政
書類/律令之屬/律例

大清律例刑案彙纂集成四十卷　（清）姚潤輯
（清）胡璋增輯　清刻本　一冊　存一卷
（二十六）

330000－1797－0001778　48/2/31　子部/儒
家類/儒學之屬/禮教/家訓

顏氏家訓二卷　（北齊）顏之推撰　清上海文
瑞樓石印本　一冊

330000－1797－0001779　48/2/33　子部/儒

家類/儒學之屬/禮教/家訓

朱子家訓衍義一卷 （清）朱鳳鳴注 清光緒二十五年（1899）勉善堂刻本 一冊

330000－1797－0001780 46/1/77 子部/儒家類/儒學之屬/經濟

明夷待訪錄一卷 （清）黃宗羲撰 清光緒二十三年（1897）上海鴻文局石印本 一冊

330000－1797－0001781 46/1/76 新學/雜著/叢編

富強叢書正集七十七種續集一百二十一種 （清）袁俊德編 清石印本 一冊 存一種

330000－1797－0001783 45/1/1 新學/雜著/叢編

西學二十種萃菁二十卷 （清）張之品撰 清末石印本 一冊 存二卷（五至六）

330000－1797－0001784 45/1/2 史部/地理類/總志之屬

天下路程二卷 （清）謝梅林 （清）鄒可庭輯 清刻本 一冊

330000－1797－0001785 49/2/57 子部/醫家類/溫病之屬/瘟疫

明吳又可先生瘟疫論二卷 （明）吳有性撰 清大文堂刻本 二冊

330000－1797－0001786 45/2/16 史部/政書類/通制之屬

三通考輯要 湯壽潛輯 清光緒二十五年（1899）上海圖書集成印書局鉛印本 八冊 存一種

330000－1797－0001787 45/4/31 史部/政書類/律令之屬/律例

大清律例增修統纂集成四十卷附督捕則例附纂二卷 （清）姚潤輯 （清）胡璋增輯 清光緒六年（1880）刻本 十八冊 存二十七卷（一至七、九至十五、二十三至三十二、三十五、三十七至三十八）

330000－1797－0001788 49/2/58 子部/醫家類/溫病之屬/瘟疫

瘟疫論二卷 （明）吳有性撰 清天祿齋刻本

一冊 存一卷（一）

330000－1797－0001789 45/1/3 史部/地理類/外紀之屬

日本國志四十卷首一卷 （清）黃遵憲輯 清光緒二十七年（1901）上海書局石印本 九冊 存三十八卷（首、一至三十七）

330000－1797－0001790 45/1/4 史部/地理類/外紀之屬

日本地理兵要十卷 姚文棟撰 清光緒石印本 一冊 存二卷（二至三）

330000－1797－0001791 45/1/5 史部/政書類/通制之屬

九通 （清）□□輯 清光緒八年至二十二年（1882－1896）浙江書局刻本 一冊 存六卷（通典一百二至一百七）

330000－1797－0001792 45/3/29 史部/政書類/通制之屬

三通考輯要 湯壽潛輯 清光緒二十五年（1899）上海圖書集成局鉛印本 一冊 存一種

330000－1797－0001793 45/1/6 史部/政書類/通制之屬

通典二百卷 （唐）杜佑撰 清末石印本 十一冊 存一百五十二卷（十三至八十、九十四至一百四十七、一百七十一至二百）

330000－1797－0001794 45/3/30 史部/政書類/通制之屬

九通提要十二卷 （清）柴紹炳纂 清鉛印本 一冊 存二卷（五至六）

330000－1797－0001795 46/1/75 史部/政書類/邦計之屬

新選經濟時務精萃十卷 （清）憂時子編輯 清石印本 五冊 存五卷（二至六）

330000－1797－0001796 45/1/7 史部/政書類/通制之屬

通典二百卷 （唐）杜佑撰 清光緒二十七年（1901）貫吾齋刻本 八冊

330000 – 1797 – 0001797　45/3/28　史部/政書類/通制之屬

二十四史九通政典類要合編三百二十卷
(清)黃書霖輯　清光緒二十八年(1902)約雅堂石印本　四冊　存二十一卷(二百五至二百十、二百三十至二百三十三、二百九十三至二百九十七、三百九至三百十四)

330000 – 1797 – 0001798　49/2/59　子部/醫家類/類編之屬

傳症彙編二十卷　(清)熊立品撰　清刻本　一冊　存三卷(六至八)

330000 – 1797 – 0001799　49/2/60　子部/醫家類/類編之屬

傳症彙編二十卷　(清)熊立品撰　清刻本　二冊　存五卷(四至五、十八至二十)

330000 – 1797 – 0001800　49/2/61　子部/醫家類/溫病之屬/瘟疫

廣瘟疫論四卷　(清)戴天章撰　清賜書堂刻本　二冊

330000 – 1797 – 0001801　49/2/62　子部/醫家類/溫病之屬

溫病條辨六卷首一卷　(清)吳瑭撰　清寧波羣玉山房刻本　六冊

330000 – 1797 – 0001802　49/2/63　子部/醫家類/溫病之屬

溫病條辨六卷首一卷　(清)吳瑭撰　清刻本　二冊　存三卷(三至五)

330000 – 1797 – 0001803　49/2/64　子部/醫家類/溫病之屬

溫病條辨六卷首一卷　(清)吳瑭撰　清刻本　一冊　存一卷(六)

330000 – 1797 – 0001804　49/2/65　子部/醫家類/溫病之屬

溫病條辨六卷首一卷　(清)吳瑭撰　清寧波羣玉山房刻本　一冊　存一卷(首)

330000 – 1797 – 0001805　49/2/66　子部/醫家類/溫病之屬

溫病條辨六卷首一卷　(清)吳瑭撰　清石印

本　二冊　存二卷(二至三)

330000 – 1797 – 0001806　45/3/24、45/3/27　史部/政書類/通制之屬

三通考輯要　湯壽潛輯　清光緒二十五年(1899)上海圖書集成局鉛印本　四冊　存二種

330000 – 1797 – 0001807　49/2/67.1　子部/醫家類/溫病之屬

溫病條辨六卷首一卷　(清)吳瑭撰　清光緒三十四年(1908)鑄記石印本　四冊

330000 – 1797 – 0001808　45/3/22、45/3/25、45/3/26　史部/政書類/通制之屬

三通考輯要　湯壽潛輯　清鉛印本　五冊　缺三十三卷(文獻通考輯要一至四、十至十二、十五至二十四,欽定續文獻通考輯要一至四、九至十、二十至二十六,皇朝文獻通考輯要九至十一)

330000 – 1797 – 0001809　49/2/67.2　子部/醫家類/溫病之屬

溫病條辨六卷首一卷　(清)吳瑭撰　清鑄記石印本　一冊　存二卷(首、一)

330000 – 1797 – 0001810　46/1/74　新學/政治法律/政治

五洲各國政治考八卷　錢恂輯　清光緒二十七年(1901)石印本　二冊　存二卷(一、八)

330000 – 1797 – 0001811　45/1/8　史部/政書類/通制之屬

文獻通考三百四十八卷　(元)馬端臨撰　清末石印本　九冊　存六十六卷(十二至十九、二十八至三十三、一百十三至一百三十三、一百四十二至一百七十二)

330000 – 1797 – 0001812　46/1/73　新學/議論/通論

洋務經濟通考十六卷　(清)應祖錫撰　清光緒二十八年(1902)鴻寶齋石印本　六冊　存六卷(一、三至五、七至八)

330000 – 1797 – 0001813　49/2/68　子部/醫家類/溫病之屬

溫病條辨六卷首一卷 （清）吳瑭撰　清光緒二十五年(1899)曲江書屋石印本　三冊　存六卷(首,一至二、四至六)

330000 – 1797 – 0001814　45/1/10　史部/政書類/通制之屬

九通 （清）□□輯　清光緒二十八年(1902)石印本　一冊　存十八卷(皇朝通典八十一至九十八)

330000 – 1797 – 0001815　45/3/21、45/3/23　史部/政書類/通制之屬

九通 （清）□□輯　清光緒二十七年(1901)上海圖書集成局鉛印本　四冊　存二種

330000 – 1797 – 0001816　45/1/11　史部/政書類/通制之屬

通志二百卷 （宋）鄭樵撰　清乾隆刻本　七冊　存七卷(一至七)

330000 – 1797 – 0001817　45/1/12　史部/政書類/通制之屬

九通 （清）□□輯　清光緒二十七年(1901)上海圖書集成局鉛印本　十七冊　存一種

330000 – 1797 – 0001818　45/1/13　史部/政書類/通制之屬

通志二百卷 （宋）鄭樵撰　清末石印本　二冊　存五卷(八十八至九十、一百五十一至一百五十二)

330000 – 1797 – 0001819　45/1/14　史部/政書類/通制之屬

欽定續通志六百四十卷 （清）嵇璜　（清）曹仁虎纂修　清光緒刻本　一冊　存二卷(三十五至三十六)

330000 – 1797 – 0001820　45/1/15　史部/政書類/通制之屬

三通考輯要 湯壽潛輯　清光緒二十五年(1899)上海圖書集成局鉛印本　七冊　存一種

330000 – 1797 – 0001821　49/3/70　子部/醫家類/溫病之屬

溫熱經緯五卷 （清）王士雄撰　清光緒三十

年(1904)石印本　二冊

330000 – 1797 – 0001823　49/3/71　子部/醫家類/溫病之屬

溫熱經緯五卷 （清）王士雄撰　清光緒二十二年(1896)上海圖書集成印書局鉛印本　二冊

330000 – 1797 – 0001825　49/3/74　子部/醫家類/類編之屬

傳症彙編二十卷 （清）熊立品撰　清刻本　二冊　存五卷(一至二、十五至十七)

330000 – 1797 – 0001826　49/3/73　子部/醫家類/溫病之屬

新增溫病條辨歌括三卷 （清）方內散人編　（清）退園主人訂　清刻本　一冊

330000 – 1797 – 0001827　49/3/75　子部/醫家類/溫病之屬

溫毒病論不分卷 （清）邵登瀛輯　清石印本　一冊

330000 – 1797 – 0001828　49/3/76　子部/醫家類/溫病之屬/瘟疫

廣瘟疫論四卷 （清）戴天章撰　清抄本　一冊　存一卷(一)

330000 – 1797 – 0001829　49/3/77　子部/醫家類/溫病之屬

瘟疫條辨摘要不分卷 （清）呂田輯　清刻本　一冊

330000 – 1797 – 0001830　49/3/78　子部/醫家類/溫病之屬/痧症

痧脹玉衡書三卷 （清）郭志邃撰　清刻本　一冊　存一卷(三)

330000 – 1797 – 0001832　49/3/80　子部/醫家類/溫病之屬/痧症

痧科全書不分卷 清宣統元年(1909)抄本　李桂山題簽　一冊

330000 – 1797 – 0001834　49/3/82　子部/醫家類/溫病之屬/痧症

痧科全書不分卷 清抄本　李桂山題簽

一冊

330000－1797－0001836　49/3/84　子部/醫家類/兒科之屬/痘疹

治疹全書三卷　（清）錢沛錦增補　清抄本　一冊　存一卷（下）

330000－1797－0001838　46/1/72　史部/地理類/外紀之屬

萬國近政考略十六卷　（清）鄒弢撰　清光緒二十二年（1896）三借廬鉛印本　二冊　存八卷（五至八、十三至十六）

330000－1797－0001839　49/3/86　子部/醫家類/兒科之屬/痘疹

麻症全卷不分卷　（清）□□撰　清抄本　一冊

330000－1797－0001841　46/1/71　新學/政治法律/政治

各國政治藝學通攷二十卷　（清）朱大文（清）陳輔相輯　清光緒二十八年（1902）經濟書社鉛印本　一冊　存二卷（五至六）

330000－1797－0001842　46/1/70　新學/政治法律/政治

各國政治藝學簡要錄二卷　（清）杭州圖書公司主人輯　清末杭州編譯局鉛印本　二冊

330000－1797－0001843　49/3/88　子部/醫家類/兒科之屬/痘疹

麻疹闡註二卷　（清）張廉撰　清咸豐二年（1852）抄本　一冊

330000－1797－0001844　49/3/89　子部/醫家類/兒科之屬/痘疹

麻疹彙要不分卷　（清）呂新甫輯　清抄本　一冊

330000－1797－0001845　49/3/90　子部/醫家類/溫病之屬/瘟疫

隨息居重訂霍亂論四卷　（清）王士雄撰　清刻本　一冊　存一卷（三）

330000－1797－0001846　49/3/91　子部/醫家類/醫案之屬

葉氏醫案存真三卷　（清）葉桂撰　清石印本　一冊

330000－1797－0001847　48/2/35　子部/儒家類/儒學之屬

道南講授十三卷　（清）李清馥撰　清道光七年（1827）刻本　十冊

330000－1797－0001848　48/2/37　類叢部/叢書類/郡邑之屬

金華叢書六十八種　（清）胡鳳丹編　清同治七年至光緒八年（1868－1882）永康胡氏退補齋刻民國補刻本　一冊　存一種

330000－1797－0001849　48/2/39　經部/春秋左傳類/傳說之屬

東萊博議四卷　（宋）呂祖謙撰　**增補虛字註釋一卷**　（清）馮泰松點定　清光緒二十四年（1898）尚友堂刻本　四冊

330000－1797－0001850　48/2/36　經部/春秋左傳類/傳說之屬

東萊博議四卷　（宋）呂祖謙撰　清抄本　一冊　存一卷（一）

330000－1797－0001851　45/2/17　史部/政書類/通制之屬

三通考輯要　湯壽潛輯　清光緒二十五年（1899）上海圖書集成局鉛印本　二冊　存一種

330000－1797－0001852　45/2/18　史部/政書類/通制之屬

三通考輯要　湯壽潛輯　清光緒二十五年（1899）上海圖書集成局鉛印本　一冊　存一種

330000－1797－0001854　45/3/20　史部/政書類/通制之屬

欽定續文獻通考二百五十卷　（清）嵇璜（清）曹仁虎纂修　清光緒二十八年（1902）鉛印本　四冊　存五十八卷（一至二十八、八十一至一百十）

330000－1797－0001855　48/2/40　經部/春秋左傳類/傳說之屬

東萊博議四卷 （宋）呂祖謙撰 **增補虛字註釋一卷** （清）馮泰松點定 清刻本 一冊 存一卷（三）

330000－1797－0001856 48/2/38 類叢部/叢書類/郡邑之屬

金華叢書六十八種 （清）胡鳳丹編 清同治七年至光緒八年（1868－1882）永康胡氏退補齋刻民國補刻本 六冊 存一種

330000－1797－0001857 46/1/69 新學/政治法律/政治

各國政治藝學通攷二十卷 （清）朱大文（清）陳輔相輯 清光緒二十八年（1902）經濟書社鉛印本 二冊 存十卷（一至十）

330000－1797－0001859 46/1/67 新學/政治法律/政治

五洲各國政治考八卷 錢恂輯 清光緒二十七年（1901）石印本 五冊 存七卷（二至八）

330000－1797－0001861 46/1/66 新學/政治法律/政治

五洲各國政治考八卷 錢恂輯 清光緒二十七年（1901）石印本 三冊 存五卷（三至七）

330000－1797－0001862 47/2/22 史部/目錄類/總錄之屬/官修

欽定四庫全書總目二百卷首一卷 （清）紀昀等撰 清刻本 四冊 存四卷（四十二、四十四、五十、一百七十一）

330000－1797－0001863 46/1/68 新學/政治法律/政治

各國政治藝學通攷二十卷 （清）朱大文（清）陳輔相輯 清光緒二十八年（1902）經濟書社鉛印本 一冊 存二卷（十七至十八）

330000－1797－0001864 47/2/23 史部/金石類/總志之屬

金石萃編一百六十卷 （清）王昶撰 清光緒十九年（1893）上海醉六堂石印本 十一冊 存九十二卷（一至九、二十至三十五、四十七至八十六、九十九至一百二十五）

330000－1797－0001865 47/2/24 史部/金石類/總志之屬

金石萃編一百六十卷 （清）王昶撰 清光緒十九年（1893）上海醉六堂石印本 一冊 存七卷（一百十二至一百十八）

330000－1797－0001866 47/2/25 史部/目錄類/專錄之屬

皇清經解敬修堂編目十六卷 陶治元編 清光緒十二年（1886）石印本 四冊

330000－1797－0001871 47/3/3 史部/史評類/史論之屬

讀通鑑論十六卷宋論十五卷 （清）王夫之撰 清光緒三十年（1904）上海商務印書館鉛印本 八冊 缺四卷（五至八）

330000－1797－0001873 47/3/7 史部/史評類/史論之屬

讀通鑑論十卷宋論十五卷末一卷 （清）王夫之撰 清石印本 一冊 存一卷（七）

330000－1797－0001874 47/3/8 史部/史評類/史論之屬

讀通鑑論三十卷 （清）王夫之撰 清簡青齋書局石印本 一冊 存一卷（十二）

330000－1797－0001877 50/1/145 子部/醫家類/綜合之屬/通論

御纂醫宗金鑑九十卷首一卷 （清）吳謙等撰 清刻本 六冊 存十二卷（一至五、八至九、十二至十六）

330000－1797－0001878 50/1/139、50/1/141、50/1/143、50/1/144 子部/醫家類/綜合之屬/通論

御纂醫宗金鑑九十卷首一卷 （清）吳謙等撰 清乾隆七年（1742）刻本 二十四冊 存四十七卷（首，一至三、十一至十六、十八至十九、二十五至三十四、四十至四十六、五十至六十五、八十四至八十五）

330000－1797－0001879 49/3/92 子部/醫家類/溫病之屬/瘟疫

隨息居重訂霍亂論四卷 （清）王士雄撰 清石印本 一冊 存二卷（三至四）

330000－1797－0001880　49/3/93　子部/醫家類/溫病之屬/瘟疫

隨息居重訂霍亂論四卷 （清）王士雄撰　**霍亂括要一卷** （清）岳晉昌撰　清光緒二十二年(1896)鉛印本　一冊

330000－1797－0001881　49/3/94　子部/醫家類/溫病之屬/瘟疫

霍亂論二卷 （清）王士雄撰　清石印本　一冊

330000－1797－0001882　49/3/95　子部/醫家類/溫病之屬

時病論八卷 （清）雷豐撰　清光緒三十年(1904)石印本　四冊

330000－1797－0001883　47/3/11　史部/史評類/史論之屬

讀通鑑論十卷宋論十五卷末一卷 （清）王夫之撰　清石印本　一冊　存十卷(宋論六至十五)

330000－1797－0001884　46/1/65　新學/政治法律/政治

五洲各國政治續編十四卷　錢恂輯　清光緒二十七年(1901)石印本　六冊

330000－1797－0001885　46/1/64　新學/政治法律/政治

五洲各國政治考八卷　錢恂輯　清光緒二十七年(1901)石印本　三冊　存四卷(五至八)

330000－1797－0001886　45/5/40　史部/政書類/律令之屬/律例

大清律例全纂□□卷　清刻本　四冊　存六卷(六、十九、二十六至二十九)

330000－1797－0001887　47/3/12　史部/史評類/史論之屬

宋論十五卷 （清）王夫之撰　清光緒二十七年(1901)簡青書局石印本　一冊　存一卷(一)

330000－1797－0001888　46/1/63　新學/議論/通論

洋務論說新編四卷 （清）袁祖志輯　清光緒

二十三年(1897)文苑書局石印本　一冊　存一卷(一)

330000－1797－0001889　50/1/140　子部/醫家類/綜合之屬/通論

御纂醫宗金鑑九十卷首一卷 （清）吳謙等撰　清刻本　二冊　存二卷(一、八)

330000－1797－0001890　49/3/96　子部/醫家類/溫病之屬

時病論八卷 （清）雷豐撰　清光緒十年(1884)徐氏墨潤堂刻本　五冊

330000－1797－0001891　50/1/142　子部/醫家類/綜合之屬/通論

御纂醫宗金鑑九十卷首一卷 （清）吳謙等撰　清刻本　一冊　存二卷(五十至五十一)

330000－1797－0001892　45/5/44　史部/政書類/律令之屬/律例

大清律例增修統纂集成四十卷附督捕則例附纂二卷 （清）姚潤輯　（清）胡璋增輯　清光緒刻本　一冊　存二卷(六至七)

330000－1797－0001893　46/1/62　新學/議論/通論

洋務富強策論八卷 （清）楊毓輝撰　清光緒二十四年(1898)上海書局石印本　一冊　存二卷(一至二)

330000－1797－0001894　47/3/13　經部/書類/傳說之屬

尚書引義六卷 （清）王夫之撰　清簡青書局石印本　一冊

330000－1797－0001895　49/3/97　子部/醫家類/溫病之屬

時病論八卷 （清）雷豐撰　清光緒三十年(1904)石印本　四冊

330000－1797－0001898　45/5/46　史部/政書類/律令之屬/刑制

名法指掌新例增訂四卷 （清）沈辛田撰　（清）鈕大煒增訂　清道光刻本　三冊　存三卷(二至四)

330000－1797－0001899　45/5/47　史部/政
書類/律令之屬/刑制

刑錢指南三卷　（清）萬維翰編訂　清乾隆三
十九年（1774）薈暉堂刻本　一冊　存一卷
（一）

330000－1797－0001901　50/1/138　子部/
醫家類/綜合之屬/通論

御纂醫宗金鑑九十卷首一卷　（清）吳謙等撰
　清乾隆七年（1742）刻本　三冊　存六卷
（首、一、四至七）

330000－1797－0001902　47/3/15　史部/史
評類/史論之屬

兩朝評鑑彙錄十二卷　（清）陸紹源纂　清光
緒二十八年（1902）通志學社石印本　五冊
存八卷（一至四、七至八、十至十一）

330000－1797－0001903　48/2/42　經部/春
秋左傳類/傳說之屬

增批輯註東萊博議四卷註釋一卷　（宋）呂祖
謙撰　（清）劉鍾英輯注　清石印本　一冊
存二卷（四、註釋）

330000－1797－0001904　50/2/149　子部/
醫家類/綜合之屬/通論

御纂醫宗金鑑九十卷首一卷　（清）吳謙等撰
　清乾隆七年（1742）刻本　一冊　存二卷
（首、一）

330000－1797－0001905　48/2/43　經部/春
秋左傳類/傳說之屬

增補東萊博議二十五卷　（宋）呂祖謙撰　增
補虛字註釋六卷　（清）張文炳點定　清石印
本　一冊　存六卷（六至十一）

330000－1797－0001906　47/3/16　史部/史
評類/史論之屬

通鑑經世論□□卷　（清）朱文熊撰　清寶善
書局石印本　一冊　存三卷（六至八）

330000－1797－0001907　45/5/48、45/5/50
史部/政書類/律令之屬/律例

大清律例彙纂大成四十卷　清光緒石印本
四冊　存六卷（二至五、三十三至三十四）

330000－1797－0001908　50/2/146　子部/
醫家類/綜合之屬/通論

御纂醫宗金鑑九十卷首一卷　（清）吳謙等撰
　清刻本　十三冊　存二十八卷（四、二十五
至三十一、三十五、四十至四十二、四十九至
五十、五十七至六十三、六十六至六十九、七
十二至七十四）

330000－1797－0001909　45/5/49　史部/政
書類/律令之屬/刑制

大清新刑律二卷　（清）政友社輯　清宣統三
年（1911）順天時報印書局鉛印本　一冊

330000－1797－0001910　50/2/148　子部/
醫家類/綜合之屬/通論

御纂醫宗金鑑九十卷首一卷　（清）吳謙等撰
　清刻本　四冊　存七卷（七十九、八十一至
八十二、八十五至八十六、八十九至九十）

330000－1797－0001911　50/2/147　子部/
醫家類/綜合之屬/通論

御纂醫宗金鑑九十卷首一卷　（清）吳謙等撰
　清刻本　二冊　存四卷（八十一至八十二、
八十九至九十）

330000－1797－0001912　45/5/51　史部/政
書類/律令之屬/刑制

增修刑部奏定新章四卷　（清）李鍾豫輯　清
光緒二十四年（1898）京都琉璃廠榮錄堂刻本
二冊　存二卷（一至二）

330000－1797－0001913　50/2/156　子部/
醫家類/綜合之屬/通論

御纂醫宗金鑑九十卷首一卷　（清）吳謙等撰
　清刻本　一冊　存二卷（五十二至五十三）

330000－1797－0001914　50/2/155　子部/
醫家類/綜合之屬/通論

御纂醫宗金鑑九十卷首一卷　（清）吳謙等撰
　清刻本　二冊　存四卷（四十二至四十三、
五十五至五十六）

330000－1797－0001915　50/2/154　子部/
醫家類/綜合之屬/通論

御纂醫宗金鑑九十卷首一卷　（清）吳謙等撰

清刻本　一冊　存二卷(九至十)

330000 – 1797 – 0001916　49/3/100　子部/
醫家類/溫病之屬

時病論八卷　（清）雷豐撰　清光緒三十年
(1904)石印本　一冊　存二卷(一至二)

330000 – 1797 – 0001917　50/2/153　子部/
醫家類/綜合之屬/通論

御纂醫宗金鑑九十卷首一卷　（清）吳謙等撰
　清刻本　一冊　存二卷(八十九至九十)

330000 – 1797 – 0001918　50/2/152　子部/
醫家類/綜合之屬/通論

御纂醫宗金鑑九十卷首一卷　（清）吳謙等撰
　清刻本　一冊　存一卷(七十六)

330000 – 1797 – 0001919　50/2/151　子部/
醫家類/綜合之屬/通論

御纂醫宗金鑑九十卷首一卷　（清）吳謙等撰
　清刻本　一冊　存一卷(十)

330000 – 1797 – 0001920　50/2/150　子部/
醫家類/綜合之屬/通論

御纂醫宗金鑑九十卷首一卷　（清）吳謙等撰
　清刻本　一冊　存三卷(八至十)

330000 – 1797 – 0001921　49/3/99　子部/醫
家類/溫病之屬

時病論八卷　（清）雷豐撰　清石印本　三冊
存三卷(三至五)

330000 – 1797 – 0001922　49/3/101　子部/
醫家類/溫病之屬

時病論八卷　（清）雷豐撰　清石印本　一冊
存二卷(五至六)

330000 – 1797 – 0001923　45/5/41、45/5/42、
45/5/43、45/5/45　史部/政書類/律令之屬/
刑制

大清律例刑案彙纂大成四十卷　（清）姚潤輯
（清）胡璋增輯　清光緒刻本　八冊　存十
三卷(十八至十九、二十四至二十五、二十七
至二十八、三十一至三十二、三十六至四十)

330000 – 1797 – 0001924　45/5/50　史部/編

年類/斷代之屬

清史攬要六卷　（日本）增田貢撰　清光緒鉛
印本　三冊　存四卷(三至六)

330000 – 1797 – 0001926　45/5/53　史部/編
年類/斷代之屬

皇朝政典輯要八卷　（日本）增田貢撰　（清）
毛淦補編　清光緒二十八年(1902)鉛印本
四冊

330000 – 1797 – 0001927　45/5/54　史部/編
年類/斷代之屬

皇朝政典輯要八卷　（日本）增田貢撰　（清）
毛淦補編　清光緒石印本　一冊　存一卷
(八)

330000 – 1797 – 0001928　46/1/60　新學/商
務/商學

原富八卷　（英國）斯密亞丹撰　嚴復譯　清
光緒二十八年(1902)上海南洋公學譯書院鉛
印本　八冊

330000 – 1797 – 0001929　48/2/44　經部/春
秋左傳類/傳說之屬

東萊博議四卷　（宋）呂祖謙撰　清光緒三十
年(1904)上海書局石印本　三冊　存三卷
(一至三)

330000 – 1797 – 0001930　48/2/45　經部/春
秋左傳類/傳說之屬

東萊博議四卷　（宋）呂祖謙撰　**增補虛字註
釋一卷**　（清）馮泰松點定　清光緒二十八年
(1902)上海書局石印本　一冊　存三卷(一
至三)

330000 – 1797 – 0001932　46/2/91　新學/政
治法律/律例

日本法規大全二十五卷首一卷　（清）劉崇傑
等譯　**日本法規解字一卷**　錢恂　董鴻禕編
　清末上海商務印書館鉛印本　一冊　存一
卷(十一)

330000 – 1797 – 0001934　48/2/49　經部/春
秋左傳類/傳說之屬

東萊博議四卷　（宋）呂祖謙撰　**增補虛字註**

釋一卷　（清）馮泰松點定　清石印本　一冊
　　存二卷（四、增補虛字註釋）

330000－1797－0001937　48/2/49.1　經部/
春秋左傳類/傳說之屬

續春秋左氏傳博議二卷　（清）王夫之撰　清
光緒二十八年（1902）上海書局石印本　一冊

330000－1797－0001938　45/5/58　史部/政
書類/律令之屬

大清光緒新法令十三卷論旨一卷附錄一卷
商務印書館編譯所編纂　清宣統商務印書館
鉛印本　十八冊　存十二卷（一至四、六至
九、十一至十三,附錄）

330000－1797－0001939　45/5/59　史部/政
書類/律令之屬

大清新法令分類總目一卷　商務印書館輯
清宣統二年（1910）上海商務印書館鉛印本
一冊

330000－1797－0001940　45/5/59.1　史部/
政書類/律令之屬

大清宣統新法令不分卷　商務印書館輯　清
宣統二年（1910）商務印書館鉛印本　二十冊

330000－1797－0001941　48/3/1　子部/
叢編

子書百家　（清）崇文書局編　清光緒元年
（1875）湖北崇文書局刻本　一冊　存二種

330000－1797－0001942　47/4/17　史部/史
評類/史論之屬

讀通鑑論十卷宋論十五卷末一卷　（清）王夫
之撰　清石印本　二冊　存四卷（六至七、九
至十）

330000－1797－0001943　47/4/18　史部/史
評類/史論之屬

廿四史論精萃十八卷　（清）王彬撰　清光緒
二十八年（1902）石印本　六冊

330000－1797－0001944　47/4/19　史部/史
評類/史論之屬

歷代史論十二卷宋史論三卷元史論一卷
（明）張溥撰　**明史論四卷**　（清）谷應泰撰

左傳史論二卷　（清）高士奇撰　清光緒二十
四年（1898）湖南官書局刻本　十冊

330000－1797－0001945　47/4/20　史部/史
評類/史論之屬

歷代史論十二卷宋史論三卷元史論一卷
（明）張溥撰　**明史論四卷**　（清）谷應泰撰
左傳史論二卷　（清）高士奇撰　清末石印本
四冊　缺三卷（宋史論一至三）

330000－1797－0001946　47/4/21　史部/史
評類/史論之屬

歷代史論十二卷宋史論三卷元史論一卷
（明）張溥撰　**明史論四卷**　（清）谷應泰撰
左傳史論二卷　（清）高士奇撰　清末石印本
二冊　存十卷（一至五、元史論、明史論一
至四）

330000－1797－0001947　48/3/2　子部/兵
家類/兵法之屬

讀史兵略四十六卷　（清）胡林翼撰　清刻本
八冊　存二十二卷（三至五、二十五至二十
七、三十一至四十六）

330000－1797－0001948　48/3/3　子部/兵
家類/兵法之屬

孫子十家註十三卷　（三國魏）武帝曹操等撰
敍錄一卷　（清）畢以珣撰　**遺說一卷**
（宋）鄭友賢撰　清刻本　一冊　存二卷（七
至八）

330000－1797－0001949　48/3/4　子部/
叢編

二十二子（二十二子彙函）　（清）浙江書局編
清光緒元年至三年（1875－1877）浙江書局
刻本　六冊　存一種

330000－1797－0001950　46/2/89　新學/交
涉/公法

公法會通十卷　清光緒二十四年（1898）北洋
書局鉛印本　五冊

330000－1797－0001951　50/3/164、50/3/
172　子部/醫家類/綜合之屬/通論

御纂醫宗金鑑九十卷首一卷　（清）吳謙等撰

清光緒三十二年(1906)有益齋石印本 十二冊 存四十三卷(一至三、二十一至二十三、三十至三十八、五十一至六十三、六十九至七十七、八十五至九十)

330000－1797－0001952 50/1/130 子部/醫家類/類編之屬

中西匯通醫書五種 唐宗海撰 清光緒三十四年(1908)上海千頃堂書局石印本 二冊 存一種

330000－1797－0001953 50/1/131、50/1/132 子部/醫家類/類編之屬

中西匯通醫書五種 唐宗海撰 清光緒三十四年(1908)上海千頃堂書局石印本 二冊 存一種

330000－1797－0001955 50/1/133 子部/醫家類/醫經之屬/內經

醫經原旨六卷 (清)薛雪撰 清光緒上海千頃堂書局石印本 一冊 存一卷(六)

330000－1797－0001957 50/1/134 子部/醫家類/內科之屬

證治彙補八卷 (清)李用粹撰 清末中原書局石印本 一冊 存一卷(一)

330000－1797－0001958 46/2/84 史部/職官類/官箴之屬

牧令全書二十三卷 (清)丁日昌輯 清同治七年(1868)江蘇書局刻本 一冊 存四卷(保甲書輯要一至四)

330000－1797－0001960 46/3/114 子部/雜著類/雜說之屬

金穀瑣言二卷 (清)汪畹香等撰 清抄本 一冊 存一卷(下)

330000－1797－0001963 50/3/161 子部/醫家類/綜合之屬/通論

御纂醫宗金鑑九十卷首一卷 (清)吳謙等撰 清乾隆七年(1742)刻本 十四冊 存三十卷(首,一至十三、十七至三十二)

330000－1797－0001964 50/1/137 子部/醫家類/類編之屬

中西匯通醫書五種 唐宗海撰 清末石印本 一冊 存一種

330000－1797－0001966 50/2/160 子部/醫家類/綜合之屬/通論

御纂醫宗金鑑九十卷首一卷 (清)吳謙等撰 清刻本 一冊 存二卷(八十三至八十四)

330000－1797－0001967 50/2/158 子部/醫家類/綜合之屬/通論

御纂醫宗金鑑九十卷首一卷 (清)吳謙等撰 清刻本 二冊 存四卷(五十一至五十二、六十至六十一)

330000－1797－0001968 48/3/8 子部/兵家類/兵法之屬

火攻備要三卷 題(三國蜀)諸葛亮撰 清刻本 一冊 存一卷(二)

330000－1797－0001969 50/2/157 子部/醫家類/綜合之屬/通論

御纂醫宗金鑑九十卷首一卷 (清)吳謙等撰 清刻本 一冊 存二卷(二十四至二十五)

330000－1797－0001970 48/4/1 子部/叢編

子書百家 (清)崇文書局編 清光緒元年(1875)湖北崇文書局刻本 一冊 存二種

330000－1797－0001971 50/2/159 子部/醫家類/綜合之屬/通論

御纂醫宗金鑑九十卷首一卷 (清)吳謙等撰 清道光二十五年(1845)刻本 二十六冊 存三十三卷(一至四、六至七、九至十三、十五至十六、三十四至四十四、四十七至五十五)

330000－1797－0001972 48/4/2 子部/叢編

二十二子(二十二子彙函) (清)浙江書局編 清光緒元年至三年(1875－1877)浙江書局刻本 二冊 存一種

330000－1797－0001975 50/4/183 子部/醫家類/類編之屬

陳修園醫書五十種 (清)陳念祖等撰 清光緒三十一年(1905)上海商務印書館鉛印本

十五冊　存二十三種

330000－1797－0001976　47/4/22　史部/史評類/史論之屬

歷代史論十二卷宋史論三卷元史論一卷
(明)張溥撰　**明史論四卷**　(清)谷應泰撰
左傳史論二卷　(清)高士奇撰　清末石印本
　二冊　缺十卷(一至六、宋史論一至三、元史論)

330000－1797－0001977　48/4/3　子部/叢編

二十二子(二十二子彙函)　(清)浙江書局編
　清光緒元年至三年(1875－1877)浙江書局刻本　六冊　存一種

330000－1797－0001978　47/4/23　史部/史評類/史論之屬

歷代史論十二卷宋史論三卷元史論一卷
(明)張溥撰　**明史論四卷**　(清)谷應泰撰
左傳史論二卷　(清)高士奇撰　清光緒二十四年(1898)上海書局石印本　三冊　缺五卷(元史論、明史論一至四)

330000－1797－0001979　48/4/4　子部/叢編

二十二子(二十二子彙函)　(清)浙江書局編
　清光緒元年至三年(1875－1877)浙江書局刻本　六冊　存一種

330000－1797－0001980　47/4/24　史部/史評類/史論之屬

歷代史論十二卷宋史論三卷元史論一卷
(明)張溥撰　**明史論四卷**　(清)谷應泰撰
左傳史論二卷　(清)高士奇撰　清末鉛印本
　二冊　存六卷(宋史論一至三、明史論四、左傳史論一至二)

330000－1797－0001981　48/4/6　史部/政書類/律令之屬/治獄

新鐫透膽寒十六卷　題(明)補相子撰　清刻本　二冊　存九卷(八至十六)

330000－1797－0001982　48/4/8　子部/農家農學類/總論之屬

農家言不分卷　(清)章震福撰　清光緒三十四年(1908)鉛印本　一冊

330000－1797－0001984　50/4/184　子部/醫家類/類編之屬

陳修園醫書五十種　(清)陳念祖等撰　清末廣益書局石印本　二冊　存二種

330000－1797－0001985　50/4/185　子部/醫家類/類編之屬

陳修園醫書四十種　(清)陳念祖等撰　清光緒三十一年(1905)上海商務印書館鉛印本六冊　存十四種

330000－1797－0001986　57/1/28　子部/雜著類/雜考之屬

困學紀聞二十卷　(宋)王應麟撰　(清)閻若璩箋　(清)何焯評　清刻本　一冊　存二卷(十至十一)

330000－1797－0001987　22/4/18　經部/書類/傳說之屬

尚書離句六卷　(清)錢在培輯解　清雍正八年(1730)江陰公署刻本　四冊

330000－1797－0001988　46/3/112　史部/地理類/外紀之屬

文鈔不分卷　清抄本　一冊

330000－1797－0001989　50/4/186　子部/醫家類/類編之屬

陳修園醫書四十種　(清)陳念祖等撰　清光緒石印本　四冊　存十三種

330000－1797－0001990　47/4/25　史部/史評類/史論之屬

論海一百七十二卷　(清)蔡和鏘輯　清光緒二十八年(1902)石印本　三冊　存九卷(十九至二十一、五十六至五十八、六十五至六十七)

330000－1797－0001991　48/4/11　子部/農家農學類/蠶桑之屬

栽桑摘要□□卷　清光緒十四年(1888)刻本　一冊　存一卷(飼蠶再錄)

330000－1797－0001992　22/4/19　經部/書類/傳說之屬

尚書離句六卷　（清）錢在培輯解　清雍正八年(1730)江陰公署刻本　二冊

330000－1797－0001995　47/4/26　史部/史評類/史論之屬

史論五種　（清）李祖陶撰　清光緒二十九年(1903)上海復古書齋石印本　四冊

330000－1797－0001996　48/4/11.1　子部/農家農學類/蠶桑之屬

廣蠶桑說一卷　（清）沈練撰　清同治十年(1871)刻本　一冊

330000－1797－0001997　46/3/110　子部/儒家類/儒學之屬/禮教

聖諭十六條附律易解一卷　（清）聖祖玄燁撰　（清）夏炘繹　清刻本　一冊

330000－1797－0001998　47/4/28　史部/史評類/史論之屬

史論彙選丙編八卷　呂景端編　清光緒二十八年(1902)石印本　二冊

330000－1797－0002000　22/4/20　經部/書類/傳說之屬

尚書離句六卷　（清）錢在培輯解　清雍正八年(1730)江陰公署刻本　二冊

330000－1797－0002001　47/4/27　史部/史評類/史論之屬

史論彙選乙編八卷　呂景端編　清石印本　一冊　存三卷(一至三)

330000－1797－0002002　46/3/109　史部/政書類/邦交之屬

各國約章纂要六卷首一卷附錄一卷　勞乃宣等輯　清光緒十七年(1891)吳橋官廨刻本　三冊　缺二卷(二至三)

330000－1797－0002003　47/5/29　史部/傳記類/總傳之屬/通代

增廣古今人物論三十六卷　（明）鄭賢輯　續編十二卷　（清）願學齋同人輯　清石印本　二冊　存八卷(十四至十七、二十二至二十五)

330000－1797－0002004　22/4/21　經部/書類/傳說之屬

尚書離句六卷　（清）錢在培輯解　清刻本　一冊　存二卷(五至六)

330000－1797－0002005　50/4/188　子部/醫家類/類編之屬

陳修園醫書四十八種　（清）陳念祖等撰　清末石印本　一冊　存一種

330000－1797－0002006　46/3/108　新學/議論/通論

羣己權界論□□卷　（英國）穆勒約翰撰　嚴復譯　清石印本　一冊　存一卷(十三下)

330000－1797－0002007　50/4/189　子部/醫家類/類編之屬

陳修園醫書四十八種　（清）陳念祖等撰　清末石印本　七冊　存七種

330000－1797－0002009　48/4/13　子部/農家農學類/蠶桑之屬

農桑輯要七卷　（元）司農司撰　清刻本　一冊　存二卷(四至五)

330000－1797－0002010　48/4/14　子部/農家農學類/總論之屬

農話一卷　（清）陳啓謙述　清光緒三十年(1904)上海商務印書館鉛印本　一冊

330000－1797－0002011　48/4/10　子部/農家農學類/總論之屬

農務實業新編二卷　（清）王上達撰　清宣統二年(1910)浙杭萬春農務局刻本　一冊　存一卷(二)

330000－1797－0002012　50/4/190、50/4/191　子部/醫家類/類編之屬

陳修園醫書五十種　（清）陳念祖等撰　清末上海商務印書館鉛印本　十冊　存二十六種

330000－1797－0002014　46/3/106　史部/史表類/通代之屬

歷代治權分合系統表一卷　（清）吳寶忠編

清光緒三十四年(1908)石印本　一冊

330000－1797－0002015　50/3/167　子部/醫家類/綜合之屬/通論

御纂醫宗金鑑九十卷首一卷　（清）吳謙等撰　清石印本　七冊　存三十四卷（四至六、八至十六、二十一至二十三、三十五至四十四、五十一至五十四、五十九至六十三）

330000－1797－0002016　47/5/30　史部/史評類/史論之屬

史通削繁四卷　（清）紀昀撰　清光緒元年(1875)湖北崇文書局刻本　三冊　存三卷（一至三）

330000－1797－0002017　22/4/22　經部/書類/傳說之屬

尚書注疏二十卷　（漢）孔安國傳　（唐）陸德明音義　（唐）孔穎達疏　清刻本　一冊　存十卷（十一至二十）

330000－1797－0002018　47/5/31　史部/史評類/史論之屬

論史拾遺一卷　（清）連仲愚撰　清光緒五年(1879)枕湖樓刻本　一冊

330000－1797－0002019　47/5/32.1　史部/史評類/史論之屬

歷朝綱鑑總論不分卷　（明）楊古度撰　清光緒二十七年(1901)善餘堂刻本　三冊

330000－1797－0002020　47/5/32.2　史部/史評類/史論之屬

歷朝綱鑑總論不分卷　（明）楊古度撰　清光緒二十七年(1901)文奎堂刻本　二冊

330000－1797－0002021　22/4/23　經部/書類/傳說之屬

書集傳六卷　（宋）蔡沈撰　清光緒十五年(1889)京都聚興堂刻本　三冊　存四卷（一至四）

330000－1797－0002022　47/5/33　子部/儒家類/儒學之屬/蒙學

增定課兒鑑署妥註善本五卷　（明）李廷機撰　清刻本　一冊　存三卷（三至五）

330000－1797－0002023　50/4/168　子部/醫家類/綜合之屬/通論

御纂醫宗金鑑九十卷首一卷　（清）吳謙等撰　清乾隆七年(1742)刻本　七冊　存七卷（一至二、四至六、十、十三）

330000－1797－0002024　47/5/34　子部/儒家類/儒學之屬/蒙學

增定課兒鑑署妥註善本五卷　（明）李廷機撰　清乾隆文奎堂刻本　一冊　存二卷（一至二）

330000－1797－0002025　50/4/169　子部/醫家類/綜合之屬/通論

御纂醫宗金鑑九十卷首一卷　（清）吳謙等撰　清刻本　二冊　存二卷（三、十一）

330000－1797－0002026　22/4/24　經部/書類/傳說之屬

書經簡明白話解六卷首一卷　（清）陳善撰　清宣統三年(1911)中國圖書公司鉛印本　三冊　存四卷（首,一、五至六）

330000－1797－0002027　50/4/170　子部/醫家類/綜合之屬/通論

御纂醫宗金鑑九十卷首一卷　（清）吳謙等撰　清石印本　三冊　存十五卷（五至七、三十九至四十三、五十九至六十五）

330000－1797－0002028　50/4/171　子部/醫家類/綜合之屬/通論

御纂醫宗金鑑九十卷首一卷　（清）吳謙等撰　清石印本　三冊　存十四卷（七至十、五十五至五十八、六十九至七十四）

330000－1797－0002029　50/4/192　子部/醫家類/類編之屬

陳修園醫書七十二種　（清）陳念祖等撰　清末鑄記書局石印本　六冊　存二十四種

330000－1797－0002032　50/5/195　子部/醫家類/類編之屬

陳修園醫書二十一種　（清）陳念祖等撰　清光緒十八年(1892)上海圖書集成印書局鉛印本　十三冊　存十四種

330000－1797－0002033　50/5/196　子部/醫家類/類編之屬

陳修園醫書二十四種　(清)陳念祖等撰　清成都龍萬育變堂刻本　一冊　存一種

330000－1797－0002034　50/5/197　子部/醫家類/類編之屬

陳修園醫書四十八種　(清)陳念祖等撰　清末石印本　一冊　存一種

330000－1797－0002035　50/5/198　子部/醫家類/類編之屬

陳修園醫書二十一種　(清)陳念祖等撰　清光緒十八年(1892)上海圖書集成印書局鉛印本　一冊　存一種

330000－1797－0002041　50/4/175　子部/醫家類/綜合之屬/通論

御纂醫宗金鑑九十卷首一卷　(清)吳謙等撰　清宣統元年(1909)簡青齋書局石印本　一冊　存二卷(七十五至七十六)

330000－1797－0002042　50/4/178　子部/醫家類/綜合之屬/通論

御纂醫宗金鑑九十卷首一卷　(清)吳謙等撰　清末石印本　四冊　存十六卷(一至十六)

330000－1797－0002043　54/1/600　子部/醫家類/方書之屬/單方驗方

醫方湯頭歌訣一卷經絡歌訣一卷　(清)汪昂撰　清刻本　一冊

330000－1797－0002044　54/1/601　子部/醫家類/方書之屬/單方驗方

醫方湯頭歌訣一卷經絡歌訣一卷　(清)汪昂撰　清刻本　一冊

330000－1797－0002048　48/5/1　子部/叢編

二十二子(二十二子彙函)　(清)浙江書局編　清光緒元年至三年(1875－1877)浙江書局刻本　七冊　存一種

330000－1797－0002049　48/5/2　子部/叢編

二十二子(二十二子彙函)　(清)浙江書局編　清光緒元年至三年(1875－1877)浙江書局刻本　五冊　存一種

330000－1797－0002052　54/1/607　子部/醫家類/方書之屬/單方驗方

醫方湯頭歌訣一卷　(清)汪昂撰　清末上海千頃堂石印本　一冊

330000－1797－0002053　48/5/3　子部/醫家類/醫經之屬/內經

黃帝內經素問註證發微九卷補遺一卷黃帝內經靈樞註證發微九卷　(明)馬蒔撰　清嘉慶十年(1805)古歙鮑氏慎餘堂刻本　四冊　存三卷(一、四、八)

330000－1797－0002054　54/1/608　子部/醫家類/溫病之屬

新增溫病條辨歌括三卷　(清)方內散人編　(清)退園主人訂　清光緒刻本　一冊

330000－1797－0002055　54/1/609　子部/醫家類/類編之屬

陳修園先生晚餘三書　(清)陳念祖撰　清咸豐九年(1859)三山林氏刻本　一冊　存一種

330000－1797－0002056　48/5/5　子部/叢編

子書二十三種　(清)浙江書局編　清光緒二十二年(1896)上海圖書集成局鉛印本　二冊　存一種

330000－1797－0002057　54/3/1　類叢部/叢書類/彙編之屬

崇文書局彙刻書三十一種　(清)崇文書局編　清光緒元年至三年(1875－1877)湖北崇文書局刻本　二冊　存一種

330000－1797－0002058　46/3/105　史部/政書類/通制之屬

地方自治淺說不分卷　孟森撰　清宣統元年(1909)上海商務印書館鉛印本　一冊

330000－1797－0002061　54/3/6　類叢部/叢書類/彙編之屬

刻鵠齋叢書十六種　(清)胡念修編　清光緒二十三年至二十七年(1897－1901)刻本　二

冊　存一種

330000－1797－0002064　48/5/6　類叢部/叢書類/彙編之屬

漸西村舍彙刊四十四種　（清）袁昶編　清光緒十六年至二十四年(1890－1898)桐廬袁氏刻本　一冊　存一種

330000－1797－0002065　48/5/8　子部/醫家類/醫經之屬/内經

靈素提要淺註十二卷　（清）陳念祖集註　清石印本　二冊

330000－1797－0002066　54/3/3　子部/天文曆算類/天文之屬

高厚蒙求九種　（清）徐朝俊撰　清同治五年(1866)雲間徐氏刻本　四冊　存八種

330000－1797－0002067　54/3/4　子部/天文曆算類/天文之屬

高厚蒙求九種　（清）徐朝俊撰　清嘉慶雲間徐氏刻本　四冊

330000－1797－0002068　48/5/7　子部/叢編

子書二十八種　（清）育文書局編　清育文書局石印本　二冊　存一種

330000－1797－0002069　54/3/5　子部/天文曆算類/天文之屬

高厚蒙求九種　（清）徐朝俊撰　清嘉慶雲間徐氏刻本　四冊

330000－1797－0002070　48/5/9　子部/叢編

子書二十八種　（清）育文書局編　清育文書局石印本　一冊　存一種

330000－1797－0002071　48/5/10　子部/醫家類/醫經之屬/内經

素問靈樞類纂約註三卷　（清）汪昂撰　清刻本　一冊　存一卷(中)

330000－1797－0002072　47/5/36　史部/史抄類

史學綱領四卷　（清）顧沖輯　（清）蕭承煊音

注　清刻本　一冊　存一卷(三)

330000－1797－0002073　47/5/37　史部/史評類/史論之屬

讀史論畧二卷　（清）杜詔撰　清光緒二十九年(1903)鄭慎言堂刻本　二冊

330000－1797－0002074　47/5/38　史部/史評類/史論之屬

讀史論畧二卷　（清）杜詔撰　清刻本　二冊

330000－1797－0002075　47/5/39　史部/史評類/史論之屬

讀史論畧二卷　（清）杜詔撰　清刻本　一冊　存一卷(二)

330000－1797－0002076　47/5/40　史部/史評類/史論之屬

讀史論畧二卷　（清）杜詔撰　清光緒二十九年(1903)鄭慎言堂刻本　一冊　存一卷(一)

330000－1797－0002077　47/5/41　史部/史評類/史論之屬

讀史論畧二卷　（清）杜詔撰　清光緒二十七年(1901)武林載記刻本　二冊

330000－1797－0002078　47/5/42　史部/史評類/史論之屬

重刊讀史論畧一卷　（清）杜詔撰　清同治五年(1866)永康胡氏退補齋刻本　一冊

330000－1797－0002079　47/5/43　類叢部/類書類/通類之屬

三才畧三卷　蔣德鈞輯　**讀史論略一卷**　（清）杜詔撰　清石印本　一冊

330000－1797－0002080　47/5/44　史部/史評類/史論之屬

浙江四大家史論合編四卷　（清）李蔭鑾輯　清刻本　一冊　存二卷(三至四)

330000－1797－0002081　47/5/45　史部/編年類/斷代之屬

十一朝東華約錄二百三十二卷　（清）王祖顯輯　清石印本　一冊　存二十一卷(二十四至四十四)

330000－1797－0002082　54/1/610　子部/
醫家類/傷寒金匱之屬/金匱要略

金匱方歌括六卷　（清）陳念祖撰　清末石印
本　一冊

330000－1797－0002083　54/1/611　子部/
醫家類/方書之屬/歷代方書

時方妙用歌括二卷新方八陣砭四卷　（清）陳
念祖撰　清末石印本　一冊

330000－1797－0002084　47/5/46　史部/編
年類/通代之屬

通鑑批論考索□□卷　清石印本　一冊　存
二卷(歷代編年大事表十四至十五)

330000－1797－0002085　54/1/612　子部/
醫家類/傷寒金匱之屬/傷寒論

長沙方歌括六卷　（清）陳念祖撰　清末石印
本　一冊

330000－1797－0002086　54/1/613　子部/
醫家類/傷寒金匱之屬/傷寒論

長沙方歌括六卷　（清）陳念祖撰　清末石印
本　一冊

330000－1797－0002087　54/1/614　子部/
醫家類/溫病之屬

新增溫病條辨歌括三卷　（清）方內散人編
（清）退園主人訂　清光緒刻本　一冊　存一
卷(上)

330000－1797－0002088　54/1/615　子部/
醫家類/方書之屬/歷代方書

時方歌括二卷　（清）陳念祖撰　清末石印本
一冊

330000－1797－0002089　54/1/619　子部/
醫家類/傷寒金匱之屬/傷寒論

長沙方歌括六卷　（清）陳念祖撰　清光緒三
十三年(1907)巴蜀善成堂刻本　一冊　存二
卷(一至二)

330000－1797－0002090　54/1/616　子部/
醫家類/傷寒金匱之屬/金匱要略

金匱方歌括六卷　（清）陳念祖撰　清末石印
本　一冊

330000－1797－0002091　48/5/12　子部/
叢編

二十二子(二十二子彙函)　（清）浙江書局編
清光緒元年至三年(1875－1877)浙江書局
刻本　三冊　存一種

330000－1797－0002092　54/1/617　子部/
醫家類/方書之屬/單方驗方

醫方湯頭歌訣一卷經絡歌訣一卷　（清）汪昂
撰　清道光刻本　一冊

330000－1797－0002093　48/5/13　子部/醫
家類/醫經之屬/內經

靈樞經九卷　（清）張志聰撰　清刻本　五冊
存六卷(二至五、七至八)

330000－1797－0002094　46/3/99　史部/傳
記類/職官錄之屬/總錄

[清宣統三年春季]安徽袖珍同官錄四卷　清
宣統三年(1911)鉛印本　二冊　存二卷(二
至三)

330000－1797－0002097　22/5/2　經部/詩
類/傳說之屬

欽定詩經傳說彙纂二十一卷首二卷詩序二卷
（清）王鴻緒等纂　清刻本　十二冊　存十
一卷(一、三、五、七、十一至十四、十八至十
九、二十一)

330000－1797－0002099　48/5/14　子部/醫
家類/醫經之屬/內經

黃帝內經素問遺篇一卷黃帝內經靈樞十二卷
清刻本　二冊　存八卷(遺篇,靈樞一至
二、八至十二)

330000－1797－0002100　22/5/1　經部/詩
類/傳說之屬

呂氏家塾讀詩記三十二卷　（宋）呂祖謙撰
清刻本　四冊　存十一卷(六至九、十六至二
十二)

330000－1797－0002103　54/1/620　子部/
醫家類/傷寒金匱之屬/傷寒論

長沙方歌括六卷　（清）陳念祖撰　清末石印
本　一冊

330000－1797－0002104　54/1/621　子部/醫家類/本草之屬/本草雜著

本草萬方鍼線八卷　（清）蔡烈先輯　清乾隆四十九年(1784)金閶書業堂刻本　四冊

330000－1797－0002105　49/4/102　子部/醫家類/外科之屬/通論

瘍醫大全四十卷　（清）顧世澄撰　清石印本　一冊　存二卷(三十二至三十三)

330000－1797－0002106　46/3/94　史部/政書類/邦計之屬/荒政

欽定康濟錄四卷　（清）陸曾禹撰　（清）倪國璉釐正　清同治三年(1864)浙江撫署刻本　三冊

330000－1797－0002107　54/1/622　子部/醫家類/方書之屬/成方藥目

同仁堂藥目不分卷　（清）京都同仁堂輯　清光緒十五年(1889)京都同仁堂刻本　一冊

330000－1797－0002109　49/4/103　子部/醫家類/外科之屬/外科方

瘍醫大全四十卷　（清）顧世澄撰　清同治九年(1870)敦仁堂刻本　二十八冊　存二十二卷(一至十二、十八至十九、三十一至三十二、三十五至四十)

330000－1797－0002110　49/4/104　子部/醫家類/外科之屬/外科方

瘍醫大全四十卷　（清）顧世澄撰　清同治七年(1868)鑄記書局石印本　九冊　存二十三卷(一、四至五、九至十四、二十四至二十五、二十九至四十)

330000－1797－0002111　54/1/622.1　子部/醫家類/方書之屬/成方藥目

同仁堂藥目不分卷　（清）京都同仁堂輯　清光緒十五年(1889)京都同仁堂刻本　一冊

330000－1797－0002112　46/5/129　史部/政書類/邦計之屬/鹽法

欽定重修兩浙鹽法志三十卷首一卷　（清）延豐等纂修　清刻本　二冊　存二卷(首、十二)

330000－1797－0002114　49/4/105　子部/醫家類/外科之屬/外科方

瘍科選粹八卷　（明）陳文治撰　清光緒十九年(1893)刻本　二冊　存二卷(二至三)

330000－1797－0002115　49/5/107　子部/醫家類/外科之屬

重訂外科正宗十二卷　（明）陳實功撰　清刻本　一冊　存二卷(七至八)

330000－1797－0002116　49/5/106　子部/醫家類/外科之屬

外科正宗十二卷　（明）陳實功撰　（清）徐大椿評　清刻本　一冊　存一卷(四)

330000－1797－0002117　54/1/623　子部/醫家類/方書之屬

葉種德堂丹丸全錄一卷　（清）葉種德堂主人輯　清刻本　一冊

330000－1797－0002119　54/1/624　子部/醫家類/方書之屬

葉種德堂丹丸全錄一卷　（清）葉種德堂主人輯　清光緒十三年(1887)葉種德堂刻本　一冊

330000－1797－0002120　48/5/16　子部/醫家類/傷寒金匱之屬/傷寒論

東垣先生此事難知集二卷　（元）王好古撰　清石印本　一冊

330000－1797－0002121　49/4/108　子部/醫家類/外科之屬

重訂外科正宗十二卷　（明）陳實功撰　清刻本　三冊　存六卷(三至四、九至十二)

330000－1797－0002122　49/5/109　子部/醫家類/外科之屬

新刊外科正宗六卷　（明）陳實功撰　清刻本　二冊　存二卷(三至四)

330000－1797－0002124　49/5/111　子部/醫家類/外科之屬

增補外科正宗不分卷　（清）夢香氏錄　清光緒十六年(1890)抄本　一冊

330000－1797－0002125　49/5/112　子部/
醫家類/外科之屬

新刊外科正宗六卷　（明）陳實功撰　清刻本
　一冊　存一卷（三）

330000－1797－0002127　49/5/114　子部/
醫家類/外科之屬

外科正宗十二卷　（明）陳實功撰　（清）徐大
椿評　清光緒十九年（1893）上海圖書集成印
書局鉛印本　一冊　存四卷（一至四）

330000－1797－0002128　46/4/127　新學/
雜著/叢編

西學二十種萃菁二十卷　（清）張之品撰　清
末石印本　一冊　存三卷（十五至十七）

330000－1797－0002130　54/3/7　子部/天
文曆算類/算書之屬

輿地經緯度里表一卷　（清）丁取忠撰　清咸
豐二年（1852）刻本　二冊

330000－1797－0002131　46/4/124、46/4/
126　集部/總集類/選集之屬/斷代

普天忠憤全集十四卷首一卷　（清）孔廣德編
　清光緒二十一年（1895）石印本　六冊　存
八卷（首、一、三至四、六、九、十三至十四）

330000－1797－0002132　54/3/8　子部/天
文曆算類/算書之屬

白芙堂算學叢書　（清）丁取忠輯　清同治至
光緒長沙古荷花池精舍刻本　一冊　存一種

330000－1797－0002133　54/3/9　子部/天
文曆算類/算書之屬

益古演段三卷　（元）李冶撰　清同治十二年
（1873）刻本　一冊

330000－1797－0002135　54/3/11　子部/天
文曆算類/算書之屬

綴術釋明二卷　（清）明安圖原本　（清）左潛
釋　清光緒元年（1875）刻本　一冊

330000－1797－0002136　46/4/125　集部/
總集類/選集之屬/斷代

普天忠憤全集十四卷首一卷　（清）孔廣德編
　清石印本　三冊　存四卷（二、四、十三至

十四）

330000－1797－0002137　48/5/17　子部/醫
家類/類編之屬

徐氏醫書八種　（清）徐大椿撰　清光緒二十
二年（1896）珍藝書局石印本　一冊　存一種

330000－1797－0002138　48/5/18　子部/醫
家類/醫經之屬/難經

圖註八十一難經辨真四卷　（明）張世賢撰
清選桂堂刻本　一冊　存二卷（一至二）

330000－1797－0002141　54/1/627　史部/
政書類/律令之屬/法驗

洗冤錄並一概奇症不分卷　（清）□時珍抄
清光緒三十四年（1908）抄本　一冊

330000－1797－0002142　54/1/628　子部/
醫家類/方書之屬/單方驗方

驗方抄摘不分卷　（清）□夢香抄錄　清光緒
十九年（1893）抄本　一冊

330000－1797－0002143　47/5/35　史部/史
評類/史論之屬

廿三史評口訣一卷　（清）鮑東里撰　清光緒
三十年（1904）刻本　一冊

330000－1797－0002144　54/1/629　子部/
醫家類/方書之屬

葉種德堂丹丸全錄一卷　（清）葉種德堂主人
輯　清光緒十三年（1887）葉種德堂刻本
一冊

330000－1797－0002145　47/5/48　史部/史
評類/史論之屬

洪稚存先生評史十八卷　（清）洪亮吉撰
（清）龔熙評點　清光緒三十一年（1905）杭州
兩浙采辦書報處石印本　一冊　存九卷（一
至九）

330000－1797－0002146　47/5/47　史部/史
評類/史論之屬

洪稚存先生評史十八卷　（清）洪亮吉撰
（清）龔熙評點　清石印本　一冊　存十卷
（九至十八）

330000 – 1797 – 0002147　54/1/629.1　子部/醫家類/方書之屬

葉種德堂丹丸全錄一卷　（清）葉種德堂主人輯　清光緒十三年（1887）葉種德堂刻本　一冊

330000 – 1797 – 0002148　54/3/12　子部/天文曆算類/算書之屬

數學拾遺一卷　（清）丁取忠撰　清咸豐元年（1851）刻本　一冊

330000 – 1797 – 0002149　47/5/49　史部/史評類/史論之屬

洪稚存先生評史十八卷　（清）洪亮吉撰（清）龔熙評點　清光緒三十一年（1905）同文公記石印本　二冊　存四卷（一至四）

330000 – 1797 – 0002150　51/1/199　子部/醫家類/綜合之屬/雜著

醫學三字經四卷　（清）陳念祖撰　清抄本　一冊　存一卷（一）

330000 – 1797 – 0002151　54/3/13　子部/天文曆算類/算書之屬

白芙堂算學叢書　（清）丁取忠輯　清同治至光緒長沙古荷花池精舍刻本　一冊　存一種

330000 – 1797 – 0002152　51/1/200　子部/醫家類/本草之屬/歷代綜合本草

珍珠囊指掌補遺藥性賦四卷　（金）李杲輯**雷公炮製藥性解六卷**　（明）李中梓輯　清刻本　三冊　缺二卷（一至二）

330000 – 1797 – 0002153　54/3/14　子部/天文曆算類/算書之屬

句股引蒙不分卷　（清）陳訏撰　清刻本　一冊

330000 – 1797 – 0002154　51/1/201　子部/醫家類/本草之屬/歷代綜合本草

珍珠囊指掌補遺藥性賦四卷　（金）李杲輯**雷公炮製藥性解六卷**　（明）李中梓輯　清刻本　三冊　缺三卷（雷公炮製藥性解一至三）

330000 – 1797 – 0002155　51/1/202　子部/醫家類/本草之屬/歷代綜合本草

珍珠囊指掌補遺藥性賦四卷　（金）李杲輯**雷公炮製藥性解六卷**　（明）李中梓輯　清刻本　二冊　缺六卷（雷公炮製藥性解一至六）

330000 – 1797 – 0002156　51/1/204　子部/醫家類/本草之屬/歷代綜合本草

珍珠囊指掌補遺藥性賦四卷　（金）李杲輯**雷公炮製藥性解六卷**　（明）李中梓輯　清聚文堂刻本　一冊　缺六卷（雷公炮製藥性解一至六）

330000 – 1797 – 0002157　51/1/203　子部/醫家類/本草之屬/歷代綜合本草

珍珠囊指掌補遺藥性賦四卷　（金）李杲輯**雷公炮製藥性解六卷**　（明）李中梓輯　清寧波羣玉山房刻本　二冊　缺六卷（雷公炮製藥性解一至六）

330000 – 1797 – 0002158　46/4/123　子部/雜著類/雜說之屬

盛世危言續編四卷　鄭觀應輯撰　清光緒二十二年（1896）上海書局石印本　四冊

330000 – 1797 – 0002159　54/3/15　子部/天文曆算類/算書之屬

弧角七政圖算六卷　（清）蔡綏綵撰　清光緒二十一年（1895）順邑龍江真步堂刻本　一冊

330000 – 1797 – 0002160　46/4/122　子部/雜著類/雜說之屬

盛世危言六卷續編四卷　鄭觀應輯撰　清末石印本　五冊　存五卷（二至四、六，續編四）

330000 – 1797 – 0002161　46/4/121　子部/雜著類/雜說之屬

盛世危言十四卷　鄭觀應輯撰　清末石印本　七冊　缺一卷（一）

330000 – 1797 – 0002162　46/4/120　子部/雜著類/雜說之屬

增訂盛世危言正續十四卷　鄭觀應撰　清末石印本　二冊　存七卷（四至七、十二至十四）

330000 – 1797 – 0002163　51/1/205　子部/醫家類/本草之屬/歷代綜合本草

珍珠囊指掌補遺藥性賦四卷　（金）李杲輯
雷公炮製藥性解六卷　（明）李中梓輯　清文
盛堂刻本　一冊　存二卷（一至二）

330000－1797－0002164　46/4/119　史部/
政書類/通制之屬

廣治平略三十六卷補編八卷　（清）蔡方炳撰
清末刻本　九冊　存三十三卷（一至二十
三、三十三至三十六，補編三至八）

330000－1797－0002165　53/1/459　子部/
醫家類/針灸之屬/通論

鍼灸大成十卷　（明）楊繼洲撰　清嘉慶六年
（1801）至德堂刻本　十冊

330000－1797－0002166　53/1/460　子部/
醫家類/針灸之屬/通論

鍼灸大成十卷　（明）楊繼洲撰　清嘉慶六年
（1801）英秀堂刻本　一冊　存二卷（一至二）

330000－1797－0002167　53/1/461　子部/
醫家類/醫案之屬

臨證指南醫案十卷　（清）葉桂撰　清刻本
一冊　存一卷（九）

330000－1797－0002168　53/1/462　子部/
醫家類/醫案之屬

臨證指南醫案十卷　（清）葉桂撰　清刻本
一冊　存一卷（七）

330000－1797－0002169　53/1/463　子部/
醫家類/醫案之屬

臨證指南醫案十卷　（清）葉桂撰　清刻本
二冊　存二卷（二至三）

330000－1797－0002170　53/1/464　子部/
醫家類/醫案之屬

增補臨證指南醫案八卷　（清）葉桂撰　清光
緒三十二年（1906）上海書局石印本　一冊
存一卷（一）

330000－1797－0002172　46/4/118　史部/
政書類/通制之屬

廣治平略四十四卷　（清）蔡方炳撰　清刻本
二冊　存八卷（五至七、二十八至三十二）

330000－1797－0002173　54/2/632　子部/
醫家類/方書之屬/歷代方書

丸散丹方不分卷　清末抄本　一冊

330000－1797－0002174　46/4/117　子部/
儒家類/儒學之屬/勸學

勸學篇二卷　（清）張之洞撰　清刻本　一冊
存一卷（外篇）

330000－1797－0002175　46/4/115　新學/
兵制

鄰邦兵備不分卷　清末陸軍大學校鉛印本
一冊

330000－1797－0002176　49/5/116　子部/
醫家類/外科之屬

瘍瘡經驗全書十三卷　（宋）竇默撰　（明）竇
夢麟增輯　清刻本　一冊　存一卷（五）

330000－1797－0002177　51/1/206　子部/
醫家類/本草之屬/歷代綜合本草

珍珠囊指掌補遺藥性賦四卷　（金）李杲輯
雷公炮製藥性解六卷　（明）李中梓輯　清刻
本　一冊　缺四卷（一至四）

330000－1797－0002179　53/1/467　子部/
醫家類/類編之屬

潛齋醫書五種　（清）王士雄撰　清光緒二十
二年（1896）上海圖書集成局鉛印本　二冊
存二種

330000－1797－0002180　53/1/466　子部/
醫家類/類編之屬

潛齋醫書五種　（清）王士雄撰　清光緒三十
年（1904）石印本　一冊　存一種

330000－1797－0002181　53/1/468　子部/
醫家類/類編之屬

潛齋醫書五種　（清）王士雄撰　清光緒三十
年（1904）石印本　一冊　存一種

330000－1797－0002182　51/1/207　子部/
醫家類/本草之屬/歷代綜合本草

珍珠囊指掌補遺藥性賦四卷　（金）李杲輯
雷公炮製藥性解六卷　（明）李中梓輯　清刻
本　一冊　存三卷（雷公炮製藥性解一至三）

330000－1797－0002183　49/5/118　子部/
醫家類/綜合之屬/通論

醫學心悟五卷附外科十法一卷　（清）程國彭
撰　清刻本　二冊　存二卷（一至二）

330000－1797－0002184　49/5/119　子部/
醫家類/綜合之屬/通論

醫學心悟五卷附外科十法一卷　（清）程國彭
撰　清上海鑄記書局石印本　四冊

330000－1797－0002185　51/1/209　子部/
醫家類/本草之屬/歷代綜合本草

珍珠囊指掌補遺藥性賦四卷　（金）李杲輯
雷公炮製藥性解六卷　（明）李中梓輯　清刻
本　一冊　存三卷（雷公炮製藥性解一至三）

330000－1797－0002186　51/1/208　子部/
醫家類/本草之屬/歷代綜合本草

珍珠囊指掌補遺藥性賦四卷　（金）李杲輯
雷公炮製藥性解六卷　（明）李中梓輯　清刻
本　一冊　存三卷（雷公炮製藥性解四至六）

330000－1797－0002187　54/3/16　類叢部/
叢書類/自著之屬

留書種閣集九種　（清）黃炳垕撰　清同治六
年至光緒二十年(1867－1894)餘姚黃氏留書
種閣刻本　一冊　存一種

330000－1797－0002188　54/3/18　史部/時
令類

月令粹編二十四卷圖說一卷　（清）秦嘉謨撰
　清嘉慶十七年(1812)江都秦嘉謨琳琅仙館
刻本　八冊

330000－1797－0002189　54/3/17　經部/禮
記類/分篇之屬

蔡氏月令二卷　（漢）蔡邕撰　（清）蔡雲輯
清道光四年(1824)王氏刻本　四冊

330000－1797－0002190　51/1/210　子部/
醫家類/本草之屬/歷代綜合本草

珍珠囊指掌補遺藥性賦四卷　（金）李杲輯
雷公炮製藥性解六卷　（明）李中梓輯　清文
盛堂刻本　一冊　存三卷（雷公炮製藥性解
一至三）

330000－1797－0002191　54/4/19、54/4/20、
54/4/21　子部/天文曆算類/算書之屬

御製數理精蘊上編五卷下編四十卷表八卷
清宣統三年(1911)石印本　二十二冊

330000－1797－0002192　54/4/22　子部/天
文曆算類/算書之屬

九數通考十一卷首一卷末一卷　（清）屈曾發
撰　**九數通考續集十卷**　（清）顧觀光撰　清
光緒二十二年(1896)浙江復古齋石印本　四
冊　存九卷（續集一至九）

330000－1797－0002194　54/4/24　子部/天
文曆算類/算書之屬

九九歸除算學啟蒙□□卷　（清）□□撰　清
刻本　二冊　存二卷（三至四）

330000－1797－0002195　54/2/630　子部/
醫家類/方書之屬/成方藥目

胡慶餘堂丸散膏丹全集十四卷續增一卷
（清）胡光墉編　清光緒三年(1877)杭州胡慶
餘堂刻本　一冊

330000－1797－0002196　54/2/630.1　子
部/醫家類/方書之屬/成方藥目

胡慶餘堂丸散膏丹全集十四卷續增一卷
（清）胡光墉編　清光緒三年(1877)杭州胡慶
餘堂刻本　一冊

330000－1797－0002197　54/2/631　子部/
醫家類/方書之屬/成方藥目

萬承志堂丸散膏丹全集十四卷　（清）萬承志
堂編　清光緒十一年(1885)杭州萬承志堂刻
本　一冊

330000－1797－0002198　54/2/633　子部/
醫家類/本草之屬/本草雜著

增修宏濟彙編一卷　上海中英大藥房輯　清
宣統三年(1911)鉛印本　一冊

330000－1797－0002199　54/2/635　子部/
醫家類/方書之屬/單方驗方

景岳新方砭四卷　（清）陳念祖撰　清石印本
　一冊

330000－1797－0002200　54/2/636　子部/

醫家類/養生之屬

攝生總要四種 （明）洪基輯 清光緒三十一年(1905)石印本 四冊 存三種

330000－1797－0002201 54/2/636.1 子部/醫家類/養生之屬

攝生總要四種 （明）洪基輯 清光緒三十一年(1905)石印本 四冊 存三種

330000－1797－0002203 51/1/211 子部/醫家類/本草之屬/歷代綜合本草

珍珠囊指掌補遺藥性賦四卷 （金）李杲輯 **雷公炮製藥性解六卷** （明）李中梓輯 清刻本 一冊 存二卷(雷公炮製藥性解五至六)

330000－1797－0002205 57/1/33 子部/雜著類/雜考之屬

日知錄集釋三十二卷刊誤二卷續刊誤二卷 （清）黃汝成撰 清刻本 八冊 存十六卷(一至十六)

330000－1797－0002206 51/1/212 子部/醫家類/本草之屬/歷代綜合本草

珍珠囊指掌補遺藥性賦四卷 （金）李杲輯 **雷公炮製藥性解六卷** （明）李中梓輯 清刻本 一冊 存三卷(雷公炮製藥性解四至六)

330000－1797－0002207 57/1/32 經部/四書類/總義之屬/傳說

四書講義困勉錄三十七卷續困勉錄六卷附錄一卷 （清）陸隴其撰 （清）陸公鏐編 清乾隆四年(1739)嘉會堂刻本 二冊 存二卷(大學、孟子十四)

330000－1797－0002208 51/1/213 子部/醫家類/本草之屬/歷代綜合本草

珍珠囊指掌補遺藥性賦四卷 （金）李杲輯 **雷公炮製藥性解六卷** （明）李中梓輯 清刻本 一冊 存二卷(雷公炮製藥性解五至六)

330000－1797－0002209 57/1/31 子部/雜著類/雜考之屬

校訂困學紀聞三箋二十卷 （宋）王應麟撰 （清）閻若璩等箋 （清）屠繼序校補 清嘉慶十二年(1807)金閶友益齋刻本 八冊

330000－1797－0002210 54/5/23 子部/術數類/相宅相墓之屬

地理五訣八卷 （清）趙廷棟撰 清乾隆五十一年(1786)刻本 二冊 存四卷(一至二、七至八)

330000－1797－0002212 57/1/29 類叢部/叢書類/彙編之屬

趙氏藏書十六種 （清）趙承恩編 清同治至光緒金谿趙氏紅杏山房補刻重印本 一冊 存一種

330000－1797－0002213 54/5/21 子部/術數類/相宅相墓之屬

地理五訣八卷 （清）趙廷棟撰 清乾隆五十一年(1786)文星堂刻本 一冊 存二卷(一至二)

330000－1797－0002215 54/5/17 子部/術數類/相宅相墓之屬

三元三要入宅救害明鏡二卷 （清）顧吾廬輯 清嘉慶刻本 一冊 存一卷(上)

330000－1797－0002216 54/5/19 子部/術數類/相宅相墓之屬

三元三要入宅救害明鏡二卷 （清）顧吾廬輯 清嘉慶刻本 一冊 存一卷(上)

330000－1797－0002217 57/1/27 子部/雜著類/雜考之屬

困學紀聞二十卷 （宋）王應麟撰 （清）閻若璩箋 （清）何焯評 清乾隆桐鄉汪屋桐華書塾刻本 五冊 缺三卷(十至十二)

330000－1797－0002218 54/5/16 子部/術數類/相宅相墓之屬

葬書易悟二卷 （清）林鶚撰 清道光三十年(1850)刻本 二冊

330000－1797－0002219 54/5/15 子部/術數類/相宅相墓之屬

新刊地理五經四書解義郭璞葬經二卷 （明）吳征刪定 （明）鄭謐注釋 清刻本 一冊 存一卷(下)

330000－1797－0002220 57/1/26 子部/雜

著類/雜考之屬

困學紀聞注二十卷 （清）翁元圻撰　清刻本
　六冊　存十二卷(七至十六、十九至二十)

330000－1797－0002221　56/1/146　子部/
術數類/相宅相墓之屬

新刻賴太素天星催官解二卷附破愚論一卷
(明)朱傅撰　(明)熊汝嶽參補　清康熙大成
齋刻本　一冊

330000－1797－0002222　56/1/148　子部/
術數類/相宅相墓之屬

催官篇四卷　（宋）賴文俊撰　（清）尹有本注
　清嘉慶二年(1797)笥峰石室刻本　二冊

330000－1797－0002223　56/1/147　子部/
術數類/相宅相墓之屬

新刻賴太素天星催官解二卷附破愚論一卷
(明)朱傅撰　(明)熊汝嶽參補　清康熙大成
齋刻本　一冊

330000－1797－0002224　56/1/149　子部/
術數類/命書相書之屬

演禽三世相法不分卷　清光緒七年(1881)聚
英堂刻本　二冊

330000－1797－0002227　51/1/216　子部/
醫家類/本草之屬/歷代綜合本草

珍珠囊指掌補遺藥性賦四卷　（金）李杲輯
雷公炮製藥性解六卷　（明）李中梓輯　清宣
統三年(1911)上海會文堂石印本　一冊　存
二卷(一至二)

330000－1797－0002229　56/1/152　子部/
術數類/陰陽五行之屬

欽定協紀辨方書三十六卷　（清）允祿　（清）
張照等纂修　清末石印本　四冊　存二十一
卷(十六至三十六)

330000－1797－0002230　56/1/153　子部/
術數類/陰陽五行之屬

欽定協紀辨方書三十六卷　（清）允祿　（清）
張照等纂修　清末石印本　二冊　存十一卷
(二十至二十六、三十三至三十六)

330000－1797－0002231　56/1/154　子部/

術數類/陰陽五行之屬

欽定協紀辨方書三十六卷　（清）允祿　（清）
張照等纂修　清末石印本　一冊　存八卷
(八至十五)

330000－1797－0002232　54/5/14　子部/術
數類/相宅相墓之屬

天玉經七卷　（清）黃越注　清三善堂刻本
十二冊

330000－1797－0002233　51/1/217　子部/
醫家類/本草之屬/歷代綜合本草

珍珠囊指掌補遺藥性賦四卷　（金）李杲輯
雷公炮製藥性解六卷　（明）李中梓輯　清光
緒二十年(1894)上海文瑞樓石印本　二冊

330000－1797－0002234　54/5/13　子部/術
數類/相宅相墓之屬

新刻石函平砂玉尺經全書真機二卷　題(元)
劉秉忠撰　（明）劉基解　（明）賴從謙發揮
清乾隆十二年(1747)刻本　一冊　存一卷
（上）

330000－1797－0002235　51/1/218　子部/
醫家類/本草之屬/歷代綜合本草

珍珠囊指掌補遺藥性賦四卷　（金）李杲輯
雷公炮製藥性解六卷　（明）李中梓輯　清羣
玉山房刻本　一冊　存二卷(一至二)

330000－1797－0002236　54/5/12　子部/術
數類/相宅相墓之屬

新刻石函平砂玉尺經全書真機二卷　題（元）
劉秉忠撰　（明）劉基解　（明）賴從謙發揮
清乾隆十二年(1747)刻本　一冊　存一卷
（上）

330000－1797－0002237　51/1/219　子部/
醫家類/本草之屬/歷代綜合本草

珍珠囊指掌補遺藥性賦四卷　（金）李杲輯
雷公炮製藥性解六卷　（明）李中梓輯　清上
海會文堂書局石印本　一冊　存二卷(三至
四)

330000－1797－0002238　54/5/10　子部/術
數類/相宅相墓之屬

新刻石函平砂玉尺經全書真機二卷　　題(元)
劉秉忠撰　(明)劉基解　(明)賴從謙發揮
清刻本　二冊

330000－1797－0002239　56/1/155、56/1/
157　子部/術數類/陰陽五行之屬

欽定協紀辨方書三十六卷　(清)允祿　(清)
張照等纂修　清光緒二十四年(1898)常熟天
祿閣石印本　一冊　存三十二卷(一至十二、
十七至三十六)

330000－1797－0002240　51/1/220　子部/
醫家類/本草之屬/本草藥性

藥性賦不分卷　清抄本　一冊

330000－1797－0002241　54/5/11　子部/術
數類/相宅相墓之屬

新刻石函平砂玉尺經後集六卷　題(元)劉秉
忠撰　(明)劉基解　(明)賴從謙發揮　清刻
本　二冊　存五卷(二至六)

330000－1797－0002242　56/1/156　子部/
術數類/陰陽五行之屬

欽定協紀辨方書三十六卷　(清)允祿　(清)
張照等纂修　清刻本　一冊　存二卷(十一
至十二)

330000－1797－0002243　51/1/221　子部/
醫家類/本草之屬/本草藥性

藥性賦不分卷　清抄本　一冊

330000－1797－0002244　51/1/222　子部/
醫家類/本草之屬/歷代綜合本草

珍珠囊指掌補遺藥性賦四卷　(金)李杲輯
雷公炮製藥性解六卷　(明)李中梓輯　清刻
本　一冊　存四卷(一至四)

330000－1797－0002245　56/1/158、56/1/
160　子部/術數類/陰陽五行之屬

欽定協紀辨方書三十六卷　(清)允祿　(清)
張照等纂修　清刻朱墨套印本　七冊　存十
三卷(五、七至八、二十一至二十二、二十五至
二十八、三十一至三十四)

330000－1797－0002246　54/5/9　子部/術
數類/相宅相墓之屬

新刻石函平砂玉尺經全書真機二卷　　題(元)
劉秉忠撰　(明)劉基解　(明)賴從謙發揮
清刻本　一冊

330000－1797－0002247　56/1/159　子部/
術數類/陰陽五行之屬

欽定協紀辨方書三十六卷　(清)允祿　(清)
張照等纂修　清刻朱墨套印本　一冊　存二
卷(二十二至二十三)

330000－1797－0002248　56/1/161　子部/
術數類/陰陽五行之屬

欽定協紀辨方書三十六卷　(清)允祿　(清)
張照等纂修　清乾隆六年(1741)刻朱墨套印
本　十冊　存十九卷(一至六、九至十七、三
十三至三十六)

330000－1797－0002249　54/5/7　子部/術
數類/相宅相墓之屬

金精廖公秘授地學心法正傳畫筴扒砂經四卷
補遺一卷　(宋)廖禹撰　(宋)彭大雄輯　清
嘉慶二十五年(1820)經綸堂刻本　六冊

330000－1797－0002251　57/2/57　子部/小
說家類/異聞之屬

夷堅志十集二十卷　(宋)洪邁撰　清刻本
一冊　存一卷(壬集下)

330000－1797－0002253　57/2/56　子部/雜
著類/雜考之屬

丹鉛總錄二十七卷　(明)楊慎撰　清刻本
一冊　存二卷(十三至十四)

330000－1797－0002255　54/5/3　子部/術
數類/相宅相墓之屬

羅經指南撥霧集三卷　(清)葉泰撰　清刻本
二冊

330000－1797－0002257　57/2/52　史部/職
官類/官箴之屬

在官法戒錄四卷　(清)陳弘謀撰　清刻本
一冊　存二卷(三至四)

330000－1797－0002258　56/1/162　子部/
術數類/占卜之屬

大六壬大全十三卷　(清)郭載騋編　清光緒

十九年(1893)無錫經綸堂刻本　八冊　存八卷(一至六、八至九)

330000－1797－0002260　54/5/2　子部/術數類/相宅相墓之屬

堪輿經二卷　（明）蕭克撰　清雍正七年(1729)刻本　四冊

330000－1797－0002261　56/2/163　子部/術數類/占卜之屬

六壬粹言六卷首一卷　（清）劉赤江撰　清刻本　二冊　存二卷(三、五)

330000－1797－0002262　57/2/50、57/2/51　子部/儒家類/儒學之屬/禮教

五種遺規　（清）陳弘謀輯並撰　清刻本　二冊　存二種

330000－1797－0002263　57/2/46、57/2/47、57/2/48、57/2/49　子部/儒家類/儒學之屬/禮教

五種遺規　（清）陳弘謀輯並撰　清光緒二十一年(1895)浙江書局刻本　七冊　存四種

330000－1797－0002264　54/5/1　子部/術數類/相宅相墓之屬

羅經直解一卷　（□）王岳撰　清刻本　一冊

330000－1797－0002265　54/4/27　子部/天文曆算類/算書之屬

算法指掌四卷　清刻本　三冊　存三卷(二至四)

330000－1797－0002266　54/4/26　新學/雜著/叢編

富強叢書正集七十七種續集一百二十一種　（清）袁俊德編　清石印本　一冊　存續集七種

330000－1797－0002269　54/4/25　新學/化學/化學

化學求數十五卷附表一卷　（德國）富里西尼烏司撰　（英國）傅蘭雅口譯　（清）徐壽筆述　清刻本　一冊　存一卷(九)

330000－1797－0002271　56/2/167、56/2/

168　子部/術數類/占卜之屬

大六壬大全十三卷　（清）郭載騋編　清刻本　五冊　存五卷(六至十)

330000－1797－0002273　56/2/170　子部/術數類/占卜之屬

儀度六壬選日要訣三卷　（清）張鳳藻撰　清益元書局刻本　六冊

330000－1797－0002274　56/2/171　子部/術數類/占卜之屬

大六壬尋原不分卷　（清）張純照輯　清嘉慶二十三年(1818)樂淳堂張氏刻本　一冊

330000－1797－0002275　51/1/223　子部/醫家類/本草之屬/歷代綜合本草

珍珠囊指掌補遺藥性賦四卷　（金）李杲輯　雷公炮製藥性解六卷　（明）李中梓輯　清刻本　一冊　存二卷(三至四)

330000－1797－0002276　51/1/224　子部/醫家類/本草之屬/歷代綜合本草

珍珠囊指掌補遺藥性賦四卷　（金）李杲輯　雷公炮製藥性解六卷　（明）李中梓輯　清道光二十二年(1842)紹城麗澤堂刻本　一冊　存四卷(一至四)

330000－1797－0002277　51/1/225　子部/醫家類/本草之屬/本草藥性

新刊東垣李先生精著藥性賦要論四卷　（金）李杲撰　清刻本　一冊

330000－1797－0002279　57/2/45　子部/小說家類/異聞之屬

酉陽雜俎二十卷續集十卷　（唐）段成式撰　清道光二十九年(1849)小嬛嬛山館刻本　五冊　存二十四卷(酉陽雜俎一至二十、續集一至四)

330000－1797－0002281　53/1/469　子部/醫家類/類編之屬

潛齋醫書五種　（清）王士雄撰　清光緒三十年(1904)石印本　一冊　存二種

330000－1797－0002282　53/1/470　子部/醫家類/類編之屬

潛齋醫書五種 （清）王士雄撰 清光緒三十年(1904)石印本 二冊 存一種

330000－1797－0002284 56/5/1 子部/叢編

二十二子(二十二子彙函) （清）浙江書局編 清光緒元年至三年(1875－1877)浙江書局刻本 六冊 存一種

330000－1797－0002286 57/2/42 子部/宗教類/其他宗教之屬/基督教

集說詮真續編不分卷 （清）黃伯祿輯 清光緒三十二年(1906)上海慈母堂鉛印本 一冊

330000－1797－0002287 57/2/41 類叢部/叢書類/自著之屬

湘綺樓全書十八種 王闓運撰 清光緒至宣統刻本 一冊 存一種

330000－1797－0002288 56/5/2 子部/叢編

二十二子(二十二子彙函) （清）浙江書局編 清光緒元年至三年(1875－1877)浙江書局刻本 六冊 存一種

330000－1797－0002290 55/1/25 子部/術數類/相宅相墓之屬

地理五訣八卷 （清）趙廷棟撰 清乾隆五十一年(1786)文奎堂刻本 四冊

330000－1797－0002291 56/5/3 子部/叢編

二十二子(二十二子彙函) （清）浙江書局編 清光緒元年至三年(1875－1877)浙江書局刻本 一冊 存一種

330000－1797－0002293 56/5/4 子部/叢編

二十二子(二十二子彙函) （清）浙江書局編 清光緒元年至三年(1875－1877)浙江書局刻本 一冊 存一種

330000－1797－0002294 53/1/475 子部/醫家類/醫案之屬

種福堂公選溫熱論醫案四卷 （清）葉桂撰 清刻本 一冊 存一卷(一)

330000－1797－0002295 56/5/5 子部/叢編

二十二子(二十二子彙函) （清）浙江書局編 清光緒元年至三年(1875－1877)浙江書局刻本 一冊 存一種

330000－1797－0002299 56/5/7 子部/叢編

二十二子(二十二子彙函) （清）浙江書局編 清光緒元年至三年(1875－1877)浙江書局刻本 四冊 存一種

330000－1797－0002302 57/2/40 類叢部/叢書類/彙編之屬

述記三十四種 （清）任兆麟編 清刻本 一冊 存六種

330000－1797－0002303 56/5/11 子部/醫家類/醫經之屬/內經

重廣補註黃帝內經素問二十四卷 （唐）王冰注 （宋）林億等校正 （宋）孫兆改誤 清宣統三年(1911)石印本 二冊 存十八卷(一至十八)

330000－1797－0002304 56/2/172 子部/術數類/陰陽五行之屬

奇門遁甲統宗十二卷 題(三國蜀)諸葛亮撰 清初刻本 五冊 存十卷(三至十二)

330000－1797－0002305 56/5/12 子部/叢編

子書二十五種(二十五子彙函) （清）鴻文書局編 清育文書局石印本 一冊 存三種

330000－1797－0002306 56/2/173 子部/術數類/陰陽五行之屬

奇門遁甲統宗十二卷 題(三國蜀)諸葛亮撰 清初刻本 一冊 存二卷(五至六)

330000－1797－0002307 56/5/13 經部/春秋公羊傳類/專著之屬

董子春秋繁露十七卷 （漢）董仲舒撰 清宣統三年(1911)育文書局石印本 一冊

330000－1797－0002308 56/5/14 子部/叢編

子書二十八種 （清）育文書局編 清宣統三年(1911)育文書局石印本 一冊 存一種

330000－1797－0002309 56/5/15 子部/法家類

管子二十四卷 （唐）房玄齡注 清宣統三年(1911)育文書局石印本 三冊

330000－1797－0002312 56/2/176、56/2/177 子部/術數類/陰陽五行之屬

奇門遁甲秘笈大全三十卷 （明）劉基校訂 清省思堂刻本 四冊

330000－1797－0002313 56/5/16 子部/儒家類/儒家之屬

荀子二十卷首一卷 （唐）楊倞注 王先謙集解 清宣統三年(1911)育文書局石印本 一冊 存六卷(首、一至五)

330000－1797－0002314 56/2/178 子部/術數類/陰陽五行之屬

奇門遁甲秘笈大全三十卷 （明）劉基校訂 清末石印本 一冊 存六卷(二十五至三十)

330000－1797－0002315 56/5/17 子部/叢編

子書二十八種 （清）育文書局編 清宣統三年(1911)育文書局石印本 二冊 存一種

330000－1797－0002316 56/5/18 子部/叢編

子書二十八種 （清）育文書局編 清宣統三年(1911)育文書局石印本 一冊 存一種

330000－1797－0002317 56/2/179 子部/術數類/占卜之屬

河洛理數七卷 題(宋)陳摶撰 清刻本 一冊 存一卷(一)

330000－1797－0002318 56/5/19 子部/叢編

子書二十八種 （清）育文書局編 清宣統三年(1911)育文書局石印本 二冊 存一種

330000－1797－0002320 56/5/20 子部/叢編

子書二十五種(二十五子彙函) （清）鴻文書局編 清育文書局石印本 一冊 存一種

330000－1797－0002322 57/2/39 類叢部/叢書類/彙編之屬

邵武徐氏叢書二十三種 （清）徐榦編 清光緒邵武徐氏刻本 二冊 存一種

330000－1797－0002323 53/1/483 子部/醫家類/醫案之屬

臨證指南醫案十卷 （清）葉桂撰 清刻本 二冊 存二卷(四、八)

330000－1797－0002325 57/2/38 類叢部/叢書類/彙編之屬

崇文書局彙刻書三十一種 （清）崇文書局編 清光緒元年至三年(1875－1877)湖北崇文書局刻本 二冊 存一種

330000－1797－0002327 56/5/21 子部/叢編

子書二十八種 （清）育文書局編 清宣統三年(1911)育文書局石印本 一冊 存三種

330000－1797－0002328 57/2/37 子部/儒家類/儒學之屬/俗訓

人譜一卷人譜類記二卷 （明）劉宗周撰 清光緒元年(1875)刻本 二冊

330000－1797－0002329 57/2/36 類叢部/叢書類/彙編之屬

崇文書局彙刻書三十一種 （清）崇文書局編 清光緒元年至三年(1875－1877)湖北崇文書局刻本 一冊 存一種

330000－1797－0002331 57/2/35 類叢部/叢書類/彙編之屬

崇文書局彙刻書三十一種 （清）崇文書局編 清光緒元年至三年(1875－1877)湖北崇文書局刻本 二冊 存一種

330000－1797－0002332 51/1/230 子部/醫家類/綜合之屬/通論

醫宗必讀十卷首一卷 （明）李中梓撰 清刻本 三冊 存四卷(三至四、九至十)

330000－1797－0002333　51/1/230.1　子部/醫家類/綜合之屬/通論

醫宗必讀十卷首一卷　（明）李中梓撰　清刻本　一冊　存二卷（三至四）

330000－1797－0002334　51/1/231　子部/醫家類/綜合之屬/通論

詳校醫宗必讀十卷　（明）李中梓撰　清刻本　二冊　存四卷（五至八）

330000－1797－0002335　56/5/22　子部/兵家類/兵法之屬

孫子十家註十三卷　（三國魏）武帝曹操等撰　**敘錄一卷**　（清）畢以珣撰　**遺說一卷**　（宋）鄭友賢撰　清宣統三年（1911）育文書局石印本　一冊　存六卷（一至六）

330000－1797－0002336　51/1/232　子部/醫家類/綜合之屬/通論

瀛經堂詳校醫宗必讀十卷　（明）李中梓撰　清嘉慶十二年（1807）裕文堂刻本　三冊　存六卷（一至六）

330000－1797－0002337　51/1/233　子部/醫家類/綜合之屬/通論

映雪堂詳校醫宗必讀十卷　（明）李中梓撰　清刻本　四冊　存八卷（三至十）

330000－1797－0002338　56/5/23　子部/叢編

子書二十八種　（清）育文書局編　清育文書局石印本　一冊　存一種

330000－1797－0002339　51/2/234　子部/醫家類/綜合之屬/通論

映雪堂詳校醫宗必讀十卷　（明）李中梓撰　清刻本　四冊　存八卷（一至四、七至十）

330000－1797－0002340　51/2/235　子部/醫家類/綜合之屬/通論

映雪堂詳校醫宗必讀十卷　（明）李中梓撰　清嘉慶六年（1801）刻本　一冊　存二卷（一至二）

330000－1797－0002341　51/2/236、51/2/237　子部/醫家類/綜合之屬/通論

醫宗必讀十卷首一卷　（明）李中梓撰　清刻本　二冊　存四卷（五至六、九至十）

330000－1797－0002342　51/2/238　子部/醫家類/綜合之屬/通論

鴻文堂詳校醫宗必讀十卷　（明）李中梓撰　清刻本　一冊　存二卷（五至六）

330000－1797－0002343　56/2/180　子部/術數類/相宅相墓之屬

理氣圖說四卷　（清）周惇庸撰　清嘉慶二年（1797）大文堂刻本　三冊　存三卷（一、三至四）

330000－1797－0002344　56/2/181　子部/術數類/陰陽五行之屬

太乙數統宗大全四十卷　（清）李自明輯　清集福堂刻本　一冊　存三卷（二十六至二十八）

330000－1797－0002345　56/2/182　子部/術數類/陰陽五行之屬

未卜先知不分卷　（清）□倬甫錄　清同治四年（1865）抄本　一冊

330000－1797－0002346　51/2/239　子部/醫家類/綜合之屬/通論

鴻文堂詳校醫宗必讀十卷　（明）李中梓撰　清刻本　一冊　存二卷（三至四）

330000－1797－0002348　56/2/183　子部/術數類/占卜之屬

卜筮正宗十四卷　（清）王維德撰　清末刻本　三冊　存七卷（三至六、十至十二）

330000－1797－0002349　57/3/14　史部/傳記類/總傳之屬/通代

尚友錄二十二卷補遺一卷　（明）廖用賢輯　（清）張伯琮補輯　清刻本　三冊　存三卷（四至五、七）

330000－1797－0002350　53/2/486　子部/醫家類/醫案之屬

臨證指南醫案十卷　（清）葉桂撰　清刻本　六冊　存六卷（二至五、八、十）

330000－1797－0002351　57/3/13　史部/傳
記類/總傳之屬/通代

尚友錄二十二卷補遺一卷　（明）廖用賢輯
（清）張伯琮補輯　清刻本　六冊　存六卷
（七、九、十二至十三、十八至十九）

330000－1797－0002352　51/2/240　子部/
醫家類/綜合之屬/通論

詳校醫宗必讀十卷　（明）李中梓撰　清刻本
一冊　存二卷（一至二）

330000－1797－0002356　57/3/12　史部/傳
記類/總傳之屬/通代

尚友錄二十二卷補遺一卷　（明）廖用賢輯
（清）張伯琮補輯　清刻本　三冊　存三卷
（十八、二十至二十一）

330000－1797－0002357　53/2/488　子部/
醫家類/醫案之屬

**臨證指南醫案十卷種福堂公選溫熱論醫案四
卷**　（清）葉桂撰　清同治三年（1864）刻本
九冊　存六卷（一、四、六、九至十,種福堂公
選溫熱論醫案一）

330000－1797－0002358　57/3/11　史部/傳
記類/總傳之屬/通代

尚友錄二十二卷補遺一卷　（明）廖用賢輯
（清）張伯琮補輯　清刻本　四冊　存四卷
（三、七、十五、十七）

330000－1797－0002359　53/2/489　子部/
醫家類/醫案之屬

臨證指南醫案十卷　（清）葉桂撰　清刻本
四冊　存四卷（二、六、八至九）

330000－1797－0002360　57/3/9　史部/傳
記類/總傳之屬/通代

新纂氏族箋釋八卷　（清）熊峻運撰　清刻本
一冊　存一卷（三）

330000－1797－0002361　57/3/10　史部/傳
記類/總傳之屬/通代

新纂氏族箋釋八卷　（清）熊峻運撰　清刻本
二冊　存二卷（二至三）

330000－1797－0002362　53/2/490　子部/

醫家類/醫案之屬

葉氏醫案存真三卷　（清）葉桂撰　清石印本
一冊

330000－1797－0002363　57/3/8　史部/傳
記類/總傳之屬/姓名

百家姓考略一卷　（清）王相箋注　清刻本
一冊

330000－1797－0002364　53/2/491　子部/
醫家類/兒科之屬/痘疹

引痘略一卷　（清）邱熺撰　清同治十三年
（1874）文光堂刻本　一冊

330000－1797－0002365　53/2/492　子部/
醫家類/兒科之屬/痘疹

引痘略一卷　（清）邱熺撰　**增補秘傳痘疹玉
髓金鏡錄真本四卷圖像一卷**　（明）翁仲仁撰
清光緒十年（1884）刻本　一冊

330000－1797－0002366　57/3/7　子部/
叢編

徐氏三種(重刻徐氏三種）　（清）徐士業編
清光緒二十一年（1895）文奎堂刻本　一冊
存一種

330000－1797－0002367　57/3/5　類叢部/
類書類/通類之屬

增補萬寶全書三十卷　（明）陳繼儒撰　（清）
毛煥文增補　清刻本　一冊　存三卷（三至
五）

330000－1797－0002368　57/3/4　類叢部/
類書類/通類之屬

增補萬寶全書三十卷　（明）陳繼儒撰　（清）
毛煥文增補　清刻本　一冊　存五卷（二十
一至二十五）

330000－1797－0002369　57/3/3　類叢部/
類書類/通類之屬

增補萬寶全書二十卷　（明）陳繼儒撰　（清）
毛煥文增補　清同治十年（1871）積慶堂刻本
一冊　存三卷（一至三）

330000－1797－0002370　56/2/189　子部/
術數類/命書相書之屬

水鏡集四卷 （清）范騋撰 清康熙十九年
(1680)掃葉山房刻本 四冊

330000－1797－0002371 57/3/2 類叢部/
類書類/通類之屬

增補萬寶全書三十卷 （明）陳繼儒撰 （清）
毛煥文增補 清刻本 四冊 存二十二卷
（四至二十、二十六至三十）

330000－1797－0002372 56/2/190 子部/
術數類/命書相書之屬

水鏡集四卷 （清）范騋撰 清康熙十九年
(1680)三益堂刻本 四冊

330000－1797－0002373 57/3/1 子部/雜
著類/雜說之屬

憑山閣增輯留青新集三十卷 （清）陳枚輯
（清）陳德裕增輯 清刻本 八冊 存七卷
（九、二十四至二十八、三十）

330000－1797－0002374 56/2/191 子部/
術數類/命書相書之屬

新刻校正增釋合併麻衣先生人相編十卷
（明）陸位崇輯 清康熙刻本 一冊 存三卷
（三至五）

330000－1797－0002377 56/2/194 類叢
部/叢書類/彙編之屬

述古叢鈔二十八種 （清）劉晚榮編 清同治
至光緒古岡劉氏藏修書屋刻本 一冊 存
一種

330000－1797－0002380 56/4/225 子部/
術數類/命書相書之屬

增補星平會海命學全書十卷首一卷 （清）水
中龍撰 清刻本 一冊 存二卷（八至九）

330000－1797－0002381 51/2/241 子部/
醫家類/綜合之屬/通論

瀛經堂詳校醫宗必讀十卷 （明）李中梓撰
清嘉慶十二年(1807)裕文堂刻本 一冊 存
二卷（一至二）

330000－1797－0002382 56/4/224 子部/
術數類/命書相書之屬

增補星平會海命學全書十卷首一卷 （清）水

中龍撰 清刻本 一冊 存二卷（二至三）

330000－1797－0002383 56/4/223 子部/
術數類/命書相書之屬

增補星平會海命學全書十卷首一卷 （清）水
中龍撰 清刻本 二冊 存四卷（二至五）

330000－1797－0002384 51/2/242 子部/
醫家類/綜合之屬/通論

羣玉山房重校醫宗必讀十卷 清刻本 一冊
存二卷（三至四）

330000－1797－0002385 51/2/243 子部/
醫家類/綜合之屬/通論

醫宗必讀五卷首一卷 （明）李中梓撰 清尚
友堂刻本 一冊 存二卷（首、一）

330000－1797－0002386 56/4/222 子部/
術數類/命書相書之屬

增補星平會海命學全書十卷首一卷 （清）水
中龍撰 清刻本 一冊 存二卷（首、一）

330000－1797－0002389 51/2/244 子部/
醫家類/綜合之屬/通論

醫宗必讀五卷首一卷 （明）李中梓撰 清尚
友堂刻本 一冊 存二卷（首、一）

330000－1797－0002390 51/2/245 子部/
醫家類/綜合之屬/通論

古吳童氏重校醫宗必讀十卷 （明）李中梓撰
清光緒三十年(1904)上海鴻文堂書局石印
本 二冊 存八卷（一至四、七至十）

330000－1797－0002394 56/4/219 子部/
術數類/陰陽五行之屬

董公選要覽一卷附錄一卷 （明）董潛撰 清
鉛印本 一冊

330000－1797－0002396 56/4/216 子部/
術數類/陰陽五行之屬

董公選要覽一卷附錄一卷 （明）董潛撰 清
光緒二十四年(1898)刻本 一冊

330000－1797－0002397 56/4/215 子部/
術數類/陰陽五行之屬

董公選要覽一卷附錄一卷 （明）董潛撰 清

光緒二十四年（1898）刻本　一冊

330000 – 1797 – 0002398　53/2/493　子部/
醫家類/兒科之屬/痘疹

重刻補遺秘傳痘疹玉髓金鏡錄三卷首一卷
（明）翁仲仁撰　（明）陸道元補遺　清刻本
一冊

330000 – 1797 – 0002399　56/4/214　子部/
術數類/陰陽五行之屬

選時四卷　（清）問萬珍編　清刻本　二冊
存二卷（一至二）

330000 – 1797 – 0002400　56/3/213　子部/
術數類/陰陽五行之屬

新訂崇正闢謬通書十四卷　（清）李奉來編輯
清刻本　一冊　存三卷（一至三）

330000 – 1797 – 0002401　56/3/212　子部/
術數類/陰陽五行之屬

新訂崇正闢謬通書十四卷　（清）李奉來編輯
清刻本　一冊　存一卷（八）

330000 – 1797 – 0002402　53/2/494　子部/
醫家類/類編之屬

六醴齋醫書十種　（清）程永培編　清乾隆五
十九年（1794）修敬堂刻本　二冊　存一種

330000 – 1797 – 0002403　53/2/495　子部/
醫家類/兒科之屬/痘疹

增補痘疹玉髓金鏡錄真本四卷　（明）翁仲仁
撰　清刻本　一冊　存二卷（三至四）

330000 – 1797 – 0002404　56/3/211　子部/
術數類/陰陽五行之屬

新訂崇正闢謬通書十四卷　（清）李奉來編輯
清刻本　一冊　存三卷（三至五）

330000 – 1797 – 0002405　56/3/210　子部/
術數類/陰陽五行之屬

新訂崇正闢謬通書十四卷　（清）李奉來編輯
清刻本　三冊　存十卷（一至七、十二至十
四）

330000 – 1797 – 0002406　49/5/120　子部/
醫家類/綜合之屬/通論

醫學心悟五卷附外科十法一卷　（清）程國彭
撰　清上海鑄記書局石印本　一冊　存二卷
（一至二）

330000 – 1797 – 0002407　51/2/249　子部/
醫家類/綜合之屬/通論

古吳童氏重校醫宗必讀十卷　（明）李中梓撰
清光緒三十二年（1906）上海書局石印本
三冊　存六卷（一至六）

330000 – 1797 – 0002409　53/2/496　子部/
醫家類/兒科之屬/痘疹

增補秘傳痘疹玉髓金鏡錄真本四卷圖像一卷
（明）翁仲仁撰　清刻本　二冊

330000 – 1797 – 0002410　49/5/121　子部/
醫家類/綜合之屬/通論

醫學心悟五卷附外科十法一卷　（清）程國彭
撰　清刻本　一冊　存一卷（一）

330000 – 1797 – 0002412　49/5/122　子部/
醫家類/綜合之屬/通論

醫學心悟五卷附外科十法一卷　（清）程國彭
撰　清刻本　一冊　存一卷（一）

330000 – 1797 – 0002413　51/2/252　子部/
醫家類/綜合之屬/通論

古吳童氏重校醫宗必讀十卷　（明）李中梓撰
清石印本　一冊　存四卷（七至十）

330000 – 1797 – 0002414　49/5/123　子部/
醫家類/綜合之屬/通論

醫學心悟五卷附外科十法一卷　（清）程國彭
撰　清石印本　一冊

330000 – 1797 – 0002415　53/2/497　子部/
醫家類/兒科之屬/痘疹

種痘新書十二卷　（清）張琰輯　清刻本　五
冊　缺二卷（三至四）

330000 – 1797 – 0002418　51/2/253　子部/
醫家類/綜合之屬/通論

醫宗必讀十卷首一卷　（明）李中梓撰　清刻
本　一冊　存一卷（六）

330000 – 1797 – 0002419　57/5/52　類叢部/

類書類/專類之屬

試律大觀三十二卷目錄一卷 （清）竹屏居士輯 （清）王家相定 清刻本 一冊 存三卷（二十七至二十九）

330000－1797－0002420 53/2/499 子部/醫家類/兒科之屬/痘疹

治痧全書三卷首一卷尾一卷 （清）夏禹鑄原本 （清）錢沛錦增補 清刻本 一冊

330000－1797－0002421 57/5/51 類叢部/類書類/通類之屬

增補事類統編九十三卷首一卷 （清）黃葆真輯 清刻本 一冊 存二卷（八十九至九十）

330000－1797－0002422 53/2/500 子部/醫家類/兒科之屬/痘疹

治痧全書三卷首一卷尾一卷 （清）夏禹鑄原本 （清）錢沛錦增補 清咸豐八年（1858）錢氏遺經堂刻本 一冊

330000－1797－0002423 57/5/50 類叢部/類書類/通類之屬

增補事類統編九十三卷首一卷 （清）黃葆真輯 清學庫山房刻本 十冊 存二十一卷（一至四、三十七至三十八、五十至五十一、五十四至五十五、六十四至六十七、七十三至七十五、九十至九十三）

330000－1797－0002424 51/2/254 子部/醫家類/綜合之屬/通論

醫宗必讀十卷首一卷 （明）李中梓撰 清刻本 一冊 存一卷（三）

330000－1797－0002425 51/2/255 子部/醫家類/綜合之屬/通論

醫宗必讀五卷首一卷 （明）李中梓撰 清盛德堂刻本 一冊 存二卷（首、一）

330000－1797－0002426 57/5/49 類叢部/類書類/通類之屬

增補事類統編九十三卷首一卷 （清）黃葆真輯 清敦好堂刻本 六冊 存十三卷（二十七至二十八、三十至三十一、三十四至三十六、四十八至四十九、六十三至六十四、七十三至七十四）

330000－1797－0002427 51/2/256 子部/醫家類/綜合之屬/通論

醫宗必讀十卷首一卷 （明）李中梓撰 清刻本 一冊 存二卷（二至三）

330000－1797－0002428 57/5/48 類叢部/類書類/通類之屬

廣事類賦四十卷 （清）華希閔撰 清康熙三十八年（1699）刻本 一冊 存四卷（一至四）

330000－1797－0002429 53/2/501 子部/醫家類/兒科之屬/痘疹

痘書大全三卷 （清）史錫節撰 清刻本 一冊 存一卷（一）

330000－1797－0002430 51/2/258 子部/醫家類/綜合之屬

古今醫統大全一百卷 （明）徐春甫輯 清刻本 一冊 存二卷（二十三至二十四）

330000－1797－0002431 57/5/47 類叢部/類書類/通類之屬

廣廣事類賦三十二卷 （清）吳世旃撰 清刻本 一冊 存六卷（二十三至二十八）

330000－1797－0002432 51/2/257 子部/醫家類/綜合之屬/通論

辨證錄十四卷 （清）陳士鐸撰 清刻本 一冊 存一卷（七）

330000－1797－0002433 57/5/46 類叢部/類書類/通類之屬

廣事類賦四十卷 （清）華希閔撰 清刻本 二冊 存九卷（二十六至二十九、三十六至四十）

330000－1797－0002434 57/5/45 類叢部/類書類/通類之屬

廣事類賦四十卷 （清）華希閔撰 清刻本 一冊 存四卷（八至十一）

330000－1797－0002435 57/5/44 類叢部/類書類/通類之屬

廣事類賦四十卷 （清）華希閔撰 清刻本

一冊　存三卷(一至三)

330000－1797－0002436　53/2/502　子部/
醫家類/兒科之屬/痘疹

痘科扼要一卷 (清)陳奇生撰　清刻本
一冊

330000－1797－0002437　57/5/43　類叢部/
類書類/通類之屬

廣事類賦四十卷 (清)華希閔撰　清刻本
五冊　存二十一卷(三至六、九至十二、十八
至二十一、二十七至三十五)

330000－1797－0002438　57/5/42　類叢部/
類書類/通類之屬

廣事類賦四十卷 (清)華希閔撰　清刻本
一冊　存四卷(五至八)

330000－1797－0002439　53/3/503　子部/
醫家類/兒科之屬/痘疹

痘疹真詮一卷 (清)舒詔撰　清刻本　一冊

330000－1797－0002440　57/5/41　類叢部/
類書類/通類之屬

廣事類賦四十卷 (清)華希閔撰　清刻本
八冊　存三十卷(一至二十二、二十八至三十
一、三十七至四十)

330000－1797－0002441　53/3/504　子部/
醫家類/兒科之屬/痘疹

抄錄痘疹醫集一卷 清抄本　一冊

330000－1797－0002443　57/5/40　類叢部/
類書類/通類之屬

廣事類賦四十卷 (清)華希閔撰　清刻本
六冊　存二十三卷(一至五、七至九、十一至
十三、十九至二十七、三十七至三十九)

330000－1797－0002444　49/5/125　子部/
醫家類/類編之屬

喻氏醫書三種 (清)喻昌撰　清光緒二十
年(1900)上海校經山房石印本　一冊　存
一種

330000－1797－0002445　49/5/126　子部/
醫家類/類編之屬

喻氏醫書三種 (清)喻昌撰　清光緒二十六
年(1900)上海校經山房石印本　一冊　存
一種

330000－1797－0002446　57/5/39　類叢部/
類書類/通類之屬

事類賦三十卷 (宋)吳淑撰並注　清刻本
一冊　存六卷(二十五至三十)

330000－1797－0002447　49/5/127　子部/
醫家類/類編之屬

喻氏醫書三種 (清)喻昌撰　清光緒二十六
年(1900)上海校經山房石印本　一冊　存
一種

330000－1797－0002452　56/3/209　子部/
術數類/陰陽五行之屬

新訂崇正闢謬通書十四卷 (清)李奉來編輯
清文星堂刻本　五冊

330000－1797－0002454　56/3/208　子部/
術數類/陰陽五行之屬

新訂崇正闢謬通書十四卷 (清)李奉來編輯
清藻文堂刻本　二冊　存五卷(一至五)

330000－1797－0002456　59/1/29　子部/宗
教類/道教之屬

文昌孝經不分卷 清咸豐七年(1857)嘉興府
刻本　一冊

330000－1797－0002457　59/1/30　子部/宗
教類/道教之屬/戒律

陰騭文彝訓二卷 (清)王登賢纂注　清乾隆
四十五年(1780)醇醇書塾刻本　一冊

330000－1797－0002459　59/1/32　子部/藝
術類/書畫之屬/法帖

鄭板橋書文昌帝君陰騭文不分卷 (清)鄭燮
書　清末上海燮記書局石印本　一冊

330000－1797－0002460　57/4/15　史部/傳
記類/總傳之屬/通代

增廣尚友錄統編二十二卷 (清)應祖錫輯
清末石印本　九冊　存十七卷(二至七、十二
至二十二)

330000－1797－0002461　59/1/33　子部/宗教類/道教之屬/戒律

文昌帝君陰騭文詩不分卷　（清）馬錫康撰　清嘉慶十五年(1810)浙江崇文堂書坊刻本　一冊

330000－1797－0002462　59/1/34　子部/宗教類/道教之屬/戒律

陰隲文圖註二卷　（明）顏正注　（清）黃正元圖說　清道光九年(1829)武義永和堂刻本　一冊　存一卷(上)

330000－1797－0002464　51/2/259　新學/全體學

全體新論一卷　（英國）合信氏　（清）陳修堂撰　清刻本　一冊

330000－1797－0002465　59/1/35　子部/宗教類/道教之屬/戒律

陰隲文圖證不分卷　（清）黃丹旭繪圖　（清）許光清集證　清同治十二年(1873)文彙齋刻本　一冊

330000－1797－0002470　53/3/509　子部/醫家類/兒科之屬/通論

遂生福幼合編二卷　（清）莊一夔撰　清刻本　一冊

330000－1797－0002471　59/2/37　子部/宗教類/道教之屬

返性圖纂正六卷首一卷末一卷　清光緒二十二年(1896)浙江蘭谿自反齋刻本　三冊　存三卷(一、五至六)

330000－1797－0002473　59/2/38　子部/儒家類/儒學之屬/禮教

八字覺原一卷　（清）滄洲子注　清道光四年(1824)同善堂刻本　一冊

330000－1797－0002475　56/3/204　子部/術數類/命書相書之屬

新刻合併音義評註淵海子平五卷　（宋）徐升編　清石印本　一冊　存二卷(四至五)

330000－1797－0002476　59/2/39　子部/宗教類/道教之屬/雜著

率性闡微玄洲老人素陽子著西江月調十六首一卷　（□）素陽子撰　（清）日新氏自然子注　清道光二十九年(1849)刻本　一冊

330000－1797－0002479　53/3/508　子部/醫家類/兒科之屬/痘疹

治疹全書三卷　清道光二十三年(1843)抄本　一冊

330000－1797－0002480　59/2/40　集部/曲類/寶卷之屬

五祖黃梅寶卷二卷　（清）□□撰　清光緒刻本　一冊

330000－1797－0002481　56/3/203　子部/術數類/命書相書之屬

新刊合併官板音義評註淵海子平五卷　（宋）徐升編　清刻本　一冊　存二卷(一至二)

330000－1797－0002484　59/2/42　子部/宗教類/佛教之屬

牖民覺世不分卷　（清）□□撰　清毗陵瑪瑙經房刻本　一冊

330000－1797－0002487　51/3/269　子部/醫家類/綜合之屬/雜著

筆花醫鏡四卷　（清）江涵暾撰　清抄本　一冊　存一卷(二)

330000－1797－0002488　49/5/128　子部/醫家類/方書之屬/單方驗方

丹溪心法附餘二十四卷首一卷　（明）方廣輯　清光緒二十五年(1899)古越徐氏石印本　十一冊

330000－1797－0002489　49/5/129　子部/醫家類/方書之屬/單方驗方

丹溪心法附餘二十四卷首一卷　（明）方廣輯　清石印本　二冊　存五卷(十一至十五)

330000－1797－0002490　51/2/260　子部/醫家類/類編之屬

黃氏醫書八種　（清）黃元御撰　清光緒二十年(1894)上海圖書集成印書局鉛印本　一冊　存一種

330000 – 1797 – 0002491　52/1/301　子部/醫家類/類編之屬

醫門棒喝二種　(清)章楠撰　清道光十九年(1839)俟山書屋刻本　七冊　存一種

330000 – 1797 – 0002492　51/2/261　子部/醫家類/綜合之屬/通論

訂補明醫指掌十卷　(明)皇甫中撰　(明)王肯堂等訂補　**附刻診家樞要一卷**　(元)滑壽編纂　清詩業堂刻本　四冊　存七卷(一至二、七至十,附刻診家樞要)

330000 – 1797 – 0002494　52/1/302、52/1/303　子部/醫家類/類編之屬

醫門棒喝二種　(清)章楠撰　清宣統元年(1909)蠡城三友益齋石印本　九冊

330000 – 1797 – 0002495　56/3/198　子部/術數類/命書相書之屬

三命通會十二卷　(明)萬民英撰　清宣統元年(1909)上海江左書林石印本　二冊　存二卷(四至五)

330000 – 1797 – 0002496　51/2/262　子部/醫家類/綜合之屬/通論

訂補明醫指掌十卷　(明)皇甫中撰　(明)王肯堂等訂補　**附刻診家樞要一卷**　(元)滑壽編纂　清詩業堂刻本　一冊　存一卷(九)

330000 – 1797 – 0002497　52/1/304、52/1/305　子部/醫家類/類編之屬

醫門棒喝二種　(清)章楠撰　清宣統元年(1909)蠡城三友益齋石印本　四冊　存四卷(醫論三,傷寒論本旨一、三至四)

330000 – 1797 – 0002499　53/3/511　子部/醫家類/診法之屬/脈經脈訣

圖註脈訣辨真四卷脈訣附方一卷　題(晉)王叔和撰　(明)張世賢注　清刻本　一冊　存二卷(一至二)

330000 – 1797 – 0002500　52/1/306　子部/醫家類/類編之屬

醫門棒喝二種　(清)章楠撰　清道光十九年(1839)俟山書屋刻本　一冊　存一種

330000 – 1797 – 0002501　53/3/512　子部/醫家類/診法之屬/脈經脈訣

圖註脈訣辨真四卷脈訣附方一卷　題(晉)王叔和撰　(明)張世賢注　清善成堂刻本　一冊　存一卷(四)

330000 – 1797 – 0002502　52/1/307　子部/醫家類/類編之屬

醫門棒喝二種　(清)章楠撰　清刻本　一冊　存一種

330000 – 1797 – 0002503　52/1/309　子部/醫家類/類編之屬

醫門棒喝二種　(清)章楠撰　清刻本　一冊　存一種

330000 – 1797 – 0002504　53/3/513　子部/醫家類/綜合之屬/通論

醫宗要旨□□卷　清抄本　二冊　存二卷(四至五)

330000 – 1797 – 0002505　52/1/310　子部/醫家類/綜合之屬/通論

壽世保元十卷　(明)龔廷賢撰　清刻本　二冊　存三卷(五至六、八)

330000 – 1797 – 0002507　52/1/308　子部/醫家類/類編之屬

醫門棒喝二種　(清)章楠撰　清刻本　一冊　存一種

330000 – 1797 – 0002509　53/3/515　子部/醫家類/診法之屬/脈經脈訣

校正圖註脈訣四卷附方一卷　(晉)王叔和撰　(明)張世賢注　清光緒三十一年(1905)上海日新書莊石印本　一冊　存二卷(一至二)

330000 – 1797 – 0002510　51/2/264、51/2/265　子部/醫家類/綜合之屬/雜著

增補正宗三卷　(清)□□撰　清刻本　二冊　存二卷(一、三)

330000 – 1797 – 0002512　51/2/266　子部/醫家類/綜合之屬/雜著

增補正宗三卷　(清)□□撰　清抄本　一冊　存一卷(一)

330000 – 1797 – 0002514　52/1/312　子部/醫家類/綜合之屬/通論

新刊醫林狀元壽世保元十集十卷　（明）龔廷賢撰　清刻本　一冊　存一卷(四)

330000 – 1797 – 0002516　53/3/518　子部/醫家類/醫理之屬/綜合

中西醫判二卷　唐宗海撰　清上海千頃堂書局石印本　一冊　存一卷(下)

330000 – 1797 – 0002518　51/3/270　子部/醫家類/綜合之屬/雜著

筆花醫鏡四卷　（清）江涵暾撰　清刻本　一冊　存二卷(二至三)

330000 – 1797 – 0002520　53/3/520　子部/農家農學類/獸醫之屬

圖像水黃牛經合併大全二卷　（明）喻仁（明）喻傑撰　清刻本　一冊　存一卷(二)

330000 – 1797 – 0002522　51/3/271　子部/醫家類/綜合之屬/通論

新刊增補萬病回春原本八卷　（明）龔廷賢編　清刻本　一冊　存一卷(一)

330000 – 1797 – 0002523　51/3/272　子部/醫家類/綜合之屬/通論

增補萬病回春原本八卷　（明）龔廷賢編　清刻本　一冊　存一卷(五)

330000 – 1797 – 0002526　51/3/274　子部/醫家類/綜合之屬/通論

新刊萬病回春原本八卷　（明）龔廷賢編　清刻本　一冊　存一卷(三)

330000 – 1797 – 0002527　51/3/276、51/3/277　子部/醫家類/綜合之屬/通論

增補萬病回春原本八卷　（明）龔廷賢編　清刻本　二冊　存二卷(二、四)

330000 – 1797 – 0002528　51/3/278　子部/醫家類/綜合之屬/通論

新刊萬病回春原本八卷　（明）龔廷賢編　清刻本　一冊　存一卷(三)

330000 – 1797 – 0002529　51/3/278.1　子部/醫家類/綜合之屬/通論

增補萬病回春原本八卷　（明）龔廷賢編　清刻本　一冊　存一卷(五)

330000 – 1797 – 0002530　51/3/275　子部/醫家類/綜合之屬/通論

增補萬病回春原本八卷　（明）龔廷賢編　清刻本　一冊　存一卷(四)

330000 – 1797 – 0002535　59/2/48　子部/宗教類/道教之屬

悟真篇三卷　（宋）張伯端撰　清康熙善成堂刻本　一冊　存一卷(上)

330000 – 1797 – 0002537　59/2/50　子部/雜著類/雜說之屬

晨鐘錄一卷　（清）沈鑣編　清道光二十年(1840)錢塘項氏刻本　一冊

330000 – 1797 – 0002538　59/2/52　子部/雜著類/雜說之屬

簡明警世集不分卷　（清）□□輯　清光緒十二年(1886)紹興朱增耀刻本　一冊

330000 – 1797 – 0002539　59/2/53　子部/宗教類/佛教之屬

覺園香雪和尚疏語寶筏二卷　（清）香雪和尚撰　清刻本　一冊　存一卷(上)

330000 – 1797 – 0002540　51/3/279　子部/醫家類/綜合之屬/通論

新刊增補萬病回春原本八卷　（明）龔廷賢編　清大文堂刻本　一冊　存一卷(一)

330000 – 1797 – 0002541　51/3/280　子部/醫家類/綜合之屬/合刻、合抄

景岳全書六十四卷　（明）張介賓撰　清光緒二年(1876)英德堂刻本　十三冊　存二十五卷(一至二、六至七、十六至十九、三十二至三十六、三十九至四十二、五十四至六十、六十四)

330000 – 1797 – 0002542　51/3/281　子部/醫家類/綜合之屬/合刻、合抄

景岳全書六十四卷　（明）張介賓撰　清刻本　五冊　存十七卷(三十至三十七、四十三至

四十五、五十五至六十）

330000 – 1797 – 0002543　51/4/282　子部/
醫家類/綜合之屬/合刻、合抄

景岳全書六十四卷　（明）張介賓撰　清刻本
十冊　存二十九卷（七至八、十六至十八、
二十二至二十五、三十至三十九、四十三至四
十五、五十四至六十）

330000 – 1797 – 0002544　51/4/283　子部/
醫家類/綜合之屬/合刻、合抄

景岳全書六十四卷　（明）張介賓撰　清同治
十一年(1872)經國堂刻本　七冊　存十四卷
（一至二、七至八、十六至十八、三十八至三十
九、四十三至四十六、五十四）

330000 – 1797 – 0002545　51/4/285　子部/
醫家類/綜合之屬/合刻、合抄

景岳全書六十四卷　（明）張介賓撰　清刻本
一冊　存二卷（一至二）

330000 – 1797 – 0002547　53/3/524　子部/
醫家類/診法之屬/脈經脈訣

辨脈篇一卷　（清）舒詔撰　清刻本　一冊

330000 – 1797 – 0002548　51/4/284　子部/
醫家類/綜合之屬/合刻、合抄

景岳全書六十四卷　（明）張介賓撰　清經元
堂刻本　二十四冊

330000 – 1797 – 0002549　52/1/313　子部/
醫家類/本草之屬/本草藥性

雷公炮製藥性解六卷　（明）李中梓撰　清刻
本　一冊　存三卷（四至六）

330000 – 1797 – 0002550　53/3/525　子部/
醫家類/綜合之屬/通論

醫宗說約六卷　（清）蔣示吉撰　清刻本　一
冊　存二卷（二至三）

330000 – 1797 – 0002551　53/3/526　子部/
醫家類/綜合之屬/通論

醫宗說約六卷　（清）蔣示吉撰　清刻本　一
冊　存三卷（四至六）

330000 – 1797 – 0002552　52/1/314　子部/

醫家類/本草之屬/歷代綜合本草

珍珠囊指掌補遺藥性賦四卷　（金）李杲輯
雷公炮製藥性解六卷　（明）李中梓輯　清文
盛堂刻本　一冊　存二卷（一至二）

330000 – 1797 – 0002553　59/2/54　子部/宗
教類/道教之屬

覺世新新集八卷　清光緒刻本　二冊　存二
卷（五至六）

330000 – 1797 – 0002556　59/2/56　子部/宗
教類/道教之屬

正蒙元善律不分卷　（清）潘儒棟撰　清光緒
三十二年(1906)潘貽德齋刻本　一冊

330000 – 1797 – 0002560　59/2/57　子部/術
數類/相宅相墓之屬

資孝錄不分卷　湯壽潛撰　清光緒二十九年
(1903)抄本　一冊

330000 – 1797 – 0002561　59/2/58　子部/宗
教類/道教之屬

返性圖纂正六卷首一卷末一卷　清光緒刻本
一冊　存一卷（四）

330000 – 1797 – 0002565　57/4/33　類叢部/
類書類/專類之屬

新增繪圖幼學故事瓊林四卷首一卷　（清）程
登吉撰　（清）鄒聖脈增補　清光緒二十六年
(1900)上海千頃堂石印本　一冊　存一卷
（首）

330000 – 1797 – 0002568　57/4/31　子部/儒
家類/儒學之屬/蒙學

寄傲山房塾課新增幼學故事瓊林四卷首一卷
（清）程登吉撰　（清）鄒聖脈增補　清刻本
一冊　存一卷（四）

330000 – 1797 – 0002569　52/1/318　子部/
醫家類/綜合之屬/通論

醫學實在易八卷　（清）陳念祖撰　清末石印
本　一冊　存四卷（一至四）

330000 – 1797 – 0002570　52/1/319　子部/
醫家類/綜合之屬/通論

醫學從眾錄八卷　（清）陳念祖撰　清石印本

二冊

330000－1797－0002571　57/4/30　子部/儒家類/儒學之屬/蒙學

寄傲山房塾課新增幼學故事瓊林四卷首一卷　(清)程登吉撰　(清)鄒聖脈增補　清慎言堂刻本　四冊

330000－1797－0002572　52/1/320　子部/醫家類/綜合之屬/通論

訂補明醫指掌十卷　(明)皇甫中撰　(明)王肯堂等訂補　**附刻診家樞要一卷**　(元)滑壽編纂　清詩業堂刻本　一冊　存二卷(一至二)

330000－1797－0002573　57/4/29　子部/儒家類/儒學之屬/蒙學

寄傲山房塾課新增幼學故事瓊林四卷首一卷　(清)程登吉撰　(清)鄒聖脈增補　清光緒二十二年(1896)文華樓刻本　二冊　缺二卷(二、四)

330000－1797－0002575　52/1/323　子部/醫家類/綜合之屬/通論

醫門法律六卷　(清)喻昌撰　清末上海校經山房石印本　一冊　存二卷(五至六)

330000－1797－0002578　57/4/27　子部/儒家類/儒學之屬/蒙學

浙紹奎照樓新增繪圖幼學故事瓊林四卷首一卷　(清)程登吉撰　(清)鄒聖脈增補　清光緒二十四年(1898)浙紹奎照樓石印本　二冊　缺三卷(一至三)

330000－1797－0002580　51/5/286　子部/醫家類/綜合之屬/合刻、合抄

景岳全書六十四卷　(明)張介賓撰　清刻本　一冊　存四卷(二十六至二十九)

330000－1797－0002581　51/5/287　子部/醫家類/綜合之屬/合刻、合抄

景岳全書六十四卷　(明)張介賓撰　清刻本　一冊　存一卷(五十二)

330000－1797－0002582　51/5/288　子部/醫家類/綜合之屬/合刻、合抄

景岳全書六十四卷　(明)張介賓撰　清刻本　一冊　存二卷(三十八至三十九)

330000－1797－0002591　59/2/70　子部/道家類

無極聖帝靈籤不分卷　(清)□□撰　清同治十一年(1872)龍泉坊刻本　一冊

330000－1797－0002592　51/5/289　子部/醫家類/綜合之屬/合刻、合抄

景岳全書六十四卷　(明)張介賓撰　清刻本　一冊　存一卷(六十四)

330000－1797－0002593　51/5/290　子部/醫家類/綜合之屬/合刻、合抄

景岳全書六十四卷　(明)張介賓撰　清刻本　一冊　存三卷(三十四至三十六)

330000－1797－0002594　51/5/291　子部/醫家類/綜合之屬/合刻、合抄

景岳全書六十四卷　(明)張介賓撰　清大文堂刻本　六冊　存十一卷(一至二、十三至十五、五十二至五十四、五十八至六十)

330000－1797－0002597　51/5/294　子部/醫家類/綜合之屬/合刻、合抄

景岳全書六十四卷　(明)張介賓撰　清刻本　一冊　存二卷(五十二至五十三)

330000－1797－0002598　51/5/295　子部/醫家類/綜合之屬/合刻、合抄

景岳全書六十四卷　(明)張介賓撰　清刻本　一冊　存三卷(十三至十五)

330000－1797－0002599　51/5/296　子部/醫家類/綜合之屬/合刻、合抄

景岳全書六十四卷　(明)張介賓撰　清刻本　一冊　存一卷(四十六)

330000－1797－0002601　59/2/72　子部/儒家類/儒學之屬/禮教

元宰必讀不分卷　(清)□□輯　清光緒二十三年(1897)天台陳迎瑞堂刻本　一冊

330000－1797－0002602　59/2/72.1　子部/儒家類/儒學之屬/禮教

元宰必讀書不分卷　（清）彭定求撰　清光緒五年(1879)婺州東陽趙氏刻本　一冊

330000－1797－0002605　59/2/76　子部/雜著類/雜纂之屬
格言聯璧不分卷　（清）金纓輯　清同治十年(1871)烏程顧氏刻本　一冊

330000－1797－0002606　59/2/77　子部/雜著類/雜纂之屬
格言聯璧不分卷　（清）金纓輯　清光緒十九年(1893)武林竹簡齋石印本　一冊

330000－1797－0002607　59/2/78　子部/雜著類/雜纂之屬
格言聯璧不分卷　（清）金纓輯　清光緒十九年(1893)武林竹簡齋石印本　一冊

330000－1797－0002608　52/2/326　子部/醫家類/本草之屬/歷代綜合本草
本草綱目五十二卷　（明）李時珍撰　清石印本　三冊　存十卷(十六至十七、二十八至三十五)

330000－1797－0002609　57/4/25　子部/儒家類/儒學之屬/蒙學
浙紹奎照樓書莊精校新增繪圖幼學故事瓊林四卷首一卷　（清）程登吉撰　（清）鄒聖脈增補　清末浙紹奎照樓石印本　四冊　存四卷(幼學故事瓊林一至四)

330000－1797－0002610　57/4/24　子部/儒家類/儒學之屬/蒙學
寄傲山房塾課新增幼學故事瓊林四卷首一卷　（清）程登吉撰　（清）鄒聖脈增補　清嘉慶三年(1798)刻本　四冊

330000－1797－0002613　57/4/23　經部/小學類/文字之屬/字書
大成堂增訂釋義經書便用通考雜字二卷　(清)徐三省編輯　（清）戴啟達增訂　清大成堂刻本　一冊　存一卷(下)

330000－1797－0002615　51/5/297　子部/醫家類/綜合之屬/合刻、合抄
景岳全書六十四卷　（明）張介賓撰　清刻本　五冊　存十一卷(十至十二、四十一至四十三、五十至五十一、六十至六十一、六十四)

330000－1797－0002616　57/4/22　子部/農家農學類/總論之屬
重訂增補陶朱公致富全書四卷　（明）陳繼儒輯　（清）石巖逸叟增補　清道光二十年(1840)綠野草堂刻本　四冊

330000－1797－0002618　51/5/297.1　子部/醫家類/綜合之屬/合刻、合抄
景岳全書六十四卷　（明）張介賓撰　清抄本　一冊　存二卷(六十二至六十三)

330000－1797－0002619　57/4/21　類叢部/類書類/通類之屬
蘭雪堂古事苑定本十二卷　（明）鄧志謨輯　清刻本　一冊　存二卷(五至六)

330000－1797－0002622　57/4/20　子部/儒家類/儒學之屬/經濟
實學文導二卷　（清）傅雲龍撰　清石印本　一冊　存一卷(二)

330000－1797－0002623　53/3/534　子部/醫家類/婦科之屬
藥書婦科方一卷　清咸豐十一年(1861)抄本　一冊

330000－1797－0002625　57/4/19　類叢部/類書類/專類之屬
初學行文語類三卷　（清）孫埏編　清刻本　三冊

330000－1797－0002626　53/3/536　子部/醫家類/方書之屬/單方驗方
景岳新方砭四卷　（清）陳念祖撰　清石印本　一冊

330000－1797－0002631　57/4/18　類叢部/類書類/專類之屬
初學行文語類四卷　（清）孫埏編　清刻本　一冊

330000－1797－0002633　57/4/17　史部/傳記類/總傳之屬/通代

尚友錄續集二十二卷　（清）潘遵祁輯　清末石印本　一冊　存六卷（十七至二十二）

330000－1797－0002634　51/5/299、51/5/300　子部/醫家類/類編之屬

醫門棒喝二種　（清）章楠撰　清同治六年（1867）聚文堂刻本　四冊　存四卷（醫論一至三、傷寒論本旨六）

330000－1797－0002635　60/1/131　集部/曲類/寶卷之屬

浙江溫州府平陽縣白梅村七世修行玉英寶卷不分卷　清瑪瑙南房刻本　一冊

330000－1797－0002636　59/3/79　子部/宗教類/佛教之屬/經

妙法蓮華經七卷　（後秦）釋鳩摩羅什譯　清刻本　三冊　存六卷（二至七）

330000－1797－0002637　60/1/132　集部/曲類/寶卷之屬

覺世懸燈豁然寶卷二卷　清木活字印本　一冊

330000－1797－0002639　59/3/81　子部/宗教類/佛教之屬/經

妙法蓮華經七卷　（後秦）釋鳩摩羅什譯　清光緒三十年（1904）刻本　三冊

330000－1797－0002645　60/1/133　集部/曲類/寶卷之屬

如如老祖化度眾生指往西方寶卷全集一卷　清杭州瑪瑙經房刻本　一冊

330000－1797－0002646　60/1/134　集部/曲類/寶卷之屬

慈悲普濟天醫寶卷全集一卷　清刻本　一冊

330000－1797－0002647　60/1/135　集部/曲類/寶卷之屬

太華山紫金嶺兩世修行劉香寶卷全集二卷　（清）□□撰　清光緒三年（1877）浙寧述古堂刻本　一冊

330000－1797－0002652　52/3/360　子部/醫家類/本草之屬/歷代綜合本草

本草從新十八卷　（清）吳儀洛輯　清刻本　二冊　存二卷（一至二）

330000－1797－0002653　52/3/361　子部/醫家類/本草之屬/歷代綜合本草

本草從新十八卷　（清）吳儀洛輯　清道光二十六年（1846）瓶花書屋刻同治九年（1870）印本　二冊　存四卷（一至四）

330000－1797－0002654　52/3/362　子部/醫家類/本草之屬/歷代綜合本草

本草從新十八卷　（清）吳儀洛輯　清光緒七年（1881）恒德堂刻本　一冊　存一卷（一）

330000－1797－0002655　52/3/363　子部/醫家類/本草之屬/歷代綜合本草

本草從新十八卷　（清）吳儀洛輯　清光緒七年（1881）恒德堂刻本　六冊

330000－1797－0002657　58/1/65　集部/總集類/選集之屬/通代

雞跖賦續刻二十八卷擬古二卷　（清）應泰泉輯　清刻本　一冊　存四卷（十五至十八）

330000－1797－0002658　52/2/331　子部/醫家類/本草之屬/歷代綜合本草

本草綱目五十二卷　（明）李時珍撰　清石印本　一冊　存十卷（十九至二十八）

330000－1797－0002659　58/1/64　集部/總集類/選集之屬/通代

雞跖賦續刻二十八卷擬古二卷　（清）應泰泉輯　清刻本　五冊　存十八卷（二至十二、二十四至二十八,擬古一至二）

330000－1797－0002660　52/2/332　子部/醫家類/本草之屬/神農本草經

本草三家合註三卷　（清）郭汝聰撰　清光緒上海飛鴻閣書林石印本　三冊

330000－1797－0002661　52/2/333　子部/醫家類/本草之屬/神農本草經

本草三家合註三卷　（清）郭汝聰撰　清鴻寶齋書局石印本　一冊　存二卷（一至二）

330000－1797－0002662　52/2/334　子部/醫家類/本草之屬/歷代綜合本草

本草綱目五十二卷首一卷附圖三卷奇經八脈
攷一卷瀕湖脈學一卷脈訣攷證一卷　（明）李
時珍撰　清芥子園刻本　九冊　存十三卷
（四至八、十、十三、二十六至二十七、三十四、
四十一至四十三）

330000 － 1797 － 0002663　52/2/335　子部/
醫家類/本草之屬/歷代綜合本草
本草從新十八卷　（清）吳儀洛輯　清光緒二
十五年(1899)大文堂刻本　六冊

330000 － 1797 － 0002664　52/2/336　子部/
醫家類/本草之屬/歷代綜合本草
本草從新十八卷　（清）吳儀洛輯　清末石印
本　四冊

330000 － 1797 － 0002666　52/2/338　子部/
醫家類/本草之屬/歷代綜合本草
本草從新十八卷　（清）吳儀洛輯　清刻本
一冊　存一卷(六)

330000 － 1797 － 0002669　53/3/540　子部/
醫家類/方書之屬/單方驗方
濟急便覽應驗良方一卷　（清）倪涵初撰　清
保嬰局刻本　一冊

330000 － 1797 － 0002670　60/1/137　集部/
曲類/寶卷之屬
衆喜粗言五卷　（清）陳衆喜撰　清刻本　二
冊　存二卷(二、四)

330000 － 1797 － 0002672　60/1/137．1　集
部/曲類/寶卷之屬
衆喜粗言五卷　（清）陳衆喜撰　清刻本　二
冊　存二卷(三至四)

330000 － 1797 － 0002675　60/1/138　集部/
曲類/寶卷之屬
湖廣荊州府永慶縣修行梅氏花網寶卷二卷
清光緒八年(1882)杭州瑪瑙經房刻本　一冊
　存一卷(上)

330000 － 1797 － 0002677　60/1/139　集部/
曲類/寶卷之屬
羅氏寶卷全集一卷　（清）童玉亨編輯　清抄
本　一冊

330000 － 1797 － 0002678　52/2/340　子部/
醫家類/本草之屬/歷代綜合本草
本草從新十八卷　（清）吳儀洛輯　清末石印
本　一冊　存九卷(十至十八)

330000 － 1797 － 0002681　52/2/341　子部/
醫家類/本草之屬/歷代綜合本草
本草從新十八卷　（清）吳儀洛輯　清刻本
一冊　存一卷(四)

330000 － 1797 － 0002683　55/1/37　子部/術
數類/相宅相墓之屬
增補地理直指原真大全三卷首一卷　（清）釋
如玉撰　清石印本　一冊

330000 － 1797 － 0002684　55/1/35　子部/術
數類/相宅相墓之屬
增補地理直指原真大全三卷首一卷　（清）釋
如玉撰　清三餘堂刻本　一冊　存一卷(首)

330000 － 1797 － 0002685　55/1/36　子部/術
數類/相宅相墓之屬
增補地理直指原真三卷首一卷　（清）釋如玉
撰　清刻本　一冊　存一卷(三)

330000 － 1797 － 0002689　55/1/34　子部/術
數類/相宅相墓之屬
增補地理直指原真大全三卷首一卷　（清）釋
如玉撰　清裕文堂刻本　四冊　存二卷(首、
二)

330000 － 1797 － 0002690　53/3/546　子部/
醫家類/方書之屬/單方驗方
增廣驗方新編□□卷　（清）鮑相璈等輯　清
刻本　一冊　存二卷(十四至十五)

330000 － 1797 － 0002691　55/1/32　子部/術
數類/相宅相墓之屬
增補地理直指原真大全三卷首一卷　（清）釋
如玉撰　清刻本　一冊　存一卷(三)

330000 － 1797 － 0002692　55/1/31　子部/術
數類/相宅相墓之屬
增補地理直指原真三卷首一卷　（清）釋如玉
撰　清刻本　三冊　存二卷(一至二)

330000－1797－0002693　55/1/33　子部/術數類/相宅相墓之屬

增補地理直指原真三卷首一卷　（清）釋如玉撰　清刻本　二冊　存二卷(二至三)

330000－1797－0002694　55/1/30　子部/術數類/相宅相墓之屬

地理指迷臆解四卷　（明）周錦一撰　（清）金六吉臆解　清道光七年(1827)刻本　四冊

330000－1797－0002695　55/1/29　子部/術數類/相宅相墓之屬

地理大全一集形勢真訣三十卷二集理氣秘旨二十五卷　（明）李國木輯　清刻本　一冊　存二卷(二集理氣秘旨二十四至二十五)

330000－1797－0002696　55/1/28　子部/術數類/相宅相墓之屬

地理大全一集形勢真訣三十卷二集理氣秘旨二十五卷　（明）李國木輯　清刻本　一冊　存二卷(一集形勢真訣二十四至二十五)

330000－1797－0002697　55/1/27　子部/術數類/相宅相墓之屬

地理五訣八卷　（清）趙廷棟撰　清刻本　二冊　存二卷(七至八)

330000－1797－0002698　55/1/26　子部/術數類/相宅相墓之屬

地理五訣八卷　（清）趙廷棟撰　清刻本　一冊　存二卷(五至六)

330000－1797－0002699　55/1/46　子部/術數類/相宅相墓之屬

重鐫官板地理天機會元三十五卷　（明）顧乃德輯　（明）徐之鎮重編　清刻本　一冊　存四卷(三十二至三十五)

330000－1797－0002700　55/1/47　子部/術數類/相宅相墓之屬

乾坤法竅三卷　（清）范宜賓輯　清林笏堂刻本　二冊

330000－1797－0002701　55/1/45　子部/術數類

科名寶箋不分卷　清光緒二十二年(1896)刻本　一冊

330000－1797－0002702　55/1/43　子部/術數類/相宅相墓之屬

重刊人子須知資孝地理心學統宗三十九卷　（明）徐善繼　（明）徐善述撰　清刻本　二冊　存三卷(八至十)

330000－1797－0002703　55/1/44　子部/術數類/相宅相墓之屬

重刊人子須知資孝地理心學統宗三十九卷　（明）徐善繼　（明）徐善述撰　清刻本　二冊　存二卷(十、十二)

330000－1797－0002704　55/1/42　子部/術數類/相宅相墓之屬

重刊人子須知資孝地理心學統宗八卷首一卷　（明）徐善繼　（明）徐善述撰　清宣統三年(1911)石印本　五冊　存六卷(首,一至三、七至八)

330000－1797－0002705　55/1/41　子部/術數類/相宅相墓之屬

張宗道先生地理全書四卷　（明）張亙撰　清刻本　一冊　存一卷(一)

330000－1797－0002706　55/1/40　子部/術數類/相宅相墓之屬

地理辨正五卷　（清）蔣平階補傳　（清）胡泰徵　（清）姜垚辨正　清刻本　一冊　存一卷(三)

330000－1797－0002707　55/1/38　子部/術數類/相宅相墓之屬

地理正義鉛彈子砂水要訣七卷　（清）張鳳藻撰　清經綸堂刻本　六冊　存六卷(一至三、五至七)

330000－1797－0002708　55/1/39　子部/術數類/相宅相墓之屬

地理參贊玄機僊婆集十三卷　（明）張鳴鳳編集　（明）呂元　（明）杜詩評選　（明）張希堯參補　清刻本　一冊　存一卷(一)

330000－1797－0002711　53/4/547　子部/醫家類/方書之屬/單方驗方

重訂驗方新編十八卷 (清)鮑相璈等輯 清光緒三十三年(1907)上海鑄記書局石印本 一冊

330000－1797－0002716 52/2/346 子部/醫家類/本草之屬/歷代綜合本草

本草綱目五十二卷 (明)李時珍撰 清芥子園刻本 一冊 存二卷(一至二)

330000－1797－0002718 53/4/549 子部/醫家類/方書之屬/單方驗方

驗方新編□□卷 (清)鮑相璈輯 清刻本 一冊 存三卷(六至八)

330000－1797－0002719 53/4/550 子部/醫家類/方書之屬/單方驗方

驗方新編□□卷 (清)鮑相璈輯 清刻本 一冊 存一卷(十)

330000－1797－0002720 58/2/69 類叢部/類書類/通類之屬

增補事類統編九十三卷首一卷 (清)黃葆真輯 清刻本 三十七冊 存七十一卷(五至三十六、三十九至四十五、四十八至四十九、五十二至五十三、五十六至六十三、六十八至七十二、七十六至八十九、九十三)

330000－1797－0002721 58/3/79 類叢部/類書類/通類之屬

文料大成四卷 清末鉛印本 一冊 存一卷(三)

330000－1797－0002722 58/3/78 類叢部/類書類/專類之屬

詩學含英十四卷 (清)劉文蔚輯 清文星堂刻本 四冊

330000－1797－0002723 58/3/77 類叢部/類書類/專類之屬

子史輯要詩賦題解四卷續編四卷 (清)胡本淵編 清刻本 一冊 存四卷(續編一至四)

330000－1797－0002724 58/3/76 類叢部/類書類/專類之屬

子史輯要詩賦題解四卷續編四卷 (清)胡本淵編 清步月樓刻本 二冊

330000－1797－0002725 58/3/75 類叢部/類書類/專類之屬

分韻子史題解二十卷 (清)費卿庭輯 清道光十四年(1834)掃葉山房刻本 六冊

330000－1797－0002726 58/3/74 類叢部/類書類/專類之屬

子史精華一百六十卷 (清)吳士玉 (清)吳襄等輯 清光緒十三年(1887)上海積山書局石印本 八冊

330000－1797－0002727 53/4/551 子部/醫家類/方書之屬/單方驗方

驗方新編□□卷 (清)鮑相璈輯 清刻本 一冊 存一卷(十一)

330000－1797－0002728 53/4/552 子部/醫家類/方書之屬/單方驗方

驗方新編新增□□卷 (清)鮑相璈輯 清刻本 一冊 存一卷(十九)

330000－1797－0002729 53/4/553 子部/醫家類/方書之屬/單方驗方

驗方新編新增□□卷 (清)鮑相璈輯 清刻本 一冊 存一卷(二十四)

330000－1797－0002730 58/3/73 類叢部/類書類/專類之屬

子史精華一百六十卷 (清)吳士玉 (清)吳襄等輯 清刻本 十冊 存三十五卷(十五至十八、二十三至三十、五十六至五十八、六十六至六十八、七十二至七十七、一百三十九至一百四十九)

330000－1797－0002731 58/3/72 類叢部/類書類/專類之屬

子史精華一百六十卷 (清)吳士玉 (清)吳襄等輯 清刻本 一冊 存五卷(一百六至一百十)

330000－1797－0002732 53/4/554 子部/醫家類/方書之屬/單方驗方

驗方新編□□卷 (清)鮑相璈輯 清刻本 一冊 存三卷(六至八)

330000－1797－0002733 53/4/555 子部/

醫家類/方書之屬/單方驗方

驗方新編十六卷 （清）鮑相璈輯　清刻本
一冊　存一卷（一）

330000－1797－0002735　58/3/71　類叢部/
類書類/專類之屬

子史精華一百六十卷 （清）吳士玉 （清）吳
襄等輯　清刻本　二冊　存七卷（一百十七
至一百二十三）

330000－1797－0002736　58/3/70　類叢部/
類書類/專類之屬

子史精華一百六十卷 （清）吳士玉 （清）吳
襄等輯　清刻本　一冊　存四卷（一百四十
三至一百四十六）

330000－1797－0002738　53/4/556　子部/
醫家類/方書之屬/單方驗方

驗方新編□□卷 （清）鮑相璈輯　清刻本
一冊　存一卷（十一）

330000－1797－0002739　52/2/349　子部/
醫家類/本草之屬/食療本草

食物本草會纂十二卷 （清）沈李龍輯　清刻
本　二冊　存三卷（四至五、十二）

330000－1797－0002740　52/2/350　子部/
醫家類/本草之屬/歷代綜合本草

本草問答二卷　唐宗海撰　清光緒三十四年
（1908）上海千頃堂書局石印本　一冊

330000－1797－0002742　53/4/558　子部/
醫家類/喉科口齒之屬/通論

咽喉秘集二卷 （清）海山仙館輯　清刻本
一冊　存一卷（上）

330000－1797－0002744　53/4/559　子部/
醫家類/方書之屬/單方驗方

濟世良方六卷首一卷補遺四卷 （清）周其芬
輯 （清）瑩軒氏增輯　清同治元年（1862）京
都文英堂刻本　四冊　存五卷（首，一至二、
四、六）

330000－1797－0002746　52/2/353　子部/
醫家類/本草之屬/本草藥性

增補本草備要八卷 （清）汪昂撰　清光緒二

十二年（1896）上海圖書集成印書局鉛印本
一冊

330000－1797－0002748　60/1/148　史部/
傳記類/總傳之屬/釋道

居士傳五十六卷 （清）彭紹升撰　清光緒四
年（1878）錢塘許靈虛刻本　　三冊

330000－1797－0002749　55/3/109　子部/
術數類/命書相書之屬

神機妙算鐵板數十四集 （宋）邵雍撰　清光
緒十年（1884）貞元書屋刻本　一冊　存一集
（坤）

330000－1797－0002750　55/2/75　子部/術
數類/相宅相墓之屬

地理辨正五卷 （清）蔣平階補傳 （清）姜垚
辨正 （清）章仲山增補直解　清善成堂刻本
二冊　存四卷（一至二、四至五）

330000－1797－0002751　55/3/108　子部/
術數類/占卜之屬

**新刻增定邵康節先生梅花觀梅拆字數全集五
卷** （宋）邵雍撰　清文奎堂刻本　一冊　存
二卷（一至二）

330000－1797－0002752　55/2/74　子部/術
數類/相宅相墓之屬

地理辨正補義五卷 （清）蔣平階補傳 （清）
尹有本補義　清刻本　二冊　存二卷（二、
四）

330000－1797－0002756　55/2/72　子部/術
數類/相宅相墓之屬

入地眼全書十卷 （宋）釋靜道撰　清兩儀堂
刻本　二冊　存五卷（一至五）

330000－1797－0002758　55/2/71　子部/術
數類/相宅相墓之屬

入地眼全書十卷 （宋）釋靜道撰　清文奎堂
刻本　六冊

330000－1797－0002765　55/3/101　子部/
術數類/命書相書之屬

三命通會十二卷 （明）萬民英撰　清刻本
九冊　存六卷（七至十二）

330000－1797－0002773　55/2/64　子部/術數類/相宅相墓之屬

入地眼全書十卷　（宋）釋靜道撰　清道光五年(1825)乾元堂刻本　五冊

330000－1797－0002774　55/3/97　子部/術數類/陰陽五行之屬

增廣玉匣記通書六卷　清奎照樓刻本　二冊

330000－1797－0002775　55/3/96　子部/術數類/陰陽五行之屬

增廣玉匣記通書六卷　清漱芳齋刻本　一冊

330000－1797－0002777　55/2/63　子部/術數類/相宅相墓之屬

入地眼全書十卷　（宋）釋靜道撰　清埽葉山房刻本　一冊　存二卷(一至二)

330000－1797－0002778　55/3/94　子部/術數類/相宅相墓之屬

陽宅大全十一卷　清石印本　一冊　存五卷(一至五)

330000－1797－0002779　55/2/62　子部/術數類/占候之屬

司馬頭陀鐵案五卷　（清）郭錫疇輯注　清刻本　一冊　存一卷(五)

330000－1797－0002780　55/2/61　子部/術數類/相宅相墓之屬

地理精微集六卷　（清）盛廷謨撰　（清）陳景新重編　清光緒二十四年(1898)刻本　一冊　存一卷(一)

330000－1797－0002783　55/2/60　子部/術數類/相宅相墓之屬

地理摠論不分卷　清抄本　一冊

330000－1797－0002784　55/2/59　子部/術數類/相宅相墓之屬

張宗道先生地理全書四卷　（明）張亘撰　清道光十二年(1832)經元堂刻本　二冊　存二卷(一至二)

330000－1797－0002785　55/2/58　子部/術數類/相宅相墓之屬

八宅明鏡二卷　（清）箬冠道人撰　清刻本　一冊　存一卷(二)

330000－1797－0002786　55/3/92　子部/術數類/相宅相墓之屬

陽宅大全十一卷　清上海鑄記書局石印本　三冊　存七卷(四至十)

330000－1797－0002787　55/3/91　子部/術數類/相宅相墓之屬

陽宅大全四集四卷　（清）許明輯　（清）許榮再續補　清末石印本　一冊

330000－1797－0002788　55/3/90　子部/術數類/相宅相墓之屬

陽宅大全十一卷　清石印本　一冊　存五卷(七至十一)

330000－1797－0002789　55/3/89　子部/術數類/相宅相墓之屬

陽宅大全十一卷　清石印本　一冊　存五卷(一至五)

330000－1797－0002790　55/2/57　子部/術數類

陰陽二宅全書(陰宅集要四卷陽宅集要八卷)十二卷　（清）姚廷鑾撰　清刻本　一冊　存一卷(陰宅集要四)

330000－1797－0002792　55/2/56　子部/術數類/相宅相墓之屬

雪心賦正解四卷　（唐）卜應天撰　（清）孟浩注　辯論三十篇一卷　（清）孟浩撰　清刻本　三冊　存三卷(一至三)

330000－1797－0002794　55/3/86　子部/術數類/相宅相墓之屬

陽宅三要四卷　（清）趙廷棟撰　清刻本　二冊

330000－1797－0002795　55/2/55　子部/術數類/相宅相墓之屬

嚴陵張九儀地理穿山透地真傳不分卷　（清）張鳳藻撰　清刻本　一冊

330000－1797－0002796　55/3/85　子部/術

數類/相宅相墓之屬

陽宅三要四卷　（清）趙廷棟撰　清刻本
二冊

330000－1797－0002797　55/3/84　子部/術
數類/相宅相墓之屬

陽宅開門真傳一卷　清抄本　一冊

330000－1797－0002798　55/3/83　子部/術
數類/相宅相墓之屬

陽宅大全十一卷　清石印本　一冊　存十卷
（一至七、九至十一）

330000－1797－0002799　55/3/80　子部/術
數類/相宅相墓之屬

陽宅大成四種　（清）魏青江撰　清刻本　三
冊　存一種

330000－1797－0002800　55/3/81　子部/術
數類/相宅相墓之屬

陽宅集成八卷　（清）姚廷鑾輯　清刻本　二
冊　存二卷（三、八）

330000－1797－0002801　55/2/54　子部/術
數類/相宅相墓之屬

山法全書八卷首二卷　（清）葉泰輯　清刻本
一冊　存二卷（七至八）

330000－1797－0002803　55/3/79　子部/術
數類/相宅相墓之屬

新刻東海王先生纂輯陽宅十書四卷　（明）王
君榮撰　清崇德堂刻本　四冊

330000－1797－0002804　55/3/78　子部/術
數類/相宅相墓之屬

陽宅都天發用全書一卷　（清）瞿天資校　清
刻本　一冊

330000－1797－0002805　55/2/52　子部/術
數類/相宅相墓之屬

山法全書八卷首二卷　（清）葉泰輯　清刻本
一冊　存一卷（一）

330000－1797－0002806　55/2/51　子部/術
數類/相宅相墓之屬

山法全書十九卷首二卷　（清）葉泰輯　清刻

本　一冊　存二卷（十三至十四）

330000－1797－0002807　55/3/77　子部/術
數類/相宅相墓之屬

陽宅大成四種　（清）魏青江撰　清刻本　一
冊　存一種

330000－1797－0002808　55/2/50　子部/術
數類/相宅相墓之屬

山洋指迷原本四卷　（明）周景一撰　（清）俞
歸璞　（清）吳卿瞻增注　清刻本　二冊　存
二卷（一、三）

330000－1797－0002809　55/3/76　子部/術
數類/相宅相墓之屬

陽宅大成四種　（清）魏青江撰　清刻本　一
冊　存一種

330000－1797－0002810　55/2/49　子部/術
數類/相宅相墓之屬

三世墓圖言□□卷　清刻本　一冊

330000－1797－0002811　55/2/48　子部/術
數類/相宅相墓之屬

秘藏疑龍經大全三卷　（唐）楊筠松撰　清刻
本　一冊

330000－1797－0002812　52/3/355　子部/
醫家類/本草之屬/歷代綜合本草

本草從新十八卷　（清）吳儀洛輯　清刻本
二冊　存七卷（五至八、十二至十四）

330000－1797－0002813　52/3/356　子部/
醫家類/本草之屬/歷代綜合本草

本草從新十八卷　（清）吳儀洛輯　清道光二
十六年（1846）瓶花書屋刻同治九年（1870）印
本　六冊　存六卷（一至二、五、十、十三、十
六）

330000－1797－0002814　52/3/357　子部/
醫家類/本草之屬/歷代綜合本草

本草從新十八卷　（清）吳儀洛輯　清刻本
二冊　存一卷（六）

330000－1797－0002815　52/3/358　子部/
醫家類/本草之屬/歷代綜合本草

本草從新十八卷　（清）吳儀洛輯　清刻本
二冊　存三卷（四至六）

330000－1797－0002816　55/4/117　子部/
天文曆算類/曆法之屬

新鐫曆法總覽合節鰲頭通書大全十卷　（明）
熊宗立纂輯　清石印本　八冊　存六卷（一
至二、四、六至八）

330000－1797－0002817　55/4/116　子部/
術數類/陰陽五行之屬

通德類情十三卷　（清）沈重華輯　清刻本
六冊　存十一卷（二至三、五至十三）

330000－1797－0002818　55/4/115　子部/
術數類/陰陽五行之屬

通德類情十三卷　（清）沈重華輯　清文華堂
刻本　八冊

330000－1797－0002819　55/4/114　子部/
術數類/陰陽五行之屬

通德類情十三卷　（清）沈重華輯　清刻本
二冊　存三卷（九、十二至十三）

330000－1797－0002820　55/4/113　子部/
術數類/陰陽五行之屬

通德類情十三卷　（清）沈重華輯　清刻本
一冊　存一卷（二）

330000－1797－0002821　55/4/112　子部/
術數類/陰陽五行之屬

通德類情十三卷　（清）沈重華輯　清文華堂
刻本　一冊　存一卷（一）

330000－1797－0002822　55/4/125　子部/
術數類/相宅相墓之屬

四祕全書十二種　（清）尹有本輯　清刻本
一冊　存一種

330000－1797－0002823　55/4/111　子部/
術數類/陰陽五行之屬

通德類情十三卷　（清）沈重華輯　清刻本
二冊　存五卷（九至十三）

330000－1797－0002825　55/4/123　子部/
術數類/占卜之屬

新刻增定邵康節先生梅花觀梅拆字數全集五
卷　（宋）邵雍撰　清兩儀堂刻本　二冊　存
三卷（一至二、四）

330000－1797－0002826　55/4/122　子部/
術數類/命書相書之屬

新編評注通玄先生張果星宗大全十卷　題
（唐）張果撰　（明）陸位刪補　清刻本　二冊
存二卷（四、九）

330000－1797－0002827　55/4/110　子部/
術數類/陰陽五行之屬

通德類情十三卷　（清）沈重華輯　清事守堂
刻本　六冊　存八卷（一至八）

330000－1797－0002828　55/4/121　子部/
術數類/命書相書之屬

新編評注通玄先生張果星宗大全十卷　題
（唐）張果撰　（明）陸位刪補　清刻本　二冊
存二卷（五至六）

330000－1797－0002831　58/1/63　集部/總
集類/選集之屬/通代

雞跖賦續刻二十八卷擬古二卷　（清）應泰泉
輯　清同治十三年（1874）蘭言室刻本　八冊

330000－1797－0002833　53/4/560　子部/
醫家類/醫案之屬

臨證指南醫案十卷　（清）葉桂撰　清刻本
一冊　存一卷（八）

330000－1797－0002834　53/4/561　子部/
醫家類/方書之屬/單方驗方

種福堂精選良方兼刻古吳名醫精論四卷
（清）葉桂撰　清金閶三槐堂刻本　一冊

330000－1797－0002835　53/4/562　子部/
醫家類/方書之屬/單方驗方

種福堂精選良方兼刻古吳名醫精論四卷
（清）葉桂撰　清種福堂刻本　一冊　存二卷
（三至四）

330000－1797－0002836　53/4/563　子部/
醫家類/方書之屬/單方驗方

種福堂公選良方四卷　（清）葉桂撰　清刻本
一冊　存二卷（三至四）

330000－1797－0002837　53/4/564　子部/醫家類/方書之屬/單方驗方

種福堂公選良方四卷　（清）葉桂撰　清刻本
一冊　存二卷（三至四）

330000－1797－0002838　53/4/565　子部/醫家類/方書之屬/歷代方書

醫方集解六卷　（清）汪昂撰　清刻本　四冊

330000－1797－0002839　52/3/359　子部/醫家類/本草之屬/歷代綜合本草

本草從新十八卷　（清）吳儀洛輯　清刻本
二冊　存四卷（二至三、五至六）

330000－1797－0002840　53/4/567　子部/醫家類/方書之屬/歷代方書

醫方集解三卷　（清）汪昂撰　清刻本　一冊
存一卷（二）

330000－1797－0002841　53/4/566　子部/醫家類/方書之屬/歷代方書

醫方集解六卷　（清）汪昂撰　清乾隆五十三年（1788）金閶三槐堂刻本　二冊　存五卷（一至五）

330000－1797－0002842　53/4/568　子部/醫家類/方書之屬/歷代方書

醫方集解三卷　（清）汪昂撰　清刻本　一冊
存一卷（二）

330000－1797－0002843　58/1/68　集部/總集類/選集之屬/通代

分類賦學雞跖集三十卷附錄一卷　（清）張維城輯　清刻本　一冊　存四卷（二至五）

330000－1797－0002844　58/1/67　集部/總集類/選集之屬/通代

分類賦學雞跖集三十卷附錄一卷　（清）張維城輯　清刻本　一冊　存二卷（二至三）

330000－1797－0002845　58/1/66　集部/總集類/選集之屬/通代

分類賦學雞跖集三十卷附錄一卷　（清）張維城輯　清道光二十五年（1845）粲花吟館刻本
一冊　存一卷（一）

330000－1797－0002846　58/1/62　新學/格致總

增訂格物入門七卷首一卷　（美國）丁韙良撰
清光緒十五年（1889）同文館鉛印本　六冊
存七卷（首、一至六）

330000－1797－0002847　53/5/569　子部/醫家類/方書之屬/歷代方書

醫方集解三卷　（清）汪昂撰　清大順堂刻本
四冊

330000－1797－0002848　58/1/61　新學/格致總

格致精華錄四卷　王仁俊撰　（清）江標編次
德國議院章程合盟紀事本末一卷　（清）徐建寅編　清末石印本　三冊　存四卷（格致精華錄一至四）

330000－1797－0002849　53/5/570　子部/醫家類/方書之屬/歷代方書

醫方集解三卷　（清）汪昂撰　清刻本　一冊
存一卷（一）

330000－1797－0002850　58/1/60　新學/格致總

格致精華錄四卷　王仁俊撰　（清）江標編次
德國議院章程合盟紀事本末一卷　（清）徐建寅編　清光緒二十二年（1896）石印本
四冊

330000－1797－0002851　53/5/571　子部/醫家類/方書之屬/歷代方書

醫方集解六卷　（清）汪昂撰　清刻本　二冊
存二卷（四、六）

330000－1797－0002852　58/1/59　類叢部/類書類/通類之屬

格致鏡原一百卷　（清）陳元龍撰　清刻本
一冊　存四卷（二十八至三十一）

330000－1797－0002853　53/5/572　子部/醫家類/方書之屬/歷代方書

醫方集解三卷　（清）汪昂撰　清刻本　二冊
存二卷（二至三）

330000－1797－0002854　53/5/573　子部/

醫家類/方書之屬/歷代方書

醫方集解不分卷 （清）汪昂撰　清刻本
一冊

330000－1797－0002855　58/1/57　類叢部/
類書類/通類之屬

類類聯珠初編三十二卷二編十二卷 （清）李
堃編　（清）李椿林增補　清同治九年（1870）
刻本　二冊　存十三卷（一至五、二十五至三
十二）

330000－1797－0002856　58/1/58　子部/雜
著類/雜纂之屬

清異錄二卷 （宋）陶穀撰　清康熙四十七年
（1708）鹽官陳世修漱六閣刻乾隆最宜草堂印
本　一冊　存一卷（上）

330000－1797－0002857　53/5/574　子部/
醫家類/方書之屬/歷代方書

醫方集解六卷 （清）汪昂撰　清刻本　一冊
存一卷（三）

330000－1797－0002858　53/5/575　子部/
醫家類/方書之屬/歷代方書

醫方集解三卷 （清）汪昂撰　清刻本　一冊
存一卷（下）

330000－1797－0002860　58/1/56　類叢部/
類書類/專類之屬

韻海大全類腋輯覽不分卷 （清）姚培謙撰
（清）趙克宜增輯　清末石印本　三冊

330000－1797－0002861　53/5/577　子部/
醫家類/方書之屬/歷代方書

醫方集解二十三卷 （清）汪昂撰　清鉛印本
一冊　存五卷（六至十）

330000－1797－0002862　58/1/55　類叢部/
類書類/通類之屬

類林新咏三十六卷 （清）姚之駰撰　清刻本
四冊　存十二卷（十二至十七、二十二至二
十四、三十一至三十三）

330000－1797－0002863　53/5/578　子部/
醫家類/方書之屬/歷代方書

增評童氏醫方集解二十三卷 （清）汪昂撰

清鉛印本　三冊　存二十卷（四至二十三）

330000－1797－0002864　58/1/54　類叢部/
類書類/通類之屬

廣廣事類賦三十二卷 （清）吳世旃撰　清嘉
慶十三年（1808）經元堂刻本　八冊

330000－1797－0002865　58/4/97　類叢部/
類書類/專類之屬

典林新采四卷 （清）殷振雲輯　清刻本　一
冊　存一卷（二）

330000－1797－0002866　58/4/96　子部/雜
著類/雜考之屬

中華古今注三卷 （五代）馬縞撰　清刻本
一冊

330000－1797－0002867　52/3/364　子部/
醫家類/本草之屬/歷代綜合本草

本草從新十八卷 （清）吳儀洛輯　清刻本
一冊　存九卷（三至十一）

330000－1797－0002868　52/3/376　子部/
農家農學類/園藝之屬/總志

佩文齋廣羣芳譜一百卷目錄二卷 （清）汪灝
等撰　清刻本　五冊　存五卷（十四至十五、
四十、四十四、九十三）

330000－1797－0002869　52/3/375　子部/
醫家類/本草之屬/歷代綜合本草

增訂本草備要四卷 （清）汪昂撰　清刻本
一冊

330000－1797－0002870　52/3/374　子部/
醫家類/本草之屬/歷代綜合本草

增訂本草備要四卷 （清）汪昂撰　清刻本
一冊　存一卷（四）

330000－1797－0002871　52/3/373　子部/
醫家類/本草之屬/歷代綜合本草

增訂本草備要四卷 （清）汪昂撰　清刻本
一冊　存一卷（四）

330000－1797－0002872　52/3/372　子部/
醫家類/本草之屬/歷代綜合本草

增訂本草備要四卷 （清）汪昂撰　清刻本

一冊　存一卷(三)

330000－1797－0002873　52/3/371　子部/
醫家類/本草之屬/歷代綜合本草

增訂本草備要四卷　(清)汪昂撰　清刻本
一冊　存一卷(四)

330000－1797－0002874　52/3/370　子部/
醫家類/本草之屬/本草藥性

增補本草備要八卷　(清)汪昂撰　清石印本
三冊　存三卷(三至四、六)

330000－1797－0002876　55/5/145　子部/
術數類

子平淵海不分卷　清抄本　一冊

330000－1797－0002877　52/3/369　子部/
醫家類/本草之屬/歷代綜合本草

增訂本草備要四卷醫方湯頭歌括一卷　(清)
汪昂撰　清松秀堂刻本　五冊

330000－1797－0002879　62/1/120　子部/
小說家類/瑣語之屬

夜雨秋燈錄初集四卷續集四卷三集四卷
(清)宣鼎撰　清石印本　一冊　存二卷(續
集三至四)

330000－1797－0002880　52/3/368　子部/
醫家類/本草之屬/歷代綜合本草

增訂本草備要四卷　(清)汪昂撰　清刻本
二冊　存二卷(一、三)

330000－1797－0002881　55/5/144　子部/
術數類/命書相書之屬

重鐫神峯通考命理正宗六卷　(明)張楠撰
清刻本　二冊　存二卷(五至六)

330000－1797－0002882　52/3/367　子部/
醫家類/本草之屬/歷代綜合本草

本草從新十八卷　(清)吳儀洛輯　清刻本
一冊　存一卷(一)

330000－1797－0002883　52/3/366　子部/
醫家類/本草之屬/歷代綜合本草

本草從新十八卷　(清)吳儀洛輯　清刻本
一冊　存一卷(六)

330000－1797－0002884　55/5/143　子部/
術數類/命書相書之屬

重鐫神峯張先生通考闢謬命理正宗大全六卷
(明)張楠撰　清刻本　三冊　存三卷(三、
五至六)

330000－1797－0002885　52/3/365　子部/
醫家類/本草之屬/歷代綜合本草

本草從新十八卷　(清)吳儀洛輯　清刻本
一冊　存五卷(四至八)

330000－1797－0002898　55/5/138　子部/
天文曆算類/曆法之屬

新鐫曆法便覽象吉備要通書大全二十九卷
(清)魏鑑撰　清刻本　一冊　存二卷(十四
至十五)

330000－1797－0002899　55/5/137　子部/
天文曆算類/曆法之屬

新鐫曆法便覽象吉備要通書大全二十九卷
(清)魏鑑撰　清刻本　一冊　存三卷(六至
八)

330000－1797－0002901　62/1/110　集部/
小說類/長篇之屬

**繡像五虎平西珍珠旗演義狄青前傳六卷一百
十二回後續四卷四十二回**　清末石印本　一
冊　存三卷(四至六)

330000－1797－0002902　55/5/136　子部/
天文曆算類/曆法之屬

新鐫曆法便覽象吉備要通書大全二十九卷
(清)魏鑑撰　清刻本　一冊　存二卷(十九
至二十)

330000－1797－0002903　62/1/109　集部/
曲類/彈詞之屬

繡像小八義十二卷一百二十回　清光緒二十
一年(1895)上海觀瀾閣書局石印本　一冊
存七卷(六至十二)

330000－1797－0002904　55/5/135　子部/
天文曆算類/曆法之屬

新鐫曆法便覽象吉備要通書大全二十九卷
(清)魏鑑撰　清刻本　一冊　存三卷(一至

三）

330000 – 1797 – 0002905　53/5/594　子部/
醫家類/方書之屬/單方驗方
經驗良方四卷　（清）錢青掄輯　（清）陳彥吾
續增　清刻本　二冊　存二卷（二至三）

330000 – 1797 – 0002906　62/1/108　集部/
曲類/彈詞之屬
新增全圖珍珠塔後傳麒麟豹三十卷六十回
（清）馬永清撰　清石印本　一冊　存七卷
（二十四至三十）

330000 – 1797 – 0002907　62/1/107　集部/
小說類/長篇之屬
新編呂純陽三戲白牡丹初集四卷十六回　清
末石印本　一冊

330000 – 1797 – 0002908　55/5/134　子部/
天文曆算類/曆法之屬
新鐫曆法便覽象吉備要通書大全二十九卷
（清）魏鑑撰　清刻本　一冊　存三卷（二至
四）

330000 – 1797 – 0002909　62/1/105　集部/
小說類/短篇之屬
西湖佳話古今遺蹟十六卷　（清）墨浪子輯
清刻本　一冊　存四卷（十三至十六）

330000 – 1797 – 0002910　55/5/133　子部/
天文曆算類/曆法之屬
新鐫曆法便覽象吉備要通書三十二卷　（清）
魏鑑撰　清刻本　二冊　存十六卷（十七至
三十二）

330000 – 1797 – 0002911　55/5/132　子部/
天文曆算類/曆法之屬
新鐫曆法便覽象吉備要通書大全二十九卷
（清）魏鑑撰　清刻本　一冊　存三卷（十二
至十四）

330000 – 1797 – 0002912　62/1/104　史部/
地理類/雜志之屬
桂海虞衡志一卷　（宋）范成大撰　清石印本
一冊

330000 – 1797 – 0002914　62/1/103　集部/
小說類/長篇之屬
新鐫玉茗堂批點按鑑參補南宋志傳十卷五十
回北宋志傳十卷五十回　（明）研石山樵訂正
清刻本　一冊　存二卷（北宋志傳一至二）

330000 – 1797 – 0002915　62/1/102　集部/
小說類/長篇之屬
繡像全圖小五義六卷一百二十四回　（清）石
玉崑撰　清鉛印本　一冊　存三卷（四至六）

330000 – 1797 – 0002917　55/5/131　子部/
天文曆算類/曆法之屬
新鐫曆法便覽象吉備要通書大全二十九卷
（清）魏鑑撰　清刻本　一冊　存一卷（十一）

330000 – 1797 – 0002918　55/5/130　子部/
天文曆算類/曆法之屬
新鐫曆法便覽象吉備要通書大全二十九卷
（清）魏鑑撰　清刻本　一冊　存三卷（六至
八）

330000 – 1797 – 0002919　55/5/129　子部/
天文曆算類/曆法之屬
新鐫曆法便覽象吉備要通書三十二卷　（清）
魏鑑撰　清刻本　一冊　存五卷（二十七至
三十一）

330000 – 1797 – 0002920　55/5/128　子部/
天文曆算類/曆法之屬
新鐫曆法便覽象吉備要通書大全二十九卷
（清）魏鑑撰　清刻本　一冊　存一卷（十四）

330000 – 1797 – 0002921　55/5/127　子部/
天文曆算類/曆法之屬
新鐫曆法便覽象吉備要通書大全二十九卷
（清）魏鑑撰　清文德堂刻本　一冊　存三卷
（一至三）

330000 – 1797 – 0002922　55/5/126　子部/
天文曆算類/曆法之屬
新鐫曆法便覽象吉備要通書大全二十九卷
（清）魏鑑撰　清立言堂刻本　三冊　存十三
卷（一至十、十二至十四）

330000 – 1797 – 0002923　53/5/580　子部/

醫家類/方書之屬/歷代方書

增評童氏醫方集解二十三卷 （清）汪昂撰
清光緒二十三年(1897)上海圖書集成印書局
鉛印本　一冊　存二卷(一至二)

330000－1797－0002924　53/5/581　子部/
醫家類/方書之屬/歷代方書

醫方集解不分卷 （清）汪昂撰　清抄本
一冊

330000－1797－0002925　62/2/147　集部/
小說類/短篇之屬

繪圖包公案全傳四卷　清末石印本　一冊

330000－1797－0002929　53/5/585　子部/
醫家類/類編之屬

重鐫本草醫方合編十二卷 （清）汪昂編　清
刻本　一冊　存一卷(五)

330000－1797－0002930　53/5/584　子部/
醫家類/類編之屬

重鐫本草醫方合編十二卷 （清）汪昂編　清
刻本　三冊　存三卷(二、五至六)

330000－1797－0002934　53/5/586　子部/
醫家類/類編之屬

本草醫方合編 （清）汪昂編　清光緒三十三
年(1907)上海同文書局石印本　二冊　存七
卷(增評醫方集解一至二、十至十四)

330000－1797－0002935　53/5/587　子部/
醫家類/類編之屬

重鐫本草醫方合編十二卷 （清）汪昂編　清
刻本　一冊　存一卷(二)

330000－1797－0002936　62/1/104.1　集
部/小說類/短篇之屬

劍俠傳四卷　清刻本　一冊

330000－1797－0002937　53/5/590　子部/
醫家類/方書之屬/單方驗方

普濟應驗良方十一卷 （清）德軒氏輯　清刻
本　一冊　存三卷(三至五)

330000－1797－0002938　62/1/100　集部/
小說類/長篇之屬

繪圖說岳全傳八卷八十回 （清）錢彩撰　清
末石印本　一冊

330000－1797－0002939　53/5/588　子部/
醫家類/婦科之屬/通論

竹林寺婦科秘方一卷 （清）竹林寺僧撰　清
刻本　一冊

330000－1797－0002941　53/5/589　子部/
醫家類/婦科之屬/通論

竹林寺婦科秘方一卷 （清）竹林寺僧撰　清
刻本　一冊

330000－1797－0002943　62/1/100.2　集
部/小說類/長篇之屬

繡像精忠演義說岳全傳八卷八十回 （清）錢
彩撰　清石印本　二冊　存三卷(二至四)

330000－1797－0002944　62/1/101　集部/
小說類/長篇之屬

兒女英雄傳評話八卷四十回首一卷 （清）文
康撰　（清）董恂評　清石印本　二冊　存五
卷(首、一至四)

330000－1797－0002947　62/2/124　集部/
小說類/長篇之屬

繪圖野叟曝言二十卷 （清）夏敬渠撰　清石
印本　十二冊　存十二卷(二至三、六至九、
十一至十三、十五至十六、二十)

330000－1797－0002950　53/5/591　子部/
醫家類/方書之屬/單方驗方

驗方不分卷　清刻本　一冊

330000－1797－0002952　53/5/592　子部/
醫家類/方書之屬/成方藥目

仲景大全書傷寒藥方□□卷 （漢）張仲景撰
　清刻本　一冊　存一卷(三)

330000－1797－0002953　53/2/593　子部/
醫家類/綜合之屬/通論

赤水玄珠三十卷 （明）孫一奎撰　清刻本
一冊　存二卷(二十三至二十四)

330000－1797－0002954　53/5/599　子部/
醫家類/方書之屬/單方驗方

醫方湯頭歌訣一卷經絡歌訣一卷 （清）汪昂撰 清刻本 一冊

330000－1797－0002956 63/2/1 集部/總集類/選集之屬/通代

文選六十卷 （南朝梁）蕭統輯 （唐）李善注 清刻本 二冊 存七卷（二十八至三十、三十五至三十八）

330000－1797－0002957 62/3/20 子部/藝術類/書畫之屬/畫譜

點石齋叢畫十卷 （清）尊聞閣主人輯 清石印本 二冊 存二卷（二、八）

330000－1797－0002958 62/3/19 子部/藝術類/篆刻之屬/印譜

小石山房印譜八卷附三卷 （清）顧湘 （清）顧浩輯 清道光八年（1828）虞山顧氏小石山房鈐印本 一冊 存二卷（一至二）

330000－1797－0002960 63/2/2 集部/總集類/選集之屬/通代

文選六十卷 （南朝梁）蕭統輯 （唐）李善注 （清）何焯評 清海錄軒刻本 十二冊

330000－1797－0002961 63/2/3 集部/總集類/選集之屬/通代

重訂文選集評十五卷首一卷末一卷 （清）于光華輯 清同治十一年（1872）江蘇書局刻本 十六冊

330000－1797－0002962 62/4/9 子部/兵家類/兵法之屬

紀效新書十八卷首一卷 （明）戚繼光撰 清光緒二十一年（1895）上海醉經樓石印本 二冊 存十一卷（一至九、十六至十七）

330000－1797－0002964 63/2/4 集部/總集類/選集之屬/通代

重訂文選集評十五卷首一卷末一卷 （清）于光華輯 清刻本 二冊 存二卷（一、七）

330000－1797－0002965 62/3/14 子部/藝術類/書畫之屬/畫譜

詩中畫二卷 （清）馬濤繪 清石印本 一冊 存一卷（上）

330000－1797－0002966 63/2/5 集部/總集類/選集之屬/通代

重訂文選集評十五卷首一卷末一卷 （清）于光華輯 清刻本 一冊 存一卷（一）

330000－1797－0002968 63/2/6 集部/總集類/選集之屬/通代

重訂文選集評十五卷首一卷末一卷 （清）于光華輯 清刻本 四冊 存四卷（一、九、十一、十四）

330000－1797－0002969 63/3/7 集部/總集類/選集之屬/通代

文選六十卷 （南朝梁）蕭統輯 （唐）李善注 清宣統三年（1911）上海會文堂粹記石印本 十六冊

330000－1797－0002972 62/4/8 集部/詩文評類/詩評之屬

詩法入門四卷首一卷 （清）游藝輯 清刻本 二冊 缺一卷（二）

330000－1797－0002976 62/3/8 子部/藝術類/書畫之屬/畫譜

芥子園畫傳初集六卷二集九卷三集六卷 （清）王槩 （清）王蓍 （清）王臬輯 清石印本 一冊 存一卷（三）

330000－1797－0002978 63/3/10 集部/總集類/選集之屬/通代

昭明太子文選□□卷 （南朝梁）蕭統輯 （明）張鳳翼纂注 清刻本 二冊 存一卷（二）

330000－1797－0002979 63/4/11 集部/總集類/選集之屬/通代

重訂文選集評十五卷首一卷末一卷 （清）于光華輯 清刻本 六冊 存六卷（一、四至六、八、十三）

330000－1797－0002980 62/3/6 子部/藝術類/書畫之屬/畫譜

芥子園畫傳初集六卷二集九卷三集六卷 （清）王槩 （清）王蓍 （清）王臬輯 清石印本 二冊 存三卷（三、二集四至五）

330000－1797－0002981　63/4/12　集部/總集類/選集之屬/通代

重訂文選集評十五卷首一卷末一卷　（清）于光華輯　清刻本　二冊　存二卷(二至三)

330000－1797－0002982　63/4/13　集部/總集類/選集之屬/通代

重訂文選集評十五卷首一卷末一卷　（清）于光華輯　清同治七年(1868)緯文堂刻本　十三冊　缺四卷(一、三、十五，末)

330000－1797－0002983　62/3/5　子部/藝術類/書畫之屬/畫譜

芥子園畫傳初集六卷二集九卷三集六卷　(清)王槩　（清）王蓍　（清）王臬輯　清石印本　一冊　存三卷(四至六)

330000－1797－0002987　63/4/14　集部/總集類/選集之屬/通代

重訂文選集評十五卷首一卷末一卷　（清）于光華輯　清崇儒書屋刻本　十四冊　缺三卷(十、十四，末)

330000－1797－0002989　63/5/15　集部/總集類/選集之屬/通代

文選六十卷　（南朝梁）蕭統輯　(唐)李善注　清刻本　一冊　存四卷(四十六至四十九)

330000－1797－0002994　63/5/17　集部/總集類/選集之屬/通代

重訂文選集評十五卷首一卷末一卷　（清）于光華輯　清刻本　四冊　存四卷(二至四、十五)

330000－1797－0002996　62/3/2　子部/藝術類/書畫之屬/畫譜

芥子園畫傳初集六卷二集九卷三集六卷　(清)王槩　（清）王蓍　（清）王臬輯　清刻本　一冊　存一卷(二集二)

330000－1797－0002997　60/2/154　子部/宗教類/道教之屬

玉歷鈔傳警世不分卷附經驗良方一卷　清刻本　一冊

330000－1797－0002999　62/3/1　子部/藝

術類/書畫之屬/總論

寫真秘訣一卷　（清）丁皋撰　清刻本　一冊

330000－1797－0003001　63/5/19　集部/總集類/選集之屬/通代

重訂文選集評十五卷首一卷末一卷　（清）于光華輯　清刻本　二冊　存二卷(三、十二)

330000－1797－0003003　63/5/20　集部/總集類/選集之屬/通代

昭明文選六臣彙註疏解三十九卷　（清）顧施楨輯　清嘉慶二十四年(1819)六經堂刻本　六冊　存六卷(一至三、三十、三十五、三十八)

330000－1797－0003004　63/5/21　集部/總集類/選集之屬/通代

文選集腋六卷　（清）胥斌輯　清刻本　一冊　存一卷(四)

330000－1797－0003005　62/4/18　子部/醫家類/綜合之屬/通論

御纂醫宗金鑑九十卷首一卷　（清）吳謙等撰　清刻本　十一冊　存二十四卷(七至八、十二至十五、十八至十九、二十七至三十一、三十九至四十、六十三、六十八至七十一、八十一至八十二、八十七至八十八)

330000－1797－0003006　62/4/17　史部/史評類/史論之屬

論海一百七十二卷　（清）蔡和鏘輯　清光緒二十八年(1902)石印本　四冊　存十七卷(十一至十三、七十二至七十四、七十九至八十三、九十四至九十九)

330000－1797－0003008　62/4/15　子部/儒家類/儒學之屬

明本釋三卷　（宋）劉荀撰　清石印本　一冊

330000－1797－0003009　62/4/14　子部/道家類

老子道德經二卷　（三國魏）王弼注　清刻本　一冊　存一卷(下)

330000－1797－0003011　63/5/16　集部/總集類/選集之屬/通代

文選五卷首一卷　（南朝梁）蕭統輯　（唐）李善注　文選考異一卷　（清）胡克家撰　清末石印本　三冊　缺四卷（首,一、三至四）

330000－1797－0003012　62/4/11　史部/政書類/邦交之屬

增訂教案彙編六卷首一卷　（清）程宗裕撰　清石印本　一冊　存一卷（六）

330000－1797－0003013　63/3/10.1　集部/總集類/選集之屬/通代

昭明文選六臣彙註疏解三十九卷　（清）顧施楨輯　清刻本　九冊　存九卷（五、十一至十二、十九、二十一、二十三、二十八至二十九、三十九）

330000－1797－0003014　62/4/10　集部/別集類/清別集

存我軒偶錄不分卷　（清）陸鍾渭撰　清石印本　一冊

330000－1797－0003017　62/4/5　子部/術數類/相宅相墓之屬

地理五訣八卷　（清）趙廷棟撰　清刻本　一冊　存一卷（一）

330000－1797－0003018　62/4/4　史部/地理類/專志之屬/祠墓

西湖林公祠墓誌一卷　（清）程鍾瑞輯　（清）□□增輯　清同治八年（1869）刻光緒增刻本　一冊

330000－1797－0003019　62/4/3　集部/別集類/明別集

楊忠愍公遺書一卷　（明）楊繼盛撰　清同治六年（1867）刻本　三冊

330000－1797－0003020　62/4/2　集部/別集類/明別集

讀書後八卷　（明）王世貞撰　清刻本　一冊　存五卷（四至八）

330000－1797－0003021　62/4/1　經部/書類/傳說之屬

書經精華六卷　（清）薛嘉穎撰　清光緒二年（1876）寧郡簡香齋刻本　二冊

330000－1797－0003022　64/2/23　集部/總集類/選集之屬/通代

聚秀堂古文十二卷　（清）吳乘權　（清）吳大職輯　清刻本　一冊　存二卷（五至六）

330000－1797－0003023　64/2/24　集部/總集類/選集之屬/通代

古文析義八卷　（清）林雲銘評註　清刻本　五冊　存五卷（二至六）

330000－1797－0003032　61/1/16　集部/小說類/長篇之屬

繡像東周列國志二十七卷一百八回首一卷　（清）蔡昙評點　清末上海商務印書館鉛印本　二冊　存五卷（六至八、十二至十三）

330000－1797－0003033　61/1/17　集部/小說類/長篇之屬

繡像東周列國志二十七卷一百八回首一卷　（清）蔡昙評點　清末上海商務印書館鉛印本　一冊　存四卷（十五至十八）

330000－1797－0003035　64/2/25　集部/總集類/選集之屬/通代

古文析義二編八卷　（清）林雲銘輯注　清刻本　三冊　存三卷（二至四）

330000－1797－0003038　64/2/26　集部/總集類

文富堂重訂古文釋義新編八卷　（清）余誠評注　清刻本　一冊　存一卷（八）

330000－1797－0003039　64/2/27　集部/總集類/選集之屬/通代

古文釋義新編八卷　（清）余誠輯　清刻本　五冊　存五卷（二至三、六至八）

330000－1797－0003041　64/2/28　集部/總集類/選集之屬/通代

古文釋義新編八卷　（清）余誠輯　清文奎堂刻本　八冊

330000－1797－0003042　65/1/50　集部/總集類/選集之屬/通代

古文觀止十二卷　（清）吳乘權　（清）吳大職輯　清浙蘭慎言堂刻本　六冊

330000－1797－0003043　65/1/49　集部/總集類/選集之屬/通代

省魁堂古文觀止十二卷 （清）吳乘權　（清）吳大職輯　清刻本　六冊　存十卷（一至四、七至十二）

330000－1797－0003048　65/2/72　子部/儒家類/儒學之屬/蒙學

小學集註六卷 （明）陳選撰　清刻本　一冊　存一卷（五）

330000－1797－0003056　65/3/77　集部/總集類/選集之屬/斷代

國朝文匯甲前集二十卷甲集六十卷乙集七十卷丙集三十卷丁集二十卷 國學扶輪社輯　清宣統元年(1909)上海國學扶輪社石印本　七冊　存十四卷（乙集一至十四）

330000－1797－0003057　65/3/76　集部/總集類/選集之屬/斷代

國朝文匯甲前集二十卷甲集六十卷乙集七十卷丙集三十卷丁集二十卷 國學扶輪社輯　清上海國學扶輪社石印本　二十七冊　存五十四卷（甲集七至六十）

330000－1797－0003058　65/3/75　集部/總集類/選集之屬/斷代

國朝文匯甲前集二十卷甲集六十卷乙集七十卷丙集三十卷丁集二十卷 國學扶輪社輯　清宣統元年(1909)上海國學扶輪社石印本　十一冊　存二十卷（甲前集一至二十）

330000－1797－0003059　65/4/78　集部/總集類/選集之屬/斷代

國朝文匯甲前集二十卷甲集六十卷乙集七十卷丙集三十卷丁集二十卷 國學扶輪社輯　清上海國學扶輪社石印本　二十八冊　存五十六卷（乙集十五至七十）

330000－1797－0003060　65/6/82　集部/總集類/選集之屬/斷代

皇朝經世文編一百二十卷姓名總目二卷 （清）賀長齡輯　清藝芸書局刻本　三十三冊　存五十卷（五十一至一百）

330000－1797－0003061　65/5/81　集部/總集類/選集之屬/斷代

皇朝經世文編一百二十卷姓名總目二卷 （清）賀長齡輯　清光緒十七年(1891)經綸書局刻本　三十四冊　存五十卷（一至五十）

330000－1797－0003062　65/4/80　集部/總集類/選集之屬/斷代

國朝文匯甲前集二十卷甲集六十卷乙集七十卷丙集三十卷丁集二十卷 國學扶輪社輯　清宣統元年(1909)上海國學扶輪社石印本　十冊　存二十卷（丁集一至二十）

330000－1797－0003063　65/4/79　集部/總集類/選集之屬/斷代

國朝文匯甲前集二十卷甲集六十卷乙集七十卷丙集三十卷丁集二十卷 國學扶輪社輯　清宣統元年(1909)上海國學扶輪社石印本　十五冊　存三十卷（丙集一至三十）

330000－1797－0003065　64/2/29　集部/總集類/選集之屬/通代

古文翼八卷 （清）唐德宜輯並評　（清）季福襄重訂　清光緒四年(1878)刻本　四冊　存三卷（一至三）

330000－1797－0003066　66/5/150　集部/總集類/選集之屬/斷代

唐詩選七卷 （明）李攀龍輯　（清）吳人注　清刻本　一冊　存二卷（四至五）

330000－1797－0003067　66/5/149　集部/總集類/選集之屬/斷代

古唐詩選七卷 （明）李攀龍選　（清）吳人注　清刻本　二冊　存四卷（三至六）

330000－1797－0003069　66/5/148　集部/總集類/選集之屬/斷代

唐詩三百首續選一卷 （清）于慶元編　清刻本　一冊

330000－1797－0003071　66/5/147　集部/總集類/選集之屬/斷代

唐詩三百首續選一卷 （清）于慶元編　清刻本　二冊

330000－1797－0003072　66/5/146　集部/總集類/選集之屬/斷代

唐詩三百首註釋六卷　(清)孫洙編　(清)章燮注　**唐詩三百首續選一卷姓氏小傳一卷**(清)于慶元輯　清益元書局刻本　四冊　存三卷(二、五,續選)

330000－1797－0003076　64/2/32　集部/總集類/選集之屬/通代

御選唐宋文醇五十八卷　(清)高宗弘曆輯清刻本　一冊　存四卷(三十四至三十七)

330000－1797－0003077　64/2/33　集部/總集類/選集之屬/通代

唐宋八大家類選十四卷　(清)儲欣輯　清刻本　十冊　存十二卷(二至四、六至十四)

330000－1797－0003078　66/5/137　集部/總集類/選集之屬/斷代

唐詩三百首註疏六卷　(清)孫洙編　(清)章燮注　清刻本　一冊　存一卷(三)

330000－1797－0003079　64/2/34　集部/總集類/選集之屬/通代

唐宋八大家類選十四卷　(清)儲欣輯　清乾隆三十八年(1773)同文堂刻本　七冊　缺一卷(十三)

330000－1797－0003080　66/5/140　集部/總集類/選集之屬/斷代

唐詩三百首註疏六卷　(清)孫洙編　(清)章燮注　清刻本　一冊　存一卷(四)

330000－1797－0003082　66/5/139　集部/總集類/選集之屬/斷代

唐詩三百首註疏六卷　(清)孫洙編　(清)章燮注　清刻本　三冊　存三卷(二至三、五)

330000－1797－0003083　64/3/37　集部/總集類/選集之屬/通代

經史百家雜鈔二十六卷　(清)曾國藩輯　清刻本　三冊　存四卷(十二至十五)

330000－1797－0003084　66/5/141.1　集部/總集類/選集之屬/斷代

唐詩三百首續選一卷　(清)于慶元編　清刻

本　一冊

330000－1797－0003085　66/5/138　集部/總集類/選集之屬/斷代

唐詩三百首註疏六卷　(清)孫洙編　(清)章燮注　清立言堂刻本　一冊　存一卷(一)

330000－1797－0003086　66/5/141　集部/總集類/選集之屬/斷代

唐詩三百首註疏六卷　(清)孫洙編　(清)章燮注　清立言堂刻本　一冊　存一卷(一)

330000－1797－0003087　66/5/136　集部/總集類/選集之屬/斷代

唐詩三百首註疏六卷　(清)孫洙編　(清)章燮注　清刻本　一冊　存一卷(二)

330000－1797－0003088　66/5/135　集部/總集類/選集之屬/斷代

唐詩三百首註疏六卷　(清)孫洙編　(清)章燮注　清刻本　一冊　存二卷(一至二)

330000－1797－0003089　66/5/134　集部/總集類/選集之屬/斷代

唐詩三百首註疏六卷　(清)孫洙編　(清)章燮注　清末刻本　六冊

330000－1797－0003090　64/3/36　類叢部/叢書類/自著之屬

曾文正公全集十五種　(清)曾國藩撰　清同治至光緒傳忠書局刻本　二十冊　存一種

330000－1797－0003091　64/3/35　集部/總集類/選集之屬/通代

唐宋八大家類選十四卷　(清)儲欣輯　清乾隆三十八年(1773)同文堂刻本　八冊　缺一卷(三)

330000－1797－0003092　66/5/133　集部/總集類/選集之屬/斷代

唐詩三百首註疏六卷　(清)孫洙編　(清)章燮注　清浙蘭慎言堂刻本　四冊　存四卷(一、三至五)

330000－1797－0003093　66/5/132　集部/總集類/選集之屬/斷代

唐詩三百首註疏六卷 （清）孫洙編 （清）章
燮注 清永言堂刻本 六冊

330000－1797－0003095 66/5/131 集部/
總集類/選集之屬/斷代
唐詩三百首註疏六卷 （清）孫洙編 （清）章
燮注 清浙蘭文華樓刻本 六冊

330000－1797－0003096 64/5/43 集部/總
集類/選集之屬/通代
續古文辭類纂三十四卷 王先謙輯 清光緒
三十三年（1907）上海商務印書館鉛印本
四冊

330000－1797－0003097 64/5/42 集部/總
集類/選集之屬/通代
古文辭類纂七十四卷 （清）姚鼐輯 續古文
辭類纂三十四卷 王先謙輯 清鉛印本 一
冊 存十卷(二十五至三十四)

330000－1797－0003098 64/5/41 集部/總
集類/選集之屬/通代
續古文辭類纂三十四卷 王先謙輯 清光緒
三十三年（1907）上海商務印書館鉛印本 三
冊 存二十三卷(一至二十三)

330000－1797－0003099 64/5/40 集部/總
集類/選集之屬/通代
古文辭類纂七十四卷 （清）姚鼐輯 續古文
辭類纂三十四卷 王先謙輯 清光緒三十三
年（1907）上海商務印書館鉛印本 八冊

330000－1797－0003100 64/4/39 史部/金
石類/郡邑之屬/文字
山右石刻叢編四十卷 （清）胡聘之撰 清光
緒二十五年至二十七年（1899－1901）刻本
二十四冊

330000－1797－0003101 66/5/129 集部/
總集類/選集之屬/斷代
唐詩三百首六卷 （清）孫洙編 清刻本 一
冊 存四卷(三至六)

330000－1797－0003102 66/5/130 集部/
總集類/選集之屬/斷代
唐詩三百首六卷 （清）孫洙編 清文華堂刻

本 二冊

330000－1797－0003103 66/5/128 集部/
總集類/選集之屬/斷代
唐詩三百首六卷 （清）孫洙編 清光緒三年
(1877)浙寧簡香齋刻本 一冊 存二卷(一
至二)

330000－1797－0003104 66/5/127 集部/
總集類/選集之屬/斷代
唐詩三百首六卷 （清）孫洙編 清刻本 一
冊 存四卷(三至六)

330000－1797－0003105 66/5/126 集部/
總集類/選集之屬/斷代
唐詩三百首六卷 （清）孫洙編 清刻本
二冊

330000－1797－0003106 66/5/125 集部/
總集類/選集之屬/斷代
唐詩三百首六卷 （清）孫洙編 清刻本 一
冊 存二卷(一至二)

330000－1797－0003110 60/2/159 子部/
宗教類/道教之屬
意旨了然集三卷續編一卷 （清）陳普時撰
清刻本 一冊

330000－1797－0003111 66/5/124 集部/
總集類/選集之屬/斷代
唐詩三百首六卷 （清）孫洙編 清金郡正業
堂刻本 一冊 存二卷(一至二)

330000－1797－0003112 66/5/123 集部/
總集類/選集之屬/斷代
唐詩三百首六卷 （清）孫洙編 清文遠樓刻
本 一冊

330000－1797－0003113 66/5/122 集部/
總集類/選集之屬/斷代
唐詩三百首註疏六卷 （清）孫洙編 （清）章
燮注 清刻本 二冊 存二卷(三至四)

330000－1797－0003114 66/1/86 集部/總
集類/選集之屬/斷代
皇朝經世文編一百二十卷姓名總目二卷

（清）賀長齡輯　清刻本　四冊　存七卷（三至五、五十一至五十二，總目一至二）

330000－1797－0003116　66/1/85　集部/總集類/選集之屬/斷代

皇朝經世文編一百二十卷　（清）賀長齡輯清鉛印本　七冊　存三十八卷（十八至三十七、四十五至五十二、六十二至六十六、一百十一至一百十五）

330000－1797－0003117　66/5/121　集部/總集類/選集之屬/斷代

唐詩三百首六卷　（清）孫洙編　清文華堂刻本　二冊

330000－1797－0003118　66/1/84　集部/總集類/選集之屬/斷代

皇朝經世文編一百二十卷姓名總目二卷（清）賀長齡輯　清光緒二十五年（1899）上海中西書局石印本　十二冊

330000－1797－0003119　66/5/120　集部/總集類/選集之屬/斷代

唐詩三百首註疏六卷　（清）孫洙編　（清）章燮注　清刻本　一冊　存一卷（六）

330000－1797－0003120　66/5/119　集部/總集類/選集之屬/斷代

唐詩三百首六卷　（清）孫洙編　清光緒三年（1877）虞山刻本　一冊

330000－1797－0003121　66/1/83　集部/總集類/選集之屬/斷代

皇朝經世文編一百二十卷　（清）賀長齡輯清刻本　十二冊　存十八卷（一百三至一百二十）

330000－1797－0003122　66/6/166　集部/總集類/選集之屬/通代

古唐詩合解十二卷古詩四卷　（清）王堯衢注清刻本　一冊　存三卷（三至五）

330000－1797－0003123　66/6/165　集部/總集類/選集之屬/通代

古唐詩合解十二卷古詩四卷　（清）王堯衢注清光緒十三年（1887）珊城漁古山房刻本

二冊　存五卷（一至二、五至七）

330000－1797－0003124　66/2/98　集部/總集類/選集之屬/斷代

皇朝經世文新編二十一卷　麥仲華輯　清石印本　一冊　存三卷（十一至十三）

330000－1797－0003125　66/6/164　集部/總集類/選集之屬/通代

古唐詩合解十二卷古詩四卷　（清）王堯衢注清文光堂刻本　六冊

330000－1797－0003126　66/2/97　集部/總集類/選集之屬/斷代

皇朝經世文統編一百七卷　（清）□潤甫輯清光緒二十七年（1901）上海寶善齋石印本一冊　存二卷（一至二）

330000－1797－0003127　66/6/163　集部/總集類/選集之屬/通代

古唐詩合解十二卷古詩四卷　（清）王堯衢注清光緒十一年（1885）上海掃葉山房刻本六冊

330000－1797－0003128　66/2/96　集部/總集類/選集之屬/斷代

皇朝經世文三編八十卷　（清）陳忠倚輯　清石印本　四冊　存二十一卷（二十六至三十、三十六至四十五、五十一至五十六）

330000－1797－0003129　66/6/162　集部/總集類/選集之屬/通代

古唐詩合解十二卷古詩四卷　（清）王堯衢注清經綸堂刻本　四冊　存十一卷（一至二、八至十二，古詩一至四）

330000－1797－0003130　66/6/161　集部/總集類/選集之屬/通代

古唐詩合解十二卷古詩四卷　（清）王堯衢注清刻本　一冊　存四卷（古詩一至四）

330000－1797－0003131　66/2/95　集部/總集類/選集之屬/斷代

皇朝經世文新編二十一卷　麥仲華輯　清石印本　一冊　存三卷（一至三）

330000－1797－0003132　66/6/160　集部/
總集類/選集之屬/通代

古唐詩合解十二卷古詩四卷　（清）王堯衢注
　清刻本　一冊　存二卷（八至九）

330000－1797－0003133　66/6/159　集部/
總集類/選集之屬/通代

古唐詩合解十二卷古詩四卷　（清）王堯衢注
　清光緒刻本　三冊　存七卷（一至二、五至
七、十一至十二）

330000－1797－0003134　66/6/158　集部/
總集類/選集之屬/通代

古唐詩合解十二卷古詩四卷　（清）王堯衢注
　清富春堂刻本　二冊　存四卷（一至二、八
至九）

330000－1797－0003135　66/6/157　集部/
總集類/選集之屬/通代

古唐詩合解十二卷古詩四卷　（清）王堯衢注
　清道光二十五年（1845）天祿齋刻本　一冊
　存二卷（一至二）

330000－1797－0003136　66/2/94　集部/總
集類/選集之屬/斷代

皇朝經世文新編二十一卷　麥仲華輯　清石
印本　三冊　存六卷（四至五、十三至十四、
十六至十七）

330000－1797－0003137　66/6/156　集部/
總集類/選集之屬/通代

古唐詩合解十二卷古詩四卷　（清）王堯衢注
　清文奎堂刻本　七冊

330000－1797－0003138　66/2/93　集部/總
集類/選集之屬/斷代

皇朝經世文新編二十一卷首一卷　麥仲華輯
　清光緒二十七年（1901）上海書局石印本
二冊　存四卷（首、一至三）

330000－1797－0003139　66/2/90　集部/總
集類/選集之屬/斷代

皇朝經世文新編二十一卷　麥仲華輯　清石
印本　八冊　存十四卷（四至十七）

330000－1797－0003140　66/6/155　集部/

總集類/選集之屬/通代

古唐詩合解十二卷古詩四卷　（清）王堯衢注
　清文奎堂刻本　五冊

330000－1797－0003141　66/6/154　集部/
總集類/選集之屬/通代

古唐詩合解十二卷古詩四卷　（清）王堯衢注
　清刻本　五冊　存十二卷（一至十二）

330000－1797－0003142　66/2/92　集部/總
集類/選集之屬/斷代

皇朝經世文新編三十二卷　麥仲華輯　清光
緒二十八年（1902）上海書局石印本　三冊
存八卷（十六至十八、二十二至二十六）

330000－1797－0003143　66/6/153　集部/
總集類/選集之屬/通代

古唐詩合解十二卷古詩四卷　（清）王堯衢注
　清刻本　一冊　存一卷（一）

330000－1797－0003144　66/6/152　集部/
總集類/選集之屬/通代

古唐詩合解十二卷古詩四卷　（清）王堯衢注
　清刻本　五冊　存十四卷（三至十二、古詩
一至四）

330000－1797－0003145　66/6/151　集部/
總集類/選集之屬/通代

古唐詩合解十二卷古詩四卷　（清）王堯衢注
　清刻本　七冊　存十五卷（二至十二、古詩
一至四）

330000－1797－0003146　66/2/91　集部/總
集類/選集之屬/斷代

皇朝經世文新編二十一卷首一卷　麥仲華輯
　清光緒二十七年（1901）上海書局石印本
七冊　存十三卷（首，一至三、六至十、十五至
十六、十八至十九）

330000－1797－0003148　66/2/89　集部/總
集類/選集之屬/斷代

皇朝經世文續編一百二十卷　（清）葛士濬輯
　清鉛印本　二冊　存十卷（六十五至六十
九、七十九至八十三）

330000－1797－0003149　66/2/88　集部/總

集類/選集之屬/斷代

皇朝經世文編一百二十卷 (清)賀長齡輯
清鉛印本　二冊　存八卷(五十至五十二、一
百十一至一百十五)

330000－1797－0003150　66/2/87　集部/總
集類/選集之屬/斷代

皇朝經世文編一百二十卷 (清)賀長齡輯
清鉛印本　三冊　存十六卷(四十至四十四、
八十至八十四、九十至九十五)

330000－1797－0003151　66/3/101　子部/
儒家類/儒學之屬

皇朝蓄艾文編八十卷 (清)于寶軒輯　清上
海官書局鉛印本　一冊　存二卷(四十七至
四十八)

330000－1797－0003152　66/3/100　子部/
儒家類/儒學之屬

皇朝蓄艾文編八十卷 (清)于寶軒輯　清上
海官書局鉛印本　五冊　存十一卷(七至十、
三十至三十一、四十七至四十八、六十六至六
十八)

330000－1797－0003153　60/2/160　子部/
宗教類/佛教之屬

續編意旨集四卷　清同治十年(1871)刻本
一冊

330000－1797－0003156　67/3/210　集部/
總集類/郡邑之屬

**兩浙輶軒續錄五十四卷補遺六卷姓氏韻編二
卷** (清)潘衍桐輯　清光緒十七年(1891)浙
江書局刻本　七冊　存十三卷(二至三、二十
至二十一、四十五至四十六、五十至五十三、
補遺一至二、五)

330000－1797－0003157　67/3/209　子部/
雜著類/雜說之屬

定香亭筆談四卷 (清)阮元撰　清浙江書局
刻本　一冊　存一卷(三)

330000－1797－0003158　66/3/99　子部/儒
家類/儒學之屬

皇朝蓄艾文編八十卷 (清)于寶軒輯　清光

緒二十九年(1903)上海官書局鉛印本　二十
三冊　缺二十九卷(十四至十五、三十二至三
十四、四十至四十三、四十九至五十、五十三
至六十五、七十一至七十二、七十八至八十)

330000－1797－0003160　67/3/207　集部/
總集類/選集之屬/通代

咏物詩選註釋八卷 (清)俞琰輯　(清)易開
縉　(清)孫洊鳴注　清嘉慶十年(1805)黎照
樓刻本　三冊　存六卷(一至二、五至八)

330000－1797－0003161　67/3/206　集部/
總集類/選集之屬/通代

咏物詩選八卷 (清)俞琰輯　清刻本　一冊
存二卷(七至八)

330000－1797－0003164　67/3/205　集部/
總集類/選集之屬/斷代

白下愚園集八卷首一卷 (清)胡光國　(清)
胡恩變輯　清光緒二十年(1894)刻本　十冊

330000－1797－0003166　67/3/204　集部/
別集類/清別集

奉使車臣汗記程詩三卷 (清)延清撰　清宣
統元年(1909)鉛印本　一冊　存一卷(一)

330000－1797－0003167　67/3/203　類叢
部/叢書類/彙編之屬

文選樓叢書三十三種 (清)阮亨編　清嘉慶
至道光阮元刻道光二十二年(1842)阮亨彙印
本　一冊　存一種

330000－1797－0003168　67/3/202　集部/
總集類/課藝之屬

庚辰集五卷 (清)紀昀輯　清太和堂刻本
一冊　存一卷(四)

330000－1797－0003169　67/3/201　集部/
總集類/課藝之屬

庚辰集五卷 (清)紀昀輯　清刻本　三冊
存三卷(一、四至五)

330000－1797－0003173　67/3/200　類叢
部/叢書類/自著之屬

瘦羊錄十四種 (清)熊士鵬撰　清嘉慶至道
光刻本　一冊　存一種

330000－1797－0003174　67/3/199　集部/
總集類/選集之屬/通代

養良續集一卷　（清）董念詒選　（清）王壽仁　（清）王壽恭編　清刻本　一冊

330000－1797－0003176　67/4/224　集部/
總集類/課藝之屬

敬修堂詞賦課鈔十六卷附金臺課藝一卷
（清）胡敬輯　清刻本　一冊　存三卷（六至八）

330000－1797－0003178　67/4/223　集部/
總集類/選集之屬/通代

賦鈔箋畧十五卷　（清）雷琳　（清）張杏濱箋　清刻本　三冊　存六卷（六至十一）

330000－1797－0003180　61/1/19　集部/小
說類/長篇之屬

東周列國志二十七卷一百八回首一卷　（清）蔡奡評點　清光緒上海書局石印本　五冊　缺十卷（十八至二十七）

330000－1797－0003182　67/4/222　集部/
總集類

百篇賦鈔四卷　（清）張世燾　（清）彭克惠編輯　清刻本　三冊　存三卷（二至四）

330000－1797－0003184　61/1/20　集部/小
說類/長篇之屬

東周列國全志二十三卷一百八回　（清）蔡奡評點　清刻本　十冊　存十卷（一至四、八至九、十四至十六、二十一）

330000－1797－0003185　67/4/221　集部/
總集類

百篇賦鈔四卷　（清）張世燾　（清）彭克惠編輯　清刻本　一冊　存二卷（三至四）

330000－1797－0003186　67/4/220　集部/
總集類/選集之屬/通代

賦鈔箋畧十五卷　（清）雷琳　（清）張杏濱箋　清刻本　一冊　存二卷（十三至十四）

330000－1797－0003187　61/1/21　集部/小
說類/長篇之屬

東周列國全志二十三卷一百八回　（清）蔡奡

評點　清刻本　五冊　存七卷（八、十至十一、十六、二十一至二十三）

330000－1797－0003189　61/1/22　集部/小
說類/長篇之屬

東周列國全志二十三卷一百八回　（清）蔡奡評點　清刻本　五冊　存五卷（三至四、十八至十九、二十二）

330000－1797－0003190　67/4/219　集部/
別集類/清別集

無名氏詩集不分卷　（清）□□撰　清抄本　一冊

330000－1797－0003191　67/4/218　集部/
總集類/題詠之屬

圩岸樂成詩不分卷　清刻本　一冊

330000－1797－0003192　61/2/23　集部/小
說類/長篇之屬

鍾伯敬先生批評封神演義十九卷一百回
（明）許仲琳撰　（明）鍾惺評　清刻本　四冊　缺三卷（一至三）

330000－1797－0003202　60/2/164　子部/
宗教類/道教之屬

文帝全書三十二卷附文昌宮羣真著述七卷
（清）劉體恕　（清）金本存輯　清光緒二年（1876）刻本　二冊　存三卷（一、二十二至二十三）

330000－1797－0003203　60/2/165　子部/
宗教類/道教之屬

文帝全書三十八卷　（清）劉體恕輯　清刻本　五冊　存十二卷（五、十至十五、十八至十九、二十六至二十八）

330000－1797－0003204　60/2/166　子部/
雜著類

普勸惜字錄一卷　清光緒三十年（1904）經畬書屋刻本　一冊

330000－1797－0003206　68/1/20　集部/總
集類/課藝之屬

小題指南初集不分卷二集不分卷三集不分卷
（清）吳次歐輯　清道光五年（1825）文淵堂

刻本　四冊　存三集

330000－1797－0003207　68/1/19　集部/總集類/課藝之屬
小題指南初集不分卷二集不分卷三集不分卷
　（清）吳次歐輯　清同治十二年（1873）文盛堂刻本　二冊　存三集

330000－1797－0003209　60/2/167　子部/雜著類
敬信錄不分卷　清同治十三年（1874）刻本　一冊

330000－1797－0003210　68/1/17　集部/總集類/課藝之屬
小題正鵠初集不分卷二集不分卷三集不分卷四集不分卷　（清）李元度輯　清石印本　一冊　存二集

330000－1797－0003211　68/1/16　集部/總集類/課藝之屬
小題正鵠初集不分卷二集不分卷三集不分卷四集不分卷　（清）李元度輯　清光緒六年（1880）會稽徐氏八杉齋刻本　一冊　存四集

330000－1797－0003212　68/1/12　集部/總集類/課藝之屬
小題正鵠初集不分卷二集不分卷三集不分卷四集不分卷　（清）李元度輯　清刻本　二冊　存三集

330000－1797－0003213　68/1/15　集部/總集類/課藝之屬
小題正鵠初集不分卷二集不分卷三集不分卷四集不分卷　（清）李元度輯　清英德堂塾刻本　一冊　存四集

330000－1797－0003215　68/1/14　集部/總集類/課藝之屬
小題正鵠初集不分卷二集不分卷三集不分卷四集不分卷　（清）李元度輯　清永言堂刻本　七冊　存初集、二集、三集

330000－1797－0003216　68/1/13　集部/總集類/課藝之屬
小題正鵠初集不分卷二集不分卷三集不分卷

四集不分卷　（清）李元度輯　清刻本　一冊　存三集

330000－1797－0003217　68/1/9　集部/總集類/課藝之屬
小題正鵠初集不分卷二集不分卷三集不分卷四集不分卷　（清）李元度輯　清光緒永言堂刻本　三冊　存三集

330000－1797－0003218　68/1/11　集部/總集類/課藝之屬
小題正鵠初集不分卷二集不分卷三集不分卷四集不分卷　（清）李元度輯　清同治八年（1869）李氏家塾刻本　一冊　存三集

330000－1797－0003219　60/2/169　子部/雜著類
新增敬信錄二卷　清咸豐七年（1857）文華堂刻本　一冊　存一卷（一）

330000－1797－0003220　68/1/10　集部/總集類/課藝之屬
小題正鵠初集不分卷二集不分卷三集不分卷四集不分卷　（清）李元度輯　清石印本　一冊　存三集

330000－1797－0003222　60/2/170　子部/雜著類
敬信錄二卷　清嘉慶二十二年（1817）刻本　二冊

330000－1797－0003224　60/2/172　子部/宗教類/道教之屬
丹桂籍四卷　（明）顏正注釋　清刻本　三冊　存三卷（一至三）

330000－1797－0003225　68/1/8　集部/總集類/課藝之屬
小題正鵠初集不分卷二集不分卷三集不分卷四集不分卷　（清）李元度輯　清刻本　三冊　存二集、三集

330000－1797－0003226　60/2/173　子部/宗教類/道教之屬
丹桂籍四卷　（明）顏正注釋　清刻本　一冊　存一卷（二）

330000－1797－0003227　60/3/174　子部/
宗教類/道教之屬/戒律

太上感應篇註證八卷首一卷　（清）魯元炅編
輯　清道光三十年（1850）慎修堂刻本　八冊

330000－1797－0003228　68/1/7　集部/總
集類/課藝之屬

**小題正鵠初集不分卷二集不分卷三集不分卷
四集不分卷**　（清）李元度輯　清光緒永言堂
刻本　二冊　存二集

330000－1797－0003229　68/1/6　集部/總
集類/課藝之屬

**小題正鵠初集不分卷二集不分卷三集不分卷
四集不分卷**　（清）李元度輯　清光緒永言堂
刻本　二冊　存二集

330000－1797－0003230　68/1/5　集部/總
集類/課藝之屬

**小題正鵠初集不分卷二集不分卷三集不分卷
四集不分卷**　（清）李元度輯　清刻本　一冊
　存二集

330000－1797－0003231　68/1/4　集部/總
集類/課藝之屬

**小題正鵠初集不分卷二集不分卷三集不分卷
四集不分卷**　（清）李元度輯　清刻本　一冊
　存初集

330000－1797－0003232　68/1/3　集部/總
集類/課藝之屬

**小題正鵠初集不分卷二集不分卷三集不分卷
四集不分卷**　（清）李元度輯　清永言堂刻本
　二冊　存初集

330000－1797－0003233　68/1/2　集部/總
集類/課藝之屬

**小題正鵠初集不分卷二集不分卷三集不分卷
四集不分卷**　（清）李元度輯　清刻本　三冊
　存二集、三集

330000－1797－0003234　68/1/1　集部/總
集類/課藝之屬

**小題正鵠初集不分卷二集不分卷三集不分卷
四集不分卷**　（清）李元度輯　清光緒八年

（1882）文昌書局刻本　二冊　存初集、二集

330000－1797－0003235　67/1/194　類叢
部/叢書類/自著之屬

曾文正公全集十五種　（清）曾國藩撰　清同
治至光緒傳忠書局刻本　二冊　存一種

330000－1797－0003236　68/2/41　集部/總
集類/課藝之屬

小題三萬選不分卷　（清）求是齋主人輯　清
光緒十四年（1888）上海鴻寶齋書局石印本
九冊

330000－1797－0003237　68/2/40　集部/總
集類/課藝之屬

金評小試利器不分卷　（清）金汝臣評選　清
集成堂刻本　二冊

330000－1797－0003238　67/1/193　集部/
總集類/選集之屬/通代

新鐫五言千家詩箋註二卷　（清）王相選注
清崇德堂刻本　一冊

330000－1797－0003239　68/2/39　集部/別
集類/清別集

新搭穿楊不分卷　（清）張心蕊撰　清文奎堂
刻本　一冊

330000－1797－0003240　68/2/38　集部/詩
文評類/制藝之屬

增訂初學起講秘訣不分卷　（清）盛元均輯
清刻本　一冊

330000－1797－0003241　67/1/192　集部/
總集類/選集之屬/通代

三十家詩鈔六卷首一卷末一卷　（清）曾國藩
輯　（清）王定安增輯　清鉛印本　一冊　存
一卷（五）

330000－1797－0003242　68/2/37　集部/別
集類/清別集

曲園課孫草一卷續刻一卷　（清）俞樾撰　清
光緒八年（1882）金陵刻本　三冊

330000－1797－0003244　68/2/36　子部/儒
家類/儒學之屬/蒙學

作義蒙求不分卷　清光緒八年(1882)衢州鎮署刻本　一冊

330000－1797－0003245　68/2/35　集部/總集類/課藝之屬

甲申宓草不分卷　清抄本　一冊

330000－1797－0003246　68/2/34　子部/儒家類/儒學之屬/蒙學

養正草一卷續養正草一卷　（清）李元度撰　清光緒十六年(1890)文奎堂刻本　一冊　存一卷(續)

330000－1797－0003247　67/1/190　集部/總集類/選集之屬/通代

新鐫五言千家詩箋註二卷　（清）王相選注　清石印本　一冊

330000－1797－0003248　68/2/33　集部/別集類/清別集

藤香館啟蒙草一卷　清同治七年(1868)梧竹山房刻本　一冊

330000－1797－0003249　67/1/187　集部/總集類/選集之屬/通代

新鐫五言千家詩箋註二卷　（清）王相選注　清刻本　一冊

330000－1797－0003250　68/2/32　子部/儒家類/儒學之屬/蒙學

養正草一卷續養正草一卷　（清）李元度撰　清光緒三十二年(1906)聚秀堂刻本　一冊　存一卷(續)

330000－1797－0003251　68/2/31　子部/儒家類/儒學之屬/蒙學

養正草一卷續養正草一卷　（清）李元度撰　清光緒校書閣刻本　一冊　存一卷(續)

330000－1797－0003252　68/2/30　子部/儒家類/儒學之屬/蒙學

養正草一卷續養正草一卷　（清）李元度撰　清光緒校書閣刻本　一冊　存一卷(續)

330000－1797－0003253　68/2/29　子部/儒家類/儒學之屬/蒙學

養正草一卷續養正草一卷　（清）李元度撰　清聚秀堂刻本　二冊

330000－1797－0003254　68/2/28　子部/儒家類/儒學之屬/蒙學

養正草一卷續養正草一卷　（清）李元度撰　清聚秀堂刻本　二冊

330000－1797－0003255　67/1/186　集部/總集類/選集之屬/通代

增訂蒙童辨韻千家詩二卷　（清）湯海若校釋　清刻本　一冊

330000－1797－0003256　68/2/27　子部/儒家類/儒學之屬/蒙學

國朝歷科發蒙小品二集不分卷　（清）唐惟懋原選　（清）吳鳳儀註釋　（清）沈湖等增訂　清刻本　四冊

330000－1797－0003257　67/1/185　集部/總集類/選集之屬/通代

新刻訂正千家詩二卷　清刻本　一冊

330000－1797－0003258　68/2/26　子部/儒家類/儒學之屬/蒙學

註釋發蒙針度初集四卷補集一卷　（清）王惟梅編　清道光文元堂刻本　一冊　存一卷(論語)

330000－1797－0003259　67/1/184　集部/總集類

琴臺正續合刻　（清）汪守正輯　清光緒十五年(1889)刻本　一冊　存四種

330000－1797－0003260　68/2/25　集部/別集類/清別集

道生堂小題制藝初集二卷二集二卷三集一卷　（清）鍾聲撰　清道光陔華居刻本　三冊　存二卷(初集一至二)

330000－1797－0003261　67/1/183　集部/總集類/選集之屬/通代

宋元明詩三百首六卷摘句一卷　（清）朱梓（清）冷昌言輯　清光緒元年(1875)虞山鮑氏抱芳閣刻本　一冊

330000－1797－0003262　68/2/24　集部/別集類/清別集

道生堂小題制藝初集二卷二集二卷三集一卷
（清）鍾聲撰　清光緒金陵山房刻本　二冊
存二卷(初集一至二)

330000－1797－0003263　67/1/182　集部/詩文評類/詩評之屬

唐人試律說一卷　（清）紀昀撰　清刻本
一冊

330000－1797－0003264　68/2/23　集部/別集類/清別集

道生堂小題制藝初集二卷二集二卷三集一卷
（清）鍾聲撰　清寶文堂聚記刻本　四冊
存二卷(初集一至二)

330000－1797－0003265　68/2/22　集部/別集類/清別集

道生堂小題制藝初集二卷二集二卷三集一卷
（清）鍾聲撰　清光緒十五年(1889)兩儀書局刻本　六冊

330000－1797－0003266　67/1/181　集部/總集類/選集之屬/斷代

唐詩別裁集十卷　（清）沈德潛輯　清刻本
三冊　存五卷(二、五至八)

330000－1797－0003267　67/1/180　集部/總集類/選集之屬/斷代

唐詩諧律二卷　（清）沈寶青選　清光緒十六年(1890)溧陽沈氏刻本　二冊

330000－1797－0003268　67/1/179　集部/總集類/選集之屬/斷代

刪訂唐詩解二十四卷　（明）唐汝詢輯　（清）吳昌祺評　清刻本　二冊　存六卷(六至八、十二至十四)

330000－1797－0003272　67/1/175　集部/總集類/選集之屬/通代

古唐詩合解十二卷古詩四卷　（清）王堯衢注
清刻本　一冊　存三卷(十至十二)

330000－1797－0003273　60/4/1　子部/叢編

子書百家　（清）崇文書局編　清光緒元年(1875)湖北崇文書局刻本　一冊　存一種

330000－1797－0003274　60/4/2　子部/叢編

子書百家　（清）崇文書局編　清光緒元年(1875)湖北崇文書局刻本　一冊　存二種

330000－1797－0003276　67/1/174　集部/總集類/選集之屬/通代

古唐詩合解十二卷古詩四卷　（清）王堯衢注
清刻本　三冊　存七卷(五至七、九至十、古詩三至四)

330000－1797－0003277　68/3/53　集部/總集類/課藝之屬

選訂能與集小題讀本二卷　（清）孔振仙評
清嘉慶十年(1805)文華堂刻本　一冊　存一卷(上)

330000－1797－0003278　60/4/4　子部/叢編

二十二子(二十二子彙函)　（清）浙江書局編
清光緒元年至三年(1875－1877)浙江書局刻本　二冊　存一種

330000－1797－0003279　68/3/52　子部/儒家類/儒學之屬/蒙學

童子問路四卷　（清）鄭之琼輯　清三昧義記刻本　一冊　存一卷(一)

330000－1797－0003281　67/1/173　集部/總集類/選集之屬/通代

古唐詩合解十二卷古詩四卷　（清）王堯衢注
清刻本　一冊　存二卷(一至二)

330000－1797－0003283　68/3/52.1　子部/儒家類/儒學之屬/蒙學

童子問路四卷　（清）鄭之琼輯　清光緒五年(1879)古越墨潤堂刻本　一冊　存一卷(一)

330000－1797－0003284　67/1/172　集部/總集類/選集之屬/通代

古唐詩合解十二卷古詩四卷　（清）王堯衢注
清刻本　四冊　存八卷(五至八、十一至十二,古詩一至二)

330000－1797－0003285　67/1/171　集部/總集類/選集之屬/通代

古唐詩合解十二卷古詩四卷　（清）王堯衢注　清刻本　二冊　存六卷（三至八）

330000－1797－0003286　67/1/170　集部/總集類/選集之屬/通代

古唐詩合解十二卷古詩四卷　（清）王堯衢注　清松盛堂刻本　三冊　存六卷（一至四、八至九）

330000－1797－0003287　67/1/169　集部/總集類/選集之屬/通代

古唐詩合解十二卷古詩四卷　（清）王堯衢注　清刻本　二冊　存五卷（三至七）

330000－1797－0003288　67/1/168　集部/總集類/選集之屬/通代

古唐詩合解十二卷古詩四卷　（清）王堯衢注　清刻本　二冊　存五卷（五至九）

330000－1797－0003289　67/1/167　集部/總集類/選集之屬/通代

古唐詩合解十二卷古詩四卷　（清）王堯衢注　清刻本　二冊　存六卷（十一至十二、古詩一至四）

330000－1797－0003299　61/3/37　集部/小說類/長篇之屬

增評加批金玉緣圖說十六卷一百二十回首一卷　（清）曹霑　（清）高鶚撰　（清）蝶薌仙史評訂　清石印本　五冊　存五卷（六至七、十四至十六）

330000－1797－0003300　61/3/36　集部/小說類/長篇之屬

增評補像全圖金玉緣一百二十回首一卷　（清）曹霑　（清）高鶚撰　（清）王希廉（清）張新之　（清）姚燮評　清石印本　十四冊　存一百十二回（九至一百二十）

330000－1797－0003301　61/3/38　集部/小說類/長篇之屬

增評加批金玉緣圖說十六卷一百二十回首一卷　（清）曹霑　（清）高鶚撰　（清）蝶薌仙

史評訂　清光緒三十四年（1908）上海求志齋石印本　三冊　存七卷（首、一至六）

330000－1797－0003302　61/3/40　集部/小說類/長篇之屬

增評加批金玉緣圖說十六卷一百二十回首一卷　（清）曹霑　（清）高鶚撰　（清）蝶薌仙史評訂　清宣統元年（1909）上海章福記石印本　二冊　存二卷（首、三）

330000－1797－0003303　61/3/39　集部/小說類/長篇之屬

增評加批金玉緣圖說十六卷一百二十回首一卷　（清）曹霑　（清）高鶚撰　（清）蝶薌仙史評訂　清石印本　十六冊

330000－1797－0003307　68/3/51　子部/儒家類/儒學之屬/蒙學

童子問路四卷　（清）鄭之琮輯　清光緒六年（1880）永言堂刻本　二冊

330000－1797－0003308　68/3/50　子部/儒家類/儒學之屬/蒙學

童子問路四卷　（清）鄭之琮輯　清刻本　一冊　存二卷（三至四）

330000－1797－0003309　68/3/49　子部/儒家類/儒學之屬/蒙學

童子問路四卷　（清）鄭之琮輯　清同治九年（1870）杭州文元堂刻本　二冊

330000－1797－0003310　68/3/48　集部/別集類/清別集

八銘塾課不分卷　（清）吳懋政撰　清道光三年（1823）八銘書屋刻本　一冊

330000－1797－0003311　68/3/47　集部/總集類/課藝之屬

紺雪齋塾鈔初集四卷　（清）陳棥鈞編　清道光二十年（1840）文盛堂刻本　四冊

330000－1797－0003312　67/2/195　類叢部/叢書類/自著之屬

曾文正公全集十五種　（清）曾國藩撰　清同治至光緒傳忠書局刻本　二十冊　存一種

330000－1797－0003313　69/1/118　　子部/
儒家類/儒學之屬

中西經濟策論通考三十二卷　（清）姚松泉選
定　清光緒二十八年(1902)深柳讀書堂刻本
十六冊　存二十五卷（一至三、七至二十
八）

330000－1797－0003314　69/1/117　　集部/
總集類/課藝之屬

試策珍珠船不分卷　（清）辛敬堂選　清書業
堂刻本　一冊

330000－1797－0003315　69/1/116　　集部/
別集類/清別集

寄嶽雲齋試體詩選詳註四卷　（清）聶銑敏撰
（清）張學蘇箋　清嘉慶二十年(1815)碧梧
齋刻本　四冊

330000－1797－0003316　68/3/44　　集部/總
集類/課藝之屬

八銘堂塾鈔初集不分卷二集不分卷　（清）吳
懋政編　清光緒十二年(1886)江左書林刻本
六冊

330000－1797－0003317　68/3/46　　集部/總
集類/課藝之屬

八銘堂塾鈔初集不分卷二集不分卷　（清）吳
懋政編　清刻本　五冊

330000－1797－0003318　68/3/45　　集部/總
集類/課藝之屬

八銘堂塾鈔初集不分卷二集不分卷　（清）吳
懋政編　清光緒六年(1880)掃葉山房刻本
八冊

330000－1797－0003319　69/1/115　　集部/
別集類/清別集

寄嶽雲齋試體詩選詳註四卷　（清）聶銑敏撰
（清）張學蘇箋　清嘉慶十九年(1814)文玉
軒刻本　二冊

330000－1797－0003320　69/1/114　　集部/
別集類/清別集

寄嶽雲齋試體詩選詳註四卷　（清）聶銑敏撰
（清）張學蘇箋　清刻本　一冊　存一卷

（二）

330000－1797－0003321　68/3/43　　集部/總
集類/課藝之屬

八銘堂塾鈔初集不分卷二集不分卷　（清）吳
懋政編　清光緒十四年(1888)學庫山房刻本
六冊

330000－1797－0003322　69/1/113　　集部/
別集類/清別集

寄嶽雲齋試體詩選詳註四卷　（清）聶銑敏撰
（清）張學蘇箋　清刻本　二冊

330000－1797－0003323　68/3/42　　集部/總
集類/課藝之屬

八銘堂塾鈔初集不分卷二集不分卷　（清）吳
懋政編　清光緒十四年(1888)學庫山房刻本
五冊

330000－1797－0003324　69/1/112　　集部/
別集類/清別集

寄嶽雲齋試體詩選詳註四卷　（清）聶銑敏撰
（清）張學蘇箋　清光緒十四年(1888)鴻德
堂刻本　二冊

330000－1797－0003325　69/1/111　　集部/
總集類

實學齋文編二卷　（清）林啟選定　清光緒二
十三年(1897)影印本　一冊　存一卷(一)

330000－1797－0003326　69/1/110　　集部/
總集類/課藝之屬

江漢炳靈集二卷　（清）張之洞輯　清刻本
一冊　存一卷(下)

330000－1797－0003327　69/1/109　　集部/
總集類/課藝之屬

近科試策法程一卷補編一卷　清刻本　二冊
存一卷(法程)

330000－1797－0003328　69/1/108　　集部/
總集類

百篇賦鈔四卷　（清）張世熹　（清）彭克惠編
輯　清刻本　一冊　存一卷(四)

330000－1797－0003329　69/1/107　　集部/

別集類/清別集

養源山房詩鈔六卷詩餘一卷 （清）徐士霖撰
清光緒三十四年(1908)刻本 一冊 存三
卷(一至三)

330000－1797－0003330 69/1/106 集部/
總集類/選集之屬/通代

賦學正鵠十卷 （清）李元度輯 清刻本 四
冊 存七卷(二至七、十)

330000－1797－0003331 69/1/105 史部/
傳記類/科舉錄之屬

[嘉慶丙辰科]新科墨卷同風錄不分卷 （清）
朱硯芸 （清）馮紹修 （清）張琴堂編 清博
古堂刻本 一冊

330000－1797－0003332 60/4/7 子部/
叢編

二十二子(二十二子彙函) （清）浙江書局編
清光緒元年至三年(1875－1877)浙江書局
刻本 一冊 存一種

330000－1797－0003334 60/4/9 子部/道
家類

莊子雪三卷 （清）陸樹芝撰 清刻本 一冊
存一卷(雜篇下)

330000－1797－0003335 60/4/10 子部/道
家類

南華簡鈔(南華經)四卷 （清）徐廷槐輯注
清乾隆藜照樓刻本 二冊 存二卷(一、四)

330000－1797－0003336 60/4/12 子部/
叢編

二十二子(二十二子彙函) （清）浙江書局編
清光緒元年至三年(1875－1877)浙江書局
刻本 二冊 存一種

330000－1797－0003338 60/5/2 集部/小
說類/長篇之屬

四大奇書第一種六十卷一百二十回首一卷
(明)羅本撰 （清）毛宗崗評 清刻本 四冊
存九卷(三十二至三十六、四十至四十二、
四十六)

330000－1797－0003341 60/5/5 集部/小

說類/長篇之屬

**第一才子書繡像三國志演義六十卷一百二十
回首一卷** （明）羅本撰 （清）毛宗崗評 清
光緒三十年(1904)上海商務印書館鉛印本
四冊 存二十九卷(首,一至六、三十九至六
十)

330000－1797－0003342 60/5/6 集部/小
說類/長篇之屬

第一才子書六十卷一百二十回 （明）羅本撰
（清）毛宗崗評 清善成堂刻本 四冊 存
十五卷(二十八至三十、四十九至六十)

330000－1797－0003344 60/5/8 集部/小
說類/長篇之屬

第一才子書六十卷一百二十回 （明）羅本撰
（清）毛宗崗評 清刻本 十二冊 存四十
八卷(一至四十八)

330000－1797－0003345 70/2/224 集部/
總集類/選集之屬/通代

標季試律鸎音四卷 （清）倪一擎箋釋 清刻
本 一冊 存二卷(三至四)

330000－1797－0003348 70/3/248 類叢
部/類書類/通類之屬

縮本增選多寶船不分卷 （清）點石齋主人輯
清光緒八年(1882)上海點石齋石印本
六冊

330000－1797－0003350 61/3/47 集部/小
說類/長篇之屬

新刻天花藏批評平山冷燕四卷二十回 （清）
荻岸散人編 清集文堂刻本 三冊 缺一卷
(四)

330000－1797－0003352 61/3/49 類叢部/
叢書類/彙編之屬

藝苑捃華四十八種 （清）顧之逵編 清刻本
二冊 存一種

330000－1797－0003353 70/1/206 集部/
別集類/清別集

少品賦草四卷續一卷 （清）夏思沺撰 清同
治十三年(1874)奎照樓刻本 二冊 缺一卷

（續）

330000－1797－0003354　70/1/208　集部/
別集類/清別集

少峀賦草四卷　（清）夏思沺撰　清刻本　一
冊　存一卷（四）

330000－1797－0003355　70/1/209　集部/
別集類/清別集

少峀賦草四卷　（清）夏思沺撰　清道光二十
三年(1843)華林書屋刻本　二冊　存二卷
（一、三）

330000－1797－0003356　70/1/205　集部/
別集類/清別集

少峀賦草四卷續一卷　（清）夏思沺撰　清同
治十三年(1874)奎照樓刻本　四冊　缺一卷
（續）

330000－1797－0003357　58/4/95　類叢部/
類書類/專類之屬

錦字箋四卷　（清）黃澐纂　清刻本　二冊
存二卷（三至四）

330000－1797－0003358　58/4/93、58/4/94
類叢部/類書類/通類之屬

**仰止子詳考古今名家潤色詩林正宗十二卷韻
林正宗六卷**　（明）余象斗輯　清刻本　四冊
存四卷（十一至十二,韻林正宗四、六）

330000－1797－0003359　70/2/228　類叢
部/類書類/通類之屬

文料大成四十卷　清刻本　一冊　存一卷
（十三）

330000－1797－0003360　58/4/92　類叢部/
類書類/通類之屬

策學備纂三十二卷首一卷　（清）蔡啟盛
（清）吳頴炎等輯　清光緒十三年(1887)上海
點石齋石印本　一冊　存一卷（二）

330000－1797－0003361　58/4/90　類叢部/
類書類/專類之屬

學文彙典二卷　（清）鄭文煥輯　清刻本
二冊

330000－1797－0003362　58/4/91　類叢部/
類書類/專類之屬

文學典林六卷　（清）鄭文煥輯　清刻本　一
冊　存一卷（四）

330000－1797－0003363　70/1/204　集部/
總集類/選集之屬/通代

賦學正鵠集釋十一卷　（清）李元度輯　清光
緒七年(1881)長沙奎光樓刻本　八冊

330000－1797－0003364　70/1/207　集部/
別集類/清別集

少峀賦草四卷　（清）夏思沺撰　清刻本　三
冊　存三卷（二至四）

330000－1797－0003365　70/1/200　集部/
總集類/選集之屬/斷代

聽黃鸝館詩賦讀本一卷　（清）宓如椿輯　清
光緒六年(1880)刻本　一冊

330000－1797－0003367　58/4/88　新學/史
志/臣民傳記

意大利建國三傑傳二卷　梁啓超譯　清刻本
一冊

330000－1797－0003368　70/1/211　集部/
總集類/選集之屬/斷代

律賦雕龍不分卷　（清）蔡霞舉輯　（清）陳翊
霄注　清乾隆二十三年(1758)刻本　一冊

330000－1797－0003370　70/1/210　集部/
總集類/選集之屬

律賦韻蘭集註釋六卷　（清）陸雲槎輯　清末
刻本　五冊　缺一卷（四）

330000－1797－0003373　58/5/4　子部/宗
教類/道教之屬/戒律

太上感應篇纘義二卷　（清）俞樾撰　清同治
十年(1871)刻本　一冊

330000－1797－0003374　70/2/227　類叢
部/類書類/通類之屬

文料大成四十卷　清光緒八年(1882)刻本
十四冊　存十四卷（一至十四）

330000－1797－0003375　58/5/5　子部/宗

教類/道教之屬/戒律

太上感應篇一卷 清刻本 一冊

330000－1797－0003378 58/5/9 子部/宗教類/道教之屬

太上寶筏圖說八卷首一卷 （清）黃正元纂
（清）毛金蘭補 清光緒十八年(1892)上海同文書局石印本 八冊

330000－1797－0003383 69/1/98 集部/總集類/選集之屬/斷代

律賦揀金錄四卷 （清）朱一飛輯 清刻本
三冊 存三卷(一至三)

330000－1797－0003384 69/1/99 集部/別集類/清別集

春草山房制藝一卷 （清）虞協撰 清道光十二年(1832)刻本 一冊

330000－1797－0003385 70/2/222 史部/傳記類/科舉錄之屬

壬寅直省闈藝八卷 （清）徐少湖輯 清光緒二十八年(1902)上海書局石印本 五冊 缺三卷(六至八)

330000－1797－0003386 69/1/100 集部/別集類/清別集

韓鄂書屋制藝不分卷 （清）錢福昌撰 清道光二十九年(1849)刻本 一冊

330000－1797－0003387 69/1/101 集部/總集類/課藝之屬

墨鵠約刊不分卷 清刻本 一冊

330000－1797－0003388 70/2/225 類叢部/類書類/專類之屬

試律大觀三十二卷目錄一卷 （清）竹屏居士輯 （清）王家相定 清光緒九年(1883)聚玉堂刻本 七冊 存二十六卷(目錄,二至三、六至二十八)

330000－1797－0003389 70/2/217 史部/傳記類/科舉錄之屬

[道光乙未恩科]浙江闈墨不分卷 清道光十五年(1835)聚奎堂刻本 一冊

330000－1797－0003390 70/3/249 集部/別集類/清別集

韞山堂時文初集不分卷二集不分卷三集不分卷 （清）管世銘撰 清石印本 四冊

330000－1797－0003391 69/1/102 史部/傳記類/科舉錄之屬

新科墨選不分卷 清咸豐元年(1851)芸林書屋刻本 一冊

330000－1797－0003392 69/1/103 集部/總集類/課藝之屬

墨卷精選不分卷 （清）李蘊山 （清）楊金城編 清嘉慶二十四年(1819)刻本 一冊

330000－1797－0003393 70/3/247 集部/總集類/課藝之屬

考卷雋快四五六編不分卷 （清）席振迲等撰 清光緒九年(1883)常熟漱石山房刻本 五冊

330000－1797－0003394 70/3/246 類叢部/類書類/專類之屬

典制文琳不分卷 清刻本 一冊

330000－1797－0003395 70/3/245 集部/總集類/課藝之屬

延經堂塾課不分卷 （清）朱鴻儒撰 清道光二十八年(1848)三餘書屋刻本 三冊

330000－1797－0003396 70/3/244 類叢部/類書類/專類之屬

分類文腋八卷 （清）李楨選 （清）李煒批註 清刻本 二冊 存二卷(三至四)

330000－1797－0003397 58/4/87 新學/報章

新民叢報全編不分卷 （清）新民叢報社編 清光緒三十年(1904)石印本 一冊

330000－1797－0003398 69/1/104 集部/總集類/課藝之屬

近科墨卷經會集不分卷 （清）侯健融等撰 清刻本 一冊

330000－1797－0003399 69/2/119 集部/

別集類/清別集

韓慕廬稿不分卷 （清）韓菼撰　清抄本
二冊

330000－1797－0003402　70/3/243　集部/
別集類/清別集

巧搭分品一卷 （清）史鑑撰　清道光二十六
年(1846)刻本　一冊

330000－1797－0003403　70/2/223　史部/
傳記類/科舉錄之屬

壬寅新選闈墨四卷 清石印本　四冊

330000－1797－0003404　58/4/84　新學/
報章

湘報類纂六集 （清）覺睡齋主人彙編　清上
海編譯印書館鉛印本　八冊

330000－1797－0003405　58/4/83　類叢部/
類書類/專類之屬

佩文韻府一百六卷 （清）張玉書 （清）蔡升
元等輯　**韻府拾遺一百六卷** （清）汪灝
（清）何焯等輯　清光緒八年(1882)上海點石
齋石印本　四冊　存四卷(一、三十一、六十
九、九十)

330000－1797－0003406　58/4/83.1　類叢
部/類書類/專類之屬

佩文韻府一百六卷 （清）張玉書 （清）蔡升
元等輯　**韻府拾遺一百六卷** （清）汪灝
（清）何焯等輯　清末石印本　一冊　存一卷
(二十二)

330000－1797－0003407　70/3/242　集部/
別集類/清別集

薛太史文稿不分卷 （清）梅小巖評選　清同
治十年(1871)刻本　一冊

330000－1797－0003408　58/4/82　類叢部/
類書類/專類之屬

重編留青新集二十四卷 （清）馮善長輯　清
鉛印本　四冊　存四卷(七、十三、十七、二十
一)

330000－1797－0003411　58/4/80　子部/工
藝類/日用器物之屬

甲辰日用寶書不分卷 （清）匯報館撰　清光
緒二十九年(1903)鴻寶齋石印本　一冊

330000－1797－0003412　70/3/241　集部/
詩文評類/制藝之屬

增選加註能與集不分卷 （清）李秬香改本
（清）金研香評　清道光二十八年(1848)刻本
　一冊

330000－1797－0003413　70/3/240　集部/
詩文評類/制藝之屬

能與集不分卷 清刻本　一冊

330000－1797－0003414　70/3/238　集部/
詩文評類/制藝之屬

增選加註能與集不分卷 （清）李秬香改本
（清）金研香評　清光緒六年(1880)浙紹墨潤
堂刻本　二冊

330000－1797－0003415　70/3/239　集部/
詩文評類/制藝之屬

增選加註能與集不分卷 （清）李秬香改本
（清）金研香評　清刻本　一冊

330000－1797－0003417　58/6/16　子部/宗
教類/道教之屬/戒律

暗室燈二卷 （清）深山居士輯　清同治七年
(1868)刻本　一冊

330000－1797－0003418　58/6/19　子部/宗
教類/道教之屬/戒律

暗室燈二卷 （清）深山居士輯　清刻本　一
冊　存一卷(下)

330000－1797－0003419　58/6/17　子部/宗
教類/道教之屬/戒律

暗室燈二卷 （清）深山居士輯　清光緒三十
二年(1906)刻本　二冊

330000－1797－0003421　70/3/237　集部/
總集類/選集之屬/斷代

小題清新集一卷 （清）顧聽泉 （清）王瘦石
編　清道光三十年(1850)刻本　一冊

330000－1797－0003422　58/6/18　子部/宗
教類/道教之屬/戒律

暗室燈二卷　（清）深山居士輯　清道光二十九年(1849)刻本　一冊

330000－1797－0003423　58/6/20　子部/宗教類/道教之屬/戒律

暗室燈便覽不分卷　（清）深山居士輯　清光緒十二年(1886)刻本　一冊

330000－1797－0003427　70/3/236　集部/總集類/課藝之屬

鐵網珊瑚集課藝不分卷　清刻本　一冊

330000－1797－0003428　70/3/235　集部/總集類/課藝之屬

鐵網珊瑚初集不分卷　（清）沈鏡堂輯　清同治七年(1868)刻本　五冊

330000－1797－0003429　70/3/234　集部/別集類/清別集

經畬堂稿不分卷　（清）儲中子撰　清光緒十四年(1888)務本山房刻本　一冊

330000－1797－0003430　70/3/233　集部/別集類/清別集

屺思堂稿不分卷　（清）劉克猷撰　（清）李翊煌選　清刻本　一冊

330000－1797－0003431　70/3/232　集部/別集類/清別集

抗希堂稿不分卷　（清）方苞撰　清刻本　一冊

330000－1797－0003432　70/3/231　集部/總集類/課藝之屬

味經堂詩藝不分卷　清刻本　一冊

330000－1797－0003433　70/3/230　集部/別集類/清別集

尚絅堂試帖輯註一卷　（清）劉嗣綰撰　（清）張熙宇輯評　清刻本　一冊

330000－1797－0003434　70/3/229　集部/總集類/選集之屬/斷代

唐省試詩十卷　（清）陳訏箋評　清刻本　一冊　存五卷(六至十)

330000－1797－0003438　70/1/202　集部/

總集類/課藝之屬

館賦鴛鍼四卷　（清）蔣圻編　清咸豐四年(1854)埽葉山房刻本　三冊　缺一卷(三)

330000－1797－0003439　61/5/82　集部/小說類/長篇之屬

四大奇書第一種十九卷一百二十回首一卷　（明）羅本撰　（清）毛宗崗評　清刻本　一冊　存三卷(十三至十五)

330000－1797－0003442　70/1/203　集部/別集類/清別集

清芬館賦稿二卷　（清）賓臣撰　清光緒九年(1883)刻本　一冊　存一卷(上)

330000－1797－0003443　70/1/198　集部/總集類

百篇賦鈔四卷　（清）張世燾　（清）彭克惠編輯　清嘉慶元年(1796)刻本　三冊　存三卷(一至三)

330000－1797－0003444　70/1/199　集部/總集類

百篇賦鈔四卷　（清）張世燾　（清）彭克惠編輯　清刻本　一冊　存一卷(一)

330000－1797－0003449　70/1/212　集部/總集類/選集之屬

律賦玉犀箋注不分卷　清刻本　一冊

330000－1797－0003451　61/5/77　集部/小說類/長篇之屬

第五才子書水滸傳七十五卷七十回　（元）施耐庵撰　（清）金人瑞評　清刻本　五冊　存十九卷(九至十六、六十至六十六、七十二至七十五)

330000－1797－0003452　61/5/76　子部/小說家類/異聞之屬

繪圖諧鐸十二卷　（清）沈起鳳撰　清光緒二十一年(1895)海上書局石印本　四冊

330000－1797－0003453　70/1/201　集部/總集類/選集之屬/通代

雞跖賦續刻二十八卷擬古二卷　（清）應泰泉輯　清刻本　一冊　存五卷(十三至十七)

330000－1797－0003454　70/2/226　史部/政書類/邦計之屬

新選經濟時務精萃十卷　（清）憂時子編輯　清石印本　三冊　存三卷（七、九至十）

330000－1797－0003455　70/2/221　史部/傳記類/科舉錄之屬

丁酉直省闈墨不分卷　清鉛印本　二冊

330000－1797－0003456　69/2/120　集部/別集類/清別集

費巽來先生全稿不分卷　（清）費洪學撰　（清）汪份評選　清刻本　一冊

330000－1797－0003457　69/2/121　集部/別集類/明別集

歸震川稿一卷　（明）歸有光撰　**湯若士稿一卷**　（明）湯顯祖撰　清刻本　一冊

330000－1797－0003473　69/2/122　集部/別集類/清別集

許鍾斗稿一卷湯霍林稿一卷　（清）周熾訂　清刻本　一冊

330000－1797－0003474　70/2/219　集部/總集類/課藝之屬

墨鵠約刊不分卷　清刻本　二冊

330000－1797－0003475　69/2/123　集部/總集類/課藝之屬

可儀堂一百二十名家制義　（清）俞長城輯　清刻本　一冊　存二種

330000－1797－0003476　69/2/124　集部/總集類/課藝之屬

可儀堂一百二十名家制義　（清）俞長城輯　清刻本　一冊　存三種

330000－1797－0003477　69/2/125　集部/別集類/清別集

汪狀元稿一卷　（清）汪如洋撰　清道光十七年（1837）刻本　一冊

330000－1797－0003479　69/2/126　集部/別集類/清別集

百方川稿一卷　（清）方舟撰　（清）李翊煌選

清刻本　一冊

330000－1797－0003480　70/2/218　史部/傳記類/科舉錄之屬

中州闈墨不分卷　清嘉慶二十一年（1816）刻本　一冊

330000－1797－0003481　69/2/127、69/2/128　集部/總集類/課藝之屬

仁在堂全集十一集續刻三集　（清）路德輯　清大文堂刻本　二十二冊　存八集

330000－1797－0003482　70/2/216　史部/傳記類/科舉錄之屬

[光緒丁酉科]浙江闈墨不分卷　清光緒聚奎堂刻本　一冊

330000－1797－0003484　70/2/215　史部/傳記類/科舉錄之屬

本朝歷科名墨不分卷　清光緒十三年（1887）抄本　一冊

330000－1797－0003485　69/2/129　集部/總集類/課藝之屬

仁在堂全集十一集續刻三集　（清）路德輯　清大文堂刻本　一冊　存一種

330000－1797－0003486　70/2/214　集部/總集類/選集之屬/斷代

國朝律賦揀金錄二刻十二卷　（清）朱一飛輯　清乾隆刻本　一冊　存二卷（七至八）

330000－1797－0003488　70/1/213　史部/史評類/史論之屬

史論彙編□□卷　清石印本　四冊　存七卷（二至八）

330000－1797－0003490　71/2/10　子部/儒家類/儒學之屬/禮教/鑑戒

梁瀛侯先生日省錄一卷　（清）梁文科輯　清光緒六年（1880）刻本　一冊

330000－1797－0003491　70/2/220　史部/傳記類/科舉錄之屬

壬寅直省闈墨選瑜不分卷　清抄本　一冊

330000－1797－0003492　71/2/11　子部/儒

家類/儒學之屬/禮教/家訓

詒穀堂家訓二卷 （清）王子堅編　清光緒二十四年(1898)杭州任有容齋刻本　一冊

330000－1797－0003493　71/2/12　子部/儒家類/儒學之屬/禮教/家訓

詒穀堂家訓二卷 （清）王子堅編　清光緒二十四年(1898)杭州任有容齋刻本　一冊

330000－1797－0003495　71/2/13　子部/儒家類/儒學之屬/禮教/家訓

詒穀堂家訓二卷 （清）王子堅編　清光緒二十四年(1898)杭州任有容齋刻本　一冊

330000－1797－0003496　71/2/14　子部/儒家類/儒學之屬/禮教/家訓

詒穀堂家訓二卷 （清）王子堅編　清光緒二十四年(1898)杭州任有容齋刻本　一冊

330000－1797－0003497　71/2/15　子部/儒家類/儒學之屬/禮教/家訓

詒穀堂家訓二卷 （清）王子堅編　清光緒二十四年(1898)杭州任有容齋刻本　二冊

330000－1797－0003498　71/2/16　子部/儒家類/儒學之屬/禮教/家訓

詒穀堂家訓二卷 （清）王子堅編　清光緒二十四年(1898)杭州任有容齋刻本　一冊

330000－1797－0003500　70/5/253　新學/議論/通論

洋務新論六卷 （英國）李提摩太撰　（清）仲英輯　清光緒二十年(1894)長白吏隱仙館石印本　六冊

330000－1797－0003501　70/4/251、70/5/252　類叢部/類書類

萬斛珠璣六十五卷 （清）夢栩山人選　清刻本　六十二冊　缺三卷(二十九、四十二至四十三)

330000－1797－0003502　70/6/262　集部/總集類/課藝之屬

小搭珠華不分卷　清石印本　一冊

330000－1797－0003507　70/6/261　類叢

部/類書類/通類之屬

文章潤色九卷　清光緒十一年(1885)暢懷書屋石印本　一冊

330000－1797－0003509　61/6/84　集部/小說類/長篇之屬

繪圖增像第五才子書水滸全傳十卷七十回 （元）施耐庵撰　（清）金人瑞評　清光緒三十一年(1905)上海書局石印本　四冊　存四卷(一、四至六)

330000－1797－0003510　71/2/21　子部/雜著類

傳家寶二卷 （清）石成金撰　清末上海宏大善書局石印本　二冊

330000－1797－0003511　70/6/260　類叢部/類書類/通類之屬

五經典鮮摘錦合璧□□卷　清刻本　一冊　存九卷(五十六至六十四)

330000－1797－0003512　71/2/22　子部/雜著類

傳家寶二卷 （清）石成金撰　清末上海宏大善書局石印本　一冊　存一卷(下)

330000－1797－0003513　70/6/259　經部/四書類/總義之屬/傳說

四書合纂大成不分卷 （清）沈祖燕輯　清石印本　二冊

330000－1797－0003514　61/4/70　集部/小說類/長篇之屬

繡像漢宋奇書六十卷 （清）金人瑞批點　清刻本　一冊　存三卷(十七至十九)

330000－1797－0003526　61/4/65　集部/小說類/短篇之屬

聊齋誌異注十六卷 （清）呂湛恩輯注　清刻本　二冊　存八卷(一至四、十至十三)

330000－1797－0003527　71/2/26　類叢部/類書類/專類之屬

應酬彙選新集三卷 （清）陸九如纂輯　清光緒二年(1876)刻本　二冊　存二卷(一至二)

330000－1797－0003528　61/4/66　集部/小說類/長篇之屬

花月痕全書十六卷五十二回　（清）魏秀仁撰　（清）棲霞居士評　清末石印本　一冊　存一卷（一）

330000－1797－0003529　70/6/258　集部/總集類/課藝之屬

近科分韻館詩三十卷　王先謙編　清上海南書錦里精一閣刻本　十三冊　存十七卷（初集一至九、二集一至八）

330000－1797－0003530　61/4/64　集部/小說類/短篇之屬

批點聊齋誌異十六卷　（清）蒲松齡撰　（清）王士禛評　（清）何守奇批點　清刻本　一冊　存二卷（二至三）

330000－1797－0003531　70/6/257　集部/總集類/課藝之屬

經藝選腴不分卷　清道光十七年（1837）浣溪草舍刻本　七冊

330000－1797－0003532　71/2/27　類叢部/類書類/專類之屬

應酬尺牘彙選三卷　（清）陸九如纂輯　清刻本　一冊　存一卷（一）

330000－1797－0003533　70/6/256　集部/總集類/選集之屬/通代

夢華廬賦海三十卷　（清）夢華廬主人選　清光緒十二年（1886）上海點石齋石印本　八冊

330000－1797－0003534　71/2/28　類叢部/類書類/專類之屬

應酬名聯彙選三卷　清刻本　一冊　存一卷（三）

330000－1797－0003535　70/5/254　集部/總集類/課藝之屬

課藝不分卷　清抄本　七冊

330000－1797－0003536　70/6/255　集部/總集類/選集之屬/通代

新註得月樓甲編不分卷乙編不分卷丙編不分卷丁編不分卷　（清）張元灝選評　（清）耿覬

文　（清）茅謙箋註　清光緒七年（1881）刻本　十冊

330000－1797－0003546　61/4/58　集部/小說類/短篇之屬

詳註聊齋志異圖詠十六卷首一卷　（清）蒲松齡撰　（清）呂湛恩注　（清）徐潤編　清石印本　一冊　存四卷（九至十二）

330000－1797－0003557　61/6/86　集部/小說類/長篇之屬

第五才子書水滸傳七十五卷七十回　（元）施耐庵撰　（清）金人瑞評　清芥子園刻本　一冊　存五卷（一至五）

330000－1797－0003558　71/2/35　子部/雜著類/雜纂之屬

酬世錦囊全書七卷　（清）姚時勉輯　清嘉慶九年（1804）刻本　三冊　存五卷（一至三、六至七）

330000－1797－0003560　61/4/52　集部/小說類/長篇之屬

繡像西遊記四卷　（明）楊致和編　清繡谷錦盛堂刻本　一冊　存二卷（三至四）

330000－1797－0003561　71/2/36　子部/雜著類/雜纂之屬

雲林別墅纂輯酬世錦囊天下路程續編二卷　（清）鄧景揚輯　清刻本　一冊

330000－1797－0003562　61/4/51　集部/小說類/長篇之屬

新刊北方真武玄天上帝出身志傳四卷　（明）余象斗編　清大經堂刻本　一冊　存二卷（三至四）

330000－1797－0003563　61/4/50　類叢部/類書類/通類之屬

精選黃眉故事十卷　（明）鄧志謨輯　清嘉慶二十五年（1820）三槐堂刻本　一冊　存二卷（一至二）

330000－1797－0003564　71/2/37　子部/雜著類/雜纂之屬

雲林別墅新輯酬世錦囊書啟合編初集八卷二

集七卷三集二卷四集二卷 （清）鄧景揚輯
清刻本 一冊 存二卷（五至六）

330000－1797－0003565 71/2/38 子部/雜
著類/雜纂之屬
雲林別墅新輯酬世錦囊書啟合編初集八卷二
集七卷三集二卷四集二卷 （清）鄧景揚輯
清刻本 二冊 存三卷（三至四、二集七）

330000－1797－0003566 71/2/39 子部/雜
著類/雜纂之屬
酬世錦囊□□卷 清刻本 一冊 存二卷
（二至三）

330000－1797－0003569 69/2/130 集部/
總集類/選集之屬/斷代
尚論古人不分卷 （清）學訓氏輯 清抄本
一冊

330000－1797－0003570 69/2/131、69/2/
132 集部/別集類/清別集
張太史塾課八卷 （清）張江撰 清同治四年
（1865）刻本 二冊 存三卷（一至三）

330000－1797－0003571 69/2/133 集部/
別集類/清別集
張太史稿一卷 （清）張江撰 清刻本 一冊

330000－1797－0003572 69/2/134 子部/
儒家類/儒學之屬/蒙學
蒙求簡可編不分卷 （清）馬樹堂原本 （清）
柳秉禮重訂 清柳碧梧齋刻本 一冊

330000－1797－0003577 69/2/135.1 集
部/別集類/清別集
韓鄂書屋制藝不分卷 （清）錢福昌撰 清刻
本 二冊

330000－1797－0003581 69/2/135 集部/
總集類/課藝之屬
蔭葛軒制藝不分卷 （清）錢祐昌 （清）錢祚
昌撰 清道光二十九年（1849）刻本 一冊

330000－1797－0003582 72/1/1 子部/
叢編
二十二子（二十二子彙函） （清）浙江書局編

清光緒元年至三年（1875－1877）浙江書局
刻本 五冊 存一種

330000－1797－0003584 69/2/135.2 集
部/別集類/清別集
沁香書屋制藝一卷 （清）錢祖亮撰 清道光
二十九年（1849）刻本 一冊

330000－1797－0003585 72/1/2 集部/別
集類/漢魏六朝別集
陶靖節詩集四卷 （晉）陶潛撰 （清）蔣薰評
附東坡和陶詩一卷 （宋）蘇軾撰 律陶一
卷 （明）王思任輯 敦好齋律陶纂一卷
（清）黃槐開輯 清貴文堂刻本 一冊 存三
卷（一至三）

330000－1797－0003587 71/3/43 類叢部/
叢書類/自著之屬
李忠武公遺書五卷 （清）李續賓撰 清光緒
十七年（1891）李光久甌江巡署刻本 二冊
存二卷（公牘一至二）

330000－1797－0003589 69/2/136 集部/
別集類/清別集
廣東草堂稿一卷 （清）王汝驤撰 集虛齋稿
一卷 （清）方槃如撰 清刻本 一冊

330000－1797－0003592 72/1/3 類叢部/
叢書類/家集之屬
如皋冒氏叢書三十四種附二種 冒廣生編
清光緒至民國如皋冒氏刻本 一冊 存一種

330000－1797－0003594 69/2/137 集部/
詩文評類/詩評之屬
古學磚樣八卷 （清）周道遵輯 清道光二十
四年（1844）刻本 三冊 存三卷（一、七至
八）

330000－1797－0003595 72/1/4 集部/別
集類/漢魏六朝別集
庾子山集十六卷總釋一卷 （北周）庾信撰
（清）倪璠注 庾子山年譜一卷 （清）倪璠撰
清刻本 一冊 存一卷（三）

330000－1797－0003596 72/1/5 集部/別
集類/漢魏六朝別集

庾子山全集十卷　(北周)庾信撰　(清)吳兆
宜箋註　清刻本　二冊　存二卷(九至十)

330000－1797－0003597　69/3/138　集部/
別集類/清別集

強恕堂制藝四卷附鄉試硃卷一卷會試硃卷一
卷　(清)李道融撰　清道光三十年(1850)刻
本　四冊

330000－1797－0003598　69/3/139　集部/
總集類/課藝之屬

錢清書院課藝不分卷　清光緒三十年(1904)
錢清書院刻本　四冊

330000－1797－0003599　72/1/6　集部/別
集類/唐五代別集

河東先生文集六卷　(唐)柳宗元撰　清末石
印本　一冊　存一卷(二)

330000－1797－0003601　61/6/94　集部/小
說類/短篇之屬

繪圖今古奇觀六卷四十回　(明)抱甕老人輯
　清光緒三十二年(1906)石印本　一冊　存
三卷(一至三)

330000－1797－0003603　72/1/11　集部/別
集類/唐五代別集

昌黎先生集四十卷外集十卷遺文一卷　(唐)
韓愈撰　(宋)廖瑩中校正　清掃葉山房石印
本　一冊　存五卷(二十至二十四)

330000－1797－0003604　72/1/10　集部/別
集類/唐五代別集

五百家註音辯昌黎先生文集四十卷　(唐)韓
愈撰　(宋)魏仲舉輯注　清刻本　一冊　存
五卷(三十六至四十)

330000－1797－0003605　72/1/9　集部/別
集類/唐五代別集

昌黎先生集四十卷外集十卷遺文一卷　(唐)
韓愈撰　(宋)廖瑩中校正　**朱子校昌黎先生
集傳一卷**　(宋)朱熹撰　**韓集點勘四卷**
(清)陳景雲撰　清宣統三年(1911)石印本
七冊　缺五卷(五、十一至十四)

330000－1797－0003607　72/1/8　集部/別

集類/唐五代別集

重刊五百家註音辯昌黎先生文集四十卷
(唐)韓愈撰　(宋)魏仲舉輯注　清乾隆四十
九年(1784)刻本　十三冊　缺九卷(二十一
至二十六、三十至三十二)

330000－1797－0003609　72/1/7　集部/別
集類/唐五代別集

新刊五百家註音辯昌黎先生文集四十卷
(唐)韓愈撰　(宋)魏仲舉輯注　清刻本　十
二冊

330000－1797－0003618　72/2/16　集部/別
集類/唐五代別集

楊盈川集十卷　(唐)楊炯撰　清刻本　二冊
　存七卷(一至七)

330000－1797－0003619　72/2/15　集部/別
集類/唐五代別集

白香山詩長慶集二十卷後集十七卷別集一卷
補遺二卷　(唐)白居易撰　(清)汪立名編訂
　清刻本　一冊　存三卷(後集十三至十五)

330000－1797－0003620　72/2/14　集部/別
集類/唐五代別集

白香山詩長慶集二十卷後集十七卷別集一卷
補遺二卷　(唐)白居易撰　(清)汪立名編訂
　清康熙四十一年至四十二年(1702－1703)
汪立名一隅草堂刻本　二冊　存十一卷(一
至十一)

330000－1797－0003622　73/1/46　類叢部/
叢書類/家集之屬

如皋冒氏叢書三十四種附二種　冒廣生編
清光緒至民國如皋冒氏刻本　四冊　存一種

330000－1797－0003625　71/3/53　集部/別
集類/清別集

管注秋水軒尺牘四卷　(清)許思湄撰　(清)
婁世瑞注釋　(清)管斯駿補注　清光緒十一
年(1885)上洋江左書林刻本　一冊　存一卷
(一)

330000－1797－0003626　73/1/45　集部/詞
類/別集之屬

陳檢討詞鈔十二卷　（清）陳維崧撰　清刻本
　一冊　存四卷（一至四）

330000－1797－0003629　73/1/41　集部/別
集類/清別集

聽松濤館文鈔二十八卷　（清）阮文藻撰　清
光緒八年（1882）刻本　八冊

330000－1797－0003631　72/2/12　集部/別
集類/唐五代別集

李太白文集三十六卷　（唐）李白撰　（清）王
琦輯注　清刻本　一冊　存三卷（三十二至
三十四）

330000－1797－0003634　73/1/44　集部/別
集類/清別集

陳檢討集二十卷　（清）陳維崧撰　（清）程師
恭注　清漁古山房刻本　六冊　存十五卷
（一至九、十三至十六、十九至二十）

330000－1797－0003635　72/2/17　集部/別
集類/唐五代別集

唐陸宣公集二十二卷　（唐）陸贄撰　清刻本
　三冊　存九卷（四至七、十三至十七）

330000－1797－0003638　73/1/43　集部/別
集類/明別集

甫田集三十六卷　（明）文徵明撰　清宣統三
年（1911）鉛印本　十二冊

330000－1797－0003640　71/3/63　集部/總
集類/尺牘之屬

國朝名人小簡二卷　吳曾祺輯　清宣統三年
（1911）上海商務印書館鉛印本　二冊

330000－1797－0003643　73/1/40　集部/別
集類/清別集

扁善齋文存二卷詩存一卷　（清）鄧嘉緝撰
清光緒二十七年（1901）江寧鄧氏刻本　二冊
　　存二卷（上、詩存）

330000－1797－0003644　72/2/21　集部/別
集類/宋別集

林和靖詩集四卷拾遺一卷　（宋）林逋撰　清
同治十二年（1873）長洲朱氏抱經堂刻本　一
冊　存一卷（一）

330000－1797－0003649　73/1/47　集部/別
集類/清別集

壯悔堂文集十卷遺稿一卷　（清）侯方域撰
（清）賈開宗等評點　清宣統元年（1909）中國
圖書公司鉛印本　一冊　存三卷（一至三）

330000－1797－0003650　72/2/20　集部/別
集類/宋別集

東坡集四十四卷　（宋）蘇軾撰　清刻本　十
冊　存二十卷（二十五至四十四）

330000－1797－0003651　72/2/18　集部/別
集類/唐五代別集

唐陸宣公集二十二卷　（唐）陸贄撰　清上海
會文堂書局石印本　一冊　存六卷（一至六）

330000－1797－0003653　72/2/13　集部/別
集類/唐五代別集

李太白文集三十二卷　（唐）李白撰　（清）王
琦輯注　清刻本　一冊　存三卷（五至七）

330000－1797－0003654　73/1/42　類叢部/
叢書類/郡邑之屬

永嘉叢書十五種　（清）孫衣言編　清同治至
光緒瑞安孫氏詒善祠墊刻光緒武昌書局彙印
本　一冊　存一種

330000－1797－0003656　71/3/68　集部/詩
文評類/文法之屬/函牘格式

最新商學普通算術尺牘二卷　（清）范渭濱輯
　清光緒上海書局石印本　一冊　存一卷
（上）

330000－1797－0003657　71/3/69　集部/詩
文評類/文法之屬/函牘格式

最新正草商賈尺牘二卷　（清）望月樓主人輯
　清石印本　一冊

330000－1797－0003660　72/2/23　集部/別
集類/宋別集

司馬文正公傳家集八十卷目錄二卷　（宋）司
馬光撰　司馬文正公年譜一卷附錄一卷
（清）陳弘謀編　清光緒十二年（1886）解梁書
院刻本　八冊　存三十八卷（一至三十八）

330000－1797－0003661　72/2/25　集部/別

集類/宋別集

王臨川文集四卷 （宋）王安石撰　清宣統二年(1910)上海會文堂書局石印本　四冊

330000－1797－0003662　72/2/26　集部/別集類/宋別集

王臨川文集四卷 （宋）王安石撰　清宣統二年(1910)上海會文堂書局石印本　四冊

330000－1797－0003663　72/3/27　集部/別集類/宋別集

王臨川全集一百卷目錄二卷 （宋）王安石撰　清光緒九年(1883)溧陽繆氏小峴山館刻本　十六冊

330000－1797－0003664　72/3/32　集部/總集類/氏族之屬

三蘇策論十二卷 （宋）蘇洵　（宋）蘇軾（宋）蘇轍撰　（清）張紹齡編　清光緒二十四年(1898)越郡會文堂石印本　八冊

330000－1797－0003665　72/3/31　集部/別集類/宋別集

象山先生全集三十六卷 （宋）陸九淵撰（清）李紱輯　清道光三年(1823)刻本　六冊存十四卷(二十三至三十六)

330000－1797－0003666　72/3/30　子部/儒家類/儒學之屬/經濟

張子全集十五卷 （宋）張載撰　（宋）朱熹注清刻本　二冊　存五卷(十、十二至十五)

330000－1797－0003667　72/3/29　集部/別集類/宋別集

朱子集一百四卷 （宋）朱熹撰　清咸豐刻本一冊　存三卷(七十三至七十五)

330000－1797－0003668　72/3/28　子部/儒家類/儒學之屬/性理

御纂朱子全書六十六卷 （宋）朱熹撰　（清）李光地等輯　清刻本　四冊　存七卷(三十一至三十七)

330000－1797－0003669　69/3/140　集部/總集類/課藝之屬

紫陽書院課藝七集不分卷 （清）查亮采

（清）朱文炳編　清光緒十四年(1888)刻本二冊

330000－1797－0003670　69/3/141　集部/總集類/課藝之屬

紫陽書院課藝八集不分卷 （清）朱文炳（清）許郊編　清光緒十八年(1892)刻本四冊

330000－1797－0003671　69/3/142　集部/總集類/課藝之屬

紫陽書院課藝八集不分卷 （清）朱文炳（清）許郊編　清光緒十八年(1892)刻本四冊

330000－1797－0003672　69/3/143　集部/總集類/課藝之屬

紫陽書院課藝八集不分卷 （清）朱文炳（清）許郊編　清光緒十八年(1892)刻本三冊

330000－1797－0003673　69/3/143.1　集部/總集類/課藝之屬

紫陽書院課藝九集不分卷 （清）沈壽慈（清）楊振鑣編　清刻本　一冊

330000－1797－0003674　69/3/144　集部/總集類/課藝之屬

兩江課藝匯編五卷 （清）程宗裕編　清光緒二十七年(1901)實學書社鉛印本　四冊

330000－1797－0003675　69/3/145　集部/總集類/課藝之屬

浙江校士錄二編不分卷 （清）丁紹周編　清同治十二年(1873)刻本　一冊

330000－1797－0003676　69/3/146　集部/總集類/課藝之屬

成均校士錄不分卷 （清）國學司成編　清嘉慶十八年(1813)國子監刻本　三冊

330000－1797－0003677　69/3/147　集部/總集類/課藝之屬

最新兩浙課士錄初集不分卷 （清）浙報館編清光緒二十八年(1902)浙報館鉛印本一冊

330000－1797－0003678　69/3/148　集部/
總集類/課藝之屬

最新兩浙課士錄初集不分卷　（清）浙報館編
清光緒二十八年（1902）浙報館鉛印本
一冊

330000－1797－0003679　69/3/149　集部/
別集類/清別集

存我軒偶錄不分卷　（清）陸鍾渭撰　清光緒
二十七年（1901）文彙書局鉛印本　一冊

330000－1797－0003680　72/4/33　類叢部/
叢書類/自著之屬

元遺山先生全集九種　（金）元好問撰　清光
緒七年（1881）讀書山房刻本　十七冊　存
七種

330000－1797－0003681　72/4/34　集部/總
集類/選集之屬/斷代

中州集十卷首一卷中州樂府一卷　（金）元好
問輯　清光緒七年（1881）讀書山房刻本　十
一冊

330000－1797－0003683　73/4/60　集部/別
集類/清別集

饅䬪亭集三十二卷後集十二卷　（清）祁寯藻
撰　清刻本　八冊

330000－1797－0003686　73/4/59　集部/別
集類/清別集

善卷堂四六十卷　（清）陸繁弨撰　（清）吳自
高注　清道光二年（1822）金閶步月樓刻本
六冊

330000－1797－0003688　73/4/58.1　集部/
別集類/清別集

午亭文編五十卷　（清）陳廷敬撰　（清）林佶
輯錄　清刻本　八冊　存二十四卷（二十七
至五十）

330000－1797－0003689　73/4/58　集部/別
集類/清別集

午亭山人第二集三卷　（清）陳廷敬撰　清刻
本　一冊

330000－1797－0003691　72/4/35　集部/別

集類/元別集

虞文靖公道園全集七十六卷　（元）虞集撰
清光緒元年（1875）陵陽書局刻本　十冊　存
三十七卷（一至三十七）

330000－1797－0003693　75/2/124　類叢
部/叢書類/自著之屬

曾惠敏公遺集四種　（清）曾紀澤撰　清光緒
十九年（1893）江南製造總局鉛印本　二冊
存二種

330000－1797－0003695　72/5/39　集部/別
集類/明別集

王文成公全書三十八卷　（明）王守仁撰　清
刻本　二冊　存二卷（二至三）

330000－1797－0003697　75/2/125　類叢
部/叢書類/自著之屬

曾文正公全集十五種　（清）曾國藩撰　清同
治至光緒傳忠書局刻本　一冊　存一種

330000－1797－0003700　76/1/193　集部/
別集類/清別集

豔雪堂詩集一卷　（清）張晉撰　清刻本
一冊

330000－1797－0003701　73/4/56　集部/別
集類/明別集

知我軒近說三卷　（明）林貴兆撰　清宣統二
年（1910）太平陳氏木活字印本　一冊　存一
卷（上）

330000－1797－0003702　75/2/125.1　類叢
部/叢書類/自著之屬

曾文正公全集十五種　（清）曾國藩撰　清同
治至光緒傳忠書局刻本　二冊　存一種

330000－1797－0003703　72/5/37　集部/別
集類/清別集

楊園先生全集五十四卷　（清）張履祥撰　**張
楊園先生年譜一卷**　（清）蘇惇元編　清同治
十年（1871）江蘇書局刻本　三冊　存十一卷
（一至二、四十一至四十二、四十九至五十四、
年譜）

330000－1797－0003706　75/2/125.2　集

部/別集類/清別集

曾文正公文集四卷 （清）曾國藩撰 （清）李瀚章編 清同治十三年(1874)傳忠書局刻本 二冊 存二卷(一至二)

330000－1797－0003707 75/2/125.3 集部/別集類/清別集

曾文正公詩集四卷 （清）曾國藩撰 清同治十三年(1874)傳忠書局刻本 一冊

330000－1797－0003708 72/5/36 集部/別集類/清別集

楊園先生全集五十四卷 （清）張履祥撰 **張楊園先生年譜一卷** （清）蘇惇元編 清同治十年(1871)江蘇書局刻本 十二冊 存三十九卷(一至五、八至十九、二十六至三十、三十九至五十四,年譜)

330000－1797－0003710 71/4/85 子部/藝術類/遊藝之屬/聯語

楹聯叢話一卷 清抄本 一冊

330000－1797－0003711 75/2/126 集部/別集類/清別集

攜雪堂全集 （清）吳可讀撰 清光緒十九年(1893)刻本 五冊 存七種

330000－1797－0003713 73/4/55 集部/別集類/清別集

歸愚詩鈔餘集八卷 （清）沈德潛撰 清刻本 一冊 存四卷(一至四)

330000－1797－0003714 73/4/54 類叢部/叢書類/自著之屬

歸愚集十五種 （清）沈德潛撰 **歸田集三卷** （清）高宗弘曆等撰 清乾隆刻彙印本 一冊 存一種

330000－1797－0003715 71/4/86 類叢部/類書類/專類之屬

類聯雅品四卷 （清）王邁補輯 清嘉慶六年(1801)刻本 一冊 存二卷(一至二)

330000－1797－0003716 73/4/53 類叢部/叢書類/自著之屬

歸愚集十五種 （清）沈德潛撰 **歸田集三卷**

（清）高宗弘曆等撰 清乾隆刻彙印本 一冊 存一種

330000－1797－0003719 71/4/88 子部/藝術類/遊藝之屬/聯語

西湖楹聯四卷 清刻本 一冊

330000－1797－0003721 73/4/52 集部/別集類/清別集

汪梅村先生集十二卷外集一卷 （清）汪士鐸撰 清光緒七年(1881)刻本 四冊

330000－1797－0003723 75/2/130 新學/理學/理學

天演論二卷 （英國）赫胥黎撰 嚴復譯 清末刻本 二冊

330000－1797－0003724 73/4/51 集部/別集類/清別集

有正味齋駢體文二十四卷 （清）吳錫麒撰 清刻本 二冊 存八卷(九至十二、十七至二十)

330000－1797－0003725 76/1/187、76/1/188 集部/別集類/清別集

附鮚軒詩八卷 （清）洪亮吉撰 清刻本 二冊 存四卷(五至八)

330000－1797－0003726 75/2/131 集部/別集類/清別集

實其文齋集十八卷 （清）黃雲鵠撰 清同治至光緒刻本 一冊 存一卷(文鈔八)

330000－1797－0003727 76/1/186 集部/別集類/清別集

卷施閣詩集二十卷文甲集十卷文乙集十卷附鮚軒詩八卷 （清）洪亮吉撰 清乾隆六十年(1795)至嘉慶貴陽節署刻本 三冊 存九卷(十二至二十)

330000－1797－0003728 71/4/89 子部/藝術類/遊藝之屬/聯語

新鐫雜錦群芳對聯三卷 （清）南莊居士撰 清大樊堂刻本 一冊 存二卷(二至三)

330000－1797－0003729 71/4/90 史部/金

石類/錢幣之屬

雜錦群芳銀經三卷 （清）梁思澤撰　清大懋堂刻本　一冊

330000－1797－0003731　71/5/92　集部/總集類/選集之屬/斷代

御定全唐詩錄一百卷詩人年表一卷 （清）徐倬等輯　清康熙刻本　十一冊　存四十三卷（一至六、十五至二十一、三十一至三十八、四十三至四十七、五十七至六十一、七十一至七十四、八十五至八十九、九十八至一百）

330000－1797－0003732　69/3/150　集部/別集類/清別集

存我軒偶錄不分卷 （清）陸鍾渭撰　清光緒二十七年(1901)文彙書局鉛印本　二冊

330000－1797－0003733　76/1/189、76/1/190　集部/別集類/清別集

有正味齋詩集十六卷 （清）吳錫麒撰　清刻本　四冊　存十卷(四至十、十二至十四)

330000－1797－0003734　69/3/150.1　集部/別集類/清別集

存我軒偶錄不分卷 （清）陸鍾渭撰　清光緒二十七年(1901)文彙書局鉛印本　一冊

330000－1797－0003735　69/3/151　集部/總集類/課藝之屬

詁經精舍四集十六卷續選一卷 （清）俞樾編　清光緒五年(1879)刻本　一冊　存三卷(六至八)

330000－1797－0003736　76/1/191　集部/別集類/清別集

有正味齋詩續集八卷 （清）吳錫麒撰　清刻本　一冊　存四卷(一至四)

330000－1797－0003737　69/3/152　史部/傳記類/科舉錄之屬

山東考卷不分卷 清刻本　一冊

330000－1797－0003738　76/1/192　集部/詞類/別集之屬

有正味齋詞集八卷續集八卷外集五卷 （清）吳錫麒撰　清刻本　二冊　存八卷(一至四、續集一至二、外集一至二)

330000－1797－0003739　69/3/153　史部/傳記類/科舉錄之屬

浙江試牘不分卷 清刻本　一冊

330000－1797－0003740　69/3/154　史部/傳記類/科舉錄之屬

雲南試牘不分卷 （清）李品芳輯　清刻本　一冊

330000－1797－0003741　69/3/155　史部/傳記類/科舉錄之屬

雲南試牘不分卷 （清）李品芳輯　清刻本　一冊

330000－1797－0003742　76/1/194　集部/別集類/清別集

一飛詩鈔不分卷 （清）文沖撰　清刻本　一冊

330000－1797－0003743　74/1/73　集部/別集類/清別集

道古堂文集四十八卷詩集二十六卷集外詩一卷 （清）杭世駿撰　**軼事一卷** （清）汪曾唯輯　清乾隆四十一年(1776)汪氏振綺堂刻光緒十四年(1888)補刻本　十六冊

330000－1797－0003745　74/1/74　集部/別集類/清別集

有正味齋駢體文二十四卷 （清）吳錫麒撰　清刻本　六冊　存二十一卷(四至二十四)

330000－1797－0003748　74/1/75　集部/別集類/清別集

檉華館全集四種 （清）路德撰　（清）閻敬銘輯　清光緒七年(1881)解梁刻本　五冊　存一種

330000－1797－0003750　73/5/72　集部/別集類/清別集

三魚堂文集十二卷外集六卷賸言十二卷附錄一卷 （清）陸隴其撰　清同治七年(1868)楊昌濬武林薇署刻本　五冊　缺十二卷(賸言一至十二)

330000－1797－0003751　69/4/156　集部/
總集類/課藝之屬

浙江詩課九卷浙江考卷一卷浙士解經錄四卷
（清）阮元編　清嘉慶再到亭刻本　一冊
存五卷（一至五）

330000－1797－0003752　76/1/200　集部/
別集類

缶廬詩四卷別存三卷　吳昌碩撰　清光緒十
九年（1893）刻本　一冊

330000－1797－0003753　69/4/157　集部/
總集類/選集之屬/斷代

本朝應制元音十六卷　（清）朱一飛纂　清刻
本　一冊　存四卷（五至八）

330000－1797－0003754　73/5/71　集部/別
集類/清別集

**三魚堂文集十二卷外集六卷賸言十二卷附錄
一卷**　（清）陸隴其撰　清同治七年（1868）楊
昌濬武林薇署刻本　一冊　存十二卷（賸言
一至十二）

330000－1797－0003756　69/4/158　集部/
總集類

詩墨□□卷　清刻本　一冊　存一卷（一）

330000－1797－0003757　73/5/70　集部/別
集類/清別集

集虛齋學古文十二卷附離騷經解畧一卷
（清）方楘如撰　清光緒十年（1884）李詩、竺
士彥淳安縣署刻本　三冊　存九卷（一至九）

330000－1797－0003758　73/5/69　集部/別
集類/清別集

集虛齋學古文十二卷附離騷經解畧一卷
（清）方楘如撰　清光緒十年（1884）李詩、竺
士彥淳安縣署刻本　二冊　存六卷（一至六）

330000－1797－0003759　74/2/77　集部/別
集類/清別集

袁文箋正十六卷補注一卷　（清）袁枚撰
（清）石韞玉箋　清刻本　三冊　存八卷（三
至八、十二至十三）

330000－1797－0003760　73/5/68　集部/別

集類/清別集

**望溪先生文集十八卷集外文十卷集外文補遺
二卷年譜二卷**　（清）方苞撰　清咸豐元年
（1851）戴鈞衡刻二年（1852）增刻本　十二冊
存二十三卷（一、四至十六，集外文一至八，
年譜一）

330000－1797－0003761　74/2/78、74/2/79
類叢部/叢書類/自著之屬

隨園三十八種　（清）袁枚撰　清光緒十八年
（1892）勤裕堂鉛印本　二十冊　存七種

330000－1797－0003762　73/5/67　集部/別
集類/清別集

惜抱軒文集十六卷後集十卷　（清）姚鼐撰
清刻本　二冊　存九卷（十二至十五、後集一
至五）

330000－1797－0003763　73/5/67.1　集部/
總集類/選集之屬/通代

五言今體詩鈔九卷　（清）姚鼐輯　清刻本
二冊

330000－1797－0003764　76/1/198　集部/
別集類/清別集

浮玉山房賦鈔不分卷試帖不分卷　（清）丁紹
周撰　清同治十年（1871）刻本　一冊

330000－1797－0003766　76/1/196　類叢
部/叢書類/家集之屬

如皋冒氏叢書三十四種附二種　冒廣生編
清光緒至民國如皋冒氏刻本　一冊　存一種

330000－1797－0003767　73/5/67.2　子部/
雜著類/雜說之屬

惜抱軒筆記八卷　（清）姚鼐撰　清刻本　一
冊　存四卷（一至四）

330000－1797－0003768　74/2/80　類叢部/
叢書類/自著之屬

隨園三十六種　（清）袁枚撰　清光緒十八年
（1892）上海圖書集成印書局鉛印本　十冊
存二十四種

330000－1797－0003769　73/5/67.3　經部/
群經總義類/傳說之屬

惜抱軒九經說十七卷　（清）姚鼐撰　清刻本
　一冊　存七卷（四至十）

330000－1797－0003774　74/2/83　子部/雜
著類/雜說之屬

隨園隨筆二十八卷　（清）袁枚撰　清刻本
四冊　存四卷（九至十二）

330000－1797－0003775　73/5/65　集部/別
集類/清別集

竹素齋遺稿（姚鏡塘先生全集）十卷　（清）姚
學塽撰　清刻本　二冊　存二卷（遺稿一、古
今體詩稿一）

330000－1797－0003776　74/2/84　集部/別
集類/清別集

小倉山房外集六卷補遺一卷　（清）袁枚撰
清乾隆刻本　四冊

330000－1797－0003777　76/2/4　集部/詩
文評類/文評之屬

文心雕龍十卷　（南朝梁）劉勰撰　（明）楊慎
批　（明）張松孫輯注　清同治七年（1868）杭
城文元堂刻本　一冊　存五卷（一至五）

330000－1797－0003778　76/2/3　集部/別
集類/唐五代別集

杜工部草堂詩話二卷　（唐）杜甫撰　（宋）蔡
夢弼集錄　清上海文瑞樓石印本　一冊

330000－1797－0003779　75/3/135　集部/
總集類/郡邑之屬

嶺南四家詩鈔　（清）劉彬華輯　清刻本　一
冊　存一種

330000－1797－0003780　73/5/64　集部/別
集類/清別集

小謨觴館文注四卷續注二卷　（清）彭兆蓀撰
　（清）孫元培　（清）孫長熙注　清光緒二十
年（1894）刻本　三冊

330000－1797－0003781　75/3/136　集部/
總集類/郡邑之屬

嶺南四家詩鈔　（清）劉彬華輯　清刻本　一
冊　存一種

330000－1797－0003782　74/2/85　集部/別
集類/清別集

小倉山房尺牘六卷　（清）袁枚撰　清乾隆三
十年（1765）隨園刻本　三冊

330000－1797－0003784　75/3/137　集部/
別集類/清別集

堅白石齋詩一卷　（清）李鑾宣撰　清刻本
一冊

330000－1797－0003785　74/2/87　集部/別
集類/清別集

本朝文讀本不分卷　（清）袁枚撰　清刻本
一冊

330000－1797－0003786　75/3/138　集部/
別集類/清別集

又其次齋詩集七卷　（清）吳世涵撰　清咸豐
二年（1852）宜園刻本　一冊　存一卷（一）

330000－1797－0003787　73/5/63　集部/別
集類/清別集

惲子居文鈔四卷　（清）惲敬撰　清宣統二年
（1910）上海國學扶輪社石印本　四冊

330000－1797－0003788　75/3/139　類叢
部/叢書類/自著之屬

悔餘庵集三種　（清）何栻撰　清同治四年
（1865）鳩江戎幄刻本　二冊　存一種

330000－1797－0003789　76/2/1　集部/總
集類/選集之屬/通代

古詩源四卷　（清）沈德潛輯　清光緒十八年
（1892）湘南文章書局刻本　一冊　存一卷
（一）

330000－1797－0003790　74/2/88　集部/總
集類/選集之屬/斷代

八家四六文註八卷首一卷　（清）吳鼒輯
（清）許貞幹注　補註一卷　陳衍撰　清末鉛
印本　二冊　存一卷（七）

330000－1797－0003791　73/5/62　史部/傳
記類/總傳之屬/列女

廣列女傳二十卷附錄一卷　（清）劉開纂　清
刻本　一冊　存四卷（十八至二十、附錄）

330000－1797－0003792　73/5/61　集部/別集類/清別集

善卷堂四六十卷　（清）陸繁弨撰　（清）吳自高注　清刻本　一冊　存二卷（九至十）

330000－1797－0003793　69/4/159　集部/別集類/清別集

養源山房詩鈔六卷詩餘一卷　（清）徐士霖撰　清刻本　一冊　存三卷（四至六）

330000－1797－0003795　69/4/160　集部/總集類/課藝之屬

崇正學齋精選讀本八卷首一卷　清光緒二十四年（1898）諸邑金大成刻本　四冊

330000－1797－0003796　69/4/161　集部/總集類/課藝之屬

崇正學齋精選讀本八卷首一卷　清光緒二十四年（1898）諸邑金大成刻本　二冊　存四卷（五至八）

330000－1797－0003797　69/4/162　集部/總集類/課藝之屬

精選讀文不分卷　清抄本　一冊

330000－1797－0003798　69/4/163　子部/儒家類/儒學之屬

論學初編不分卷　（清）崇實學社編輯　清光緒二十七年（1901）文彙書局鉛印本　一冊

330000－1797－0003799　69/4/164　子部/儒家類/儒學之屬

論學初編不分卷　（清）崇實學社編輯　清光緒二十七年（1901）文彙書局鉛印本　二冊

330000－1797－0003800　69/4/165　子部/儒家類/儒學之屬

論學初編不分卷　（清）崇實學社編輯　清光緒二十七年（1901）文彙書局鉛印本　一冊

330000－1797－0003802　76/2/7　類叢部/叢書類/彙編之屬

張氏適園叢書初集七種　張鈞衡編　清宣統三年（1911）上海國學扶輪社石印本　一冊　存一種

330000－1797－0003803　76/2/6　集部/詩文評類/詩評之屬

全唐詩話六卷　（宋）尤袤撰　（明）毛晉訂　清宣統三年（1911）上海三樂堂石印本　六冊

330000－1797－0003806　74/3/90　類叢部/叢書類/自著之屬

曾文正公全集十五種　（清）曾國藩撰　清同治至光緒傳忠書局刻本　二十二冊　存一種

330000－1797－0003807　75/1/123　集部/別集類/清別集

胡文忠公遺集十卷首一卷　（清）胡林翼撰　（清）閻敬銘　（清）厲雲官　（清）盛康輯　清同治七年（1868）醉六堂刻本　十一冊

330000－1797－0003808　76/2/12　集部/別集類/明別集

解學士詩話彙集不分卷　（明）解縉撰　清咸豐十年（1860）抄本　一冊

330000－1797－0003810　75/1/120、75/1/121、75/1/122　集部/別集類/清別集

胡文忠公遺集八十六卷　（清）胡林翼撰　（清）鄭敦謹　（清）曾國荃輯　清刻本　二十四冊　存六十四卷（二十三至八十六）

330000－1797－0003811　74/3/91　集部/別集類/清別集

曾文正公家書十卷　（清）曾國藩撰　清光緒二年（1876）傳忠書局刻本　九冊

330000－1797－0003812　75/1/119　集部/別集類/清別集

胡文忠公遺集八十六卷　（清）胡林翼撰　（清）鄭敦謹　（清）曾國荃輯　清刻本　二冊　存五卷（三十二至三十四、六十一至六十二）

330000－1797－0003814　76/2/9　集部/詩文評類/詩評之屬

隨園詩話十六卷補遺十卷　（清）袁枚撰　清道光十三年（1833）文光堂刻本　四冊　存八卷（一至二、九至十二、十五至十六）

330000－1797－0003815　74/3/92　子部/儒

家類/儒學之屬/禮教/家訓

曾文正公家訓二卷 （清）曾國藩撰 清光緒二年(1876)傳忠書局刻本 一冊

330000－1797－0003816 74/3/93 集部/別集類/清別集

曾文正公文集四卷 （清）曾國藩撰 清同治十三年(1874)傳忠書局刻本 二冊 存二卷（三至四）

330000－1797－0003817 74/3/94 集部/別集類/清別集

曾文正公雜著四卷 （清）曾國藩撰 （清）李瀚章輯 清同治十三年(1874)傳忠書局刻本 二冊

330000－1797－0003818 74/3/95 類叢部/叢書類/自著之屬

曾文正公全集十五種 （清）曾國藩撰 清同治至光緒傳忠書局刻本 七冊 存一種

330000－1797－0003819 74/3/96 史部/詔令奏議類/奏議之屬

曾文正公奏稿三十卷首一卷 （清）曾國藩撰 清刻本 四冊 存七卷（三至四、十三、十七至十八、二十一至二十二）

330000－1797－0003820 74/3/97 集部/別集類/清別集

曾文正公詩集三卷 （清）曾國藩撰 清光緒二年(1876)傳忠書局刻本 一冊

330000－1797－0003821 74/3/98 子部/雜著類/雜編之屬

求厥齋讀書錄十卷 （清）曾國藩撰 清刻本 二冊 存四卷（七至十）

330000－1797－0003822 69/4/166 經部/四書類/總義之屬/傳說

四書義不分卷 清鉛印本 二冊

330000－1797－0003823 69/4/167 經部/四書類/總義之屬/傳說

四書義不分卷 清鉛印本 一冊

330000－1797－0003824 69/4/168 經部/

群經總義類/傳說之屬

四書五經義策論初編不分卷 韓韋編 清鉛印本 一冊 存五十葉（一至五十）

330000－1797－0003825 69/4/169 經部/群經總義類/傳說之屬

四書五經義策論初編不分卷 韓韋編 清鉛印本 一冊

330000－1797－0003826 69/4/170 經部/群經總義類/傳說之屬

四書五經義策論續編不分卷 （清）崇實齋輯 清光緒二十八年(1902)浙杭編譯局鉛印本 六冊

330000－1797－0003827 69/4/171 經部/群經總義類/傳說之屬

四書五經義策論續編不分卷 （清）崇實齋輯 清鉛印本 三冊

330000－1797－0003828 69/4/172 經部/四書類/論語之屬

鄉黨文正編不分卷 （清）江永撰 清乾隆五十九年(1794)刻本 四冊

330000－1797－0003829 69/4/173 集部/總集類/課藝之屬

安瀾課藝初集不分卷 （清）徐炳琮 （清）陸宏翰編 清光緒二十九年(1903)杭州華利公司石印本 一冊

330000－1797－0003832 76/3/2 類叢部/叢書類/彙編之屬

半厂叢書初編十種 （清）譚獻編 清同治至光緒仁和譚氏刻本 一冊 存一種

330000－1797－0003833 76/3/1 類叢部/叢書類/彙編之屬

榆園叢刻十五種附一種 （清）許增編 清同治至光緒刻本 一冊 存一種

330000－1797－0003834 76/3/10 集部/詞類/別集之屬

曝書亭集詞註七卷 （清）朱彝尊撰 （清）李富孫注 清刻本 一冊 存二卷（四至五）

330000－1797－0003835　74/3/99　集部/別集類/清別集

曾文正公文集三卷　（清）曾國藩撰　清光緒二年(1876)傳忠書局刻本　一冊　存一卷(一)

330000－1797－0003837　74/3/100　類叢部/叢書類/自著之屬

曾文正公全集十五種　（清）曾國藩撰　清同治至光緒傳忠書局刻本　一冊　存一種

330000－1797－0003839　74/3/102　類叢部/叢書類/自著之屬

曾文正公全集十五種　（清）曾國藩撰　清同治至光緒傳忠書局刻本　五冊　存一種

330000－1797－0003840　75/5/184　集部/別集類/清別集

紀曉嵐詩評註四卷　（清）紀昀撰　（清）郭斌評註　清光華堂刻朱墨套印本　一冊　存三卷(二至四)

330000－1797－0003842　76/3/9　集部/詞類/別集之屬

有正味齋詞集八卷續集八卷外集五卷　（清）吳錫麒撰　清刻本　六冊　存十六卷(詞集一至八、續集一至三、外集一至五)

330000－1797－0003844　75/5/182　集部/別集類/清別集

小倉山房詩集三十一卷補遺二卷附錄一卷　（清）袁枚撰　清刻本　一冊　存五卷(十一至十五)

330000－1797－0003845　76/3/11　集部/詞類/總集之屬

宋七家詞選七卷　（清）戈載輯　清宣統三年(1911)上海掃葉山房石印本　二冊

330000－1797－0003847　75/5/180　集部/別集類/清別集

板橋集五種　（清）鄭燮撰　清宣統元年(1909)上海埽葉山房石印本　三冊　存二種

330000－1797－0003849　74/3/101、74/5/104　類叢部/叢書類/自著之屬

曾文正公全集十五種　（清）曾國藩撰　清同治至光緒傳忠書局刻本　十四冊　存三種

330000－1797－0003850　69/4/174　集部/總集類/課藝之屬

浙西校士錄不分卷　（清）浙江提督學院編　清石印本　三冊

330000－1797－0003852　69/4/175　類叢部/類書類/專類之屬

四書典制類聯音註三十三卷　（清）閻其淵輯　清刻本　二冊　存七卷(二十三至二十九)

330000－1797－0003854　76/3/15　集部/別集類/清別集

還江集二卷　（清）熊寶壽撰　清刻本　一冊

330000－1797－0003855　69/4/176　類叢部/類書類/通類之屬

策學備纂三十二卷首一卷　（清）蔡啟盛（清）吳潁炎等輯　清光緒十三年(1887)上海點石齋石印本　一冊　存一卷(五)

330000－1797－0003856　76/3/14　集部/詞類/別集之屬

雙紅豆詞二卷　（清）周天麟撰　清光緒十五年(1889)石印本　一冊

330000－1797－0003858　74/5/105　類叢部/叢書類/自著之屬

曾文正公全集十五種　（清）曾國藩撰　清同治至光緒傳忠書局刻本　一冊　存一種

330000－1797－0003859　75/5/178　集部/別集類/清別集

檉華館全集四種　（清）路德撰　（清）閻敬銘輯　清光緒七年(1881)解梁刻本　三冊　存二種

330000－1797－0003861　76/3/12　類叢部/叢書類/郡邑之屬

粟香室叢書五十九種　金武祥編　清光緒至民國江陰金氏刻本　一冊　存四種

330000－1797－0003862　69/4/178　類叢部/類書類/通類之屬

玉海摘要二十一卷　（清）方維翰撰　清刻本
一冊　存五卷（十七至二十一）

330000－1797－0003863　74/5/106　類叢
部/叢書類/自著之屬

曾文正公全集十五種　（清）曾國藩撰　清同
治至光緒傳忠書局刻本　六冊　存二種

330000－1797－0003864　69/4/179　集部/
總集類/課藝之屬

制藝鎔裁十六卷　清刻本　一冊　存一卷
（七）

330000－1797－0003866　69/4/180　集部/
總集類/課藝之屬

制藝新新不分卷　清刻本　一冊

330000－1797－0003869　69/5/183　集部/
總集類/彙編之屬

七家試帖輯註彙鈔　（清）張熙宇輯評　（清）
王植桂輯註　清同治九年（1870）京師琉璃廠
刻本　四冊　存四種

330000－1797－0003870　69/5/184　集部/
總集類/彙編之屬

七家試帖輯註彙鈔　（清）張熙宇輯評　（清）
王植桂輯註　清刻本　一冊　存一種

330000－1797－0003871　69/5/185　集部/
總集類/彙編之屬

七家試帖輯註彙鈔　（清）張熙宇輯評　（清）
王植桂輯註　清同治九年（1870）京師琉璃廠
刻本　四冊　存四種

330000－1797－0003872　69/5/186　集部/
總集類/郡邑之屬

虞山七家試律鈔七卷　（清）錢祿泰輯　清刻
本　一冊

330000－1797－0003875　76/3/22　集部/戲
劇類/雜劇之屬

空谷香二卷　（清）蔣士銓撰　清刻本　一冊
存一卷（上）

330000－1797－0003876　76/3/21　集部/戲
劇類/雜劇之屬

香祖樓二卷　（清）藏園居士填詞　（清）雨峯
外史評文　（清）種木山人訂譜　清刻本　一
冊　存一卷（下）

330000－1797－0003877　76/3/20　集部/戲
劇類/雜劇之屬

第二碑不分卷　（清）蔣士銓撰　清上海朝記
書局石印本　一冊

330000－1797－0003878　76/3/19　集部/戲
劇類/傳奇之屬

雪中人一卷　（清）蔣士銓撰　（清）李士珠正
譜　（清）錢士錫評點　清刻本　一冊

330000－1797－0003883　76/3/26　集部/曲
類/曲選之屬

綴白裘十二集四十八卷　（清）玩花主人輯
（清）錢德蒼增輯　清道光三年（1823）共賞齋
刻本　一冊　存二卷（五集一至二）

330000－1797－0003885　76/3/25　集部/曲
類/曲選之屬

繪圖綴白裘十二集四十八卷　（清）玩花主人
輯　（清）錢德蒼增輯　清石印本　四冊　存
十六卷（七集一至四、八集一至四、十集一至
四、十一集一至四）

330000－1797－0003891　74/5/118　集部/
別集類/清別集

曾文正公家書十卷　（清）曾國藩撰　清刻本
一冊　存四卷（七至十）

330000－1797－0003892　76/4/6　子部/儒
家類/儒學之屬/蒙學

三字經訓證一卷　清裕源堂刻本　一冊

330000－1797－0003894　76/4/3　經部/小
學類/文字之屬/字書/訓蒙

新編精圖七千字文一卷　（清）□□編　清光
緒三十三年（1907）上海鏡海樓石印　二冊

330000－1797－0003895　76/4/2　子部/儒
家類/儒學之屬/蒙學

小學六卷附文公朱夫子年譜一卷　（清）高愈
纂注　清刻本　一冊　存二卷（五至六）

330000－1797－0003896　76/4/1　子部/儒家類/儒學之屬/蒙學

小學六卷附文公朱夫子年譜一卷　（清）高愈纂注　清同治十一年(1872)浙江書局刻本　一冊　存四卷(一至四)

330000－1797－0003901　76/4/10　經部/小學類/文字之屬/字書/訓蒙

六言雜字一卷　清刻本　一冊

330000－1797－0003902　76/4/20　新學/學校

最新初等小學筆算教科書不分卷　徐寯編纂　杜亞泉　張元濟校訂　清上海商務印書館鉛印本　一冊

330000－1797－0003903　69/5/187　集部/總集類/選集之屬/斷代

批點八家詩選注釋八卷　（清）張熙宇輯評　清同治五年(1866)小酉山房刻朱墨套印本　四冊

330000－1797－0003904　76/4/19　新學/學校

最新國文教科書不分卷　清上海商務印書館鉛印本　一冊

330000－1797－0003909　69/5/188　集部/總集類/選集之屬/斷代

增註七家詩七卷　（清）張熙宇輯評　（清）王植桂輯註　清光緒十八年(1892)上海圖書集成印書局鉛印本　四冊

330000－1797－0003911　69/5/194　集部/別集類/清別集

養雲山館試帖四卷　（清）許球撰　（清）王榮緞注釋　清刻本　一冊　存一卷(二)

330000－1797－0003912　69/5/193　集部/總集類/選集之屬/通代

考古必要賦四卷附試賦分論一卷擬題分類備覽一卷　（清）江家春　（清）邱景岳輯　清同治十一年(1872)刻本　一冊　存二卷(一至二)

330000－1797－0003913　76/4/39　經部/小

學類/文字之屬/字書

四言雜字一卷　清慎言堂刻本　一冊

330000－1797－0003914　76/4/26　新學/算學/數學

數學啟蒙二卷　（英國）偉烈亞力撰　清光緒二十二年(1896)上海六先書局鉛印本　一冊　存一卷(一)

330000－1797－0003923　76/4/7　子部/儒家類/儒學之屬/蒙學

三字經一卷　（宋）王應麟撰　清嚴陵元豐刻本　一冊

330000－1797－0003925　5/1/252.1　子部/儒家類/儒學之屬/蒙學

小學六卷　（宋）朱熹撰　清福興堂木活字印本　一冊　存二卷(五至六)

330000－1797－0003927　5/1/252　子部/儒家類/儒學之屬/蒙學

小學韻語三卷　（明）孫石臺撰　清福興堂木活字印本　一冊

330000－1797－0003928　76/4/22　新學/史志

最新中國歷史教科書四卷　姚祖義編　清末上海商務印書館鉛印本　一冊　存一卷(二)

330000－1797－0003929　5/1/259　集部/總集類/選集之屬/通代

增訂蒙童辨韻千家詩二卷　（清）湯海若校釋　清東陽文林堂刻本　一冊　存二卷(上)

330000－1797－0003930　5/1/262　史部/地理類/水利之屬

吳中水利全書二十八卷　（明）張國維撰　明崇禎九年(1636)刻本　六冊　存九卷(十四至二十二)

330000－1797－0003932　76/4/33　經部/小學類/訓詁之屬/方言

京話中國歷史不分卷　（清）盧作霖撰　清石印本　一冊

330000－1797－0003933　76/4/32　新學/

史志

普通新歷史十章附歷代帝王總紀 （清）普通學書室編　清光緒二十七年(1901)上海普通學書室鉛印本　一冊

330000－1797－0003934　76/4/31　新學/雜著/叢編

歷史一千題鼓吹三種 （清）南洋編譯圖書社輯　清光緒三十年(1904)上海六藝書局石印本　一冊　存一種

330000－1797－0003935　69/5/192　史部/詔令奏議類/奏議之屬

古今分類論策匯□□卷 清石印本　一冊　存一卷(二十二)

330000－1797－0003937　76/4/4　經部/小學類/文字之屬/字書/訓蒙

四體千字文一卷 （清）張楷等書　清嘉慶十八年(1813)正業堂刻本　一冊

330000－1797－0003938　76/4/29　子部/儒家類/儒學之屬/蒙學

蒙學課本初編二卷二編一卷三編一卷 清光緒二十七年(1901)南洋公學鉛印本　二冊　存二卷(二編、三編)

330000－1797－0003939　76/4/27、76/4/28　子部/儒家類/儒學之屬/蒙學

蒙學課本初編二卷二編一卷三編一卷 清光緒二十七年(1901)南洋公學鉛印本　二冊　存一卷(三編)

330000－1797－0003940　69/5/191　集部/總集類/課藝之屬

試策雲梯四卷 清刻本　一冊　存一卷(一)

330000－1797－0003941　2/2/73.5　史部/傳記類/科舉錄之屬/諸貢錄

[宣統己酉科]浙江選拔貢卷一卷 （清）韋錫蕃撰　清宣統刻本　一冊

330000－1797－0003942　2/2/73.1　史部/傳記類/科舉錄之屬/歷科鄉試錄

[光緒丁酉科]浙江鄉試硃卷不分卷 （清）蔡汝霖撰　清光緒刻本　一冊

330000－1797－0003943　2/2/73.6　史部/傳記類/科舉錄之屬/歷科鄉試錄

[光緒己丑恩科]浙江鄉試硃卷一卷 （清）張寶華撰　清光緒刻本　一冊

330000－1797－0003944　2/2/73.4　史部/傳記類/科舉錄之屬/歷科登科錄

[同治甲戌科]會試硃卷一卷 （清）樓杏春撰　清同治十三年(1874)刻本　一冊

330000－1797－0003945　2/2/73.3　史部/傳記類/科舉錄之屬/歷科登科錄

[光緒甲午恩科]會試硃卷一卷 （清）龔啟芝撰　清光緒二十年(1894)刻本　一冊

330000－1797－0003946　2/2/73.7　史部/傳記類/科舉錄之屬/歷科鄉試錄

[光緒乙亥恩科]江南鄉試硃卷一卷 （清）呂念修撰　清光緒刻本　一冊

330000－1797－0003947　2/2/73.2　史部/傳記類/科舉錄之屬/歷科鄉試錄

[光緒]甲午科浙江鄉試硃卷一卷 （清）趙鶴書撰　清光緒二十年(1894)刻本　一冊

330000－1797－0003948　2/2/73.8　史部/傳記類/科舉錄之屬/歷科登科錄

[光緒戊戌科]會試硃卷一卷 （清）李福簡撰　清光緒刻本　一冊

330000－1797－0003949　2/2/73.9　史部/傳記類/科舉錄之屬/歷科鄉試錄

[同治庚午科]浙江鄉試硃卷一卷 （清）張寶基撰　清同治九年(1870)刻本　一冊

330000－1797－0003950　2/2/73.10　史部/傳記類/科舉錄之屬/歷科登科錄

[同治甲戌科]會試硃卷一卷 （清）樓杏春撰　清同治十三年(1874)刻本　一冊

330000－1797－0003951　2/2/73.12　史部/傳記類/科舉錄之屬/歷科鄉試錄

[光緒癸卯恩科]浙江鄉試卷一卷 （清）李昂青撰　清光緒二十九年(1903)刻本　一冊

330000－1797－0003952　2/2/73.13　史部/

傳記類/科舉錄之屬/諸貢錄

[咸豐辛酉科]貢卷一卷 （清）盧佩孫撰 清咸豐刻本 一冊

330000－1797－0003954 69/5/190 集部/總集類/課藝之屬

近科分韻館詩二集十二卷 王先謙編 清刻本 一冊 存一卷（九）

330000－1797－0003955 2/2/73.11 集部/別集類/清別集

求放心齋詩草不分卷 （清）胡宗楚撰 清刻本 一冊

330000－1797－0003958 91/4/1、91/4/2、91/4/3、91/4/4 類叢部/叢書類/彙編之屬

崇文書局彙刻書三十一種 （清）崇文書局編 清光緒元年至三年（1875－1877）湖北崇文書局刻本 十冊 存四種

330000－1797－0003959 75/3/140 集部/別集類/清別集

今雨堂詩墨二卷 （清）金姓撰 清乾隆二十三年（1758）刻本 一冊

330000－1797－0003962 69/5/197 集部/總集類/課藝之屬

經藝選腴四編不分卷 清同治六年（1867）刻本 十七冊

330000－1797－0003963 24/1/40 經部/叢編

做宋相臺五經九十七卷附考證 （清）□□輯 清刻本 八冊 存一種

330000－1797－0003964 75/3/141 集部/別集類/清別集

雙藤書屋詩集十二卷試帖二卷 （清）何道生撰 清道光元年（1821）何熙績、何耿繩刻本 四冊

330000－1797－0003965 75/3/143 集部/別集類/宋別集

蘇文忠公詩集五十卷目錄二卷 （宋）蘇軾撰 （清）紀昀評點 清刻朱墨套印本 六冊 存三十卷（二十一至五十）

330000－1797－0003966 23/5/30 經部/禮記類/傳說之屬

禮記集說十卷 （元）陳澔撰 清同治七年（1868）崇文書局刻本 十冊

330000－1797－0003967 69/5/196 類叢部/類書類/專類之屬

文學典林六卷 （清）鄭文煥輯 清嘉慶十年（1805）刻本 四冊

330000－1797－0003968 75/3/144 集部/別集類/宋別集

施註蘇詩四十二卷目錄二卷 （宋）蘇軾撰 （宋）施元之 （宋）顧禧注 （清）顧嗣立 （清）邵長蘅 （清）宋至刪補 清刻本 四冊 存十一卷（九至十、十九至二十一、三十七至四十二）

330000－1797－0003969 24/5/1 經部/春秋總義類/傳說之屬

欽定春秋傳說彙纂三十八卷首二卷 （清）王掞等撰 清刻本 二十六冊 存三十四卷（一至十六、十八至二十、二十二至二十三、二十五至二十六、二十八至三十八）

330000－1797－0003970 69/5/195 子部/雜著類/雜纂之屬

芹宮新譜二卷 （清）鄭一鵬撰 清刻本 一冊 存一卷（上）

330000－1797－0003972 75/3/145 集部/別集類/宋別集

蘇文忠詩合註五十卷首一卷 （宋）蘇軾撰 （清）馮應榴輯 清刻本 二冊 存五卷（二十八至三十、三十九至四十）

330000－1797－0003973 22/5/4 經部/詩類/傳說之屬

詩經體註大全合參八卷 （清）高朝瓔定 （清）沈世楷輯 清宣統元年（1909）經元書室刻本 四冊

330000－1797－0003974 75/3/146 集部/別集類/漢魏六朝別集

陶靖節詩集四卷 （晉）陶潛撰 （清）蔣薰評

附東坡和陶詩一卷 （宋）蘇軾撰 律陶一卷 （明）王思任輯 敦好齋律陶纂一卷 （清）黃槐開輯 清刻本 一冊 缺三卷（一至三）

330000－1797－0003975 22/5/3 經部/詩類/傳說之屬

詩經集傳八卷 （宋）朱熹撰 清刻本 三冊 存六卷（三至八）

330000－1797－0003976 22/5/8 經部/詩類/傳說之屬

詩經精華十卷 （清）薛嘉穎輯 清光緒二年（1876）寧郡簡香齋刻本 四冊

330000－1797－0003977 75/3/147 集部/別集類/宋別集

山陰陸游不分卷 （宋）陸游撰 清抄本 一冊

330000－1797－0003978 22/5/9 經部/詩類/傳說之屬

詩經精華十卷 （清）薛嘉穎輯 清光緒十年（1884）奎照樓刻本 一冊 存三卷（一至三）

330000－1797－0003979 22/5/5 經部/詩類/傳說之屬

詩經精華十卷 （清）薛嘉穎輯 清光緒二年（1876）寧郡簡香齋刻本 五冊

330000－1797－0003981 22/5/10 經部/詩類/傳說之屬

詩經精華十卷 （清）薛嘉穎輯 清光緒二年（1876）寧郡簡香齋刻本 一冊 存五卷（一至五）

330000－1797－0003982 22/5/7 經部/詩類/傳說之屬

詩經精華十卷 （清）薛嘉穎輯 清刻本 一冊 存二卷（三至四）

330000－1797－0003983 22/5/6 經部/詩類/傳說之屬

詩經精華十卷 （清）薛嘉穎輯 清刻本 一冊 存二卷（三至四）

330000－1797－0003988 75/3/151 集部/別集類/唐五代別集

韋蘇州詩集二卷 （唐）韋應物撰 清刻本 一冊 存一卷（二）

330000－1797－0003990 75/3/152 集部/別集類/唐五代別集

杜詩詳註二十五卷首一卷附編二卷 （唐）杜甫撰 （清）仇兆鰲輯注 清刻本 六冊 存六卷（二十一至二十四、附編一至二）

330000－1797－0003991 75/3/153 集部/別集類/唐五代別集

杜工部詩集二十卷文集二卷補注一卷末一卷 （唐）杜甫撰 （清）朱鶴齡輯注 清康熙葉永茹萬卷樓刻本 一冊 存三卷（十六至十八）

330000－1797－0003996 75/3/157 子部/雜著類/雜說之屬

中國魂二卷 梁啓超編 清光緒二十八年（1902）上海廣智書局鉛印本 一冊 存一卷（下）

330000－1797－0004001 89/4/12 史部/史評類/史論之屬

史通通釋二十卷附錄一卷 （清）浦起龍撰 清刻本 三冊 存十六卷（六至二十、附錄）

330000－1797－0004003 95/1/1、95/2/2、95/3/3、95/4/4、95/5/5、95/6/6 經部/小學類/文字之屬/字書/字典

康熙字典十二集三十六卷總目一卷檢字一卷辨似一卷等韻一卷補遺一卷備考一卷 （清）張玉書等纂修 清道光七年（1827）刻本 二百四十冊

330000－1797－0004006 27/3/1、27/4/1 經部/叢編

皇清經解一千四百卷首一卷 （清）阮元輯 清刻本 三十九冊 存一百四十四卷（一百四十一至一百五十、一百八十至二百四、四百五至四百六、四百三十九至四百七十八、五百三十二至五百五十、七百六十九至七百八十三、一千一百七十三至一千一百八十五、一千

二百五十一至一千二百六十、一千二百八十九至一千二百九十八)

330000－1797－0004009 6/1/330 集部/別集類/清別集

菜圃文集二卷 清崇厚堂木活字印本 一冊 存一卷(下)

330000－1797－0004010 6/1/327 子部/雜著類

醒世真言續編二卷 (宋)胡庫川編 清光緒二十九年(1903)婺東鳳山昌善壇刻本 一冊 存一卷(一)

330000－1797－0004012 6/1/326 集部/曲類/寶卷之屬

觀音濟度本願真經二卷 清刻本 一冊

330000－1797－0004015 75/4/162 集部/別集類/明別集

正志稿十卷 (明)林貴兆撰 清宣統二年(1910)太平陳氏木活字印本 一冊 存四卷(七至十)

330000－1797－0004016 75/4/163 子部/儒家類/儒學之屬

詒謀隨筆二卷 (清)但明倫撰 清刻本 一冊 存一卷(下)

330000－1797－0004017 6/1/324 子部/儒家類/儒學之屬/性理

明孫石臺先生質疑稿三卷 (明)孫揚撰 清乾隆二十年(1755)盧瑩等刻本 一冊 存一卷(三)

330000－1797－0004018 75/4/164 子部/雜著類/雜說之屬

贅言錄八卷附錄一卷 (明)戴豪撰 清宣統三年(1911)太平陳乃楫志澄閣木活字印本 一冊 存四卷(一至四)

330000－1797－0004020 75/4/166 新學/議論/通論

羣學肄言十六卷 (英國)斯賓塞爾撰 嚴復譯 清石印本 一冊 存一卷(十一)

330000－1797－0004022 75/4/168 集部/別集類

飲冰室壬寅文集十八卷 梁啓超撰 清光緒二十九年(1903)石印本 九冊 存十卷(一至三、十至十六)

330000－1797－0004023 96/1/7 經部/小學類/文字之屬/字書/字典

康熙字典十二集三十六卷總目一卷檢字一卷辨似一卷等韻一卷補遺一卷備考一卷 (清)張玉書等纂修 清道光七年(1827)刻本 三十八冊 缺二卷(寅集上、未集上)

330000－1797－0004024 96/2/8 經部/小學類/文字之屬/字書/字典

康熙字典十二集三十六卷總目一卷檢字一卷辨似一卷等韻一卷補遺一卷備考一卷 (清)張玉書等纂修 清道光七年(1827)刻本 三十五冊 缺五卷(寅集上、巳集下、午集上、申集上下)

330000－1797－0004025 96/5/11 經部/小學類/文字之屬/字書/字典

康熙字典十二集三十六卷總目一卷檢字一卷辨似一卷等韻一卷補遺一卷備考一卷 (清)張玉書等纂修 清道光七年(1827)刻本 三十五冊 缺二十卷(子集上中下、丑集上、寅集上中下、卯集上中下、辰集上中、巳集下、午集上、申集上下、戌集上中下、亥集中)

330000－1797－0004026 96/6/12 經部/小學類/文字之屬/字書/字典

康熙字典十二集三十六卷總目一卷檢字一卷辨似一卷等韻一卷補遺一卷備考一卷 (清)張玉書等纂修 清刻本 三十四冊 存十三卷(子集上下、丑集上中下、寅集中下、卯集上中、辰集上中、巳集上中)

330000－1797－0004027 96/3/9 經部/小學類/文字之屬/字書/字典

康熙字典十二集三十六卷總目一卷檢字一卷辨似一卷等韻一卷補遺一卷備考一卷 (清)張玉書等纂修 清刻本 四十冊

330000－1797－0004028 96/4/10 經部/小

學類/文字之屬/字書/字典

康熙字典十二集三十六卷總目一卷檢字一卷辨似一卷等韻一卷補遺一卷備考一卷 （清）張玉書等纂修　清刻本　二十二冊　存十四卷（子集上中下、寅集中下、辰集中、巳集上下、未集中、申集下、酉集上中、戌集上中）

330000－1797－0004031　6/1/323　集部/別集類/漢魏六朝別集

陶淵明集八卷首一卷末一卷 （晉）陶潛撰　清光緒五年(1879)廣州翰墨園刻朱墨套印本　二冊

330000－1797－0004034　75/4/173　類叢部/叢書類/自著之屬

春在堂全書三十六種 （清）俞樾撰　清同治至光緒刻光緒末彙印本　一冊　存一種

330000－1797－0004038　27/4/2、27/5/2　經部/叢編

皇清經解一百九十卷 （清）阮元輯　清光緒十三年(1887)上海書局石印本　五十五冊　缺十三卷（經義述聞一至十三）

330000－1797－0004040　6/1/334.1　史部/傳記類/總傳之屬/家乘

[浙江東陽]龍溪陳氏宗譜三十卷 （清）陳謙等修　（清）陳樹琪等纂　清同治八年(1869)木活字印本　十三冊　存十卷（一至五、八、十二、十四、十六、二十）

330000－1797－0004046　6/1/334.3　史部/傳記類/總傳之屬/家乘

[浙江東陽]東陽儀郡趙氏宗譜□□卷 清光緒三年(1877)木活字印本　五冊　存二卷（三、十一）

330000－1797－0004054　6/1/334.6　史部/傳記類/總傳之屬/家乘

[浙江東陽]禄石葉氏宗譜□□卷 清宣統元年(1909)木活字印本　一冊　存一卷（一）

330000－1797－0004057　6/1/334.9　史部/傳記類/總傳之屬/家乘

[浙江東陽]吳寧厲氏宗譜三十二卷 清同治

九年(1870)木活字印本　十七冊　存十三卷（一、三至四、六、十一至十二、十四至十五、二十一、二十四至二十五、二十八至二十九）

330000－1797－0004062　27/6/6　經部/群經總義類/傳說之屬

皇朝五經彙解二百七十卷 （清）朱鏡清輯　清光緒十四年(1888)上海鴻文書局石印本　十五冊　存一百三十一卷（一至九十八、一百至一百六、一百十七至一百二十六、二百三十四至二百四十九）

330000－1797－0004063　27/6/4　經部/叢編

皇清經解一百九十卷 （清）阮元輯　清石印本　一冊　存十卷（一百五至一百十四）

330000－1797－0004064　27/6/5　經部/叢編

皇清經解續編二百九卷 王先謙輯　清石印本　十六冊　存一百六卷（四十八至五十、一百六下至一百六十四、一百六十六下至二百九）

330000－1797－0004068　21/1/343　類叢部/叢書類/自著之屬

二思堂叢書六種五十一卷 （清）梁章鉅撰　清光緒元年(1875)浙江書局刻本　十五冊

330000－1797－0004070　21/1/344　集部/別集類/清別集

商於唫稿一卷 （清）陳祁撰　清嘉慶五年(1800)刻本　一冊

330000－1797－0004071　33/1/94　經部/小學類/音韻之屬/韻書

詩韻全璧五卷 （清）湯祥瑟輯　**初學檢韻袖珍一卷** （清）姚文登撰　**虛字韻藪一卷** （清）潘維城輯　清光緒十九年(1893)上海點石齋石印本　四冊　缺二卷（二至三）

330000－1797－0004072　33/1/93　經部/小學類/音韻之屬/韻書

詩韻全璧五卷 （清）湯祥瑟輯　**初學檢韻袖珍一卷** （清）姚文登撰　**虛字韻藪一卷**

（清）潘維城輯　清石印本　一冊　存一卷
（三）

330000－1797－0004073　21/1/345　集部/
別集類/清別集

水明山樓集四卷　（清）釋實懿撰　清刻本
一冊

330000－1797－0004074　33/1/92　經部/小
學類/音韻之屬/韻書

詩韻全璧五卷　（清）湯祥瑟輯　**初學檢韻袖
珍一卷**　（清）姚文登撰　**虛字韻藪一卷**
（清）潘維城輯　清石印本　三冊　缺二卷
（一、三）

330000－1797－0004075　27/5/3　經部/群
經總義類/傳說之屬

皇清經解分經合纂十六卷　（清）船山主人輯
清光緒二十一年（1895）上洋鴻寶齋石印本
五冊　存二卷（一之一至四，二之一至二、
十一至十八）

330000－1797－0004078　33/1/90　經部/小
學類/音韻之屬/韻書

詩韻含英題解十卷　（清）甘蘭友輯　清刻本
一冊　存六卷（五至十）

330000－1797－0004079　33/1/89　經部/小
學類/音韻之屬/韻書

詩韻集成十卷　（清）余照輯　清刻本　二冊
存五卷（三至七）

330000－1797－0004080　33/1/88　經部/小
學類/音韻之屬/韻書

詩韻集成十卷　（清）余照輯　清光緒九年
（1883）永言堂刻本　二冊　存四卷（一至四）

330000－1797－0004081　33/1/87　經部/小
學類/音韻之屬/韻書

詩韻集成十卷　（清）余照輯　清寶文堂刻本
四冊

330000－1797－0004082　33/1/86　經部/小
學類/音韻之屬/韻書

詩韻集成十卷　（清）余照輯　清刻本　二冊

330000－1797－0004083　33/1/85　經部/小
學類/音韻之屬/韻書

詩韻集成十卷　（清）余照輯　清光緒十八年
（1892）文奎堂刻本　二冊

330000－1797－0004084　33/1/84　經部/小
學類/音韻之屬/韻書

詩韻集成十卷　（清）余照輯　清光緒五年
（1879）文星堂刻本　一冊　存二卷（一至二）

330000－1797－0004085　21/5/394　類叢
部/叢書類/自著之屬

西堂全集四種附一種　（清）尤侗撰　清刻本
一冊　存一種

330000－1797－0004087　33/2/99　經部/小
學類/文字之屬/字書/字典

**康熙字典十二集三十六卷總目一卷檢字一卷
辨似一卷等韻一卷補遺一卷備考一卷**　（清）
張玉書等纂修　清刻本　三十五冊　缺三卷
（寅集中、辰集上、亥集上）

330000－1797－0004088　33/1/98　經部/小
學類/音韻之屬/韻書

詩韻合璧五卷　（清）湯祥瑟輯　**檢韻便覽一
卷**　清光緒十三年（1887）點石齋石印本
六冊

330000－1797－0004089　33/4/101　經部/
小學類/文字之屬/字書/字典

**康熙字典十二集三十六卷總目一卷檢字一卷
辨似一卷等韻一卷補遺一卷備考一卷**　（清）
張玉書等纂修　清刻本　四十冊

330000－1797－0004090　33/3/100、33/4/
102、33/4/103　經部/小學類/文字之屬/字
書/字典

**康熙字典十二集三十六卷總目一卷檢字一卷
辨似一卷等韻一卷補遺一卷備考一卷**　（清）
張玉書等纂修　清道光七年（1827）刻本　一
百二十冊

330000－1797－0004091　21/5/396　經部/
書類/傳說之屬

書古微十二卷首一卷　（清）魏源撰　清光緒

四年(1878)淮南書局刻本　四冊

330000－1797－0004092　21/5/395　集部/別集類/明別集

王陽明先生文鈔二十卷　（明）王守仁撰　清刻本　四冊　存八卷(三至八、十九至二十)

330000－1797－0004093　21/5/393　類叢部/叢書類/自著之屬

西堂全集四種附一種　（清）尤侗撰　清初刻本　二十冊　存三種

330000－1797－0004095　21/3/379　類叢部/叢書類/彙編之屬

津逮祕書十五集一百四十種　（明）毛晉編　明崇禎虞山毛氏汲古閣刻本　二冊　存一種

330000－1797－0004096　5/4/297、5/4/298、5/4/302、5/4/303、5/4/306、5/4/309、5/4/311　類叢部/叢書類/自著之屬

拙盦叢稿五種附一種　（清）朱一新撰　清光緒二十二年(1896)順德龍氏葆真堂刻宣統三年(1911)抱經樓補刻本　十七冊

330000－1797－0004097　5/4/300、5/4/301、5/4/304、5/4/307、5/4/312　類叢部/叢書類/自著之屬

拙盦叢稿五種附一種　（清）朱一新撰　清光緒二十二年(1896)順德龍氏葆真堂刻宣統三年(1911)抱經樓補刻本　十冊　存五種

330000－1797－0004098　5/4/299、5/4/305、5/4/308、5/4/310　類叢部/叢書類/自著之屬

拙盦叢稿五種附一種　（清）朱一新撰　清光緒二十二年(1896)順德龍氏葆真堂刻宣統三年(1911)抱經樓補刻本　五冊　存四種

330000－1797－0004100　54/5/8　子部/術數類/相宅相墓之屬

玉尺地理錄一卷　清抄本　一冊

330000－1797－0004101　56/2/187　子部/術數類/占卜之屬

卜筮正宗十四卷　（清）王維德撰　清石印本　一冊　存一卷(一)

330000－1797－0004102　56/4/217　子部/術數類/陰陽五行之屬

董公選要覽一卷　（明）董潛撰　清抄本　一冊

330000－1797－0004106　26/5/92　史部/紀事本末類/斷代之屬

左傳紀事本末五十三卷　（清）高士奇撰　清光緒二十八年(1902)上海書局石印本　一冊　存二十九卷(一至二十九)

330000－1797－0004107　13/1/107、13/2/107、13/3/107　史部/編年類/通代之屬

資治通鑑綱目全書四種　清嘉慶九年(1804)姑蘇聚文堂刻本　七十八冊　存三種

330000－1797－0004109　59/5/103　子部/宗教類/道教之屬/經文

三聖真經誦本一卷　清光緒二十七年(1901)刻本　一冊

330000－1797－0004111　45/4/32　史部/政書類/律令之屬/律例

大清律例新增統纂集成四十卷附督捕則例附纂二卷　（清）沈之奇注　（清）姚潤纂輯　（清）胡熙　（清）周廷杰增輯　清刻本　一冊　存一卷(二十六)

330000－1797－0004114　59/5/99　子部/宗教類/佛教之屬

一切經音義二十五卷　（唐）釋玄應撰　**補訂新譯大方廣佛華嚴經音義二卷**　（唐）釋慧苑撰　清同治八年(1869)仁和曹籀刻武林張氏寶晉齋印本　四冊

330000－1797－0004116　59/5/96　子部/宗教類/佛教之屬/經疏

金剛經解義二卷心經解義一卷　（清）徐槐廷撰　清咸豐八年(1858)刻本　一冊

330000－1797－0004117　59/5/95　子部/宗教類/佛教之屬/經疏

金剛經集註四卷心經註一卷　（後秦）釋鳩摩羅什譯　（明）成祖朱棣集注　清光緒二十年(1894)刻本　四冊

330000－1797－0004118　59/5/113　集部/
總集類/選集之屬

覺世經試帖詩不分卷　清光緒二十二年
(1896)鴻文書局石印本　一冊

330000－1797－0004119　59/5/112　子部/
宗教類/佛教之屬/經

藥師瑠璃光如來本願功德經一卷　(唐)釋玄
奘譯　清刻本　一冊

330000－1797－0004121　59/5/110　子部/
宗教類/道教之屬

關帝覺世真經本證訓案闡化編十六卷末一卷
　(清)徐謙輯　清刻本　一冊　存二卷(十
一至十二)

330000－1797－0004122　59/5/109　子部/
宗教類/道教之屬/經文

萬佛經讀本一卷萬佛經一卷　清光緒十三年
(1887)北京天華館鉛印本　一冊

330000－1797－0004123　59/5/108　子部/
宗教類/道教之屬/經文

三聖經靈驗圖註一卷　清商務石印局石印本
　一冊

330000－1797－0004125　59/5/130　子部/
宗教類/佛教之屬/諸宗

禪門日誦一卷　清光緒十九年(1893)墨畊齋
刻本　一冊

330000－1797－0004126　59/5/129　子部/
宗教類/佛教之屬/經咒

瑜伽法事集要十二卷　清刻本　一冊　存五
卷(八至十二)

330000－1797－0004129　59/5/126　子部/
宗教類/道教之屬/雜著

心傳韻語五卷　(清)何謙撰　清刻本　一冊

存三卷(一至三)

330000－1797－0004130　59/5/125　子部/
宗教類/佛教之屬/諸宗

壇經一卷附六祖大師事畧一卷　(唐)釋慧能
撰　(唐)釋法海等輯　清同治十一年(1872)
如皋刻經處刻本　一冊

330000－1797－0004132　59/5/123　子部/
宗教類/道教之屬

關帝明聖經不分卷　清光緒三十二年(1906)
東陽羅青申屠氏刻本　一冊

330000－1797－0004139　59/5/117　子部/
宗教類/佛教之屬/經

經書一卷　清刻本　一冊

330000－1797－0004143　17/2/223　子部/
醫家類/類編之屬

薛氏醫按二十四種　(明)吳琯編　清刻本
二十七冊　存十二種

330000－1797－0004144　19/4/315　類叢
部/叢書類/自著之屬

西堂全集四種附一種　(清)尤侗撰　清刻本
　二十冊　存四種

330000－1797－0004146　19/5/324　集部/
別集類/元別集

鐵厓樂府註十卷咏史註八卷逸編註八卷
(元)楊維楨撰　(清)樓卜瀍註　清乾隆三十
九年(1774)聯桂堂刻本　三冊　缺五卷(一
至五)

330000－1797－0004147　17/5/252　子部/
術數類/相宅相墓之屬

雪心賦正解四卷　(唐)卜應天撰　(清)孟浩
注　**辯論三十篇一卷**　(清)孟浩撰　清刻本
　一冊　存二卷(一至二)

書名筆畫字頭索引

一畫

一 …………………………………………… 203

二畫

二 …………………………………………… 203
十 …………………………………………… 203
丁 …………………………………………… 204
七 …………………………………………… 204
卜 …………………………………………… 204
八 …………………………………………… 204
人 …………………………………………… 204
入 …………………………………………… 204
九 …………………………………………… 204
又 …………………………………………… 204

三畫

三 …………………………………………… 204
士 …………………………………………… 204
大 …………………………………………… 204
上 …………………………………………… 205
山 …………………………………………… 205
丸 …………………………………………… 205
小 …………………………………………… 205
子 …………………………………………… 206

四畫

王 …………………………………………… 206
天 …………………………………………… 206
元 …………………………………………… 206
廿 …………………………………………… 206
五 …………………………………………… 206
支 …………………………………………… 207

太 …………………………………………… 207
少 …………………………………………… 207
日 …………………………………………… 207
中 …………………………………………… 207
午 …………………………………………… 207
毛 …………………………………………… 207
壬 …………………………………………… 207
仁 …………………………………………… 207
化 …………………………………………… 207
今 …………………………………………… 208
分 …………………………………………… 208
公 …………………………………………… 208
月 …………………………………………… 208
丹 …………………………………………… 208
六 …………………………………………… 208
文 …………………………………………… 208
火 …………………………………………… 208
心 …………………………………………… 208
尺 …………………………………………… 208
引 …………………………………………… 209
孔 …………………………………………… 209
水 …………………………………………… 209

五畫

玉 …………………………………………… 209
未 …………………………………………… 209
巧 …………………………………………… 209
正 …………………………………………… 209
世 …………………………………………… 209
古 …………………………………………… 209
本 …………………………………………… 210
可 …………………………………………… 210
左 …………………………………………… 210
石 …………………………………………… 210
平 …………………………………………… 210
北 …………………………………………… 211

甲 ···································· 211
史 ···································· 211
四 ···································· 211
矢 ···································· 213
白 ···································· 213
句 ···································· 213
外 ···································· 213
半 ···································· 213
永 ···································· 213
司 ···································· 213

六畫

刑 ···································· 213
圩 ···································· 213
考 ···································· 213
老 ···································· 213
地 ···································· 213
再 ···································· 214
西 ···································· 214
在 ···································· 214
百 ···································· 214
有 ···································· 214
存 ···································· 214
成 ···································· 214
夷 ···································· 214
攷 ···································· 214
此 ···································· 214
光 ···································· 214
曲 ···································· 215
同 ···································· 215
屺 ···································· 215
朱 ···································· 215
缶 ···································· 215
竹 ···································· 215
延 ···································· 215
仲 ···································· 215
仰 ···································· 215
自 ···································· 215
全 ···································· 215
各 ···································· 215

名 ···································· 215
江 ···································· 215
池 ···································· 215
安 ···································· 215
字 ···································· 215
如 ···································· 216

七畫

赤 ···································· 216
孝 ···································· 216
花 ···································· 216
芹 ···································· 216
芥 ···································· 216
杜 ···································· 216
李 ···································· 216
甫 ···································· 216
酉 ···································· 216
批 ···································· 216
抄 ···································· 216
抗 ···································· 216
求 ···································· 216
困 ···································· 216
呂 ···································· 216
吳 ···································· 216
刪 ···································· 216
私 ···································· 216
作 ···································· 216
近 ···································· 216
返 ···································· 216
汪 ···································· 216
沈 ···································· 216
沁 ···································· 216
完 ···································· 216
宋 ···································· 216
初 ···································· 217
壯 ···································· 217
改 ···································· 217
附 ···································· 217
妙 ···································· 217
邵 ···································· 217

196

八畫

奉	……………………	217
武	……………………	217
長	……………………	217
亞	……………………	217
苑	……………………	217
林	……………………	217
板	……………………	217
杭	……………………	217
述	……………………	217
東	……………………	217
事	……………………	218
兩	……………………	218
奇	……………………	218
拙	……………………	218
尚	……………………	218
味	……………………	218
昌	……………………	218
明	……………………	218
易	……………………	218
典	……………………	219
忠	……………………	219
咏	……………………	219
制	……………………	219
知	……………………	219
牧	……………………	219
岳	……………………	219
兒	……………………	219
佩	……………………	219
金	……………………	219
周	……………………	219
京	……………………	220
夜	……………………	220
庚	……………………	220
刻	……………………	220
性	……………………	220
卷	……………………	220
河	……………………	220
注	……………………	220

治	……………………	220
定	……………………	220
空	……………………	220
居	……………………	220
弧	……………………	220
弦	……………………	220
孟	……………………	220

九畫

奏	……………………	220
春	……………………	220
珍	……………………	221
草	……………………	221
荀	……………………	221
胡	……………………	221
茹	……………………	221
南	……………………	221
咸	……………………	222
括	……………………	222
省	……………………	222
映	……………………	222
昭	……………………	222
韋	……………………	222
咽	……………………	222
香	……………………	222
科	……………………	222
重	……………………	222
便	……………………	222
保	……………………	222
皇	……………………	222
禹	……………………	223
律	……………………	223
食	……………………	223
風	……………………	223
訂	……………………	223
施	……………………	223
帝	……………………	223
前	……………………	223
洪	……………………	223
洗	……………………	223

197

洛 ……………………… 223
洋 ……………………… 223
津 ……………………… 223
宣 ……………………… 223
扁 ……………………… 223
神 ……………………… 223
紀 ……………………… 223

十畫

秦 ……………………… 224
泰 ……………………… 224
素 ……………………… 224
栽 ……………………… 224
貢 ……………………… 224
袁 ……………………… 224
華 ……………………… 224
莊 ……………………… 224
荷 ……………………… 224
桂 ……………………… 224
栝 ……………………… 224
格 ……………………… 224
校 ……………………… 224
酌 ……………………… 224
原 ……………………… 224
時 ……………………… 224
秘 ……………………… 224
倣 ……………………… 224
徑 ……………………… 224
徐 ……………………… 224
留 ……………………… 224
訓 ……………………… 224
記 ……………………… 224
高 ……………………… 224
唐 ……………………… 224
旁 ……………………… 225
悟 ……………………… 225
悔 ……………………… 225
益 ……………………… 225
朔 ……………………… 225
浙 ……………………… 225

浮 ……………………… 225
書 ……………………… 225
陸 ……………………… 226
陳 ……………………… 226
陰 ……………………… 226
陶 ……………………… 226
通 ……………………… 226
能 ……………………… 226
桑 ……………………… 226
務 ……………………… 226
孫 ……………………… 227

十一畫

理 ……………………… 227
聊 ……………………… 227
黃 ……………………… 227
菜 ……………………… 227
乾 ……………………… 227
梧 ……………………… 227
梅 ……………………… 227
曹 ……………………… 227
敕 ……………………… 227
堅 ……………………… 227
爽 ……………………… 227
盛 ……………………… 227
雪 ……………………… 227
晨 ……………………… 227
眼 ……………………… 227
晦 ……………………… 227
國 ……………………… 227
崇 ……………………… 227
第 ……………………… 227
從 ……………………… 228
象 ……………………… 228
祭 ……………………… 228
許 ……………………… 228
麻 ……………………… 228
庚 ……………………… 228
康 ……………………… 228
商 ……………………… 228

望	……………………………………	228
率	……………………………………	228
惜	……………………………………	228
清	……………………………………	229
梁	……………………………………	229
寄	……………………………………	229
張	……………………………………	229
強	……………………………………	229
陽	……………………………………	229
參	……………………………………	229
鄉	……………………………………	229
紺	……………………………………	229

十二畫

貳	……………………………………	229
琴	……………………………………	229
堪	……………………………………	230
達	……………………………………	230
葉	……………………………………	230
葬	……………………………………	230
萬	……………………………………	230
董	……………………………………	230
敬	……………………………………	230
粟	……………………………………	230
雲	……………………………………	230
紫	……………………………………	230
虛	……………………………………	230
最	……………………………………	230
鼎	……………………………………	230
景	……………………………………	230
喉	……………………………………	231
喻	……………………………………	231
無	……………………………………	231
程	……………………………………	231
策	……………………………………	231
筆	……………………………………	231
傅	……………………………………	231
集	……………………………………	231
眾	……………………………………	231
御	……………………………………	231

欽	……………………………………	232
飲	……………………………………	233
詁	……………………………………	233
評	……………………………………	233
註	……………………………………	233
詞	……………………………………	233
詒	……………………………………	233
敦	……………………………………	233
痘	……………………………………	233
痧	……………………………………	233
痛	……………………………………	233
童	……………………………………	233
惺	……………………………………	233
憚	……………………………………	233
善	……………………………………	233
普	……………………………………	233
道	……………………………………	233
遂	……………………………………	233
曾	……………………………………	233
湖	……………………………………	234
湘	……………………………………	234
湯	……………………………………	234
淵	……………………………………	234
富	……………………………………	234
寓	……………………………………	234
補	……………………………………	234
費	……………………………………	234
婺	……………………………………	234

十三畫

瑜	……………………………………	234
聖	……………………………………	234
蒔	……………………………………	234
夢	……………………………………	234
蒙	……………………………………	234
蔭	……………………………………	234
楚	……………………………………	234
楊	……………………………………	234
榆	……………………………………	235
楹	……………………………………	235

酬 ………………………………… 235
雷 ………………………………… 235
虞 ………………………………… 235
暗 ………………………………… 235
路 ………………………………… 235
農 ………………………………… 235
蜀 ………………………………… 235
節 ………………………………… 235
傳 ………………………………… 235
催 ………………………………… 235
傷 ………………………………… 235
愛 ………………………………… 235
解 ………………………………… 235
試 ………………………………… 235
詩 ………………………………… 235
誠 ………………………………… 236
詳 ………………………………… 236
瘍 ………………………………… 236
新 ………………………………… 236
意 ………………………………… 238
慎 ………………………………… 238
義 ………………………………… 238
慈 ………………………………… 238
資 ………………………………… 238
溫 ………………………………… 238
溺 ………………………………… 238
羣 ………………………………… 238
經 ………………………………… 238

十四畫

趙 ………………………………… 238
嘉 ………………………………… 238
壽 ………………………………… 238
聚 ………………………………… 238
蔡 ………………………………… 238
蔗 ………………………………… 238
爾 ………………………………… 238
圖 ………………………………… 238
種 ………………………………… 238
算 ………………………………… 238

管 ………………………………… 238
疑 ………………………………… 239
說 ………………………………… 239
廣 ………………………………… 239
瘍 ………………………………… 239
瘟 ………………………………… 239
瘦 ………………………………… 239
廖 ………………………………… 239
精 ………………………………… 239
鄰 ………………………………… 239
鄭 ………………………………… 239
漢 ………………………………… 239
漸 ………………………………… 239
漱 ………………………………… 239
漱 ………………………………… 239
演 ………………………………… 239
實 ………………………………… 239
隨 ………………………………… 239
綱 ………………………………… 240
綴 ………………………………… 240

十五畫

增 ………………………………… 240
標 ………………………………… 241
醉 ………………………………… 241
賦 ………………………………… 241
數 ………………………………… 241
墨 ………………………………… 241
牖 ………………………………… 241
儀 ………………………………… 241
德 ………………………………… 241
劍 ………………………………… 241
諸 ………………………………… 241
課 ………………………………… 241
論 ………………………………… 241
褒 ………………………………… 241
瘡 ………………………………… 241
養 ………………………………… 241
遵 ………………………………… 242
潛 ………………………………… 242

潘 …………………………… 242
寫 …………………………… 242
選 …………………………… 242
樂 …………………………… 242
緱 …………………………… 242

十六畫

壇 …………………………… 242
薛 …………………………… 242
輶 …………………………… 242
醒 …………………………… 242
歷 …………………………… 242
霍 …………………………… 243
盧 …………………………… 243
戰 …………………………… 243
還 …………………………… 243
學 …………………………… 243
錢 …………………………… 243
錦 …………………………… 243
館 …………………………… 243
憑 …………………………… 243
廥 …………………………… 243
辨 …………………………… 243
龍 …………………………… 243
澹 …………………………… 243
寰 …………………………… 243
禪 …………………………… 243

十七畫

環 …………………………… 243
贅 …………………………… 243
韓 …………………………… 243
檉 …………………………… 243
檢 …………………………… 243
臨 …………………………… 243
嶺 …………………………… 243
點 …………………………… 243
魏 …………………………… 243
輿 …………………………… 243

鍼 …………………………… 243
鍾 …………………………… 244
講 …………………………… 244
應 …………………………… 244
鴻 …………………………… 244
濟 …………………………… 244
禮 …………………………… 244
彌 …………………………… 244
縮 …………………………… 244

十八畫

駸 …………………………… 244
藝 …………………………… 244
藤 …………………………… 244
藥 …………………………… 244
醫 …………………………… 244
蟠 …………………………… 245
韞 …………………………… 245
簡 …………………………… 245
雙 …………………………… 245
歸 …………………………… 245
餯 …………………………… 245
雞 …………………………… 245
顏 …………………………… 245
雜 …………………………… 245

十九畫

難 …………………………… 245
勸 …………………………… 245
蘇 …………………………… 245
曝 …………………………… 246
關 …………………………… 246
嚴 …………………………… 246
鞾 …………………………… 246
羅 …………………………… 246
證 …………………………… 246
廬 …………………………… 246
韻 …………………………… 246
懷 …………………………… 246

類 …………………………………… 246

瀛 …………………………………… 246

繪 …………………………………… 246

繡 …………………………………… 246

二十畫

蘭 …………………………………… 246

覺 …………………………………… 246

鐵 …………………………………… 246

議 …………………………………… 246

寶 …………………………………… 246

二十一畫

攝 …………………………………… 246

攜 …………………………………… 247

辯 …………………………………… 247

爛 …………………………………… 247

續 …………………………………… 247

二十二畫

聽 …………………………………… 247

讀 …………………………………… 247

二十三畫

驗 …………………………………… 247

二十四畫

觀 …………………………………… 247

靈 …………………………………… 247

二十八畫

豔 …………………………………… 247

書名筆畫索引

一畫

一切經音義二十五卷 ……………… 192
一飛詩鈔不分卷 …………………… 178
一鳴集六卷首一卷 ………………… 23
一鳴集六卷首一卷 ………………… 23
一鳴集六卷首一卷 ………………… 23
一鳴集六卷首一卷 ………………… 23
一簾花影樓試律詩一卷律賦一卷 …… 27
一簾花影樓試律詩一卷律賦一卷 …… 27

二畫

二十二子(二十二子彙函) ………… 77
二十二子(二十二子彙函) ………… 77
二十二子(二十二子彙函) ………… 93
二十二子(二十二子彙函) ………… 93
二十二子(二十二子彙函) ………… 93
二十二子(二十二子彙函) ………… 104
二十二子(二十二子彙函) ………… 105
二十二子(二十二子彙函) ………… 106
二十二子(二十二子彙函) ………… 106
二十二子(二十二子彙函) ………… 109
二十二子(二十二子彙函) ………… 109
二十二子(二十二子彙函) ………… 111
二十二子(二十二子彙函) ………… 121
二十二子(二十二子彙函) ………… 121
二十二子(二十二子彙函) ………… 121
二十二子(二十二子彙函) ………… 121
二十二子(二十二子彙函) ………… 121
二十二子(二十二子彙函) ………… 121
二十二子(二十二子彙函) ………… 161
二十二子(二十二子彙函) ………… 164
二十二子(二十二子彙函) ………… 164
二十二子(二十二子彙函) ………… 172
二十四史 ……………………………… 63

二十四史 ……………………………… 63
二十四史九通政典類要合編三百二十卷
………………………………………… 97
二十四史附考證 …………………… 63
二十四史附考證 …………………… 63
二十四史附考證 …………………… 63
二十四史附考證 …………………… 64
二十四史附考證 …………………… 64
二十四史附考證 …………………… 64
二十四史附考證 …………………… 64
二十四史附考證 …………………… 64
二曲集二十六卷 …………………… 41
二思堂叢書六種五十一卷 ………… 190
十一朝東華約錄二百三十二卷 …… 110
十二家唐詩 ………………………… 37
十七史 ……………………………… 11
十七史 ……………………………… 12
十七史 ……………………………… 12
十七史 ……………………………… 12
十七史 ……………………………… 12
十七史 ……………………………… 13
十七史 ……………………………… 14
十九世紀外交史十七章總論一章 …… 80
十三經不二字一卷 ………………… 52
十三經古注 ………………………… 6
十三經古注 ………………………… 69
十三經注疏 ………………………… 5
十三經注疏 ………………………… 5
十三經注疏 ………………………… 5
十三經注疏 ………………………… 5
十三經注疏 ………………………… 5
十三經注疏 ………………………… 6
十三經注疏 ………………………… 6
十三經注疏 ………………………… 7
十三經注疏 ………………………… 37
十三經注疏校勘記七十五卷 ……… 50
十三經注疏校勘記四百十六卷 …… 51

十三經注疏校勘記四百十六卷…………52
十三經集字音釋四卷照畫檢字一卷………52
十三經集字音釋四卷照畫檢字一卷………66
十三經集字摹本不分卷分畫便查一卷韻
　有經無各字摘錄一卷………65
丁酉直省闈墨不分卷…………169
七修類藁五十一卷續藁七卷…………20
七修類藁五十一卷續藁七卷…………20
七家試帖輯註彙鈔…………184
七家試帖輯註彙鈔…………184
七家試帖輯註彙鈔…………184
七經精義七種…………36
七經精義七種…………52
七經精義七種…………52
卜筮正宗十四卷…………26
卜筮正宗十四卷…………123
卜筮正宗十四卷…………192
八大家文選…………39
八宅明鏡二卷…………140
八字覺原一卷…………129
八家四六文註八卷首一卷…………180
八銘堂塾鈔初集不分卷二集不分卷……163
八銘堂塾鈔初集不分卷二集不分卷……163
八銘堂塾鈔初集不分卷二集不分卷……163
八銘堂塾鈔初集不分卷二集不分卷……163
八銘堂塾鈔初集不分卷二集不分卷……163
八銘塾課不分卷…………162
人譜一卷人譜類記二卷…………122
入地眼全書十卷…………139
入地眼全書十卷…………139
入地眼全書十卷…………140
入地眼全書十卷…………140
九九歸除算學啟蒙□□卷…………116
九通…………96
九通…………98
九通…………98
九通…………98
九通提要十二卷…………96
九數通考十一卷首一卷末一卷…………116
九數通考續集十卷…………116
又其次齋詩集七卷…………180

三畫

三十家詩鈔六卷首一卷末一卷…………159
三才畧三卷…………86
三才畧三卷…………110
三元三要入宅救害明鏡二卷…………117
三元三要入宅救害明鏡二卷…………117
三世墓圖言□□卷…………141
三字經一卷…………185
三字經訓證一卷…………184
三命通會十二卷…………130
三命通會十二卷…………139
三通考輯要…………96
三通考輯要…………96
三通考輯要…………97
三通考輯要…………97
三通考輯要…………98
三通考輯要…………99
三通考輯要…………99
三國志六十五卷…………63
三魚堂文集十二卷外集六卷賸言十二卷
　附錄一卷…………41
三魚堂文集十二卷外集六卷賸言十二卷
　附錄一卷…………178
三魚堂文集十二卷外集六卷賸言十二卷
　附錄一卷…………179
三聖真經誦本一卷…………192
三聖經靈驗圖註一卷…………193
三經精華…………37
三經精華…………57
三蘇策論十二卷…………175
三讓堂四書遵註合講十九卷…………51
士庶備覽十四卷…………95
大六壬大全十三卷…………119
大六壬大全十三卷…………120
大六壬尋原不分卷…………120
大本堂綱鑑易知錄九十二卷…………70
大成堂增訂釋義經書便用通考雜字二卷
　…………134
大清光緒新法令十三卷諭旨一卷附錄一

卷 ……………………………… 104

大清律例刑案彙纂大成四十卷 ………… 103

大清律例刑案彙纂集成四十卷 ………… 95

大清律例刑案彙纂集成四十卷 ………… 95

大清律例刑案彙纂集成四十卷 ………… 95

大清律例全纂□□卷 …………………… 95

大清律例全纂□□卷 …………………… 101

大清律例新增統纂集成四十卷附督捕則
　例附纂二卷 …………………… 192

大清律例彙纂大成四十卷 …………… 102

大清律例增修統纂集成四十卷附督捕則
　例附纂二卷 …………………… 95

大清律例增修統纂集成四十卷附督捕則
　例附纂二卷 …………………… 95

大清律例增修統纂集成四十卷附督捕則
　例附纂二卷 …………………… 96

大清律例增修統纂集成四十卷附督捕則
　例附纂二卷 …………………… 101

大清宣統新法令不分卷 ……………… 104

大清新刑律二卷 ……………………… 102

大清新法令分類總目一卷 ……………… 86

大清新法令分類總目一卷 …………… 104

大學衍義四十三卷 ……………………… 58

大學衍義補一百六十卷首一卷 ………… 6

大學衍義補一百六十卷首一卷 ………… 6

上林集一卷 ……………………………… 17

[光緒]上虞縣志四十八卷首一卷末一卷
　附錄一卷 ………………………… 81

山右石刻叢編四十卷 ………………… 153

[光緒]山西通志一百八十四卷首一卷 … 80

山谷內集詩註二十卷外集詩註十七卷別
　集詩註二卷 …………………… 38

山東考卷不分卷 ……………………… 178

山法全書十九卷首二卷 ……………… 141

山法全書八卷首二卷 ………………… 141

山法全書八卷首二卷 ………………… 141

山洋指迷原本四卷 …………………… 141

山海經十八卷 …………………………… 20

山海經廣注十八卷 ……………………… 20

山海經廣注十八卷 ……………………… 21

山陰陸游不分卷 ……………………… 188

丸散丹方不分卷 ……………………… 115

小石山房印譜八卷附三卷 …………… 148

小倉山房尺牘六卷 …………………… 180

小倉山房外集六卷補遺一卷 ………… 180

小倉山房詩集三十一卷補遺二卷附錄一
　卷 ……………………………… 183

小搭珠華不分卷 ……………………… 170

小學六卷 ……………………………… 185

小學六卷附文公朱夫子年譜一卷 …… 184

小學六卷附文公朱夫子年譜一卷 …… 185

小學集註六卷 ………………………… 151

小學韻語三卷 ………………………… 185

小謨觴館文注四卷續注二卷 ………… 180

小題三萬選不分卷 …………………… 159

小題正鵠初集不分卷二集不分卷三集不
　分卷四集不分卷 …………… 158

小題正鵠初集不分卷二集不分卷三集不
　分卷四集不分卷 …………… 158

小題正鵠初集不分卷二集不分卷三集不
　分卷四集不分卷 …………… 158

小題正鵠初集不分卷二集不分卷三集不
　分卷四集不分卷 …………… 158

小題正鵠初集不分卷二集不分卷三集不
　分卷四集不分卷 …………… 158

小題正鵠初集不分卷二集不分卷三集不
　分卷四集不分卷 …………… 158

小題正鵠初集不分卷二集不分卷三集不
　分卷四集不分卷 …………… 158

小題正鵠初集不分卷二集不分卷三集不
　分卷四集不分卷 …………… 158

小題正鵠初集不分卷二集不分卷三集不
　分卷四集不分卷 …………… 158

小題正鵠初集不分卷二集不分卷三集不
　分卷四集不分卷 …………… 159

小題正鵠初集不分卷二集不分卷三集不
　分卷四集不分卷 …………… 159

小題正鵠初集不分卷二集不分卷三集不
　分卷四集不分卷 …………… 159

小題正鵠初集不分卷二集不分卷三集不

分卷四集不分卷 ················ 159

小題正鵠初集不分卷二集不分卷三集不
　分卷四集不分卷 ················ 159

小題正鵠初集不分卷二集不分卷三集不
　分卷四集不分卷 ················ 159

小題正鵠初集不分卷二集不分卷三集不
　分卷四集不分卷 ················ 159

小題指南初集不分卷二集不分卷三集不
　分卷 ······················· 157

小題指南初集不分卷二集不分卷三集不
　分卷 ······················· 158

小題清新集一卷 ················· 167

子平淵海不分卷 ················· 145

子史精華一百六十卷 ·············· 22

子史精華一百六十卷 ············· 138

子史精華一百六十卷 ············· 138

子史精華一百六十卷 ············· 139

子史精華一百六十卷 ············· 139

子史輯要詩賦題解四卷續編四卷 ····· 138

子史輯要詩賦題解四卷續編四卷 ····· 138

子書二十八種 ·················· 110

子書二十八種 ·················· 110

子書二十八種 ·················· 122

子書二十八種 ·················· 122

子書二十八種 ·················· 122

子書二十八種 ·················· 122

子書二十八種 ·················· 123

子書二十三種 ·················· 109

子書二十五種（二十五子彙函） ····· 121

子書二十五種（二十五子彙函） ····· 122

子書百家 ····················· 104

子書百家 ····················· 105

子書百家 ····················· 161

子書百家 ····················· 161

四畫

王文成公全書三十八卷 ············ 176

王先生十七史蒙求十六卷 ··········· 80

王忠文公文集二十五卷 ············· 26

王船山先生經史論八種 ············· 69

王陽明先生文鈔二十卷 ············ 192

王鳳洲先生綱鑑正史全編二十四卷 ····· 14

王鳳洲先生綱鑑正史全編二十四卷 ····· 16

王鳳洲先生綱鑑正史全編二十四卷 ····· 74

王臨川文集四卷 ················· 175

王臨川文集四卷 ················· 175

王臨川全集一百卷目錄二卷 ········· 175

天下郡國利病書一百二十卷 ········· 84

天下郡國利病書一百二十卷 ········· 84

天下路程二卷 ·················· 96

天子諸侯燕朝圖說不分卷 ··········· 4

天玉經七卷 ···················· 118

天演論二卷 ···················· 177

元史二百十卷 ·················· 62

元宰必讀不分卷 ················· 133

元宰必讀書不分卷 ··············· 134

元書一百二卷首一卷 ·············· 62

元鹿皮子集四卷 ················· 24

元朝祕史十五卷 ················· 66

元遺山先生全集九種 ·············· 176

廿一史約編八卷首一卷 ············· 16

廿一史約編八卷首一卷 ············· 82

廿一史約編八卷首一卷 ············· 82

廿一史約編八卷首一卷 ············· 82

廿二史言行略四十二卷 ············· 46

廿三史評口訣一卷 ··············· 113

廿四史約編八卷首一卷 ············· 82

廿四史論精萃十八卷 ·············· 104

五大洲圖說五卷首一卷 ············· 84

五大洲圖說簡明萬國公法一卷 ········ 84

五大洲圖說簡明萬國公法一卷 ········ 84

五百家註音辯昌黎先生文集四十卷 ····· 173

五車韻府十卷 ·················· 79

五言今體詩鈔九卷 ··············· 179

五洲各國政治考八卷 ·············· 97

五洲各國政治考八卷 ············· 100

五洲各國政治考八卷 ············· 100

五洲各國政治考八卷 ············· 101

五洲各國政治續編十四卷 ·········· 101

五洲圖考不分卷 …………………… 84
五祖黃梅寶卷二卷 ………………… 129
五經典觧摘錦合璧□□卷 ………… 170
五經旁訓 ……………………………… 23
五經旁訓 ……………………………… 28
五經揭要 ……………………………… 51
五經鴻寶 ……………………………… 53
五經類編二十八卷 ………………… 52
五經類編二十八卷 ………………… 52
五經類編二十八卷 ………………… 52
五經類編二十八卷 ………………… 52
五經體注大全 ……………………… 29
五經體注大全 ……………………… 29
五種遺規 ……………………………… 12
五種遺規 …………………………… 120
五種遺規 …………………………… 120
支那通史七卷 ……………………… 80
支那通史七卷 ……………………… 80
支那通史七卷 ……………………… 80
支那通史七卷 ……………………… 80
支那通史七卷 ……………………… 80
太乙數統宗大全四十卷 …………… 123
太上感應篇一卷 …………………… 166
太上感應篇註證八卷首一卷 ……… 159
太上感應篇圖說不分卷 …………… 19
太上感應篇續義二卷 ……………… 165
太上寶筏圖說八卷首一卷 ………… 166
太史升菴全集八十一卷目錄二卷 … 43
太史張天如詳節春秋綱目句解左傳彙雋
　六卷 ……………………………… 46
太史張天如詳節春秋綱目句解左傳彙雋
　六卷 ……………………………… 47
太史張天如詳節春秋綱目句解左傳彙雋
　六卷 ……………………………… 49
太史張天如詳節春秋綱目句解左傳彙雋
　六卷 ……………………………… 49
太史張天如詳節春秋綱目句解左傳彙雋
　六卷 ……………………………… 49
太華山紫金嶺兩世修行劉香寶卷全集二
　卷 ……………………………… 135
少嵒賦草四卷 ……………………… 165

少嵒賦草四卷 ……………………… 165
少嵒賦草四卷 ……………………… 165
少嵒賦草四卷續一卷 ……………… 164
少嵒賦草四卷續一卷 ……………… 165
日本地理兵要十卷 ………………… 96
日本法規大全二十五卷首一卷 …… 103
日本法規解字一卷 ………………… 103
日本法規解字不分卷 ……………… 74
日本法規解字不分卷 ……………… 74
日本法規解字不分卷 ……………… 75
日本法規解字不分卷 ……………… 75
日本國志四十卷首一卷 …………… 96
日知錄三十二卷 …………………… 20
日知錄集釋三十二卷刊誤二卷續刊誤二
　卷 ……………………………… 117
日省編十二卷 ……………………… 23
中外輿地通考不分卷 ……………… 84
中西匯通醫書五種 ………………… 94
中西匯通醫書五種 ………………… 94
中西匯通醫書五種 ………………… 105
中西匯通醫書五種 ………………… 105
中西匯通醫書五種 ………………… 105
中西經濟策論通考三十二卷 ……… 163
中西醫判二卷 ……………………… 131
中州集十卷首一卷中州樂府一卷 … 176
中州闈墨不分卷 …………………… 169
中東戰紀本末八卷首一卷末一卷續編四
　卷首一卷末一卷 ……………… 77
中華古今注三卷 …………………… 144
中國魂二卷 ………………………… 188
中庸思辨錄□□卷 ………………… 56
中興名臣事略八卷 ………………… 89
午亭山人第二集三卷 ……………… 176
午亭文編五十卷 …………………… 176
毛詩故訓傳三十卷 ………………… 28
壬寅直省闈墨選瑜不分卷 ………… 169
壬寅直省闈藝八卷 ………………… 166
壬寅新選闈墨四卷 ………………… 167
仁在堂全集十一集續刻三集 ……… 169
仁在堂全集十一集續刻三集 ……… 169
化學求數十五卷附表一卷 ………… 120

今雨堂詩墨二卷 ……………… 187
分韻子史題解二十卷 …………… 138
分類文腋八卷 …………………… 166
分類賦學雞跖集三十卷附錄一卷 …… 143
分類賦學雞跖集三十卷附錄一卷 …… 143
分類賦學雞跖集三十卷附錄一卷 …… 143
公法會通十卷 …………………… 104
月令粹編二十四卷圖說一卷 ……… 116
月椒草堂詩鈔六卷 ……………… 33
月椒草堂詩鈔六卷 ……………… 33
月椒草堂詩鈔六卷 ……………… 33
月椒草堂詩鈔六卷 ……………… 33
丹桂籍四卷 ……………………… 158
丹桂籍四卷 ……………………… 158
丹鉛總錄二十七卷 ……………… 119
丹溪心法附餘二十四卷首一卷 …… 129
丹溪心法附餘二十四卷首一卷 …… 129
六壬粹言六卷首一卷 …………… 120
六言雜字一卷 …………………… 185
六書通十卷 ……………………… 69
六醴齋醫書十種 ………………… 126
文心雕龍十卷 …………………… 180
文昌孝經不分卷 ………………… 128
文昌帝君陰騭文詩不分卷 ……… 129
文帝全書三十二卷附文昌宮羣真著述七
　卷 ……………………………… 157
文帝全書三十八卷 ……………… 157
文料大成四十卷 ………………… 165
文料大成四十卷 ………………… 165
文料大成四卷 …………………… 138
文章潤色九卷 …………………… 170
文清公薛先生文集二十四卷 …… 42
文鈔不分卷 ……………………… 106
文淵堂四書體註合講十九卷 …… 52
文富堂重訂古文釋義新編八卷 …… 150
文選五卷首一卷 ………………… 150
文選六十卷 ……………………… 36
文選六十卷 ……………………… 36
文選六十卷 ……………………… 37
文選六十卷 ……………………… 37
文選六十卷 ……………………… 148

文選六十卷 ……………………… 148
文選六十卷 ……………………… 148
文選六十卷 ……………………… 149
文選考異一卷 …………………… 150
文選後集五卷 …………………… 36
文選集腋六卷 …………………… 149
文選樓叢書三十三種 …………… 156
文學典林六卷 …………………… 165
文學典林六卷 …………………… 187
文獻通考三百四十八卷 ………… 97
文獻通考正續合纂四十四卷 …… 17
文獻通考正續合纂四十四卷 …… 17
火攻備要三卷 …………………… 105
心史七卷附錄一卷 ……………… 42
心傳韻語五卷 …………………… 193
尺木堂綱鑑易知錄九十二卷 …… 65
尺木堂綱鑑易知錄九十二卷 …… 68
尺木堂綱鑑易知錄九十二卷 …… 68
尺木堂綱鑑易知錄九十二卷 …… 69
尺木堂綱鑑易知錄九十二卷 …… 69
尺木堂綱鑑易知錄九十二卷 …… 69
尺木堂綱鑑易知錄九十二卷 …… 70
尺木堂綱鑑易知錄九十二卷 …… 70
尺木堂綱鑑易知錄九十二卷明鑑易知錄
　十五卷 ………………………… 17
尺木堂綱鑑易知錄九十二卷明鑑易知錄
　十五卷 ………………………… 65
尺木堂綱鑑易知錄九十二卷明鑑易知錄
　十五卷 ………………………… 66
尺木堂綱鑑易知錄九十二卷明鑑易知錄
　十五卷 ………………………… 66
尺木堂綱鑑易知錄九十二卷明鑑易知錄
　十五卷 ………………………… 66
尺木堂綱鑑易知錄九十二卷明鑑易知錄
　十五卷 ………………………… 66
尺木堂綱鑑易知錄九十二卷明鑑易知錄
　十五卷 ………………………… 66
尺木堂綱鑑易知錄九十二卷明鑑易知錄
　十五卷 ………………………… 66
尺木堂綱鑑易知錄九十二卷明鑑易知錄
　十五卷 ………………………… 67

尺木堂綱鑑易知錄九十二卷明鑑易知錄
　　十五卷 …………………………………… 67
尺木堂綱鑑易知錄九十二卷明鑑易知錄
　　十五卷 …………………………………… 69
尺木堂綱鑑易知錄九十二卷明鑑易知錄
　　十五卷 …………………………………… 70
引痘略一卷 …………………………………… 124
引痘略一卷 …………………………………… 124
孔子家語十卷 ………………………………… 93
孔子家語八卷 ………………………………… 19
孔氏家語十卷 ………………………………… 92
孔氏家語十卷 ………………………………… 92
孔氏家語十卷 ………………………………… 92
孔氏家語十卷 ………………………………… 92
孔氏家語十卷 ………………………………… 92
孔氏家語十卷 ………………………………… 92
孔氏家語十卷 ………………………………… 92
水明山樓集四卷 ……………………………… 191
水經山海經合刻二種 ………………………… 18
水鏡集四卷 …………………………………… 125
水鏡集四卷 …………………………………… 125

五畫

玉尺地理錄一卷 ……………………………… 192
玉皇山廟志一卷 ……………………………… 82
玉皇山廟志一卷 ……………………………… 82
玉海摘要二十一卷 …………………………… 184
玉歷鈔傳警世不分卷附經驗良方一卷 … 149
未卜先知不分卷 ……………………………… 123
巧搭分品一卷 ………………………………… 167
正字通十二集三十六卷………………………… 10
正志稿十卷 …………………………………… 189
正蒙元善律不分卷 …………………………… 132
世說新語六卷 ………………………………… 24
世說新語補二十卷 …………………………… 24
世說新語補四卷 ……………………………… 24
古今分類論策匯□□卷 ……………………… 186
古今治平畧三十三卷 ………………………… 16
古今醫統大全一百卷 ………………………… 127
古文七種 ……………………………………… 78
古文析義二編八卷 …………………………… 150
古文析義八卷 ………………………………… 150
古文眉詮七十九卷首一卷 …………………… 38
古文翼八卷 …………………………………… 151
古文辭類纂七十四卷 ………………………… 153
古文辭類纂七十四卷 ………………………… 153
古文釋義新編八卷 …………………………… 150
古文釋義新編八卷 …………………………… 150
古文觀止十二卷 ……………………………… 150
古吳童氏重校醫宗必讀十卷 ………………… 125
古吳童氏重校醫宗必讀十卷 ………………… 126
古吳童氏重校醫宗必讀十卷 ………………… 126
古唐詩合解十二卷古詩四卷 ………………… 154
古唐詩合解十二卷古詩四卷 ………………… 154
古唐詩合解十二卷古詩四卷 ………………… 154
古唐詩合解十二卷古詩四卷 ………………… 154
古唐詩合解十二卷古詩四卷 ………………… 154
古唐詩合解十二卷古詩四卷 ………………… 155
古唐詩合解十二卷古詩四卷 ………………… 155
古唐詩合解十二卷古詩四卷 ………………… 155
古唐詩合解十二卷古詩四卷 ………………… 155
古唐詩合解十二卷古詩四卷 ………………… 155
古唐詩合解十二卷古詩四卷 ………………… 155
古唐詩合解十二卷古詩四卷 ………………… 155
古唐詩合解十二卷古詩四卷 ………………… 155
古唐詩合解十二卷古詩四卷 ………………… 155
古唐詩合解十二卷古詩四卷 ………………… 161
古唐詩合解十二卷古詩四卷 ………………… 161
古唐詩合解十二卷古詩四卷 ………………… 161
古唐詩合解十二卷古詩四卷 ………………… 161
古唐詩合解十二卷古詩四卷 ………………… 162
古唐詩合解十二卷古詩四卷 ………………… 162
古唐詩合解十二卷古詩四卷 ………………… 162
古唐詩合解十二卷古詩四卷 ………………… 162
古唐詩合解十二卷古詩四卷 ………………… 162
古唐詩選七卷 ………………………………… 151
古詩源四卷 …………………………………… 180
古經解鉤沉三十卷…………………………… 53

古學磚樣八卷 …………………… 172
古韻論三卷 …………………………… 79
本草三家合註三卷 ……………… 135
本草三家合註三卷 ……………… 135
本草求真九卷 ………………………… 28
本草問答二卷 …………………… 139
本草從新十八卷 ………………… 135
本草從新十八卷 ………………… 135
本草從新十八卷 ………………… 135
本草從新十八卷 ………………… 135
本草從新十八卷 ………………… 136
本草從新十八卷 ………………… 136
本草從新十八卷 ………………… 136
本草從新十八卷 ………………… 136
本草從新十八卷 ………………… 136
本草從新十八卷 ………………… 141
本草從新十八卷 ………………… 141
本草從新十八卷 ………………… 141
本草從新十八卷 ………………… 142
本草從新十八卷 ………………… 143
本草從新十八卷 ………………… 144
本草從新十八卷 ………………… 145
本草從新十八卷 ………………… 145
本草從新十八卷 ………………… 145
本草萬方鍼線八卷 ……………… 112
本草綱目五十二卷 ……………… 134
本草綱目五十二卷 ……………… 135
本草綱目五十二卷 ……………… 138
本草綱目五十二卷附圖二卷 …… 27
本草綱目五十二卷附圖二卷 …… 27
本草綱目五十二卷首一卷附圖三卷奇經
　八脈攷一卷瀕湖脈學一卷脈訣攷證一
　卷 ………………………………… 136
本草醫方合編 …………………… 147
本朝文讀本不分卷 ……………… 180
本朝歷科名墨不分卷 …………… 169
本朝應制元音十六卷 …………… 179
可儀堂一百二十名家制義 ……… 169
可儀堂一百二十名家制義 ……… 169
左傳史論二卷 …………………… 104
左傳史論二卷 …………………… 104

左傳史論二卷 …………………… 104
左傳史論二卷 …………………… 106
左傳史論二卷 …………………… 106
左傳史論二卷 …………………… 106
左傳事緯十二卷 ………………… 44
左傳事緯十二卷 ………………… 44
左傳事緯十二卷左傳字釋一卷 … 44
左傳事緯十二卷左傳字釋一卷 … 44
左傳事緯十二卷左傳字釋一卷 … 44
左傳紀事本末五十三卷 ………… 192
左傳統箋三十五卷 ………………… 9
左傳統箋三十五卷 ………………… 49
左傳統箋三十五卷 ………………… 49
左翼三十八卷 …………………… 44
左繡三十卷首一卷 ……………… 44
左繡三十卷首一卷 ……………… 44
左繡三十卷首一卷 ……………… 45
左繡三十卷首一卷 ……………… 45
左繡三十卷首一卷 ……………… 46
左繡三十卷首一卷 ……………… 46
左繡三十卷首一卷 ……………… 47
左繡三十卷首一卷 ……………… 71
左繡三十卷首一卷 ……………… 71
左繡三十卷首一卷 ……………… 71
左繡三十卷首一卷 ……………… 71
左繡三十卷首一卷 ……………… 71
左繡三十卷首一卷 ……………… 71
左繡三十卷首一卷 ……………… 71
左繡三十卷首一卷 ……………… 71
左繡三十卷首一卷 ……………… 72
左繡三十卷首一卷 ……………… 72
石厓稿二卷 ……………………… 21
石恂齋先生傳家寶訓十卷 ……… 26
石洞貽芳集不分卷 ……………… 30
石洞貽芳集不分卷 ……………… 30
石洞貽芳集不分卷 ……………… 31
石洞貽芳集不分卷 ……………… 31
平江集十四卷 …………………… 26
平江集十四卷 …………………… 27
平江集十四卷 …………………… 27
平江集十四卷 …………………… 27

平江集十四卷 …………………… 27

平陽全書十五卷 ………………… 33

平陽全書十五卷 ………………… 33

北京金華會館徵信錄不分卷 …… 19

甲子紀元一卷 …………………… 74

[光緒]甲午科浙江鄉試硃卷一卷 …… 186

甲申宓草不分卷 ………………… 160

甲辰日用寶書不分卷 …………… 167

史記一百三十卷 ………………… 11

史記一百三十卷 ………………… 65

史記菁華錄六卷 ………………… 64

史記菁華錄六卷 ………………… 91

史記菁華錄六卷 ………………… 91

史記菁華錄六卷 ………………… 91

史記菁華錄六卷 ………………… 91

史記菁華錄六卷 ………………… 91

史記菁華錄六卷 ………………… 91

史記論文一百三十卷 …………… 91

史記選六卷 ……………………… 64

史書纂略二百二十卷 …………… 17

史通削繁四卷 …………………… 108

史通通釋二十卷附錄一卷 ……… 188

史笙五卷首一卷 ………………… 77

史論五種 ………………………… 107

史論彙選乙編八卷 ……………… 107

史論彙選丙編八卷 ……………… 107

史論彙編□□卷 ………………… 169

史學節要類編二十四卷 ………… 1

史學節要類編二十四卷 ………… 1

史學節要類編二十四卷 ………… 2

史學節要類編二十四卷 ………… 2

史學節要類編二十四卷 ………… 2

史學節要類編二十四卷 ………… 2

史學節要類編二十四卷 ………… 3

史學節要類編二十四卷 ………… 3

史學節要類編二十四卷 ………… 4

史學節要類編二十四卷 ………… 4

史學節要類編二十四卷 ………… 4

史學節要類編二卷 ……………… 4

史學節要類編二卷 ……………… 4

史學節要類編二卷 ……………… 4

史學綱領四卷 …………………… 110

史鑑節要六卷 …………………… 90

史鑑節要六卷 …………………… 90

史鑑節要六卷 …………………… 90

史鑑節要六卷 …………………… 90

史鑑節要六卷 …………………… 90

史鑑節要六卷 …………………… 90

史鑑節要六卷 …………………… 90

史鑑節要六卷 …………………… 90

史鑑節要六卷 …………………… 90

史鑑節要六卷 …………………… 90

史鑑節要六卷 …………………… 90

史鑑節要六卷 …………………… 90

史鑑節要六卷 …………………… 90

史鑑節要六卷 …………………… 91

史鑑節要六卷 …………………… 91

史鑑節要便讀六卷 ……………… 90

史鑑節要便讀六卷 ……………… 90

史鑑節要便讀六卷 ……………… 90

史鑑節要便讀六卷 ……………… 91

史鑑節要便讀六卷 ……………… 91

史鑑節要便讀六卷 ……………… 91

史鑑節要便讀六卷 ……………… 91

史鑑節要便讀六卷 ……………… 91

史鑑節要便讀六卷 ……………… 91

四大奇書第一種十九卷一百二十回首一
卷 ……………………………… 22

四大奇書第一種十九卷一百二十回首一
卷 ……………………………… 22

四大奇書第一種十九卷一百二十回首一
卷 ……………………………… 22

四大奇書第一種十九卷一百二十回首一
卷 ……………………………… 22

四大奇書第一種十九卷一百二十回首一
卷 ……………………………… 22

四大奇書第一種十九卷一百二十回首一
卷 ……………………………… 168

四大奇書第一種五十一卷一百二十回 …… 21

四大奇書第一種五十一卷一百二十回 …… 22

四大奇書第一種六十卷一百二十回首一
　卷　…………………………………　164
四史　………………………………　64
四言雜字一卷　……………………　185
四祕全書十二種　…………………　142
四書人物類典串珠四十卷　…………　56
四書人物類典串珠四十卷　…………　56
四書人物類典串珠四十卷　…………　56
四書人物類典串珠四十卷　…………　56
四書人物類典串珠四十卷　…………　57
四書人物類典串珠四十卷　…………　57
四書人物類典串珠四十卷　…………　57
四書大全三十七卷　………………　6
四書大全三十七卷　………………　6
四書大全三十七卷　………………　7
四書五經義策論初編不分卷　………　182
四書五經義策論初編不分卷　………　182
四書五經義策論續編不分卷　………　182
四書五經義策論續編不分卷　………　182
四書反身錄八卷首一卷　……………　60
四書正文　…………………………　54
四書正文　…………………………　54
四書正文　…………………………　58
四書古人典林十二卷　………………　58
四書古人典林十二卷　………………　65
四書左國彙纂四卷　…………………　57
四書左國彙纂四卷　…………………　57
四書左國彙纂四卷　…………………　58
四書左國彙纂四卷　…………………　58
四書左國輯要四卷　…………………　57
四書考異七十二卷　…………………　59
四書朱子本義匯參四十三卷首四卷　……　57
四書朱子本義匯參四十三卷首四卷　……　57
四書朱子本義匯參四十三卷首四卷　……　58
四書朱子本義匯參四十三卷首四卷　……　58
四書朱子本義匯參四十三卷首四卷　……　61
四書朱子本義匯參四十三卷首四卷　……　61
四書朱子本義匯參四十三卷首四卷　……　61
四書朱子異同條辨四十卷　…………　61
四書合纂大成不分卷　………………　170
四書味根錄三十七卷…………………　53

四書味根錄三十七卷　………………　53
四書味根錄三十七卷　………………　53
四書味根錄三十七卷　………………　53
四書味根錄三十七卷　………………　53
四書味根錄三十七卷　………………　53
四書味根題鏡合編三十七卷　………　54
四書典林三十卷　……………………　55
四書典林三十卷　……………………　55
四書典林三十卷　……………………　55
四書典林三十卷　……………………　58
四書典林三十卷　……………………　62
四書典林三十卷　……………………　62
四書典林三十卷　……………………　65
四書典林三十卷　……………………　68
四書典林三十卷　……………………　70
四書典林三十卷　……………………　70
四書典林三十卷　……………………　72
四書典林三十卷　……………………　72
四書典林三十卷　……………………　72
四書典林三十卷四書古人典林十二卷……　63
四書典林三十卷四書古人典林十二卷……　64
四書典林三十卷四書古人典林十二卷……　65
四書典林三十卷四書古人典林十二卷……　67
四書典林三十卷四書古人典林十二卷……　67
四書典制類聯音註十卷　……………　72
四書典制類聯音註三十三卷　………　57
四書典制類聯音註三十三卷　………　72
四書典制類聯音註三十三卷　………　72
四書典制類聯音註三十三卷　………　72
四書典制類聯音註三十三卷　………　72
四書典制類聯音註三十三卷　………　72
四書典制類聯音註三十三卷　………　73
四書典制類聯音註三十三卷　………　73
四書典制類聯音註三十三卷　…………　183
四書便蒙　…………………………　54
四書便蒙　…………………………　54
四書便蒙　…………………………　54
四書便蒙　…………………………　54
四書便蒙　…………………………　55
四書便蒙　…………………………　59

四書便蒙 …………………………………… 59
四書便蒙 …………………………………… 59
四書章句集註十九卷 ……………………… 58
四書章句集註十九卷 ……………………… 58
四書章句集註十九卷 ……………………… 59
四書章句集註十九卷 ……………………… 59
四書章句集註十九卷 ……………………… 59
四書章句集註十九卷 ……………………… 59
四書章句集註十九卷 ……………………… 59
四書章句集註十九卷 ……………………… 59
四書章句集註十九卷 ……………………… 60
四書章句集註十九卷 ……………………… 60
四書章句集註十九卷 ……………………… 60
四書章句集註十九卷 ……………………… 61
四書集註大全三十八卷 …………………… 7
四書義不分卷 ……………………………… 182
四書義不分卷 ……………………………… 182
四書經註集證十九卷 ……………………… 61
四書經註集證十九卷 ……………………… 61
四書諸儒輯要四十卷 ……………………… 61
四書論經正篇二卷首一卷 ………………… 61
四書講義困勉錄三十七卷續困勉錄六卷
　附錄一卷 ………………………………… 117
四書翼注論文三十八卷 …………………… 61
四書題鏡三十六卷 ………………………… 54
四書題鏡三十六卷 ………………………… 54
四書題鏡三十六卷 ………………………… 54
四書題鏡三十六卷 ………………………… 55
四書闡註十九卷 …………………………… 61
四書體註合講十九卷 ……………………… 53
四書體註合講十九卷 ……………………… 54
四書體註合講十九卷 ……………………… 54
四書體註合講十九卷圖說一卷 …………… 51
四書體註合講十九卷圖說一卷 …………… 52
四書體註合講十九卷圖說一卷 …………… 54
四書體註合講十九卷圖說一卷 …………… 55
四書讀本十九卷 …………………………… 55
四書讀本十九卷 …………………………… 55
四書讀本十九卷 …………………………… 55

四書讀本十九卷 …………………………… 55
四書讀本十九卷 …………………………… 56
四書讀本十九卷 …………………………… 56
四憶堂詩集六卷遺稿一卷 ………………… 34
四體千字文一卷 …………………………… 73
四體千字文一卷 …………………………… 186
矢音集四卷 ………………………………… 32
白下愚園集八卷首一卷 …………………… 156
白芙堂算學叢書 …………………………… 113
白芙堂算學叢書 …………………………… 114
白香山詩長慶集二十卷後集十七卷別集
　一卷補遺二卷 …………………………… 173
白香山詩長慶集二十卷後集十七卷別集
　一卷補遺二卷 …………………………… 173
白鹿書院志十九卷 ………………………… 81
白鹿書院志十九卷 ………………………… 82
白雲洞山集遺三卷首一卷 ………………… 24
白喉辨症（白喉辨證）一卷 ……………… 95
句股引蒙不分卷 …………………………… 114
外科正宗十二卷 …………………………… 112
外科正宗十二卷 …………………………… 113
半厂叢書初編十種 ………………………… 182
永言堂四書遵註合講十九卷圖說一卷 …… 7
永言堂四書遵註合講十九卷圖說一卷 …… 52
永言堂四書遵註合講十九卷圖說一卷 …… 53
永言堂四書遵註合講十九卷圖說一卷 …… 56
［道光］永康縣志十二卷首一卷 ………… 8
永嘉叢書十五種 …………………………… 174
司馬文正公年譜一卷附錄一卷 …………… 174
司馬文正公傳家集八十卷目錄二卷 …… 174
司馬頭陀鐵案五卷 ………………………… 140

六畫

刑錢指南三卷 ……………………………… 102
圩岸樂成詩不分卷 ………………………… 157
考古必要賦四卷附試賦分論一卷擬題分
　類備覽一卷 ……………………………… 185
考卷雋快四五六編不分卷 ………………… 166
老子道德經二卷 …………………………… 149
地方自治淺說不分卷 ……………………… 109

地球韻言四卷 …………………… 85
地球韻言四卷 …………………… 85
地球韻言四卷 …………………… 85
地球韻言四卷 …………………… 85
地球韻言四卷 …………………… 85
地球韻言四卷 …………………… 85
地球韻言四卷 …………………… 85
地球韻言四卷 …………………… 85
地球韻言四卷 …………………… 85
地球韻言四卷 …………………… 85
地球韻言四卷 …………………… 86
地理大全一集形勢真訣三十卷二集理氣
　秘旨二十五卷 ………………… 137
地理大全一集形勢真訣三十卷二集理氣
　秘旨二十五卷 ………………… 137
地理五訣八卷 …………………… 117
地理五訣八卷 …………………… 117
地理五訣八卷 …………………… 121
地理五訣八卷 …………………… 137
地理五訣八卷 …………………… 137
地理五訣八卷 …………………… 150
地理正義鉛彈子砂水要訣七卷………… 33
地理正義鉛彈子砂水要訣七卷………… 137
地理指迷臆解四卷 ……………… 137
地理參贊玄機僊婆集十三卷 ………… 33
地理參贊玄機僊婆集十三卷 ………… 137
地理握要不分卷………………… 37
地理摠論不分卷………………… 140
地理精微集六卷 ………………… 140
地理辨正五卷 …………………… 137
地理辨正五卷 …………………… 139
地理辨正補義五卷 ……………… 139
地理纂要不分卷………………… 35
地理纂要不分卷………………… 35
再重訂傷寒集註十卷附五卷 ………… 93
西北地理五種………………… 85
西史綱目三十五卷………………… 86
西史綱目三十五卷………………… 86
西政叢書三十二種………………… 86
西堂全集四種附一種 …………… 191

西堂全集四種附一種 …………… 192
西堂全集四種附一種 …………… 193
西遊真詮一百回 ………………… 23
西遊真詮一百回 ………………… 23
西遊真詮一百回 ………………… 23
西湖志四十八卷 ………………… 83
西湖志四十八卷 ………………… 83
西湖志四十八卷 ………………… 83
西湖志纂十五卷首一卷末一卷 ……… 82
西湖林公祠墓誌一卷 …………… 150
西湖佳話古今遺蹟十六卷 ………… 146
西湖楹聯四卷 …………………… 177
西學二十種萃菁二十卷 ………… 96
西學二十種萃菁二十卷 ………… 113
在官法戒錄四卷 ………………… 119
百五十名家評注史記一百三十卷 …… 64
百方川稿一卷 …………………… 169
百家姓考略一卷 ………………… 124
百篇賦鈔四卷 …………………… 157
百篇賦鈔四卷 …………………… 157
百篇賦鈔四卷 …………………… 163
百篇賦鈔四卷 …………………… 168
百篇賦鈔四卷 …………………… 168
有正味齋詞集八卷續集八卷外集五卷 … 178
有正味齋詞集八卷續集八卷外集五卷 … 183
有正味齋詩集十六卷 …………… 178
有正味齋詩續集八卷 …………… 178
有正味齋駢體文二十四卷 ………… 177
有正味齋駢體文二十四卷 ………… 178
存我軒偶錄不分卷 ……………… 150
存我軒偶錄不分卷 ……………… 176
存我軒偶錄不分卷 ……………… 178
存我軒偶錄不分卷 ……………… 178
成均校士錄不分卷 ……………… 175
夷堅志十集二十卷 ……………… 119
攷正玉堂字彙四卷 ……………… 72
此宜閣增訂金批西廂記四卷首一卷末一
　卷 …………………………… 20
[光緒乙亥恩科]江南鄉試硃卷一卷 …… 186
[光緒丁酉科]浙江鄉試硃卷不分卷 …… 186
[光緒丁酉科]浙江闈墨不分卷 ……… 169

［光緒己丑恩科］浙江鄉試硃卷一卷 ┄┄┄ 186

光緒分水縣志十卷首一卷末一卷 ┄┄┄┄┄ 81

［光緒戊戌科］會試硃卷一卷 ┄┄┄┄┄┄ 186

［光緒甲午恩科］會試硃卷一卷 ┄┄┄┄ 186

光緒政要三十四卷 ┄┄┄┄┄┄┄┄┄┄┄┄ 1

［光緒癸卯恩科］浙江鄉試卷一卷 ┄┄┄ 186

曲江書屋新訂批註左傳快讀十八卷首一
　　卷 ┄┄┄┄┄┄┄┄┄┄┄┄┄┄┄┄┄┄ 48

曲江書屋新訂批註左傳快讀十八卷首一
　　卷 ┄┄┄┄┄┄┄┄┄┄┄┄┄┄┄┄┄┄ 49

曲江書屋新訂批註左傳快讀十八卷首一
　　卷 ┄┄┄┄┄┄┄┄┄┄┄┄┄┄┄┄┄┄ 49

曲園課孫草一卷續刻一卷 ┄┄┄┄┄┄┄ 159

同仁堂藥目不分卷 ┄┄┄┄┄┄┄┄┄┄┄ 112

同仁堂藥目不分卷 ┄┄┄┄┄┄┄┄┄┄┄ 112

［同治甲戌科］會試硃卷一卷 ┄┄┄┄┄┄ 186

［同治甲戌科］會試硃卷一卷 ┄┄┄┄┄┄ 186

［同治庚午科］浙江鄉試硃卷一卷 ┄┄┄ 186

屺思堂稿不分卷 ┄┄┄┄┄┄┄┄┄┄┄┄ 168

朱子校昌黎先生集傳一卷 ┄┄┄┄┄┄┄ 173

朱子家訓衍義一卷 ┄┄┄┄┄┄┄┄┄┄┄ 96

朱子集一百四卷 ┄┄┄┄┄┄┄┄┄┄┄┄ 175

朱子儀禮經傳通解六十九卷 ┄┄┄┄┄┄ 35

朱墨入學試卷不分卷 ┄┄┄┄┄┄┄┄┄┄ 14

朱墨入學試卷不分卷 ┄┄┄┄┄┄┄┄┄┄ 15

朱墨入學試卷不分卷 ┄┄┄┄┄┄┄┄┄┄ 15

朱墨入學試卷不分卷 ┄┄┄┄┄┄┄┄┄┄ 15

朱墨入學試卷不分卷 ┄┄┄┄┄┄┄┄┄┄ 15

朱墨入學試卷不分卷 ┄┄┄┄┄┄┄┄┄┄ 15

朱墨入學試卷不分卷 ┄┄┄┄┄┄┄┄┄┄ 15

朱墨入學試卷不分卷 ┄┄┄┄┄┄┄┄┄┄ 15

朱墨入學試卷不分卷 ┄┄┄┄┄┄┄┄┄┄ 15

朱墨入學試卷不分卷 ┄┄┄┄┄┄┄┄┄┄ 15

朱墨入學試卷不分卷 ┄┄┄┄┄┄┄┄┄┄ 15

朱墨入學試卷不分卷 ┄┄┄┄┄┄┄┄┄┄ 15

缶廬詩四卷別存三卷 ┄┄┄┄┄┄┄┄┄┄ 179

竹林寺婦科秘方一卷 ┄┄┄┄┄┄┄┄┄┄ 147

竹林寺婦科秘方一卷 ┄┄┄┄┄┄┄┄┄┄ 147

竹素齋遺稿(姚鏡塘先生全集)十卷 ┄┄ 180

竹鄉文稿不分卷 ┄┄┄┄┄┄┄┄┄┄┄┄ 17

竹谿稿六卷 ┄┄┄┄┄┄┄┄┄┄┄┄┄┄┄ 21

竹谿稿六卷 ┄┄┄┄┄┄┄┄┄┄┄┄┄┄┄ 21

延經堂塾課不分卷 ┄┄┄┄┄┄┄┄┄┄┄ 166

仲景大全書傷寒藥方□□卷 ┄┄┄┄┄┄ 147

仲景傷寒集註四卷 ┄┄┄┄┄┄┄┄┄┄┄ 94

仰止子詳考古今名家潤色詩林正宗十二
　　卷韻林正宗六卷 ┄┄┄┄┄┄┄┄┄┄ 165

自適吟四卷續一卷 ┄┄┄┄┄┄┄┄┄┄┄ 31

全本禮記體註十卷 ┄┄┄┄┄┄┄┄┄┄┄ 48

全本禮記體註十卷 ┄┄┄┄┄┄┄┄┄┄┄ 48

全本禮記體註十卷 ┄┄┄┄┄┄┄┄┄┄┄ 48

全本禮記體註十卷 ┄┄┄┄┄┄┄┄┄┄┄ 48

全史論贊八十一卷 ┄┄┄┄┄┄┄┄┄┄┄ 11

全史論贊八十一卷 ┄┄┄┄┄┄┄┄┄┄┄ 13

全史論贊八十一卷 ┄┄┄┄┄┄┄┄┄┄┄ 13

全唐詩話六卷 ┄┄┄┄┄┄┄┄┄┄┄┄┄ 181

全體新論一卷 ┄┄┄┄┄┄┄┄┄┄┄┄┄ 129

各國政治藝學通攷二十卷 ┄┄┄┄┄┄┄ 99

各國政治藝學通攷二十卷 ┄┄┄┄┄┄┄ 100

各國政治藝學通攷二十卷 ┄┄┄┄┄┄┄ 100

各國政治藝學簡要錄二卷 ┄┄┄┄┄┄┄ 99

各國約章纂要六卷首一卷附錄一卷 ┄┄ 107

各國換訂約章表一卷 ┄┄┄┄┄┄┄┄┄┄ 81

各國路程日記一卷 ┄┄┄┄┄┄┄┄┄┄┄ 84

各國路程日記一卷 ┄┄┄┄┄┄┄┄┄┄┄ 84

名法指掌新例增訂四卷 ┄┄┄┄┄┄┄┄ 101

名將標記百詠二卷 ┄┄┄┄┄┄┄┄┄┄┄┄ 2

江漢炳靈集二卷 ┄┄┄┄┄┄┄┄┄┄┄┄ 163

池蛙詩草不分卷 ┄┄┄┄┄┄┄┄┄┄┄┄ 32

［同治］安吉縣志十八卷首一卷 ┄┄┄┄┄ 81

安瀾課藝初集不分卷 ┄┄┄┄┄┄┄┄┄ 182

字彙十二集首一卷末一卷韻法直圖一卷
　　┄┄┄┄┄┄┄┄┄┄┄┄┄┄┄┄┄┄┄ 8

字彙十二集首一卷末一卷韻法直圖一卷
　　┄┄┄┄┄┄┄┄┄┄┄┄┄┄┄┄┄┄┄ 8

字彙十二集首一卷末一卷韻法直圖一卷
　　┄┄┄┄┄┄┄┄┄┄┄┄┄┄┄┄┄┄ 62

字彙十二集首一卷末一卷韻法直圖一卷
　　┄┄┄┄┄┄┄┄┄┄┄┄┄┄┄┄┄┄ 62

字彙十二集首一卷末一卷韻法直圖一卷
　　┄┄┄┄┄┄┄┄┄┄┄┄┄┄┄┄┄┄ 62

字彙十二集首一卷末一卷韻法直圖一卷
　　……………………………………… 79
字彙十二集首一卷末一卷韻法直圖一卷
　　……………………………………… 79
字彙四集 …………………………………… 72
字彙四集 …………………………………… 72
字彙四集 …………………………………… 73
字彙舊本首一卷 …………………………… 10
字學舉隅不分卷 …………………………… 75
字學舉隅不分卷 …………………………… 75
字學舉隅不分卷 …………………………… 76
字學舉隅不分卷 …………………………… 76
如如老祖化度眾生指往西方寶卷全集一
　　卷 ……………………………………… 135
如西所刻諸名家評點春秋綱目左傳句解
　　彙雋六卷 ……………………………… 45
如西所刻諸名家評點春秋綱目左傳句解
　　彙雋六卷 ……………………………… 46
如皋冒氏叢書三十四種附二種 ………… 172
如皋冒氏叢書三十四種附二種 ………… 173
如皋冒氏叢書三十四種附二種 ………… 179

七畫

赤水玄珠三十卷 ………………………… 147
孝經衍義一百卷首二卷 …………………… 6
花月痕全書十六卷五十二回 …………… 171
芹宮新譜二卷 …………………………… 187
芥子園畫傳初集六卷二集九卷三集六卷
　　……………………………………… 148
芥子園畫傳初集六卷二集九卷三集六卷
　　……………………………………… 148
芥子園畫傳初集六卷二集九卷三集六卷
　　……………………………………… 149
芥子園畫傳初集六卷二集九卷三集六卷
　　……………………………………… 149
杜工部草堂詩話二卷 …………………… 180
杜工部集二十卷首一卷 ………………… 41
杜工部詩集二十卷文集二卷補注一卷末
　　一卷 ………………………………… 188
杜詩詳註二十五卷首一卷附編二卷 …… 188

李太白文集三十二卷 …………………… 174
李太白文集三十六卷 …………………… 174
李氏五種 ………………………………… 85
李氏蒙求補注六卷 ……………………… 80
李氏蒙求補注六卷 ……………………… 80
李文貞公全集三十九種 ………………… 30
李忠武公遺書五卷 ……………………… 172
甫田集三十六卷 ………………………… 174
西陽雜俎二十卷續集十卷 ……………… 120
批點八家詩選注釋八卷 ………………… 185
批點聊齋誌異十六卷 …………………… 171
抄錄痘疹醫集一卷 ……………………… 128
抗希堂稿不分卷 ………………………… 168
求放心齋詩草不分卷 …………………… 187
求厥齋讀書錄十卷 ……………………… 182
困學紀聞二十卷 ………………………… 16
困學紀聞二十卷 ………………………… 19
困學紀聞二十卷 ………………………… 20
困學紀聞二十卷 ………………………… 106
困學紀聞二十卷 ………………………… 117
困學紀聞注二十卷 ……………………… 118
呂氏家塾讀詩記三十二卷 ……………… 111
吳中水利全書二十八卷 ………………… 185
刪訂唐詩解二十四卷 …………………… 161
私塾改良四書讀本十九卷 ……………… 61
作吏要言一卷 …………………………… 31
作義蒙求不分卷 ………………………… 160
近思錄集注十四卷考訂朱子世家一卷…… 92
近科分韻館詩二集十二卷 ……………… 187
近科分韻館詩三十卷 …………………… 171
近科試策法程一卷補編一卷 …………… 163
近科墨卷經畬集不分卷 ………………… 166
返性圖纂正六卷首一卷末一卷 ………… 129
返性圖纂正六卷首一卷末一卷 ………… 132
汪狀元稿一卷 …………………………… 169
汪梅村先生集十二卷外集一卷 ………… 177
沈氏尊生書五種 ………………………… 94
沁香書屋制藝一卷 ……………………… 172
完石齋集六卷 …………………………… 23
宋七家詞選七卷 ………………………… 183
宋王忠文公文集五十卷目錄四卷 ………… 3

宋元明詩三百首六卷摘句一卷 ………… 160
宋秘書孫氏太白山齋遺稿二卷 ………… 16
宋秘書孫氏太白山齋遺稿二卷 ………… 16
宋詩鈔初集八十四種 ………………… 35
宋論十五卷 …………………………… 101
初學行文語類三卷 …………………… 134
初學行文語類四卷 …………………… 134
初學檢韻袖珍一卷 …………………… 190
初學檢韻袖珍一卷 …………………… 190
初學檢韻袖珍一卷 …………………… 191
初學檢韻袖珍十二卷附檢字一卷佩文詩
　　韻一卷 ……………………………… 73
初學檢韻袖珍十二卷附檢字一卷佩文詩
　　韻一卷 ……………………………… 73
初學檢韻袖珍十二卷附檢字一卷佩文詩
　　韻一卷 ……………………………… 73
壯悔堂文集十卷 ……………………… 43
壯悔堂文集十卷遺稿一卷 …………… 174
改良繪圖註釋一萬字文二卷 ………… 74
附刻診家樞要一卷 …………………… 130
附刻診家樞要一卷 …………………… 130
附刻診家樞要一卷 …………………… 133
附鮚軒詩八卷 ………………………… 177
妙法蓮華經七卷 ……………………… 135
妙法蓮華經七卷 ……………………… 135
邵武徐氏叢書二十三種 ……………… 68
邵武徐氏叢書二十三種 ……………… 122

八畫

奉使車臣汗記程詩三卷 ……………… 156
[正德]武功縣志三卷首一卷 ………… 82
武英殿聚珍版書 ……………………… 41
長白先生年譜一卷 …………………… 83
長沙方歌括六卷 ……………………… 111
長沙方歌括六卷 ……………………… 111
長沙方歌括六卷 ……………………… 111
長沙方歌括六卷 ……………………… 111
亞細亞洲不分卷 ……………………… 82
亞細亞洲不分卷 ……………………… 82
苑洛集二十二卷 ……………………… 43

林和靖詩集四卷拾遺一卷 …………… 174
板橋集五種 …………………………… 183
[乾隆]杭州府志一百十卷首六卷 …… 18
述古叢鈔二十八種 …………………… 125
述記三十四種 ………………………… 121
東坡和陶詩一卷 ……………………… 172
東坡和陶詩一卷 ……………………… 187
東坡集八十四卷 ……………………… 35
東坡集四十四卷 ……………………… 174
東周列國全志二十三卷一百八回 …… 25
東周列國全志二十三卷一百八回 …… 157
東周列國全志二十三卷一百八回 …… 157
東周列國全志二十三卷一百八回 …… 157
東周列國志二十七卷一百八回首一卷 … 157
東周列國志二十三卷一百八回 ……… 24
東周列國志二十三卷一百八回 ……… 25
東周列國志二十三卷一百八回 ……… 25
東周列國志二十三卷一百八回 ……… 25
東周列國志二十三卷一百八回 ……… 25
東周列國志二十三卷一百八回首一卷 … 25
東周列國志二十三卷一百八回首一卷 …… 25
東垣先生此事難知集二卷 …………… 112
東洋史要二卷坿圖一卷 ……………… 80
東華錄詳節二十四卷 ………………… 81
東華續錄一百卷(同治朝) …………… 82
東晉疆域志四卷 ……………………… 84
東萊博議四卷 ………………………… 99
東萊博議四卷 ………………………… 99
東萊博議四卷 ………………………… 100
東萊博議四卷 ………………………… 103
東萊博議四卷 ………………………… 103
東萊博議四卷 ………………………… 103
東萊詩集二十卷 ……………………… 12
東陽歷朝詩九卷 ……………………… 32
[道光]東陽縣志二十八卷首一卷 …… 1
[道光]東陽縣志二十八卷首一卷 …… 1
[道光]東陽縣志二十八卷首一卷 …… 2
[道光]東陽縣志二十八卷首一卷 …… 2
[道光]東陽縣志二十八卷首一卷 …… 2
[道光]東陽縣志二十八卷首一卷 …… 3
[道光]東陽縣志二十八卷首一卷 …… 3

[道光]東陽縣志二十八卷首一卷 ……… 3
東陽縣鄉土地理教科書四卷……… 12
東陽縣鄉土地理教科書四卷……… 12
東陽縣鄉土歷史教科書四卷……… 11
東陽縣鄉土歷史教科書四卷……… 11
東陽縣鄉土歷史教科書四卷……… 11
事類賦三十卷 ……… 128
兩江課藝匯編五卷 ……… 175
兩浙宦游紀畧四種 ……… 1
兩浙輶軒續錄五十四卷補遺六卷姓氏韻
　編二卷 ……… 156
兩朝御批通鑑輯覽一百二十卷 ……… 74
兩朝御批通鑑輯覽一百二十卷 ……… 76
兩朝評鑑彙錄十二卷 ……… 102
奇門遁甲秘笈大全三十卷 ……… 122
奇門遁甲秘笈大全三十卷 ……… 122
奇門遁甲統宗十二卷 ……… 27
奇門遁甲統宗十二卷 ……… 121
奇門遁甲統宗十二卷 ……… 121
拙盦叢稿五種附一種 ……… 192
拙盦叢稿五種附一種 ……… 192
拙盦叢稿五種附一種 ……… 192
尚友山房四書義不分卷 ……… 62
尚友錄二十二卷補遺一卷 ……… 22
尚友錄二十二卷補遺一卷 ……… 123
尚友錄二十二卷補遺一卷 ……… 124
尚友錄二十二卷補遺一卷 ……… 124
尚友錄二十二卷補遺一卷 ……… 124
尚友錄續集二十二卷 ……… 135
尚史七十二卷 ……… 77
尚史七十二卷 ……… 77
尚志錄八卷 ……… 13
尚志錄八卷 ……… 13
尚志錄八卷 ……… 21
尚書引義六卷 ……… 101
尚書注疏二十卷 ……… 108
尚書離句六卷 ……… 106
尚書離句六卷 ……… 107
尚書離句六卷 ……… 107
尚書離句六卷 ……… 107
尚絅堂試帖輯註一卷 ……… 168

尚論古人不分卷 ……… 172
味經堂詩藝不分卷 ……… 168
昌黎先生集四十卷外集十卷遺文一卷 … 173
昌黎先生集四十卷外集十卷遺文一卷 … 173
明大家合稿不分卷 ……… 34
明本釋三卷 ……… 149
明史紀事本末八十卷 ……… 18
明史紀事本末八十卷 ……… 18
明史紀事本末八十卷 ……… 18
明史紀事本末八十卷 ……… 18
明史紀事本末八十卷 ……… 18
明史紀事本末八十卷 ……… 18
明史紀事本末八十卷 ……… 19
明史紀事本末八十卷 ……… 19
明史稿三百十卷目錄三卷 ……… 14
明史論四卷 ……… 104
明史論四卷 ……… 104
明史論四卷 ……… 104
明史論四卷 ……… 106
明史論四卷 ……… 106
明史論四卷 ……… 106
明夷待訪錄一卷 ……… 96
明吳又可先生瘟疫論二卷 ……… 96
明東陽孫石臺先生定志編二卷崇祀錄一
　卷 ……… 12
明紀六十卷 ……… 68
明紀六十卷 ……… 74
明通鑑九十卷前編四卷附編六卷首一卷
　……… 68
明孫石臺先生質疑稿三卷 ……… 12
明孫石臺先生質疑稿三卷 ……… 12
明孫石臺先生質疑稿三卷 ……… 13
明孫石臺先生質疑稿三卷 ……… 189
明詩別裁集十二卷 ……… 41
易經大全會解四卷 ……… 58
易經大全會解四卷 ……… 71
易經文選不分卷 ……… 53
易經旁訓辨體合訂三卷 ……… 38
易經旁訓辨體合訂三卷 ……… 39
易經旁訓辨體合訂三卷 ……… 40
易經旁訓辨體合訂三卷 ……… 41

易經旁訓辨體合訂三卷 …………… 41

易經精華六卷首一卷末一卷 …… 58

易經精華六卷首一卷末一卷 …… 58

易經增訂旁訓三卷 ………………… 3

易經增訂旁訓三卷 ………………… 38

易經增訂旁訓三卷 ………………… 39

易經增訂旁訓三卷 ………………… 40

易經體註大全合參四卷 …………… 4

易經體註合參四卷 ………………… 10

易學啟蒙一卷 ……………………… 13

易學啟蒙一卷 ……………………… 57

典林新采四卷 ……………………… 144

典制文琳不分卷 …………………… 166

忠清書院志二卷 …………………… 14

忠清書院志二卷 …………………… 14

咏物詩選八卷 ……………………… 156

咏物詩選註釋八卷 ………………… 156

制藝新新不分卷 …………………… 184

制藝鎔裁十六卷 …………………… 184

知不足齋叢書一百九十六種 …… 20

知不足齋叢書一百九十六種 …… 65

知不足齋叢書一百九十六種 …… 65

知不足齋叢書一百九十六種 …… 65

知我軒近說三卷 …………………… 176

牧令全書二十三卷 ………………… 105

岳武穆精忠傳六卷六十八回 …… 23

岳忠武王文集八卷首一卷末一卷 …… 42

兒女英雄傳評話八卷四十回首一卷 …… 147

佩文齋廣羣芳譜一百卷目錄二卷 …… 144

佩文韻府一百六卷 ………………… 167

佩文韻府一百六卷 ………………… 167

金石萃編一百六十卷 ……………… 100

金石萃編一百六十卷 ……………… 100

金華文畧二十卷 …………………… 6

金華文畧二十卷 …………………… 9

金華文畧二十卷 …………………… 9

金華文畧二十卷 …………………… 9

金華文畧二十卷 …………………… 10

金華文畧二十卷 …………………… 10

［康熙］金華府志三十卷 …………… 5

［康熙］金華府志三十卷 …………… 7

［康熙］金華府志三十卷 …………… 7

［康熙］金華府志三十卷 …………… 8

金華耆舊補二十八卷 ……………… 28

金華唐氏遺書五種附一種 ………… 10

金華詩錄六十卷別集四卷外集六卷書後
一卷 …………………………… 32

金華詩錄六十卷別集四卷外集六卷書後
一卷 …………………………… 32

金華詩錄六十卷別集四卷外集六卷書後
一卷 …………………………… 32

金華縣勸學所文牘不分卷 ………… 8

金華叢書六十八種 ………………… 16

金華叢書六十八種 ………………… 99

金華叢書六十八種 ………………… 100

金剛經集註四卷心經註一卷 …… 192

金剛經解義二卷心經解義一卷 …… 192

金評小試利器不分卷 ……………… 159

金匱方歌括六卷 …………………… 111

金匱方歌括六卷 …………………… 111

金匱心典三卷 ……………………… 93

金匱要略淺注十卷 ………………… 93

金匱要略淺注十卷 ………………… 93

金匱要略淺註補正九卷 …………… 93

金匱要略淺註補正九卷 …………… 93

金匱要略淺註補正九卷 …………… 93

金匱要略淺註補正九卷 …………… 93

金精廖公秘授地學心法正傳畫筴扒砂經
四卷補遺一卷 ………………… 119

金穀瑣言二卷 ……………………… 105

金薤集不分卷 ……………………… 17

周易本義四卷 ……………………… 4

周易本義四卷 ……………………… 4

周易本義四卷附圖說一卷新增圖說一卷
卦歌一卷 ……………………… 13

周易便蒙親解四卷 ………………… 37

周易傳義音訓八卷首一卷 ………… 13

周易傳義音訓八卷首一卷 ………… 57

周易精義四卷首一卷 ……………… 52

周易變□□卷 ……………………… 11

周官心解二十八卷 ………………… 35

周官精義十二卷 …………………… 33

周官精義十二卷 …………………… 33

周官精義十二卷 ‧‧‧‧‧‧‧‧‧‧‧‧‧‧‧‧‧‧‧‧ 33
周官精義十二卷 ‧‧‧‧‧‧‧‧‧‧‧‧‧‧‧‧‧‧‧‧ 34
周官精義十二卷 ‧‧‧‧‧‧‧‧‧‧‧‧‧‧‧‧‧‧‧‧ 34
周官精義十二卷 ‧‧‧‧‧‧‧‧‧‧‧‧‧‧‧‧‧‧‧‧ 34
周官精義十二卷 ‧‧‧‧‧‧‧‧‧‧‧‧‧‧‧‧‧‧‧‧ 34
周禮約編六卷 ‧‧‧‧‧‧‧‧‧‧‧‧‧‧‧‧‧‧‧‧‧‧ 33
周禮註疏四十二卷 ‧‧‧‧‧‧‧‧‧‧‧‧‧‧‧‧‧‧ 6
周禮節訓六卷 ‧‧‧‧‧‧‧‧‧‧‧‧‧‧‧‧‧‧‧‧‧‧ 35
周禮節訓六卷 ‧‧‧‧‧‧‧‧‧‧‧‧‧‧‧‧‧‧‧‧‧‧ 36
周禮精華六卷 ‧‧‧‧‧‧‧‧‧‧‧‧‧‧‧‧‧‧‧‧‧‧ 34
周禮精華六卷 ‧‧‧‧‧‧‧‧‧‧‧‧‧‧‧‧‧‧‧‧‧‧ 34
周禮精華六卷 ‧‧‧‧‧‧‧‧‧‧‧‧‧‧‧‧‧‧‧‧‧‧ 34
周禮精華六卷 ‧‧‧‧‧‧‧‧‧‧‧‧‧‧‧‧‧‧‧‧‧‧ 34
周禮精華六卷 ‧‧‧‧‧‧‧‧‧‧‧‧‧‧‧‧‧‧‧‧‧‧ 35
周禮精華六卷 ‧‧‧‧‧‧‧‧‧‧‧‧‧‧‧‧‧‧‧‧‧‧ 35
周禮精華六卷 ‧‧‧‧‧‧‧‧‧‧‧‧‧‧‧‧‧‧‧‧‧‧ 35
京師法政學堂第一年同學錄一卷 ‧‧‧‧‧ 86
京話中國歷史不分卷 ‧‧‧‧‧‧‧‧‧‧‧‧‧ 185
夜雨秋燈錄初集四卷續集四卷三集四卷
‧‧‧‧‧‧‧‧‧‧‧‧‧‧‧‧‧‧‧‧‧‧‧‧‧‧‧‧‧‧‧‧‧‧ 145
庚子銷夏記八卷 ‧‧‧‧‧‧‧‧‧‧‧‧‧‧‧‧‧‧‧‧ 20
庚辰集五卷 ‧‧‧‧‧‧‧‧‧‧‧‧‧‧‧‧‧‧‧‧‧ 156
庚辰集五卷 ‧‧‧‧‧‧‧‧‧‧‧‧‧‧‧‧‧‧‧‧‧ 156
刻全像五顯靈官大帝華光天王傳四卷 ‧‧‧‧ 21
刻全像五顯靈官大帝華光天王傳四卷 ‧‧‧‧ 21
刻鵠齋叢書十六種 ‧‧‧‧‧‧‧‧‧‧‧‧‧‧‧ 109
性理體註說約大全要解□□卷 ‧‧‧‧‧‧‧‧ 92
卷施閣詩集二十卷文甲集十卷文乙集十
卷附鮚軒詩八卷 ‧‧‧‧‧‧‧‧‧‧‧‧‧‧‧ 177
河東先生文集六卷 ‧‧‧‧‧‧‧‧‧‧‧‧‧‧‧ 173
河洛理數七卷 ‧‧‧‧‧‧‧‧‧‧‧‧‧‧‧‧‧‧‧‧‧ 33
河洛理數七卷 ‧‧‧‧‧‧‧‧‧‧‧‧‧‧‧‧‧‧‧ 122
注解傷寒論十卷圖解運氣圖一卷 ‧‧‧‧‧ 93
治事文編續集二卷 ‧‧‧‧‧‧‧‧‧‧‧‧‧‧‧‧ 14
治疹全書三卷 ‧‧‧‧‧‧‧‧‧‧‧‧‧‧‧‧‧‧‧‧‧ 99
治疹全書三卷 ‧‧‧‧‧‧‧‧‧‧‧‧‧‧‧‧‧‧‧ 129
治疹全書三卷首一卷尾一卷 ‧‧‧‧‧‧‧‧‧‧ 5
治疹全書三卷首一卷尾一卷 ‧‧‧‧‧‧‧‧‧ 19
治疹全書三卷首一卷尾一卷 ‧‧‧‧‧‧‧‧ 127
治疹全書三卷首一卷尾一卷 ‧‧‧‧‧‧‧‧ 127
定香亭筆談四卷 ‧‧‧‧‧‧‧‧‧‧‧‧‧‧‧‧‧ 156

定溪詩稿一卷攄懷編一卷 ‧‧‧‧‧‧‧‧‧‧‧ 5
空谷香二卷 ‧‧‧‧‧‧‧‧‧‧‧‧‧‧‧‧‧‧‧‧‧ 184
居士傳五十六卷 ‧‧‧‧‧‧‧‧‧‧‧‧‧‧‧‧‧ 139
弧角七政圖算六卷 ‧‧‧‧‧‧‧‧‧‧‧‧‧‧‧ 114
弦雪居重訂遵生八牋十九卷總目一卷 ‧‧‧‧ 29
孟子要略五卷 ‧‧‧‧‧‧‧‧‧‧‧‧‧‧‧‧‧‧‧‧‧ 60
孟子集註七卷 ‧‧‧‧‧‧‧‧‧‧‧‧‧‧‧‧‧‧‧‧‧‧ 7
孟子集註七卷 ‧‧‧‧‧‧‧‧‧‧‧‧‧‧‧‧‧‧‧‧‧‧ 7
孟子集註七卷 ‧‧‧‧‧‧‧‧‧‧‧‧‧‧‧‧‧‧‧‧‧ 58
孟子集註七卷 ‧‧‧‧‧‧‧‧‧‧‧‧‧‧‧‧‧‧‧‧‧ 60
孟子集註七卷 ‧‧‧‧‧‧‧‧‧‧‧‧‧‧‧‧‧‧‧‧‧ 60
孟子集註七卷 ‧‧‧‧‧‧‧‧‧‧‧‧‧‧‧‧‧‧‧‧‧ 60
孟子集註七卷 ‧‧‧‧‧‧‧‧‧‧‧‧‧‧‧‧‧‧‧‧‧ 60
孟子集註七卷 ‧‧‧‧‧‧‧‧‧‧‧‧‧‧‧‧‧‧‧‧‧ 60
孟子集註七卷 ‧‧‧‧‧‧‧‧‧‧‧‧‧‧‧‧‧‧‧‧‧ 60
孟子集註七卷 ‧‧‧‧‧‧‧‧‧‧‧‧‧‧‧‧‧‧‧‧‧ 60
孟子集註七卷 ‧‧‧‧‧‧‧‧‧‧‧‧‧‧‧‧‧‧‧‧‧ 60
孟子集註七卷 ‧‧‧‧‧‧‧‧‧‧‧‧‧‧‧‧‧‧‧‧‧ 61

九畫

奏定變通初等小學章程一卷 ‧‧‧‧‧‧‧‧‧‧ 8
春在堂全書三十六種 ‧‧‧‧‧‧‧‧‧‧‧‧‧‧ 51
春在堂全書三十六種 ‧‧‧‧‧‧‧‧‧‧‧‧‧‧ 52
春在堂全書三十六種 ‧‧‧‧‧‧‧‧‧‧‧‧‧ 190
春草山房制藝一卷 ‧‧‧‧‧‧‧‧‧‧‧‧‧‧‧ 166
春秋左傳杜注三十卷首一卷 ‧‧‧‧‧‧‧‧‧ 46
春秋左傳(狀元閣爵記印左傳杜林)五十
卷 ‧‧‧‧‧‧‧‧‧‧‧‧‧‧‧‧‧‧‧‧‧‧‧‧‧‧‧‧‧ 46
春秋左傳(春秋左傳杜林)五十卷 ‧‧‧‧‧ 46
春秋左傳(春秋左傳杜林)五十卷 ‧‧‧‧‧ 48
春秋左傳(春秋左傳杜林)五十卷 ‧‧‧‧‧ 49
春秋左傳(春秋左傳杜林合注)五十卷 ‧‧‧‧ 7
春秋左傳(春秋左傳杜林合注)五十卷 ‧‧‧‧ 9
春秋左傳(春秋左傳杜林合注)五十卷 ‧‧ 43
春秋左傳(春秋左傳杜林合注)五十卷 ‧‧ 43
春秋左傳(春秋左傳杜林合注)五十卷 ‧‧ 43
春秋左傳(春秋左傳杜林合注)五十卷 ‧‧ 43
春秋左傳(春秋左傳杜林合注)五十卷 ‧‧ 45
春秋左傳(春秋左傳杜林合注)五十卷 ‧‧ 45
春秋左傳(春秋左傳杜林合注)五十卷 ‧‧ 46

春秋左傳(春秋左傳杜林合注)五十卷 … 47　　春秋增訂旁訓四卷……………………… 36

春秋左傳(春秋左傳杜林合注)五十卷 … 47　　春秋增訂旁訓四卷……………………… 46

春秋左傳(春秋左傳杜林合注)五十卷 … 47　　春秋穀梁傳四卷………………………… 50

春秋左傳(春秋左傳杜林合注)五十卷 … 47　　春秋繁露十七卷 ………………………… 8

春秋左傳(春秋左傳杜林合注)五十卷 … 48　　春秋體註大全四卷……………………… 35

春秋左傳(春秋左傳杜林合注)五十卷 … 48　　春秋體註大全四卷……………………… 35

春秋左傳(春秋左傳杜林合注)五十卷 … 48　　春秋體註大全合參四卷 ………………… 7

春秋左傳(春秋左傳杜林合注)五十卷 … 48　　珍珠囊指掌補遺藥性賦四卷…………… 114

春秋左傳(春秋左傳杜林合注)五十卷 … 48　　珍珠囊指掌補遺藥性賦四卷…………… 114

春秋左傳(春秋左傳杜林合注)五十卷 … 49　　珍珠囊指掌補遺藥性賦四卷…………… 114

春秋左傳(春秋左傳杜林合註)五十卷 … 43　　珍珠囊指掌補遺藥性賦四卷…………… 114

春秋左傳(春秋左傳杜林合註)五十卷 … 44　　珍珠囊指掌補遺藥性賦四卷…………… 114

春秋左傳(春秋左傳杜林善本)五十卷 … 45　　珍珠囊指掌補遺藥性賦四卷…………… 115

春秋左傳註疏六十卷 …………………… 8　　珍珠囊指掌補遺藥性賦四卷…………… 115

春秋左傳註疏六十卷 …………………… 9　　珍珠囊指掌補遺藥性賦四卷…………… 115

春秋紀傳五十一卷 ……………………… 1　　珍珠囊指掌補遺藥性賦四卷…………… 116

春秋紀傳五十一卷 ……………………… 1　　珍珠囊指掌補遺藥性賦四卷…………… 116

春秋紀傳五十一卷 ……………………… 1　　珍珠囊指掌補遺藥性賦四卷…………… 116

春秋紀傳五十一卷 ……………………… 1　　珍珠囊指掌補遺藥性賦四卷…………… 117

春秋紀傳五十一卷 ……………………… 1　　珍珠囊指掌補遺藥性賦四卷…………… 117

春秋紀傳五十一卷 ……………………… 1　　珍珠囊指掌補遺藥性賦四卷…………… 117

春秋紀傳五十一卷 ……………………… 2　　珍珠囊指掌補遺藥性賦四卷…………… 118

春秋紀傳五十一卷 ……………………… 2　　珍珠囊指掌補遺藥性賦四卷…………… 118

春秋紀傳五十一卷 ……………………… 2　　珍珠囊指掌補遺藥性賦四卷…………… 118

春秋紀傳五十一卷 ……………………… 2　　珍珠囊指掌補遺藥性賦四卷…………… 118

春秋紀傳五十一卷 ……………………… 3　　珍珠囊指掌補遺藥性賦四卷…………… 119

春秋紀傳五十一卷 ……………………… 3　　珍珠囊指掌補遺藥性賦四卷…………… 120

春秋紀傳五十一卷 ……………………… 3　　珍珠囊指掌補遺藥性賦四卷…………… 120

春秋旁訓欽遵御案四傳合訂四卷……… 36　　珍珠囊指掌補遺藥性賦四卷…………… 132

春秋旁訓欽遵御案四傳合訂四卷……… 36　　草木子四卷……………………………… 92

春秋旁訓欽遵御案四傳合訂四卷……… 46　　草字彙十二卷…………………………… 74

春秋旁訓辨體合訂四卷………………… 36　　荀子二十卷首一卷……………………… 122

春秋備旨四十五卷……………………… 45　　胡文忠公遺集十卷首一卷 …………… 181

春秋集義五十八卷首一卷末二卷……… 39　　胡文忠公遺集八十六卷 ……………… 181

春秋集義五十八卷首一卷末二卷……… 39　　胡文忠公遺集八十六卷 ……………… 181

春秋集義五十八卷首一卷末二卷……… 39　　胡慶餘堂丸散膏丹全集十四卷續增一卷

春秋精義四卷首一卷…………………… 35　　　　　　　　　　　　………………… 116

春秋增訂旁訓四卷……………………… 36　　胡慶餘堂丸散膏丹全集十四卷續增一卷

　　　　　　　　　　　　　　　　　　　　　　　　………………… 116

　　　　　　　　　　　　　　　　　　茹氏經學十二種 ………………………… 18

　　　　　　　　　　　　　　　　　　南北史補志十四卷附贊一卷…………… 13

221

南史八十卷 …………………………… 12

南華簡鈔(南華經)四卷 ………………… 164

[咸豐辛酉科]貢卷一卷 ………………… 187

括地畧一卷 ……………………………… 84

括地畧一卷 ……………………………… 84

省魁堂古文觀止十二卷 ………………… 151

映雪堂詳校醫宗必讀十卷 ……………… 123

映雪堂詳校醫宗必讀十卷 ……………… 123

映雪堂詳校醫宗必讀十卷 ……………… 123

昭明太子文選□□卷 …………………… 148

昭明文選六臣彙註疏解三十九卷 ……… 149

昭明文選六臣彙註疏解三十九卷 ……… 150

韋蘇州詩集二卷 ………………………… 188

咽喉秘集二卷 …………………………… 139

香祖樓二卷 ……………………………… 184

科名寶箋不分卷 ………………………… 137

重刊人子須知資孝地理心學統宗八卷首
　　一卷 ……………………………… 137

重刊人子須知資孝地理心學統宗三十九
　　卷 ………………………………… 137

重刊人子須知資孝地理心學統宗三十九
　　卷 ………………………………… 137

重刊五百家註音辯昌黎先生文集四十卷
　　……………………………………… 38

重刊五百家註音辯昌黎先生文集四十卷
　　……………………………………… 173

重刊宋本十三經注疏七十五卷 ………… 50

重刊宋本十三經注疏四百十六卷 ……… 51

重刊宋本十三經注疏四百十六卷 ……… 52

重刊保赤全生錄二卷 …………………… 19

重刊保赤全生錄二卷 …………………… 19

重刊讀史論畧一卷 ……………………… 110

重刊觀世音菩薩本行經簡集二卷 ……… 20

重刻剡川姚氏本戰國策札記三卷 ……… 77

重刻剡川姚氏本戰國策札記三卷 ……… 78

重刻補遺秘傳痘疹玉髓金鏡錄三卷首一
　　卷 ………………………………… 126

重修政和經史證類備用本草三十卷 …… 27

重修南海普陀山志二十卷首一卷 ……… 18

重訂王鳳洲先生綱鑑會纂四十六卷續宋
　　元紀二十三卷 …………………… 69

重訂王鳳洲先生綱鑑會纂四十六卷續宋
　　元紀二十三卷 …………………… 70

重訂王鳳洲先生綱鑑會纂四十六卷續宋
　　元紀二十三卷 …………………… 70

重訂文選集評十五卷首一卷末一卷 …… 148

重訂文選集評十五卷首一卷末一卷 …… 148

重訂文選集評十五卷首一卷末一卷 …… 148

重訂文選集評十五卷首一卷末一卷 …… 148

重訂文選集評十五卷首一卷末一卷 …… 148

重訂文選集評十五卷首一卷末一卷 …… 149

重訂文選集評十五卷首一卷末一卷 …… 149

重訂文選集評十五卷首一卷末一卷 …… 149

重訂文選集評十五卷首一卷末一卷 …… 149

重訂文選集評十五卷首一卷末一卷 …… 149

重訂外科正宗十二卷 …………………… 112

重訂外科正宗十二卷 …………………… 112

重訂路史全本四十七卷 ………………… 14

重訂路史全本四十七卷 ………………… 14

重訂增補陶朱公致富全書四卷 ………… 134

重訂歷朝捷錄六卷 ……………………… 17

重訂蘇紫溪先生會纂標題歷朝綱鑑紀要
　　十六卷首一卷 …………………… 16

重訂驗方新編十八卷 …………………… 138

重校繪圖三才略四卷 …………………… 86

重廣補註黃帝內經素問二十四卷 ……… 121

重編三立祠傳二卷 ……………………… 91

重編留青新集二十四卷 ………………… 167

重鐫本草醫方合編十二卷 ……………… 147

重鐫本草醫方合編十二卷 ……………… 147

重鐫本草醫方合編十二卷 ……………… 147

重鐫官板地理天機會元三十五卷 ……… 137

重鐫神峯通考命理正宗六卷 …………… 145

重鐫神峯張先生通考闢謬命理正宗大全
　　六卷 ……………………………… 145

便蒙四書正文四種 ……………………… 54

便蒙四書正文四種 ……………………… 58

保赤全生錄二卷 ………………………… 19

保赤全生錄二卷 ………………………… 20

皇明史概五種一百二十一卷 …………… 16

皇明史概五種一百二十一卷 …………… 16

皇清經解一千四百卷首一卷 …………… 188

222

皇清經解一百九十卷 ························ 190

皇清經解一百九十卷 ························ 190

皇清經解分經合纂十六卷 ··············· 191

皇清經解敬修堂編目十六卷 ··········· 100

皇清經解續編二百九卷 ·················· 190

皇朝五經彙解二百七十卷 ················ 50

皇朝五經彙解二百七十卷 ················ 50

皇朝五經彙解二百七十卷 ················ 50

皇朝五經彙解二百七十卷 ················ 51

皇朝五經彙解二百七十卷 ················ 51

皇朝五經彙解二百七十卷 ·············· 190

皇朝政典挈要八卷 ······················· 103

皇朝政典挈要八卷 ······················· 103

皇朝掌故二卷 ······························· 77

皇朝掌故二卷 ······························· 78

皇朝掌故二卷 ······························· 79

皇朝掌故二卷 ······························· 79

皇朝掌故二卷 ······························· 79

皇朝掌故二卷 ······························· 79

皇朝掌故二卷 ······························· 79

皇朝掌故二卷 ······························· 79

皇朝掌故二卷 ······························· 79

皇朝蓄艾文編八十卷 ···················· 156

皇朝蓄艾文編八十卷 ···················· 156

皇朝蓄艾文編八十卷 ···················· 156

皇朝經世文三編八十卷 ················· 154

皇朝經世文統編一百七卷 ·············· 154

皇朝經世文新編二十一卷 ·············· 154

皇朝經世文新編二十一卷 ·············· 154

皇朝經世文新編二十一卷 ·············· 155

皇朝經世文新編二十一卷 ·············· 155

皇朝經世文新編二十一卷首一卷 ····· 155

皇朝經世文新編二十一卷首一卷 ····· 155

皇朝經世文新編三十二卷 ·············· 155

皇朝經世文編一百二十卷 ·············· 154

皇朝經世文編一百二十卷 ·············· 154

皇朝經世文編一百二十卷 ·············· 156

皇朝經世文編一百二十卷 ·············· 156

皇朝經世文編一百二十卷姓名總目二卷

··················· 151

皇朝經世文編一百二十卷姓名總目二卷

··················· 151

皇朝經世文編一百二十卷姓名總目二卷

··················· 153

皇朝經世文編一百二十卷姓名總目二卷

··················· 154

皇朝經世文續編一百二十卷 ··········· 155

皇朝輿地韻編二卷 ························· 85

禹貢圖說一卷 ······························· 17

律例館近年奏案通行不分卷 ··········· 13

律陶一卷 ···································· 172

律陶一卷 ···································· 188

律賦玉犀箋注不分卷 ···················· 168

律賦揀金錄四卷 ··························· 166

律賦雕龍不分卷 ··························· 165

律賦韻蘭集註釋六卷 ···················· 165

食物本草會纂十二卷 ····················· 28

食物本草會纂十二卷 ···················· 139

風希堂詩集六卷文集四卷 ··············· 20

訂補明醫指掌十卷 ······················· 130

訂補明醫指掌十卷 ······················· 130

訂補明醫指掌十卷 ······················· 133

施註蘇詩四十二卷目錄二卷 ··········· 187

帝王總表不分卷 ···························· 81

帝京景物略八卷 ···························· 20

前漢書菁華錄四卷後漢書菁華錄二卷 ····· 64

洪稚存先生評史十八卷 ················· 113

洪稚存先生評史十八卷 ················· 113

洪稚存先生評史十八卷 ················· 114

洗冤錄並一概奇症不分卷 ·············· 113

洛陽伽藍記五卷 ···························· 20

洋務富強策論八卷 ······················· 101

洋務新論六卷 ····························· 170

洋務經濟通考十六卷 ······················ 97

洋務論說新編四卷 ······················· 101

津逮祕書十五集一百四十種 ··········· 192

[宣統己酉科]浙江選拔貢卷一卷 ········ 186

扁善齋文存二卷詩存一卷 ·············· 174

神機妙算鐵板數十四集 ················· 139

紀元編三卷末一卷 ························· 80

紀元編三卷末一卷 ························· 80

223

紀效新書十八卷首一卷 ………… 148
紀曉嵐詩評註四卷 ……………… 183
紀曉嵐詩註釋四卷 ………………… 65

十畫

秦漢文歸三十卷 …………………… 38
泰西各國名人言行錄十六卷 ……… 86
泰西各國名人言行錄十六卷 ……… 86
泰西各國名人言行錄十六卷 ……… 86
泰西各國采風記一卷 ……………… 82
泰西新史攬要二十四卷 …………… 83
素問靈樞類纂約註三卷 ………… 110
栽桑摘要□□卷 ………………… 106
貢鄉會試卷暨履歷表不分卷 ……… 14
貢綦軒詩集四卷別集一卷 ………… 3
貢綦軒詩集四卷別集一卷 ………… 3
貢綦軒詩集四卷別集一卷 ………… 4
貢綦軒詩集□□卷 ………………… 3
袁了凡先生四訓一卷 ……………… 95
袁王綱鑑合編三十九卷明紀綱目二十卷
　……………………………………… 70

袁王綱鑑合編三十九卷明紀綱目二十卷
　……………………………………… 70

袁文箋正十六卷補注一卷 ……… 179
華嶽志八卷首一卷 ………………… 81
莊子南華真經□□卷 ……………… 20
莊子雪三卷 ……………………… 164
荷亭辯論八卷荷亭書二卷荷亭集後錄六
卷 ……………………………………… 5
荷亭辯論八卷荷亭書二卷荷亭集後錄六
卷 ……………………………………… 5
桂坡外集詩四卷文二卷 …………… 24
桂坡集文二卷外集二卷續一卷 …… 25
桂坡集詩十六卷文二卷 …………… 25
桂海虞衡志一卷 ………………… 146
栝蒼金石志十二卷續志四卷 ……… 83
格言聯璧不分卷 ………………… 134
格言聯璧不分卷 ………………… 134
格言聯璧不分卷 ………………… 134
格致精華錄四卷 ………………… 143

格致精華錄四卷 ………………… 143
格致鏡原一百卷 …………………… 21
格致鏡原一百卷 …………………… 21
格致鏡原一百卷 ………………… 143
校刊目經大成三卷首一卷 ………… 95
校刊目經大成三卷首一卷 ………… 95
校正圖註脈訣四卷附方一卷 …… 130
校訂困學紀聞三箋二十卷 ……… 117
酌雅齋四書遵註合講十九卷 ……… 51
酌雅齋四書遵註合講十九卷 ……… 53
酌雅齋四書遵註合講十九卷 ……… 55
酌雅齋四書遵註合講十九卷圖說一卷 … 51
酌雅齋四書遵註合講十九卷圖說一卷 … 55
原富八卷 ………………………… 103
時方妙用歌括二卷新方八陣砭四卷 … 111
時方歌括二卷 …………………… 111
時用雲箋二卷 …………………… 65
時事新論圖說不分卷 ……………… 86
時病論八卷 ……………………… 101
時病論八卷 ……………………… 101
時病論八卷 ……………………… 101
時病論八卷 ……………………… 103
時病論八卷 ……………………… 103
時病論八卷 ……………………… 103
秘傳眼科龍木醫書總論十卷附葆光道人
秘傳眼科一卷 …………………… 94
秘藏疑龍經大全三卷 …………… 141
倣宋相臺五經九十七卷附考證 …… 187
徑山藏 …………………………… 19
徐氏三種(重刻徐氏三種) ……… 124
徐氏醫書八種 …………………… 113
留素堂詩刪二十一卷 ……………… 34
留書種閣集九種 ………………… 116
訓蒙四字經二集讀本二卷 ………… 76
訓蒙四字經讀本二卷 ……………… 76
記事珠十卷 ……………………… 91
高安朱文端公校輯藏書十三種 …… 36
高厚蒙求九種 …………………… 110
高厚蒙求九種 …………………… 110
高厚蒙求九種 …………………… 110
唐人試律說一卷 ………………… 161

唐宋八大家類選十四卷 …………………… 152

唐宋八大家類選十四卷 …………………… 152

唐宋八大家類選十四卷 …………………… 152

唐荊川先生文集十二卷 ……………………… 43

唐省試詩十卷 ……………………………… 168

唐陸宣公奏議讀本四卷首一卷 …………… 83

唐陸宣公集二十二卷 ……………………… 17

唐陸宣公集二十二卷 ……………………… 38

唐陸宣公集二十二卷 ……………………… 174

唐陸宣公集二十二卷 ……………………… 174

唐陸宣公翰苑集二十四卷 ………………… 38

唐詩三百首六卷 …………………………… 153

唐詩三百首六卷 …………………………… 153

唐詩三百首六卷 …………………………… 153

唐詩三百首六卷 …………………………… 153

唐詩三百首六卷 …………………………… 153

唐詩三百首六卷 …………………………… 153

唐詩三百首六卷 …………………………… 153

唐詩三百首六卷 …………………………… 153

唐詩三百首六卷 …………………………… 154

唐詩三百首六卷 …………………………… 154

唐詩三百首註疏六卷 ……………………… 152

唐詩三百首註疏六卷 ……………………… 152

唐詩三百首註疏六卷 ……………………… 152

唐詩三百首註疏六卷 ……………………… 152

唐詩三百首註疏六卷 ……………………… 152

唐詩三百首註疏六卷 ……………………… 152

唐詩三百首註疏六卷 ……………………… 152

唐詩三百首註疏六卷 ……………………… 152

唐詩三百首註疏六卷 ……………………… 153

唐詩三百首註疏六卷 ……………………… 153

唐詩三百首註疏六卷 ……………………… 153

唐詩三百首註疏六卷 ……………………… 154

唐詩三百首註釋六卷 ……………………… 152

唐詩三百首續選一卷 ……………………… 151

唐詩三百首續選一卷 ……………………… 151

唐詩三百首續選一卷 ……………………… 152

唐詩三百首續選一卷姓氏小傳一卷 ……… 152

唐詩別裁集十卷 …………………………… 161

唐詩解五十卷 ……………………………… 41

唐詩選七卷 ………………………………… 151

唐詩諧律二卷 ……………………………… 161

旁訓辨體合訂毛詩讀本四卷 ……………… 23

旁訓辨體合訂毛詩讀本四卷 ……………… 24

旁訓辨體合訂毛詩讀本四卷 ……………… 24

旁訓辨體合訂毛詩讀本四卷 ……………… 24

旁訓辨體合訂毛詩讀本四卷 ……………… 26

旁訓辨體合訂毛詩讀本四卷 ……………… 28

旁訓辨體合訂毛詩讀本四卷 ……………… 28

悟真篇三卷 ………………………………… 131

悔木山房詩稿九卷 ………………………… 6

悔木山房詩稿九卷 ………………………… 6

悔木山房詩稿九卷 ………………………… 6

悔木山房詩稿九卷 ………………………… 6

悔餘庵集三種 ……………………………… 180

益古演段三卷 ……………………………… 113

朔方備乘六十八卷首十二卷 ……………… 84

朔方備乘六十八卷首十二卷 ……………… 84

朔方備乘六十八卷首十二卷 ……………… 84

朔方備乘六十八卷首十二卷 ……………… 85

浙西校士錄不分卷 ………………………… 183

浙江四大家史論合編四卷 ………………… 110

［浙江東陽］吳寧厲氏宗譜三十二卷 …… 190

［浙江東陽］東陽儀郡趙氏宗譜□□卷 … 190

［浙江東陽］祿石葉氏宗譜□□卷 ……… 190

［浙江東陽］龍溪陳氏宗譜三十卷 ……… 190

浙江校士錄二編不分卷 …………………… 175

浙江試牘不分卷 …………………………… 178

浙江詩課九卷浙江考卷一卷浙士解經錄

　　四卷 …………………………………… 13

浙江詩課九卷浙江考卷一卷浙士解經錄

　　四卷 …………………………………… 179

浙江溫州府平陽縣白梅村七世修行玉英

　　寶卷不分卷 …………………………… 135

浙紹奎照樓書莊精校新增繪圖幼學故事

　　瓊林四卷首一卷 ……………………… 134

浙紹奎照樓新增繪圖幼學故事瓊林四卷

　　首一卷 ………………………………… 133

浮玉山房賦鈔不分卷試帖不分卷 ………… 179

書古微十二卷首一卷 ……………………… 191

書集傳六卷 ………………………………… 108

書經近指六卷 ……………………………… 5

書經旁訓辨體合訂四卷………………………… 88

書經旁訓辨體合訂四卷………………………… 88

書經旁訓辨體合訂四卷………………………… 88

書經旁訓辨體合訂四卷………………………… 88

書經旁訓辨體合訂四卷………………………… 88

書經旁訓辨體合訂四卷………………………… 89

書經集傳六卷 ………………………………… 88

書經集傳六卷 ………………………………… 88

書經集傳六卷 ………………………………… 88

書經精華六卷 ………………………………… 89

書經精華六卷 ………………………………… 89

書經精華六卷 ……………………………… 150

書經精義四卷首一卷末一卷 ………………… 52

書經精義四卷首一卷末一卷 ………………… 89

書經增訂旁訓四卷…………………………… 89

書經簡明白話解六卷首一卷 ……………… 108

書經體註大全合參六卷 ……………………… 5

書經體註大全合參六卷 ……………………… 53

書經體註大全合參六卷 ……………………… 89

書經體註大全合參六卷 ……………………… 89

書經體註大全合參六卷 ……………………… 89

陸清獻公［隴奇］年譜一卷 ………………… 81

陳修園先生晚餘三書 ……………………… 109

陳修園醫書二十一種 ……………………… 108

陳修園醫書二十一種 ……………………… 109

陳修園醫書二十四種 ……………………… 109

陳修園醫書七十二種 ……………………… 108

陳修園醫書五十種 ………………………… 105

陳修園醫書五十種 ………………………… 106

陳修園醫書五十種 ………………………… 107

陳修園醫書四十八種 ……………………… 107

陳修園醫書四十八種 ……………………… 107

陳修園醫書四十八種 ……………………… 109

陳修園醫書四十種 ………………………… 106

陳修園醫書四十種 ………………………… 106

陳眉公先生批評太史公司馬氏史記四卷

……………………………………………… 11

陳檢討集二十卷 …………………………… 42

陳檢討集二十卷 …………………………… 174

陳檢討詞鈔十二卷 ………………………… 174

陰陽二宅全書（陰宅集要四卷陽宅集要

　八卷）十二卷 …………………………… 140

陰隲文圖註二卷 …………………………… 129

陰隲文圖解四卷 …………………………… 38

陰隲文圖解四卷 …………………………… 39

陰隲文圖解四卷 …………………………… 39

陰隲文圖解四卷 …………………………… 39

陰隲文圖解四卷 …………………………… 39

陰隲文圖解四卷 …………………………… 39

陰隲文圖證不分卷 ………………………… 129

陰騭文彝訓二卷 …………………………… 128

陶淵明集八卷首一卷末一卷 ………………… 37

陶淵明集八卷首一卷末一卷 ……………… 190

陶靖節詩集四卷 …………………………… 172

陶靖節詩集四卷 …………………………… 187

通志二百卷 ………………………………… 98

通志二百卷 ………………………………… 98

通志堂經解一百四十種 …………………… 4

通志堂經解一百四十種 …………………… 7

通典二百卷 ………………………………… 96

通典二百卷 ………………………………… 96

通德類情十三卷 …………………………… 142

通德類情十三卷 …………………………… 142

通德類情十三卷 …………………………… 142

通德類情十三卷 …………………………… 142

通德類情十三卷 …………………………… 142

通德類情十三卷 …………………………… 142

通德類情十三卷 …………………………… 142

通鑑地理通釋十四卷 ……………………… 84

通鑑批論考索□□卷 ……………………… 111

通鑑紀事本末二百三十九卷 ……………… 77

通鑑經世論□□卷 ………………………… 102

通鑑釋文辯誤十二卷 ……………………… 17

能與集不分卷 ……………………………… 167

桑鹽說不分卷 ……………………………… 24

桑鹽說不分卷 ……………………………… 25

桑鹽說不分卷 ……………………………… 25

桑鹽說不分卷 ……………………………… 25

桑鹽說不分卷 ……………………………… 25

務本堂四書體註合講十九卷圖說一卷 …… 53

226

孫子十家註十三卷 ……………………… 104
孫子十家註十三卷 ……………………… 123
孫石臺先生遺集二卷附錄二卷 …………… 13
孫石臺先生遺集二卷附錄二卷 …………… 13
孫石臺先生遺集二卷附錄二卷 …………… 13

十一畫

理氣圖說四卷 …………………………… 123
聊齋誌異注十六卷 ……………………… 170
黃氏醫書八種 …………………………… 129
黃帝內經素問註證發微九卷補遺一卷黃
　　帝內經靈樞註證發微九卷 ………… 109
黃帝內經素問遺篇一卷黃帝內經靈樞十
　　二卷 …………………………………… 111
[光緒]黃巖縣志四十卷首一卷附黃巖集
　　三十二卷 …………………………… 81
菜圃文集二卷 …………………………… 189
乾坤法竅三卷 …………………………… 137
梧岡詩集六卷 …………………………… 1
梧岡詩集六卷 …………………………… 1
梧岡詩集六卷 …………………………… 2
梅溪王忠文公年譜一卷 ………………… 3
曹安峯地理原本說四卷 ………………… 33
[雍正]敕修浙江通志二百八十卷首三卷
　　………………………………………… 18
堅白石齋詩一卷 ………………………… 180
爽籟山房集二卷 ………………………… 34
盛世危言十四卷 ………………………… 114
盛世危言六卷續編四卷 ………………… 114
盛世危言續編四卷 ……………………… 114
雪中人一卷 ……………………………… 184
雪心賦正解四卷 ………………………… 140
雪心賦正解四卷 ………………………… 193
雪樵經解三十卷附錄三卷 ……………… 53
晨鐘錄一卷 ……………………………… 131
眼科正宗不分卷 ………………………… 95
眼科新新集二卷 ………………………… 94
晦庵先生朱文公文集八十八卷續集十卷
　　別集十卷 …………………………… 38
國朝文匯甲前集二十卷甲集六十卷乙集

七十卷丙集三十卷丁集二十卷 ……… 151
國朝文匯甲前集二十卷甲集六十卷乙集
　　七十卷丙集三十卷丁集二十卷 ……… 151
國朝文匯甲前集二十卷甲集六十卷乙集
　　七十卷丙集三十卷丁集二十卷 ……… 151
國朝文匯甲前集二十卷甲集六十卷乙集
　　七十卷丙集三十卷丁集二十卷 ……… 151
國朝文匯甲前集二十卷甲集六十卷乙集
　　七十卷丙集三十卷丁集二十卷 ……… 151
國朝文匯甲前集二十卷甲集六十卷乙集
　　七十卷丙集三十卷丁集二十卷 ……… 151
國朝先正事略八卷 ……………………… 89
國朝先正事略八卷 ……………………… 89
國朝先正事略八卷 ……………………… 89
國朝先正事略八卷 ……………………… 90
國朝先正事略六十卷 …………………… 89
國朝先正事略六十卷 …………………… 89
國朝先正事略六十卷 …………………… 89
國朝先正事略六十卷 …………………… 89
國朝名人小簡二卷 ……………………… 174
國朝律賦揀金錄二刻十二卷 …………… 169
國朝宮史續編一百卷 …………………… 18
國朝歷科發蒙小品二集不分卷 ………… 160
國語二十一卷 …………………………… 12
國語二十一卷 …………………………… 12
國語二十一卷 …………………………… 78
國語選八卷 ……………………………… 78
崇文書局彙刻書三十一種 ……………… 109
崇文書局彙刻書三十一種 ……………… 122
崇文書局彙刻書三十一種 ……………… 122
崇文書局彙刻書三十一種 ……………… 122
崇文書局彙刻書三十一種 ……………… 187
崇正學齋精選讀本八卷首一卷 ………… 181
崇正學齋精選讀本八卷首一卷 ………… 181
第一才子書六十卷一百二十回 ………… 22
第一才子書六十卷一百二十回 ………… 164
第一才子書六十卷一百二十回 ………… 164
第一才子書繡像三國志演義六十卷一百
　　二十回首一卷 ……………………… 164
第二碑不分卷 …………………………… 184
第五才子書水滸傳七十五卷七十回 …… 23

第五才子書水滸傳七十五卷七十回 …… 168
第五才子書水滸傳七十五卷七十回 …… 171
從野堂存稿八卷末一卷外集一卷……… 43
象山先生全集三十六卷 ……… 175
祭朱一新文及輓聯集一卷 ……… 25
許鍾斗稿一卷湯霍林稿一卷……… 169
麻症全卷不分卷………………………… 99
麻疹彙要不分卷………………………… 99
麻疹闡註二卷…………………………… 99
庾子山年譜一卷 ……… 172
庾子山全集十卷………………………… 37
庾子山全集十卷 ……… 173
庾子山集十六卷總釋一卷 ……… 172
康熙字典十二集三十六卷總目一卷檢字
　一卷辨似一卷等韻一卷補遺一卷備考
　一卷 ……… 10
康熙字典十二集三十六卷總目一卷檢字
　一卷辨似一卷等韻一卷補遺一卷備考
　一卷……… 62
康熙字典十二集三十六卷總目一卷檢字
　一卷辨似一卷等韻一卷補遺一卷備考
　一卷……… 63
康熙字典十二集三十六卷總目一卷檢字
　一卷辨似一卷等韻一卷補遺一卷備考
　一卷……… 63
康熙字典十二集三十六卷總目一卷檢字
　一卷辨似一卷等韻一卷補遺一卷備考
　一卷……… 63
康熙字典十二集三十六卷總目一卷檢字
　一卷辨似一卷等韻一卷補遺一卷備考
　一卷……… 63
康熙字典十二集三十六卷總目一卷檢字
　一卷辨似一卷等韻一卷補遺一卷備考
　一卷……… 63
康熙字典十二集三十六卷總目一卷檢字
　一卷辨似一卷等韻一卷補遺一卷備考
　一卷……… 64
康熙字典十二集三十六卷總目一卷檢字

　一卷辨似一卷等韻一卷補遺一卷備考
　一卷 ……… 188
康熙字典十二集三十六卷總目一卷檢字
　一卷辨似一卷等韻一卷補遺一卷備考
　一卷 ……… 189
康熙字典十二集三十六卷總目一卷檢字
　一卷辨似一卷等韻一卷補遺一卷備考
　一卷 ……… 189
康熙字典十二集三十六卷總目一卷檢字
　一卷辨似一卷等韻一卷補遺一卷備考
　一卷 ……… 189
康熙字典十二集三十六卷總目一卷檢字
　一卷辨似一卷等韻一卷補遺一卷備考
　一卷 ……… 189
康熙字典十二集三十六卷總目一卷檢字
　一卷辨似一卷等韻一卷補遺一卷備考
　一卷 ……… 189
康熙字典十二集三十六卷總目一卷檢字
　一卷辨似一卷等韻一卷補遺一卷備考
　一卷 ……… 190
康熙字典十二集三十六卷總目一卷檢字
　一卷辨似一卷等韻一卷補遺一卷備考
　一卷 ……… 191
康熙字典十二集三十六卷總目一卷檢字
　一卷辨似一卷等韻一卷補遺一卷備考
　一卷 ……… 191
康熙字典十二集三十六卷總目一卷檢字
　一卷辨似一卷等韻一卷補遺一卷備考
　一卷 ……… 191
商於唫稿一卷 ……… 190
望溪先生文集十八卷集外文十卷集外文
　補遺二卷年譜二卷 ……… 179
率性闡微玄洲老人素陽子著西江月調十
　六首一卷 ……… 129
率祖堂叢書(金仁山先生遺書)八種附六
　種 ……… 9
率祖堂叢書(金仁山先生遺書)八種附六
　種 ……… 10
率祖堂叢書(金仁山先生遺書)八種附六
　種 ……… 10
惜抱軒九經說十七卷 ……… 180

惜抱軒文集十六卷後集十卷 ……………… 179
惜抱軒筆記八卷 …………………………… 179
清史攬要六卷 ……………………………… 103
清芬館賦稿二卷 …………………………… 168
清思集四卷 ………………………………… 5
[清宣統三年春季]安徽袖珍同官錄四卷
　　…………………………………………… 111
清異錄二卷 ………………………………… 144
清涼山志十卷 ……………………………… 18
梁山來知德先生易經來註十五卷末一卷
　　上下經篇義一卷易說雜說諸圖一卷易
　　學六十四卦啓蒙一卷 ………………… 61
梁瀛侯先生日省錄一卷 …………………… 169
寄傲山房塾課新增幼學故事瓊林四卷首
　　一卷 …………………………………… 132
寄傲山房塾課新增幼學故事瓊林四卷首
　　一卷 …………………………………… 133
寄傲山房塾課新增幼學故事瓊林四卷首
　　一卷 …………………………………… 133
寄傲山房塾課新增幼學故事瓊林四卷首
　　一卷 …………………………………… 134
寄傲山房塾課纂輯春秋備旨十二卷 …… 39
寄傲山房塾課纂輯禮記全文備旨十一卷
　　…………………………………………… 38
寄傲山房塾課纂輯禮記全文備旨十一卷
　　…………………………………………… 38
寄嶽雲齋試體詩選詳註四卷 …………… 163
寄嶽雲齋試體詩選詳註四卷 …………… 163
寄嶽雲齋試體詩選詳註四卷 …………… 163
寄嶽雲齋試體詩選詳註四卷 …………… 163
寄嶽雲齋試體詩選詳註四卷 …………… 163
張子全集十五卷 …………………………… 175
張太史塾課八卷 …………………………… 172
張太史稿一卷 ……………………………… 172
張氏適園叢書初集七種 …………………… 181
張玉笥先生傳稿不分卷 …………………… 30
張百川先生訓子三十篇不分卷 ………… 95
張仲景傷寒論原文淺註六卷 …………… 93
張仲景傷寒論原文淺註六卷 …………… 93
張仲景傷寒論原文淺註六卷 …………… 94
張仲景傷寒論原文淺註六卷 …………… 94

張忠敏公遺集十卷首一卷附錄六卷 …… 29
張忠敏公遺集十卷首一卷附錄六卷 …… 29
張忠敏公遺集十卷首一卷附錄六卷 …… 29
張忠敏公遺集十卷首一卷附錄六卷 …… 29
張忠敏公遺集十卷首一卷附錄六卷 …… 29
張忠敏公遺集十卷首一卷附錄六卷 …… 29
張宗道先生地理全書四卷 ……………… 137
張宗道先生地理全書四卷 ……………… 140
張楊園先生年譜一卷 …………………… 176
張楊園先生年譜一卷 …………………… 177
強恕堂制藝四卷附鄉試硃卷一卷會試硃
　　卷一卷 ………………………………… 173
陽宅三要四卷 …………………………… 140
陽宅三要四卷 …………………………… 141
陽宅大成四種 …………………………… 141
陽宅大成四種 …………………………… 141
陽宅大成四種 …………………………… 141
陽宅大全十一卷 ………………………… 140
陽宅大全十一卷 ………………………… 140
陽宅大全十一卷 ………………………… 140
陽宅大全十一卷 ………………………… 140
陽宅大全十一卷 ………………………… 141
陽宅大全四集四卷 ……………………… 140
陽宅都天發用全書一卷 ………………… 141
陽宅開門真傳一卷 ……………………… 141
陽宅集成八卷 …………………………… 26
陽宅集成八卷 …………………………… 26
陽宅集成八卷 …………………………… 26
陽宅集成八卷 …………………………… 141
參星秘要諏吉便覽不分卷 ……………… 26
鄉黨文正編不分卷 ……………………… 182
鄉黨便蒙二卷 …………………………… 55
鄉黨便蒙二卷 …………………………… 65
鄉黨圖考十卷 …………………………… 55
鄉黨圖考十卷 …………………………… 55
紺雪齋塾鈔初集四卷 …………………… 162

十二畫

貳臣傳十二卷逆臣傳四卷 ……………… 76
琴臺正續合刻 …………………………… 160

堪輿經二卷 ……………………………… 32

堪輿經二卷 ……………………………… 32

堪輿經二卷 ……………………………… 34

堪輿經二卷 ……………………………… 34

堪輿經二卷 ……………………………… 120

達生編一卷增廣大生要旨一卷 …… 94

達生編二卷 ……………………………… 23

葉氏醫案存真三卷 …………………… 99

葉氏醫案存真三卷 …………………… 124

葉種德堂丹丸全錄一卷 ……………… 112

葉種德堂丹丸全錄一卷 ……………… 112

葉種德堂丹丸全錄一卷 ……………… 113

葉種德堂丹丸全錄一卷 ……………… 114

葬書易悟二卷 ………………………… 117

［同治］萬安縣志二十卷首一卷末一卷 … 81

萬佛經讀本一卷萬佛經一卷 ……… 193

萬承志堂丸散膏丹全集十四卷 …… 116

萬國公法一卷 ………………………… 84

萬國公法一卷 ………………………… 84

萬國史記二十卷 ……………………… 80

萬國史記二十卷 ……………………… 86

萬國史記二十卷 ……………………… 86

萬國史記二十卷 ……………………… 86

萬國史記二十卷 ……………………… 86

萬國近政考略十六卷 ………………… 99

萬斛珠璣六十五卷 …………………… 170

董子春秋繁露十七卷 ………………… 121

董公選要覽一卷 ……………………… 192

董公選要覽一卷附錄一卷 ………… 125

董公選要覽一卷附錄一卷 ………… 125

董公選要覽一卷附錄一卷 ………… 125

敬修堂詞賦課鈔十六卷附金臺課藝一卷

…………………………………………… 157

敬信錄二卷 …………………………… 158

敬信錄不分卷 ………………………… 158

粟香室叢書五十九種 ………………… 183

雲林別墅新輯酬世錦囊書啟合編初集八

　卷二集七卷三集二卷四集二卷 … 171

雲林別墅新輯酬世錦囊書啟合編初集八

　卷二集七卷三集二卷四集二卷 …… 172

雲林別墅纂輯酬世錦囊天下路程續編二

卷 ……………………………………… 171

雲林別墅纂輯酬世錦囊家禮纂要續編五

　卷 …………………………………… 94

雲南試牘不分卷 ……………………… 178

雲南試牘不分卷 ……………………… 178

紫陽書院課藝七集不分卷 ………… 175

紫陽書院課藝八集不分卷 ………… 175

紫陽書院課藝八集不分卷 ………… 175

紫陽書院課藝八集不分卷 ………… 175

紫陽書院課藝九集不分卷 ………… 175

虛白山房詩集四卷 …………………… 27

虛白山房詩集四卷 …………………… 27

虛字韻藪一卷 ………………………… 190

虛字韻藪一卷 ………………………… 190

虛字韻藪一卷 ………………………… 191

最新中國歷史教科書四卷 ………… 185

最新正草商賈尺牘二卷 …………… 174

最新初等小學筆算教科書不分卷 … 185

最新兩浙課士錄初集不分卷 ……… 175

最新兩浙課士錄初集不分卷 ……… 176

最新國文教科書不分卷 …………… 185

最新商學普通算術尺牘二卷 ……… 174

鼎鍥地田了凡袁先生編纂古本歷史大方

　綱鑑補三十九卷首一卷 ………… 15

鼎鍥趙田了凡袁先生編纂古本歷史大方

　綱鑑補三十九卷首一卷 ………… 15

鼎鍥趙田了凡袁先生編纂古本歷史大方

　綱鑑補三十九卷首一卷 ………… 15

鼎鍥趙田了凡袁先生編纂古本歷史大方

　綱鑑補三十九卷首一卷 ………… 71

鼎鍥趙田了凡袁先生編纂古本歷史大方

　綱鑑補三十九卷首一卷 ………… 71

鼎鍥趙田了凡袁先生編纂古本歷史大方

　綱鑑補三十九卷首一卷 ………… 74

景岳全書六十四卷 …………………… 30

景岳全書六十四卷 …………………… 30

景岳全書六十四卷 …………………… 30

景岳全書六十四卷 …………………… 30

景岳全書六十四卷 …………………… 30

景岳全書六十四卷 …………………… 30

景岳全書六十四卷 …………………… 30

景岳全書六十四卷 …………………… 30
景岳全書六十四卷 …………………… 131
景岳全書六十四卷 …………………… 131
景岳全書六十四卷 …………………… 132
景岳全書六十四卷 …………………… 132
景岳全書六十四卷 …………………… 132
景岳全書六十四卷 …………………… 132
景岳全書六十四卷 …………………… 133
景岳全書六十四卷 …………………… 133
景岳全書六十四卷 …………………… 133
景岳全書六十四卷 …………………… 133
景岳全書六十四卷 …………………… 133
景岳全書六十四卷 …………………… 133
景岳全書六十四卷 …………………… 133
景岳全書六十四卷 …………………… 134
景岳全書六十四卷 …………………… 134
景岳新方砭四卷 ……………………… 116
景岳新方砭四卷 ……………………… 134
喉症全錄不分卷 ……………………… 95
喻氏醫書三種 ………………………… 128
喻氏醫書三種 ………………………… 128
喻氏醫書三種 ………………………… 128
無名氏詩集不分卷 …………………… 157
無極聖帝靈籤不分卷 ………………… 133
程文恭公遺稿三十二卷 ……………… 24
策學備纂三十二卷首一卷 …………… 165
策學備纂三十二卷首一卷 …………… 183
筆花醫鏡四卷 ………………………… 129
筆花醫鏡四卷 ………………………… 131
傅氏眼科審視瑤函六卷首一卷 ……… 28
傅氏眼科審視瑤函六卷首一卷 ……… 94
傅氏眼科審視瑤函六卷首一卷 ……… 94
傅氏眼科審視瑤函六卷首一卷 ……… 94
集虛齋四書口義十卷 ………………… 54
集虛齋四書口義十卷 ………………… 54
集虛齋稿一卷 ………………………… 172
集虛齋學古文十二卷附離騷經解畧一卷
　　……………………………………… 179
集虛齋學古文十二卷附離騷經解畧一卷
　　……………………………………… 179
集說詮真續編不分卷 ………………… 121
衆喜粗言五卷 ………………………… 136
衆喜粗言五卷 ………………………… 136
御史胡思敬奏章不分卷 ……………… 83
御批增補了凡綱鑑四十卷首一卷 …… 70
御批增補了凡綱鑑四十卷首一卷 …… 71
御批歷代通鑑輯覽一百二十卷 ……… 70
御批歷代通鑑輯覽一百二十卷 ……… 70
御批歷代通鑑輯覽一百二十卷 ……… 71
御批歷代通鑑輯覽一百二十卷 ……… 71
御批歷代通鑑輯覽一百二十卷 ……… 72
御批歷代通鑑輯覽一百二十卷 ……… 73
御批歷代通鑑輯覽一百二十卷 ……… 73
御批歷代通鑑輯覽一百二十卷 ……… 73
御批歷代通鑑輯覽一百二十卷 ……… 73
御批歷代通鑑輯覽一百二十卷 ……… 73
御批歷代通鑑輯覽一百二十卷 ……… 73
御批歷代通鑑輯覽一百二十卷 ……… 73
御批歷代通鑑輯覽一百二十卷 ……… 74
御批歷代通鑑輯覽一百二十卷 ……… 74
御批歷代通鑑輯覽一百二十卷 ……… 74
御批歷代通鑑輯覽一百二十卷 ……… 74
御批歷代通鑑輯覽一百二十卷 ……… 74
御批歷代通鑑輯覽一百二十卷 ……… 74
御批歷代通鑑輯覽一百二十卷 ……… 75
御批歷代通鑑輯覽一百二十卷 ……… 75
御批歷代通鑑輯覽一百二十卷 ……… 75
御批歷代通鑑輯覽一百二十卷 ……… 75
御批歷代通鑑輯覽一百二十卷 ……… 75
御批歷代通鑑輯覽一百二十卷 ……… 75
御批歷代通鑑輯覽一百二十卷 ……… 75
御批歷代通鑑輯覽一百二十卷 ……… 75
御批歷代通鑑輯覽一百二十卷 ……… 76
御批歷代通鑑輯覽一百二十卷 ……… 76
御批歷代通鑑輯覽一百二十卷 ……… 76
御批歷代通鑑輯覽一百二十卷 ……… 76
御批歷代通鑑輯覽一百二十卷 ……… 76

御批歷代通鑑輯覽一百二十卷‥‥‥‥‥ 76

御批歷代通鑑輯覽一百二十卷‥‥‥‥‥ 77

御批歷代通鑑輯覽一百二十卷‥‥‥‥‥ 77

御批歷代通鑑輯覽一百二十卷‥‥‥‥‥ 77

御批歷代通鑑輯覽一百二十卷‥‥‥‥‥ 77

御批歷代通鑑輯覽一百二十卷‥‥‥‥‥ 77

御定全唐詩錄一百卷詩人年表一卷 ‥‥‥ 178

御案詩經備旨八卷‥‥‥‥‥‥‥‥‥‥ 30

御製詩初集四十四卷目錄四卷二集九十

　卷目錄十卷三集一百卷目錄十二卷‥‥ 40

御製數理精蘊上編五卷下編四十卷表八

　卷 ‥‥‥‥‥‥‥‥‥‥‥‥‥‥‥ 116

御撰資治通鑑綱目三編二十卷‥‥‥‥‥ 68

御撰資治通鑑綱目三編二十卷‥‥‥‥‥ 68

御撰資治通鑑綱目三編二十卷‥‥‥‥‥ 68

御撰資治通鑑綱目三編五卷‥‥‥‥‥‥ 67

御撰資治通鑑綱目三編五卷‥‥‥‥‥‥ 68

御撰資治通鑑綱目三編六卷‥‥‥‥‥‥ 70

御撰資治通鑑綱目三編六卷‥‥‥‥‥‥ 70

御撰資治通鑑綱目三編六卷‥‥‥‥‥‥ 71

御撰資治通鑑綱目三編四卷‥‥‥‥‥‥ 68

御撰資治通鑑綱目三編四卷‥‥‥‥‥‥ 68

御撰資治通鑑綱目三編四卷‥‥‥‥‥‥ 68

御撰資治通鑑綱目三編四卷‥‥‥‥‥‥ 69

御選唐宋文醇五十八卷 ‥‥‥‥‥‥‥ 152

御纂七經 ‥‥‥‥‥‥‥‥‥‥‥‥‥‥ 5

御纂七經 ‥‥‥‥‥‥‥‥‥‥‥‥‥‥ 32

御纂五經 ‥‥‥‥‥‥‥‥‥‥‥‥‥‥ 51

御纂朱子全書六十六卷 ‥‥‥‥‥‥‥ 175

御纂周易折中二十二卷首一卷 ‥‥‥‥‥ 4

御纂周易折中二十二卷首一卷 ‥‥‥‥‥ 18

御纂周易折中二十二卷首一卷‥‥‥‥‥ 18

御纂性理精義十二卷‥‥‥‥‥‥‥‥‥ 92

御纂性理精義十二卷‥‥‥‥‥‥‥‥‥ 92

御纂醫宗金鑑九十卷首一卷‥‥‥‥‥ 100

御纂醫宗金鑑九十卷首一卷‥‥‥‥‥ 100

御纂醫宗金鑑九十卷首一卷‥‥‥‥‥ 101

御纂醫宗金鑑九十卷首一卷‥‥‥‥‥ 101

御纂醫宗金鑑九十卷首一卷‥‥‥‥‥ 102

御纂醫宗金鑑九十卷首一卷‥‥‥‥‥ 102

御纂醫宗金鑑九十卷首一卷 ‥‥‥‥‥ 102

御纂醫宗金鑑九十卷首一卷 ‥‥‥‥‥ 102

御纂醫宗金鑑九十卷首一卷 ‥‥‥‥‥ 102

御纂醫宗金鑑九十卷首一卷 ‥‥‥‥‥ 102

御纂醫宗金鑑九十卷首一卷 ‥‥‥‥‥ 102

御纂醫宗金鑑九十卷首一卷 ‥‥‥‥‥ 102

御纂醫宗金鑑九十卷首一卷 ‥‥‥‥‥ 103

御纂醫宗金鑑九十卷首一卷 ‥‥‥‥‥ 103

御纂醫宗金鑑九十卷首一卷 ‥‥‥‥‥ 103

御纂醫宗金鑑九十卷首一卷 ‥‥‥‥‥ 103

御纂醫宗金鑑九十卷首一卷 ‥‥‥‥‥ 104

御纂醫宗金鑑九十卷首一卷 ‥‥‥‥‥ 105

御纂醫宗金鑑九十卷首一卷 ‥‥‥‥‥ 105

御纂醫宗金鑑九十卷首一卷 ‥‥‥‥‥ 105

御纂醫宗金鑑九十卷首一卷 ‥‥‥‥‥ 105

御纂醫宗金鑑九十卷首一卷 ‥‥‥‥‥ 105

御纂醫宗金鑑九十卷首一卷 ‥‥‥‥‥ 108

御纂醫宗金鑑九十卷首一卷 ‥‥‥‥‥ 108

御纂醫宗金鑑九十卷首一卷 ‥‥‥‥‥ 108

御纂醫宗金鑑九十卷首一卷 ‥‥‥‥‥ 108

御纂醫宗金鑑九十卷首一卷 ‥‥‥‥‥ 108

御纂醫宗金鑑九十卷首一卷 ‥‥‥‥‥ 109

御纂醫宗金鑑九十卷首一卷 ‥‥‥‥‥ 109

御纂醫宗金鑑九十卷首一卷 ‥‥‥‥‥ 149

欽定四庫全書御製詩四集□□卷‥‥‥‥ 31

欽定四庫全書總目二百卷首一卷‥‥‥‥ 100

欽定四庫全書簡明目錄二十卷‥‥‥‥‥ 87

欽定協紀辨方書三十六卷‥‥‥‥‥‥‥ 118

欽定協紀辨方書三十六卷‥‥‥‥‥‥‥ 118

欽定協紀辨方書三十六卷‥‥‥‥‥‥‥ 118

欽定協紀辨方書三十六卷‥‥‥‥‥‥‥ 119

欽定協紀辨方書三十六卷‥‥‥‥‥‥‥ 119

欽定協紀辨方書三十六卷‥‥‥‥‥‥‥ 119

欽定協紀辨方書三十六卷‥‥‥‥‥‥‥ 119

欽定協紀辨方書三十六卷‥‥‥‥‥‥‥ 119

欽定春秋傳說彙纂三十八卷首二卷 ‥‥‥‥ 7

欽定春秋傳說彙纂三十八卷首二卷 ‥‥‥ 40

欽定春秋傳說彙纂三十八卷首二卷 ‥‥ 187

欽定重修兩浙鹽法志三十卷首一卷 ‥‥ 112

欽定國朝詩別裁集三十二卷‥‥‥‥‥‥ 30

欽定康濟錄四卷 ‥‥‥‥‥‥‥‥‥‥ 112

欽定詩經傳說彙纂二十一卷首二卷詩序
　　二卷 ……………………………… 22
欽定詩經傳說彙纂二十一卷首二卷詩序
　　二卷 ……………………………… 111
欽定禮記義疏八十二卷首一卷 ……… 38
欽定續文獻通考二百五十卷 ………… 99
欽定續通志六百四十卷 ……………… 98
飲冰室壬寅文集十八卷 ……………… 189
詁經精舍四集十六卷續選一卷 ……… 178
評論出像水滸傳七十五卷七十回 …… 21
評論出像水滸傳七十五卷七十回 …… 21
評論出像水滸傳七十五卷七十回 …… 21
評點春秋綱目左傳句解彙雋六卷 …… 40
評點春秋綱目左傳句解彙雋六卷 …… 41
評點春秋綱目左傳句解彙雋六卷 …… 41
評點春秋綱目左傳句解彙雋六卷 …… 42
評點春秋綱目左傳句解彙雋六卷 …… 42
評點春秋綱目左傳句解彙雋六卷 …… 42
評點春秋綱目左傳句解彙雋六卷 …… 45
評點春秋綱目左傳句解彙雋六卷 …… 45
評點春秋綱目左傳句解彙雋六卷 …… 46
評點春秋綱目左傳句解彙雋六卷 …… 47
評點春秋綱目左傳句解彙雋六卷 …… 47
評點春秋綱目左傳句解彙雋六卷 …… 47
評點春秋綱目左傳句解彙雋六卷 …… 47
評點春秋綱目左傳句解彙雋六卷 …… 49
評點春秋綱目左傳句解彙雋六卷 …… 49
評點春秋綱目左傳句解彙雋六卷 …… 49
註釋發蒙針度初集四卷補集一卷 …… 160
詞苑英華十種 ………………………… 40
詞律二十卷 …………………………… 41
詞韻二卷 ……………………………… 35
詒穀堂家訓二卷 ……………………… 170
詒穀堂家訓二卷 ……………………… 170
詒穀堂家訓二卷 ……………………… 170
詒穀堂家訓二卷 ……………………… 170
詒穀堂家訓二卷 ……………………… 170
詒穀堂家訓二卷 ……………………… 170
詒謀隨筆二卷 ………………………… 189
敦好齋律陶纂一卷 …………………… 172
敦好齋律陶纂一卷 …………………… 188

痘科扼要一卷 ………………………… 128
痘疹真詮一卷 ………………………… 128
痘書大全三卷 ………………………… 127
痧科全書不分卷 ……………………… 98
痧科全書不分卷 ……………………… 98
痧脹玉衡書三卷 ……………………… 31
痧脹玉衡書三卷 ……………………… 98
痛史二十一種附九種 ………………… 79
童子問路四卷 ………………………… 55
童子問路四卷 ………………………… 55
童子問路四卷 ………………………… 161
童子問路四卷 ………………………… 161
童子問路四卷 ………………………… 162
童子問路四卷 ………………………… 162
童子問路四卷 ………………………… 162
惺惺正覺錄五卷首一卷 ……………… 31
惺惺正覺錄五卷首一卷 ……………… 94
惲子居文鈔四卷 ……………………… 180
善卷堂四六十卷 ……………………… 176
善卷堂四六十卷 ……………………… 181
普天忠憤全集十四卷首一卷 ………… 113
普天忠憤全集十四卷首一卷 ………… 113
普通新歷史十章附歷代帝王總紀 …… 186
普濟應驗良方十一卷 ………………… 147
普勸惜字錄一卷 ……………………… 157
道古堂文集四十八卷詩集二十六卷集外
　　詩一卷 …………………………… 178
道生堂小題制藝初集二卷二集二卷三集
　　一卷 ……………………………… 160
道生堂小題制藝初集二卷二集二卷三集
　　一卷 ……………………………… 161
道生堂小題制藝初集二卷二集二卷三集
　　一卷 ……………………………… 161
道生堂小題制藝初集二卷二集二卷三集
　　一卷 ……………………………… 161
[道光乙未恩科]浙江闈墨不分卷 …… 166
道光東陽縣志二十七卷首一卷 ……… 7
道光東陽縣志二十七卷首一卷 ……… 19
道南講授十三卷 ……………………… 99
遂生福幼合編二卷 …………………… 129
曾文正公文集三卷 …………………… 183

曾文正公文集四卷 …………………… 177
曾文正公文集四卷 …………………… 182
曾文正公全集十五種 ………………… 87
曾文正公全集十五種 ………………… 152
曾文正公全集十五種 ………………… 159
曾文正公全集十五種 ………………… 162
曾文正公全集十五種 ………………… 176
曾文正公全集十五種 ………………… 176
曾文正公全集十五種 ………………… 181
曾文正公全集十五種 ………………… 182
曾文正公全集十五種 ………………… 183
曾文正公全集十五種 ………………… 183
曾文正公全集十五種 ………………… 183
曾文正公全集十五種 ………………… 183
曾文正公全集十五種 ………………… 184
曾文正公奏稿三十卷首一卷 ………… 87
曾文正公奏稿三十卷首一卷 ………… 182
曾文正公家訓二卷 …………………… 182
曾文正公家書十卷 …………………… 181
曾文正公家書十卷 …………………… 184
曾文正公詩集三卷 …………………… 182
曾文正公詩集四卷 …………………… 177
曾文正公雜著四卷 …………………… 182
曾惠敏公遺集四種 …………………… 176
湖廣荆州府永慶縣修行梅氏花綱寶卷二
卷 ……………………………………… 136
湘報類纂六集 ………………………… 167
湘管聯吟一卷續集三卷附稿一卷附錄一
卷 ……………………………………… 41
湘綺樓全書十八種 …………………… 121
湯若士稿一卷 ………………………… 169
淵鑒齋御纂朱子全書六十六卷 ……… 92
淵鑑類函四百五十卷目錄四卷 ……… 22
富強叢書正集七十七種續集一百二十一
種 ……………………………………… 96
富強叢書正集七十七種續集一百二十一
種 ……………………………………… 120
寓意草不分卷 ………………………… 27
補訂新譯大方廣佛華嚴經音義二卷 …… 192
補註洗冤錄集證四卷附刊檢骨圖格一卷
……………………………………… 31

費巽來先生全稿不分卷 ……………… 169
［道光］婺志粹十四卷 ……………… 4
［道光］婺志粹十四卷 ……………… 4
［道光］婺志粹十四卷 ……………… 4
婺書八卷 ……………………………… 26
婺書八卷 ……………………………… 26
婺書八卷 ……………………………… 26
婺書八卷 ……………………………… 27
婺詩補三卷 …………………………… 32
婺詩補三卷 …………………………… 32
婺學治事文編二卷 …………………… 14
婺學治事文編二卷 …………………… 16
婺學治事文續編二卷 ………………… 16
婺學治事文續編二卷 ………………… 16
婺學治事文續編二卷 ………………… 16

十三畫

瑜伽法事集要十二卷 ………………… 193
聖武記十四卷 ………………………… 79
聖武記十四卷 ………………………… 80
聖武記十四卷 ………………………… 80
聖訓不分卷 …………………………… 82
聖訓不分卷 …………………………… 82
聖訓不分卷 …………………………… 82
聖諭十六條附律易解一卷 …………… 107
聖諭廣訓直解一卷 …………………… 83
蒋濂詩集六卷 ………………………… 32
夢華廬賦海三十卷 …………………… 171
蒙求簡可編不分卷 …………………… 172
蒙學課本初編二卷二編一卷三編一卷 …… 186
蒙學課本初編二卷二編一卷三編一卷 …… 186
蔭葛軒制藝不分卷 …………………… 172
楚辭燈四卷 …………………………… 34
楊忠愍公全集四卷 …………………… 42
楊忠愍公全集四卷 …………………… 42
楊忠愍公傳家寶訓三卷救急良方一卷 …… 15
楊忠愍公傳家寶訓三卷救急良方一卷 …… 15
楊忠愍公傳家寶訓三卷救急良方一卷 …… 15
楊忠愍公遺書一卷 …………………… 150
楊盈川集十卷 ………………………… 173

楊園先生全集五十四卷 …………… 176
楊園先生全集五十四卷 …………… 177
榆園叢刻十五種附一種 …………… 35
榆園叢刻十五種附一種 …………… 35
榆園叢刻十五種附一種 …………… 182
楹聯叢話一卷 …………………… 177
酬世錦囊□□卷 ………………… 172
酬世錦囊全書七卷 ……………… 171
雷公炮製藥性解六卷 …………… 114
雷公炮製藥性解六卷 …………… 114
雷公炮製藥性解六卷 …………… 114
雷公炮製藥性解六卷 …………… 114
雷公炮製藥性解六卷 …………… 114
雷公炮製藥性解六卷 …………… 115
雷公炮製藥性解六卷 …………… 115
雷公炮製藥性解六卷 …………… 115
雷公炮製藥性解六卷 …………… 116
雷公炮製藥性解六卷 …………… 116
雷公炮製藥性解六卷 …………… 116
雷公炮製藥性解六卷 …………… 117
雷公炮製藥性解六卷 …………… 117
雷公炮製藥性解六卷 …………… 117
雷公炮製藥性解六卷 …………… 118
雷公炮製藥性解六卷 …………… 118
雷公炮製藥性解六卷 …………… 118
雷公炮製藥性解六卷 …………… 118
雷公炮製藥性解六卷 …………… 119
雷公炮製藥性解六卷 …………… 120
雷公炮製藥性解六卷 …………… 120
雷公炮製藥性解六卷 …………… 132
雷公炮製藥性解六卷 …………… 132
虞山七家試律鈔七卷 …………… 184
虞文靖公道園全集七十六卷 …… 176
暗室燈二卷 ……………………… 167
暗室燈二卷 ……………………… 167
暗室燈二卷 ……………………… 167
暗室燈二卷 ……………………… 168
暗室燈便覽不分卷 ……………… 168
路史摘要□□卷 ………………… 80
農家言不分卷 …………………… 106
農桑輯要七卷 …………………… 107
農務實業新編二卷 ……………… 107
農話一卷 ………………………… 107
蜀志□□卷 ……………………… 63
蜀碧四卷 ………………………… 17
節本泰西新史攬要八卷 ………… 82
傳症彙編二十卷 ………………… 97
傳症彙編二十卷 ………………… 97
傳症彙編二十卷 ………………… 98
傳家寶二卷 ……………………… 170
傳家寶二卷 ……………………… 170
催官篇四卷 ……………………… 118
傷寒舌鑑一卷 …………………… 94
傷寒明理論四卷 ………………… 94
傷寒集註六卷本義一卷 ………… 93
傷寒醫訣串解六卷傷寒真方歌括六卷…… 94
傷寒醫訣串解六卷傷寒真方歌括六卷…… 94
傷寒醫訣串解六卷傷寒真方歌括六卷…… 94
愛日堂四書體註合講十九卷圖說一卷…… 51
愛吾廬詩集不分卷 ……………… 7
解學士詩話彙集不分卷 ………… 181
試律大觀三十二卷目錄一卷 …… 127
試律大觀三十二卷目錄一卷 …… 166
試策珍珠船不分卷 ……………… 163
試策雲梯四卷 …………………… 186
詩中畫二卷 ……………………… 148
詩法入門四卷首一卷 …………… 148
詩經旁訓辨體合訂四卷 ………… 22
詩經旁訓辨體合訂四卷 ………… 22
詩經旁訓辨體合訂四卷 ………… 23
詩經旁訓辨體合訂四卷 ………… 24
詩經旁訓辨體合訂四卷 ………… 24
詩經旁訓辨體合訂四卷 ………… 24
詩經旁訓辨體合訂四卷 ………… 24
詩經旁訓辨體合訂四卷 ………… 26
詩經旁訓辨體合訂四卷 ………… 26
詩經旁訓辨體合訂四卷 ………… 28
詩經旁訓辨體合訂四卷 ………… 28
詩經旁訓辨體合訂四卷 ………… 28
詩經旁訓辨體合訂四卷 ………… 28
詩經旁訓辨體合訂四卷 ………… 28
詩經旁訓辨體合訂四卷 ………… 28

詩經集傳八卷 …………………… 25
詩經集傳八卷 …………………… 25
詩經集傳八卷 …………………… 25
詩經集傳八卷 …………………… 26
詩經集傳八卷 …………………… 26
詩經集傳八卷 …………………… 28
詩經集傳八卷 …………………… 188
詩經精華十卷 …………………… 188
詩經精華十卷 …………………… 188
詩經精華十卷 …………………… 188
詩經精華十卷 …………………… 188
詩經精華十卷 …………………… 188
詩經精華十卷 …………………… 188
詩經精義四卷首一卷末一卷 …… 52
詩經體註大全合參八卷 ………… 5
詩經體註大全合參八卷 ………… 22
詩經體註大全合參八卷 ………… 29
詩經體註大全合參八卷 ………… 29
詩經體註大全合參八卷 ………… 29
詩經體註大全合參八卷 ………… 187
詩墨□□卷 ……………………… 179
詩學含英十四卷 ………………… 138
詩韻全璧五卷 …………………… 190
詩韻全璧五卷 …………………… 190
詩韻全璧五卷 …………………… 191
詩韻合璧五卷 …………………… 191
詩韻含英題解十卷 ……………… 191
詩韻集成十卷 …………………… 78
詩韻集成十卷 …………………… 78
詩韻集成十卷 …………………… 78
詩韻集成十卷 …………………… 191
詩韻集成十卷 …………………… 191
詩韻集成十卷 …………………… 191
詩韻集成十卷 …………………… 191
詩韻集成十卷 …………………… 191
詩韻集成十卷 …………………… 191
詩韻辨字增註五卷 ……………… 79
詩韻類錦十一卷 ………………… 78
詩韻類錦十一卷 ………………… 78
誠濟壇寶訓四卷 ………………… 27
詳校醫宗必讀十卷 ……………… 123

詳校醫宗必讀十卷 ……………… 124
詳註聊齋志異圖詠十六卷首一卷 …… 171
瘍科選粹八卷 …………………… 112
瘍醫大全四十卷 ………………… 112
瘍醫大全四十卷 ………………… 112
新刊三方家兄弟注點校正昭曠諸文品粹
　魁華□□卷 …………………… 34
新刊五百家註音辯昌黎先生文集四十卷
　…………………………………… 173
新刊北方真武玄天上帝出身志傳四卷 … 171
新刊外科正宗六卷 ……………… 112
新刊外科正宗六卷 ……………… 113
新刊地理五經四書解義郭璞葬經一卷 … 32
新刊地理五經四書解義郭璞葬經二卷 … 117
新刊合併官板音義評註淵海子平五卷 … 129
新刊性理□□卷 ………………… 92
新刊性理彙解大全合參六卷 …… 92
新刊性理彙解大全合參六卷 …… 92
新刊萬病回春原本八卷 ………… 28
新刊萬病回春原本八卷 ………… 131
新刊萬病回春原本八卷 ………… 131
新刊增補萬病回春原本八卷 …… 131
新刊增補萬病回春原本八卷 …… 131
新刊醫林狀元壽世保元十集十卷 …… 27
新刊醫林狀元壽世保元十集十卷 …… 131
新刊韻學會海十六卷 …………… 79
新刊東垣李先生精著藥性賦要論四卷 … 120
新民叢書六十二種 ……………… 95
新民叢報全編不分卷 …………… 166
新刻八仙出處東游記二卷 ……… 21
新刻天花藏批評平山冷燕四卷二十回 … 164
新刻石函平砂玉尺經全書真機二卷 … 118
新刻石函平砂玉尺經全書真機二卷 … 118
新刻石函平砂玉尺經全書真機二卷 … 119
新刻石函平砂玉尺經全書真機二卷 … 119
新刻石函平砂玉尺經後集六卷 … 119
新刻合併音義評註淵海子平五卷 … 129
新刻吳氏家傳增補圖解王叔和脈訣大全
　三卷 …………………………… 28
新刻東海王先生纂輯陽宅十書四卷 …… 141
新刻訂正千家詩二卷 …………… 160

新刻校正增釋合併麻衣先生人相編十卷
　　……………………………………… 125
新刻增定邵康節先生梅花觀梅拆字數全
　　集五卷 ……………………………… 139
新刻增定邵康節先生梅花觀梅拆字數全
　　集五卷 ……………………………… 142
新刻賴太素天星催官解二卷附破愚論一
　　卷 …………………………………… 118
新刻賴太素天星催官解二卷附破愚論一
　　卷 …………………………………… 118
新刻羅經解三卷 ………………………… 32
新城王氏家集四十種 …………………… 40
新科墨選不分卷 ……………………… 166
[康熙]新修東陽縣志二十二卷首一卷末
　　一卷 ………………………………… 19
新訂四書補註備旨十卷………………… 54
新訂四書補註備旨十卷………………… 56
新訂四書補註備旨十卷………………… 56
新訂崇正闢謬通書十四卷 …………… 126
新訂崇正闢謬通書十四卷 …………… 126
新訂崇正闢謬通書十四卷 …………… 126
新訂崇正闢謬通書十四卷 …………… 126
新訂崇正闢謬通書十四卷 …………… 128
新訂崇正闢謬通書十四卷 …………… 128
新搭穿楊不分卷 ……………………… 159
新註得月樓甲編不分卷乙編不分卷丙編
　　不分卷丁編不分卷 ……………… 171
新增四書備旨靈捷解八卷 …………… 56
新增全圖珍珠塔後傳麒麟豹三十卷六十
　　回 …………………………………… 146
新增格古要論十三卷 ………………… 20
新增敬信錄二卷 ……………………… 158
新增溫病條辨歌括三卷 ……………… 98
新增溫病條辨歌括三卷 …………… 109
新增溫病條辨歌括三卷 …………… 111
新增說文韻府羣玉二十卷 ……………… 8
新增說文韻府羣玉二十卷 ……………… 8
新增說文韻府羣玉二十卷 …………… 10
新增說文韻府羣玉二十卷 …………… 78
新增說文韻府羣玉二十卷 …………… 78
新增說文韻府羣玉二十卷 …………… 78
新增說文韻府羣玉二十卷 …………… 78
新增說文韻府羣玉二十卷 …………… 78
新增繪圖幼學故事瓊林四卷首一卷 …… 132
新選經濟時務精萃十卷………………… 96
新選經濟時務精萃十卷 …………… 169
新選經藝不分卷……………………… 53
新編古今事文類聚前集六十卷後集五十
　　卷續集二十八卷別集三十二卷 ……… 16
新編呂純陽三戲白牡丹初集四卷十六回
　　……………………………………… 146
新編評注通玄先生張果星宗大全十卷 … 142
新編評注通玄先生張果星宗大全十卷 … 142
新編精圖七千字文一卷 ……………… 184
新纂氏族箋釋八卷 …………………… 124
新纂氏族箋釋八卷 …………………… 124
新鐫五言千家詩箋註二卷 …………… 159
新鐫五言千家詩箋註二卷 …………… 160
新鐫五言千家詩箋註二卷 …………… 160
新鐫玉茗堂批點按鑑參補南宋志傳十卷
　　五十回北宋志傳十卷五十回 ……… 146
新鐫透膽寒十六卷 …………………… 106
新鐫曆法便覽象吉備要通書三十二卷 … 146
新鐫曆法便覽象吉備要通書三十二卷 … 146
新鐫曆法便覽象吉備要通書大全二十九
　　卷 …………………………………… 26
新鐫曆法便覽象吉備要通書大全二十九
　　卷 ………………………………… 145
新鐫曆法便覽象吉備要通書大全二十九
　　卷 ………………………………… 145
新鐫曆法便覽象吉備要通書大全二十九
　　卷 ………………………………… 145
新鐫曆法便覽象吉備要通書大全二十九
　　卷 ………………………………… 145
新鐫曆法便覽象吉備要通書大全二十九
　　卷 ………………………………… 146
新鐫曆法便覽象吉備要通書大全二十九
　　卷 ………………………………… 146
新鐫曆法便覽象吉備要通書大全二十九
　　卷 ………………………………… 146

新鎸曆法便覽象吉備要通書大全二十九
卷 ·················· 146

新鎸曆法便覽象吉備要通書大全二十九
卷 ·················· 146

新鎸曆法便覽象吉備要通書大全二十九
卷 ·················· 146

新鎸曆法總覽合節鰲頭通書大全十卷 ··· 142

新鎸雜錦群芳對聯三卷 ·················· 177

意大利建國三傑傳二卷 ·················· 165

意旨了然集三卷續編一卷 ·············· 153

慎言堂監本四書正文 ·················· 61

[雍正]義烏縣志二十卷首一卷 ········· 8

慈悲普濟天醫寶卷全集一卷 ·········· 135

資孝錄不分卷 ·················· 132

資治通鑑二百九十四卷 ·············· 17

資治通鑑二百九十四卷 ·············· 67

資治通鑑二百九十四卷 ·············· 67

資治通鑑綱目五十九卷 ·············· 14

資治通鑑綱目五十九卷 ·············· 14

資治通鑑綱目全書四種 ·············· 192

溫毒病論不分卷 ·················· 98

溫病條辨六卷首一卷 ·················· 97

溫病條辨六卷首一卷 ·················· 97

溫病條辨六卷首一卷 ·················· 97

溫病條辨六卷首一卷 ·················· 97

溫病條辨六卷首一卷 ·················· 97

溫病條辨六卷首一卷 ·················· 97

溫病條辨六卷首一卷 ·················· 97

溫病條辨六卷首一卷 ·················· 98

溫熱經緯五卷 ·················· 98

溫熱經緯五卷 ·················· 98

溺女果報錄不分卷 ·················· 31

羣己權界論□□卷 ·················· 107

羣玉山房重校醫宗必讀十卷 ·········· 125

羣學肄言十六卷 ·················· 189

經史百家雜鈔二十六卷 ·············· 152

經訓堂叢書二十一種 ·············· 20

經書一卷 ·················· 193

經畬堂稿不分卷 ·················· 168

經解萃精二集十三卷 ·············· 53

經藝選腴不分卷 ·················· 171

經藝選腴四編不分卷 ·············· 187

經籍籑詁一百六卷補遺一百六卷首一卷
·················· 64

經驗良方四卷 ·················· 146

十四畫

趙氏藏書十六種 ·················· 117

嘉定長白二先生奏議四卷 ·········· 83

[嘉慶丙辰科]新科墨卷同風錄不分卷 ··· 164

壽世保元十卷 ·················· 130

聚秀堂古文十二卷 ·················· 150

蔡氏月令二卷 ·················· 116

蔡坦齋先生暨顧太君八旬雙壽詩集不分
卷 ·················· 31

蔗園外集不分卷 ·················· 6

爾雅直音二卷 ·················· 10

爾雅註疏十一卷 ·················· 9

爾雅註疏十一卷 ·················· 10

爾雅註疏十一卷 ·················· 68

爾雅註疏十一卷 ·················· 68

爾雅註疏十一卷 ·················· 69

爾雅註疏十一卷 ·················· 69

爾雅註疏十一卷 ·················· 69

圖註八十一難經辨真四卷 ·········· 113

圖註王叔和脈訣四卷脈訣附方一卷難經
四卷 ·················· 28

圖註脈訣辨真四卷脈訣附方一卷 ········ 130

圖註脈訣辨真四卷脈訣附方一卷 ········ 130

圖像水黃牛經合併大全二卷 ········ 31

圖像水黃牛經合併大全二卷 ········ 131

種痘新書十二卷 ·················· 126

種福堂公選良方四卷 ·············· 142

種福堂公選良方四卷 ·············· 143

種福堂公選溫熱論醫案四卷 ········ 121

種福堂精選良方兼刻古吳名醫精論四卷
·················· 142

種福堂精選良方兼刻古吳名醫精論四卷
·················· 142

算法指掌四卷 ·················· 120

管子二十四卷 ·················· 122

管注秋水軒尺牘四卷	173	廣輿記二十四卷	83
疑年錄四卷	81	廣輿記不分卷	84
疑似辨證二卷	23	廣蠶桑說一卷	107
說文校字記一卷	11	瘍醫大全四十卷	112
說文部目分韻一卷	9	瘟疫條辨摘要不分卷	98
說文通訓定聲十八卷分部束韻一卷說雅		瘟疫論二卷	96
一卷古今韻準一卷	10	瘦羊錄十四種	156
說文通訓定聲十八卷分部束韻一卷說雅		廖金精畫筴撥砂經心法地學四卷補遺一	
一卷古今韻準一卷	62	卷	33
說文通檢十四卷首一卷末一卷	11	精選黃眉故事十卷	171
說文通檢十四卷首一卷末一卷	62	精選讀文不分卷	181
說文逸字二卷	62	鄰邦兵備不分卷	115
說文解字十五卷	11	鄭氏奕葉吟集八卷	18
說文解字十五卷標目一卷	62	鄭板橋書文昌帝君陰騭文不分卷	128
說文解字注十五卷附六書音韻表五卷	9	漢書一百卷	11
說文辨字正俗八卷	62	漢書一百卷	11
說文聲母歌括四卷	62	漢書一百卷	64
廣列女傳二十卷	77	漢書一百卷	64
廣列女傳二十卷附錄一卷	180	漢魏二十一家易注三十三卷	19
廣事類賦四十卷	21	漸西村舍彙刊四十四種	110
廣事類賦四十卷	127	漱芳軒合纂禮記體註四卷	46
廣事類賦四十卷	127	漱芳軒合纂禮記體註四卷	47
廣事類賦四十卷	127	漱芳軒合纂四書體註	7
廣事類賦四十卷	127	漱芳軒合纂四書體註	7
廣事類賦四十卷	128	漱芳軒合纂四書體註	59
廣事類賦四十卷	128	漱芳軒合纂禮記體註四卷	46
廣事類賦四十卷	128	漱芳軒合纂禮記體註四卷	46
廣性理吟不分卷	32	漱芳軒合纂禮記體註四卷	47
廣治平略三十六卷補編八卷	115	漱芳軒合纂禮記體註四卷	47
廣治平略四十四卷	115	漱芳軒合纂禮記體註四卷	47
廣廣事類賦三十二卷	127	漱芳軒合纂禮記體註四卷	48
廣廣事類賦三十二卷	144	演禽三世相法不分卷	118
廣瘟疫論四卷	97	實其文齋集十八卷	177
廣瘟疫論四卷	98	實學文導二卷	134
廣輿記二十四卷	17	實學齋文編二卷	163
廣輿記二十四卷	17	隨息居重訂霍亂論四卷	99
廣輿記二十四卷	83	隨息居重訂霍亂論四卷	100
廣輿記二十四卷	83	隨息居重訂霍亂論四卷	101
廣輿記二十四卷	83	隨園三十八種	179
廣輿記二十四卷	83	隨園三十六種	179
		隨園詩話十六卷補遺十卷	181

隨園隨筆二十八卷 …………………… 180

綱鑑正史約三十六卷 ………………… 74

綱鑑易知錄九十二卷明鑑易知錄十五卷

　　………………………………… 66

綱鑑易知錄九十二卷明鑑易知錄十五卷

　　………………………………… 66

綱鑑易知錄九十二卷明鑑易知錄十五卷

　　………………………………… 66

綱鑑易知錄九十二卷明鑑易知錄十五卷

　　………………………………… 66

綱鑑易知錄九十二卷明鑑易知錄十五卷

　　………………………………… 67

綱鑑易知錄九十二卷明鑑易知錄十五卷

　　………………………………… 69

綱鑑易知錄九十二卷明鑑易知錄十五卷

　　………………………………… 69

綱鑑會纂三十九卷首一卷 …………… 14

綱鑑會纂三十九卷首一卷 …………… 71

綴白裘十二集四十八卷 ……………… 184

綴術釋明二卷 ………………………… 113

十五畫

增批輯註東萊博議四卷註釋一卷 ……… 102

增定課兒鑑畧妥註善本五卷 ………… 108

增定課兒鑑畧妥註善本五卷 ………… 108

增修刑部奏定新章四卷 ……………… 102

增修宏濟彙編一卷 …………………… 116

增訂二論詳解四卷 …………………… 59

增訂本草備要四卷 …………………… 144

增訂本草備要四卷 …………………… 144

增訂本草備要四卷 …………………… 144

增訂本草備要四卷 …………………… 144

增訂本草備要四卷 …………………… 145

增訂本草備要四卷 …………………… 145

增訂本草備要四卷醫方湯頭歌括一卷 … 145

增訂初學起講秘訣不分卷 …………… 159

增訂格物入門七卷首一卷 …………… 143

增訂教案彙編六卷首一卷 …………… 150

增訂盛世危言正續十四卷 …………… 114

增訂蒙童辨韻千家詩二卷 …………… 160

增訂蒙童辨韻千家詩二卷 …………… 185

增訂臨文便覽不分卷 ………………… 72

增智囊補二十八卷 …………………… 86

增評加批金玉緣圖說十六卷一百二十回

　　首一卷 …………………………… 162

增評加批金玉緣圖說十六卷一百二十回

　　首一卷 …………………………… 162

增評加批金玉緣圖說十六卷一百二十回

　　首一卷 …………………………… 162

增評加批金玉緣圖說十六卷一百二十回

　　首一卷 …………………………… 162

增評童氏醫方集解二十三卷 ………… 144

增評童氏醫方集解二十三卷 ………… 147

增評補像全圖金玉緣一百二十回首一卷

　　………………………………… 162

增評歷代名臣言行錄二十二卷 ……… 87

增註七家詩七卷 ……………………… 185

增註四書合講十九卷 ………………… 54

增註字類標韻六卷 …………………… 66

增補正宗三卷 ………………………… 130

增補正宗三卷 ………………………… 130

增補本草備要八卷 …………………… 139

增補本草備要八卷 …………………… 145

增補四書人物聚考十二卷總圖一卷 … 56

增補四書人物聚考十二卷總圖一卷 … 59

增補四書精繡圖像人物備考十二卷 … 56

增補四書精繡圖像人物備考十二卷 … 56

增補四書精繡圖像人物備考十二卷 … 56

增補四書精繡圖像人物備考十二卷 … 57

增補四書精繡圖像人物備考十二卷 … 57

增補四書精繡圖像人物備考十二卷 … 57

增補外科正宗不分卷 ………………… 112

增補地理直指原真三卷首一卷 ……… 136

增補地理直指原真三卷首一卷 ……… 136

增補地理直指原真三卷首一卷 ……… 137

增補地理直指原真大全三卷首一卷 … 136

增補地理直指原真大全三卷首一卷 … 136

增補地理直指原真大全三卷首一卷 … 136

增補地理直指原真大全三卷首一卷 … 136

增補東萊博議二十五卷 ……………… 102

增補事類統編九十三卷首一卷 ……… 127

增補事類統編九十三卷首一卷 …………… 127

增補事類統編九十三卷首一卷 …………… 127

增補事類統編九十三卷首一卷 …………… 138

增補星平會海命學全書十卷首一卷 …… 125

增補星平會海命學全書十卷首一卷 …… 125

增補星平會海命學全書十卷首一卷 …… 125

增補星平會海命學全書十卷首一卷 …… 125

增補秘傳痘疹玉髓金鏡錄真本四卷圖像

　一卷 ………………………………… 124

增補秘傳痘疹玉髓金鏡錄真本四卷圖像

　一卷 ………………………………… 126

增補萬病回春原本八卷 …………………… 131

增補萬病回春原本八卷 …………………… 131

增補萬病回春原本八卷 …………………… 131

增補萬病回春原本八卷 …………………… 131

增補萬寶全書二十卷 ……………………… 124

增補萬寶全書三十卷 ……………………… 124

增補萬寶全書三十卷 ……………………… 124

增補萬寶全書三十卷 ……………………… 125

增補敬信錄二卷 …………………………… 31

增補虛字註釋一卷 ………………………… 99

增補虛字註釋一卷 ………………………… 100

增補虛字註釋一卷 ………………………… 103

增補虛字註釋一卷 ………………………… 103

增補虛字註釋六卷 ………………………… 102

增補痘疹玉髓金鏡錄真本四卷 ………… 126

增補臨證指南醫案八卷 …………………… 115

增廣玉匣記通書六卷 ……………………… 140

增廣玉匣記通書六卷 ……………………… 140

增廣古今人物論三十六卷 ……………… 107

增廣尚友錄統編二十二卷 ……………… 128

增廣驗方新編□□卷 ……………………… 136

增選加註能與集不分卷 …………………… 167

增選加註能與集不分卷 …………………… 167

增選加註能與集不分卷 …………………… 167

標季試律鶯音四卷 ………………………… 164

醉醒石十五回 ……………………………… 23

賦鈔箋畧十五卷 …………………………… 157

賦鈔箋畧十五卷 …………………………… 157

賦學正鵠十卷 ……………………………… 164

賦學正鵠集釋十一卷 ……………………… 165

數學拾遺一卷 ……………………………… 114

數學啟蒙二卷 ……………………………… 185

墨卷精選不分卷 …………………………… 166

墨鵠約刊不分卷 …………………………… 166

墨鵠約刊不分卷 …………………………… 169

牖民覺世不分卷 …………………………… 129

儀度六壬選日要訣三卷 …………………… 120

儀禮約編三卷 ……………………………… 36

儀禮經傳通解續二十九卷 ……………… 36

儀禮選要不分卷 …………………………… 35

德國議院章程合盟紀事本末一卷 ……… 143

德國議院章程合盟紀事本末一卷 ……… 143

劍南詩鈔六卷 ……………………………… 41

劍俠傳四卷 ………………………………… 147

諸子彙函二十六卷 ………………………… 19

［光緒］諸暨縣志六十一卷 …………… 81

［光緒］諸暨縣志六十一卷 …………… 81

課餘詩草不分卷 …………………………… 4

課藝不分卷 ………………………………… 171

論史拾遺一卷 ……………………………… 108

論海一百七十二卷 ………………………… 106

論海一百七十二卷 ………………………… 149

論語集注本義匯參二十卷首一卷 ……… 58

論語集註十卷 ……………………………… 59

論語集註十卷 ……………………………… 59

論語集註十卷 ……………………………… 60

論語集註十卷 ……………………………… 60

論語集註十卷 ……………………………… 60

論語集註十卷 ……………………………… 61

論學初編不分卷 …………………………… 181

論學初編不分卷 …………………………… 181

論學初編不分卷 …………………………… 181

褒忠錄不分卷 ……………………………… 13

褒忠錄四卷 ………………………………… 13

瘡瘍經驗全書十三卷 ……………………… 115

養正草一卷續養正草一卷 ……………… 160

養正草一卷續養正草一卷 ……………… 160

養正草一卷續養正草一卷 ……………… 160

養正草一卷續養正草一卷 ……………… 160

養正草一卷續養正草一卷 ……………… 160

養正草一卷續養正草一卷 ……………… 160

養良續集一卷 ……………………… 157
養雲山館試帖四卷 ………………… 185
養蒙針度五卷首一卷……………… 76
養源山房詩鈔六卷詩餘一卷 ……… 164
養源山房詩鈔六卷詩餘一卷 ……… 181
遵阮本重校印十三經注疏并校勘記 ……… 25
遵阮本重校印十三經注疏并校勘記 ……… 30
遵阮本重校印十三經注疏并校勘記 ……… 30
遵阮本重校印十三經注疏并校勘記 ……… 36
遵阮本重校印十三經注疏并校勘記 ……… 38
遵阮本重校印十三經注疏并校勘記 ……… 39
遵阮本重校印十三經注疏并校勘記 ……… 40
遵阮本重校印十三經注疏并校勘記 ……… 40
遵阮本重校印十三經注疏并校勘記 ……… 40
遵阮本重校印十三經注疏并校勘記 ……… 45
遵阮本重校印十三經注疏并校勘記 ……… 49
遵阮本重校印十三經注疏并校勘記 ……… 49
遵阮本重校印十三經注疏并校勘記 ……… 49
遵阮本重校印十三經注疏并校勘記 ……… 50
遵阮本重校印十三經注疏并校勘記 ……… 50
遵阮本重校印十三經注疏并校勘記 ……… 50
遵阮本重校印十三經注疏并校勘記 ……… 50
遵阮本重校印十三經注疏并校勘記 ……… 50
遵阮本重校印十三經注疏并校勘記 ……… 51
遵阮本重校印十三經注疏并校勘記 ……… 51
遵阮本重校印十三經注疏并校勘記 ……… 51
遵阮本重校印十三經注疏并校勘記 ……… 57
遵阮本重校印十三經注疏并校勘記 ……… 60
遵阮本重校印十三經注疏并校勘記 ……… 67
潛齋醫書五種 ……………………… 115
潛齋醫書五種 ……………………… 115
潛齋醫書五種 ……………………… 115
潛齋醫書五種 ……………………… 120
潛齋醫書五種 ……………………… 121
潘公免災救難寶卷三卷 …………… 42
寫真秘訣一卷 ……………………… 149
選注六朝唐賦不分卷……………… 38
選訂能與集小題讀本二卷 ………… 161
選時四卷 …………………………… 126
樂清軒詩鈔十二卷 ………………… 19

緱城漫鈔三卷 ……………………… 26

十六畫

壇經一卷附六祖大師事畧一卷 ………… 193
薛太史文稿不分卷 ………………… 167
薛氏醫按二十四種 ………………… 31
薛氏醫按二十四種 ………………… 31
薛氏醫按二十四種 ………………… 31
薛氏醫按二十四種 ………………… 31
薛氏醫按二十四種 ………………… 193
薛文清公讀書錄十一卷續錄十二卷 ……… 43
輶軒語七卷 ………………………… 24
醒世真言續編二卷 ………………… 42
醒世真言續編二卷 ………………… 189
歷史一千題鼓吹三種 ……………… 186
歷代史論十二卷宋史論三卷元史論一卷
…………………………………… 104
歷代史論十二卷宋史論三卷元史論一卷
…………………………………… 104
歷代史論十二卷宋史論三卷元史論一卷
…………………………………… 104
歷代史論十二卷宋史論三卷元史論一卷
…………………………………… 106
歷代史論十二卷宋史論三卷元史論一卷
…………………………………… 106
歷代史論十二卷宋史論三卷元史論一卷
…………………………………… 106
歷代地理志韻編今釋二十卷………… 85
歷代名臣言行錄二十四卷 ………… 87
歷代名臣言行錄二十四卷 ………… 87
歷代名臣言行錄二十四卷 ………… 87
歷代名臣言行錄二十四卷 ………… 87
歷代名臣言行錄二十四卷 ………… 87
歷代名臣言行錄二十四卷 ………… 87
歷代名臣言行錄二十四卷 ………… 87
歷代名臣言行錄二十四卷 ………… 87
歷代名臣言行錄二十四卷 ………… 87
歷代名臣言行錄二十四卷 ………… 87
歷代名臣言行錄二十四卷 ………… 87
歷代名臣言行錄二十四卷 ………… 87
歷代名臣言行錄二十四卷 ………… 87

歷代名臣言行錄二十四卷 …………… 87
歷代名臣言行錄二十四卷 …………… 88
歷代名臣言行錄二十四卷 …………… 88
歷代名臣言行錄二十四卷 …………… 88
歷代名臣言行錄二十四卷 …………… 88
歷代名臣言行錄二十四卷 …………… 88
歷代名臣言行錄二十四卷 …………… 88
歷代名臣言行錄二十四卷 …………… 88
歷代名將事略二卷 ………………… 88
歷代治權分合系統表一卷 ………… 107
歷科鄉會詩墨所見集四卷 ………… 32
歷科鄉會詩墨所見集四卷 ………… 33
歷朝綱鑑總論不分卷 ……………… 108
歷朝綱鑑總論不分卷 ……………… 108
霍亂括要一卷 ……………………… 101
霍亂論二卷 ………………………… 101
盧菊人所著書七種 ………………… 14
戰國策十卷 ………………………… 9
戰國策十卷 ………………………… 12
戰國策十卷 ………………………… 78
戰國策三十三卷 …………………… 77
戰國策三十三卷 …………………… 78
戰國策選四卷 ……………………… 78
還江集二卷 ………………………… 183
學文彙典二卷 ……………………… 165
學耕四書 …………………………… 55
學源堂四書體注合講十九卷圖說一卷 …… 50
學源堂四書體注合講十九卷圖說一卷 …… 50
學源堂四書體注合講十九卷圖說一卷 …… 51
學耨堂文集八卷 …………………… 10
學耨堂文集八卷 …………………… 11
學耨堂文集八卷 …………………… 11
學耨堂文集八卷 …………………… 11
學耨堂文集八卷 …………………… 11
學耨堂詩稿九卷 …………………… 6
錢清書院課藝不分卷 ……………… 173
錦字箋四卷 ………………………… 165
館賦駕鍼四卷 ……………………… 168
憑山閣留青廣集十二卷 …………… 34
憑山閣增輯留青新集三十卷 ……… 34
憑山閣增輯留青新集三十卷 ……… 125

廥東草堂稿一卷 …………………… 172
辨字摘要四卷 ……………………… 65
辨脈篇一卷 ………………………… 132
辨證錄十四卷 ……………………… 127
龍文鞭影二卷 ……………………… 76
龍文鞭影二卷 ……………………… 76
龍文鞭影二卷 ……………………… 76
龍文鞭影二卷二集二卷 …………… 76
澹粹軒詩草二卷 …………………… 40
寰瀛山水畧四卷首一卷 …………… 9
寰瀛山水畧四卷首一卷 …………… 9
寰瀛山水畧四卷首一卷 …………… 9
寰瀛山水畧四卷首一卷 …………… 9
寰瀛山水畧四卷首一卷 …………… 9
禪門日誦一卷 ……………………… 193

十七畫

環地福蒙學分類字課圖說□□卷 ………… 75
贅言錄八卷附錄一卷 ……………… 189
韓文公文抄十六卷 ………………… 38
韓集點勘四卷 ……………………… 173
韓慕廬稿不分卷 …………………… 167
樫華館全集四種 …………………… 178
樫華館全集四種 …………………… 183
檢韻便覽一卷 ……………………… 191
臨證指南醫案十卷 ………………… 115
臨證指南醫案十卷 ………………… 115
臨證指南醫案十卷 ………………… 115
臨證指南醫案十卷 ………………… 122
臨證指南醫案十卷 ………………… 123
臨證指南醫案十卷 ………………… 124
臨證指南醫案十卷 ………………… 142
臨證指南醫案十卷種福堂公選溫熱論醫
　案四卷 …………………………… 124
嶺南四家詩鈔 ……………………… 180
嶺南四家詩鈔 ……………………… 180
點石齋叢畫十卷 …………………… 148
魏志□□卷 ………………………… 64
輿地經緯度里表一卷 ……………… 113
鍼灸大成十卷 ……………………… 115

鍼灸大成十卷 ……………………………… 115

鍾伯敬先生批評封神演義十九卷一百回
………………………………………… 157

講書詳解論語四卷 ………………… 59

應酬尺牘彙選三卷 ………………… 171

應酬名聯彙選三卷 ………………… 171

應酬彙選新集三卷 ………………… 170

鴻文堂詳校醫宗必讀十卷 ………… 123

鴻文堂詳校醫宗必讀十卷 ………… 123

濟世良方六卷首一卷補遺四卷 ………… 139

濟急便覽應驗良方一卷 …………… 136

禮記約編十卷 ……………………… 33

禮記約編十卷 ……………………… 43

禮記約編十卷 ……………………… 43

禮記旁訓辨體合訂六卷 …………… 36

禮記旁訓辨體合訂六卷 …………… 36

禮記旁訓辨體合訂六卷 …………… 37

禮記旁訓辨體合訂六卷 …………… 39

禮記旁訓辨體合訂六卷 …………… 40

禮記旁訓辨體合訂六卷 …………… 40

禮記旁訓辨體合訂六卷 …………… 40

禮記旁訓辨體合訂六卷 …………… 40

禮記旁訓辨體合訂六卷 …………… 40

禮記旁訓辨體合訂六卷 …………… 42

禮記旁訓辨體合訂六卷 …………… 42

禮記集說十卷 ……………………… 5

禮記集說十卷 ……………………… 5

禮記集說十卷 ……………………… 36

禮記集說十卷 ……………………… 36

禮記集說十卷 ……………………… 44

禮記集說十卷 ……………………… 44

禮記集說十卷 ……………………… 44

禮記集說十卷 ……………………… 44

禮記集說十卷 ……………………… 187

禮記節本十卷 ……………………… 43

禮記節本十卷 ……………………… 43

禮記節本十卷 ……………………… 44

禮記節本十卷 ……………………… 44

禮記增訂旁訓六卷 ………………… 37

禮記增訂旁訓六卷 ………………… 37

禮記增訂旁訓六卷 ………………… 37

禮記增訂旁訓六卷 ………………… 37

禮記增訂旁訓六卷 ………………… 37

禮記增訂旁訓六卷 ………………… 37

禮記增訂旁訓六卷 ………………… 39

禮記增訂旁訓六卷 ………………… 41

禮記增訂旁訓六卷 ………………… 41

禮記增訂旁訓六卷 ………………… 41

禮記增訂旁訓六卷 ………………… 41

禮記增訂旁訓六卷 ………………… 42

禮記增訂旁訓六卷 ………………… 42

禮記增訂旁訓六卷 ………………… 44

禮記增訂旁訓六卷 ………………… 45

禮記增訂旁訓六卷 ………………… 45

禮記增訂旁訓六卷 ………………… 45

禮記增訂旁訓六卷 ………………… 45

禮記增訂旁訓六卷 ………………… 45

禮記增訂旁訓六卷 ………………… 45

禮記體註大全四卷 ………………… 47

禮記體註大全四卷 ………………… 48

彌勒尊經不分卷 …………………… 31

縮本增選多寶船不分卷 …………… 164

十八畫

驗方新編十六卷 …………………… 139

驗方新編□□卷 …………………… 138

驗方新編□□卷 …………………… 138

驗方新編□□卷 …………………… 138

驗方新編□□卷 …………………… 138

驗方新編□□卷 …………………… 139

驗方新編新增□□卷 ……………… 138

藝苑捃華四十八種 ………………… 164

藤香館啟蒙草一卷 ………………… 160

藥性賦不分卷 ……………………… 119

藥性賦不分卷 ……………………… 119

藥師瑠璃光如來本願功德經一卷 ………… 193

藥書婦科方一卷 …………………… 134

醫方考六卷脈語二卷 ……………… 31

醫方集解二十三卷 ………………… 144

醫方集解三卷 ……………………… 143

醫方集解三卷 ……………………… 143

醫方集解三卷 ……………………… 143

醫方集解三卷 …………………… 143
醫方集解三卷 …………………… 143
醫方集解三卷 …………………… 144
醫方集解不分卷 ………………… 144
醫方集解不分卷 ………………… 147
醫方集解六卷 …………………… 143
醫方集解六卷 …………………… 143
醫方集解六卷 …………………… 143
醫方集解六卷 …………………… 144
醫方湯頭歌訣一卷 ……………… 109
醫方湯頭歌訣一卷經絡歌訣一卷 … 109
醫方湯頭歌訣一卷經絡歌訣一卷 … 109
醫方湯頭歌訣一卷經絡歌訣一卷 … 111
醫方湯頭歌訣一卷經絡歌訣一卷 … 148
醫門法律六卷 …………………… 133
醫門棒喝二種 …………………… 130
醫門棒喝二種 …………………… 130
醫門棒喝二種 …………………… 130
醫門棒喝二種 …………………… 130
醫門棒喝二種 …………………… 130
醫門棒喝二種 …………………… 130
醫門棒喝二種 …………………… 130
醫門棒喝二種 …………………… 135
醫宗必讀十卷首一卷 …………… 122
醫宗必讀十卷首一卷 …………… 123
醫宗必讀十卷首一卷 …………… 123
醫宗必讀十卷首一卷 …………… 126
醫宗必讀十卷首一卷 …………… 127
醫宗必讀十卷首一卷 …………… 127
醫宗必讀五卷首一卷 …………… 125
醫宗必讀五卷首一卷 …………… 125
醫宗必讀五卷首一卷 …………… 127
醫宗要旨□□卷 ………………… 130
醫宗說約六卷 …………………… 132
醫宗說約六卷 …………………… 132
醫經原旨六卷 …………………… 105
醫學入門七卷首一卷……………… 27
醫學三字經四卷 ………………… 114
醫學六要 ………………………… 29
醫學六要 ………………………… 29
醫學心悟五卷附外科十法一卷 ……… 116

醫學心悟五卷附外科十法一卷 ……… 116
醫學心悟五卷附外科十法一卷 ……… 126
醫學心悟五卷附外科十法一卷 ……… 126
醫學心悟五卷附外科十法一卷 ……… 126
醫學心悟五卷附外科十法一卷 ……… 126
醫學心悟湯頭不分卷 ……………… 1
醫學從眾錄八卷 ………………… 132
醫學實在易八卷 ………………… 132
蟠室老人文集二十二卷奏議一卷涉史隨
　　筆一卷 …………………………… 2
蟠室老人文集二十二卷奏議一卷涉史隨
　　筆一卷 …………………………… 3
蟠室老人文集二十二卷奏議一卷涉史隨
　　筆一卷 …………………………… 3
韞山堂時文初集不分卷二集不分卷三集
　　不分卷 ………………………… 166
簡明警世集不分卷 ……………… 131
雙泉稿九卷 ……………………… 21
雙紅豆詞二卷 …………………… 183
雙桂山房文存二卷……………… 14
雙藤書屋詩集十二卷試帖二卷 …… 187
歸田集三卷 ……………………… 177
歸田集三卷 ……………………… 177
歸愚集十五種 …………………… 177
歸愚集十五種 …………………… 177
歸愚詩鈔餘集八卷 ……………… 177
歸震川稿一卷 …………………… 169
饙餏亭集三十二卷後集十二卷 …… 176
雞跖賦續刻二十八卷擬古二卷 …… 135
雞跖賦續刻二十八卷擬古二卷 …… 135
雞跖賦續刻二十八卷擬古二卷 …… 142
雞跖賦續刻二十八卷擬古二卷 …… 168
顏氏家訓二卷 …………………… 95
雜錦群芳銀經三卷 ……………… 178

十九畫

難經本義二卷 …………………… 29
勸學篇二卷 ……………………… 115
蘇文忠公詩集五十卷目錄二卷 ……… 187
蘇文忠詩合註五十卷首一卷 ……… 187

蘇齋叢書十八種 …………………… 17

曝書亭集詞註七卷 ………………… 182

關帝明聖經不分卷 ………………… 193

關帝覺世真經本證訓案闡化編十六卷末
一卷 ………………………………… 193

嚴陵張九儀地理穿山透地真傳不分卷 … 140

韡鄂書屋制藝不分卷 ……………… 166

韡鄂書屋制藝不分卷 ……………… 172

羅氏寶卷全集一卷 ………………… 136

羅經直解一卷 ……………………… 120

羅經指南撥霧集三卷 ……………… 10

羅經指南撥霧集三卷 ……………… 119

羅經頂門針二卷 …………………… 32

證治彙補八卷 ……………………… 105

廬山志十五卷首一卷 ……………… 81

韻石齋筆談二卷 …………………… 65

韻府拾遺一百六卷 ………………… 167

韻府拾遺一百六卷 ………………… 167

韻府約編二十四卷 ………………… 79

韻法橫圖一卷 ……………………… 8

韻法橫圖一卷 ……………………… 8

韻法橫圖一卷 ……………………… 8

韻法橫圖一卷 ……………………… 62

韻法橫圖一卷 ……………………… 62

韻法橫圖一卷 ……………………… 62

韻法橫圖一卷 ……………………… 79

韻法橫圖一卷 ……………………… 79

韻海大全不分卷 …………………… 78

韻海大全類腋輯覽不分卷 ………… 144

懷沙集二卷 ………………………… 6

類林新咏三十六卷 ………………… 16

類林新咏三十六卷 ………………… 39

類林新咏三十六卷 ………………… 40

類林新咏三十六卷 ………………… 144

類聯雅品四卷 ……………………… 177

類類聯珠初編三十二卷二編十二卷 …… 144

瀛經堂詳校醫宗必讀十卷 ………… 123

瀛經堂詳校醫宗必讀十卷 ………… 125

瀛環志略十卷 ……………………… 85

繪圖上海雜記八卷 ………………… 85

繪圖今古奇觀六卷四十回 ………… 173

繪圖包公案全傳四卷 ……………… 147

繪圖野叟曝言二十卷 ……………… 147

繪圖說岳全傳八卷八十回 ………… 147

繪圖綴白裘十二集四十八卷 ……… 184

繪圖增像第五才子書水滸全傳十卷七十
回 ………………………………… 170

繪圖諧鐸十二卷 …………………… 168

繡像小八義十二卷一百二十回 …… 145

繡像五虎平西珍珠旗演義狄青前傳六卷
一百十二回後續四卷四十二回 …… 145

繡像西遊記四卷 …………………… 21

繡像西遊記四卷 …………………… 171

繡像全圖小五義六卷一百二十四回 …… 146

繡像東周列國志二十七卷一百八回首一
卷 ………………………………… 150

繡像東周列國志二十七卷一百八回首一
卷 ………………………………… 150

繡像精忠演義說岳全傳八卷八十回 …… 147

繡像漢宋奇書六十卷 ……………… 170

二十畫

蘭室秘藏三卷 ……………………… 29

蘭雪堂古事苑定本十二卷 ………… 134

[光緒]蘭谿縣志八卷首一卷附補遺一卷
………………………………………… 8

覺世新新集八卷 …………………… 132

覺世經試帖詩不分卷 ……………… 193

覺世懸燈豁然寶卷二卷 …………… 135

覺園香雪和尚疏語寶筏二卷 ……… 131

鐵厓樂府註十卷咏史註八卷逸編註八卷
………………………………………… 193

鐵網珊瑚初集不分卷 ……………… 168

鐵網珊瑚集課藝不分卷 …………… 168

議事會議長議員履歷不分卷 ……… 8

議事會議長議員履歷不分卷 ……… 8

寶經堂綱鑑易知錄九十二卷明鑑易知錄
十五卷 …………………………… 67

二十一畫

攝生總要四種 ……………………… 117

攝生總要四種 …………………… 117
攜雪堂全集 ……………………… 177
辯論三十篇一卷 ………………… 140
辯論三十篇一卷 ………………… 193
爛柯山志十三卷 ………………… 83
續古文辭類纂三十四卷 ………… 153
續古文辭類纂三十四卷 ………… 153
續古文辭類纂三十四卷 ………… 153
續古文辭類纂三十四卷 ………… 153
續春秋左氏傳博議二卷 ………… 104
續資治通鑑二百二十卷 ………… 67
續資治通鑑二百二十卷 ………… 67
續資治通鑑二百二十卷 ………… 67
續鳳洲綱鑑八卷 ………………… 74
續漢志三十卷 …………………… 64
續編意旨集四卷 ………………… 156

二十二畫

聽松濤館文鈔二十八卷 ………… 174
聽黃鸝館詩賦讀本一卷 ………… 165
讀左補義五十卷首二卷 ………… 42
讀史方輿紀要一百三十卷方輿全圖總說
　　五卷 ………………………… 84
讀史方輿紀要一百三十卷方輿全圖總說
　　五卷 ………………………… 84
讀史方輿紀要一百三十卷方輿全圖總說
　　五卷 ………………………… 84
讀史兵略四十六卷 ……………… 104
讀史論畧二卷 …………………… 110

讀史論畧二卷 …………………… 110
讀史論畧二卷 …………………… 110
讀史論畧二卷 …………………… 110
讀史論畧二卷 …………………… 110
讀史論略一卷 …………………… 86
讀史論略一卷 …………………… 110
讀史蠡測三十二卷 ……………… 12
讀書後八卷 ……………………… 150
讀通鑑論十六卷宋論十五卷 …… 100
讀通鑑論十卷宋論十五卷末一卷 … 100
讀通鑑論十卷宋論十五卷末一卷 … 101
讀通鑑論十卷宋論十五卷末一卷 … 104
讀通鑑論三十卷 ………………… 100
讀禮條考二十卷 ………………… 42

二十三畫

驗方不分卷 ……………………… 147
驗方抄摘不分卷 ………………… 113
驗方新編新增□□卷 …………… 138

二十四畫

觀音濟度本願真經二卷 ………… 189
靈素提要淺註十二卷 …………… 110
靈樞經九卷 ……………………… 111

二十八畫

豔雪堂詩集一卷 ………………… 176